信息系统分析与设计

(第5版)微课视频版

王晓敏　崔国玺　李楠　邝孔武　编著

清华大学出版社
北京

内容简介

本书共17章。第1～3章介绍信息系统建设的理论基础和概念。第4～16章介绍信息系统开发生命周期，包括系统规划、系统分析、系统设计、系统实施和系统运维与管理，重点介绍系统分析阶段的流程建模、用例建模和领域对象建模；系统设计阶段的应用架构设计、接口层设计、业务逻辑层设计（面向对象和面向服务）和数据层设计。第17章简要介绍数据驱动型系统的建设方法，内容包括数据分析的技术进展和应用。全书提供了大量应用实例，每章后均附有习题。

本书可用作高等院校信息管理与信息系统、计算机应用、软件工程等专业高年级本科生和研究生的教材，也可供从事信息系统建设的技术人员和管理人员参考使用。

本书封面贴有清华大学出版社防伪标签，无标签者不得销售。
版权所有，侵权必究。举报：010-62782989，beiqinquan@tup.tsinghua.edu.cn。

图书在版编目(CIP)数据

信息系统分析与设计：微课视频版/王晓敏等编著. —5 版. —北京：清华大学出版社，2021.9(2025.2重印)
ISBN 978-7-302-59014-9

Ⅰ. ①信⋯ Ⅱ. ①王⋯ Ⅲ. ①信息系统－系统分析 ②信息系统－系统设计 Ⅳ. ①G202

中国版本图书馆 CIP 数据核字(2021)第 173931 号

责任编辑：刘向威
封面设计：文　静
责任校对：焦丽丽
责任印制：杨　艳

出版发行：清华大学出版社
　　　　网　　址：https://www.tup.com.cn, https://www.wqxuetang.com
　　　　地　　址：北京清华大学学研大厦A座　　邮　编：100084
　　　　社 总 机：010-83470000　　邮　购：010-62786544
　　　　投稿与读者服务：010-62776969, c-service@tup.tsinghua.edu.cn
　　　　质量反馈：010-62772015, zhiliang@tup.tsinghua.edu.cn
　　　　课件下载：https://www.tup.com.cn, 010-83470236
印 装 者：三河市铭诚印务有限公司
经　　销：全国新华书店
开　　本：185mm×260mm　　印　张：27.75　　字　数：673 千字
版　　次：1999 年 6 月第 1 版　2021 年 10 月第 5 版　　印　次：2025 年 2 月第 8 次印刷
印　　数：13501～15500
定　　价：79.00 元

产品编号：090973-01

第 5 版前言

《信息系统分析与设计》(第 4 版)已经出版并使用 8 年,本书是在第 4 版基础上修订而成。在修订过程中,本着循序渐进和理论联系实际的原则,教材内容以严谨、适量、实用为度,注重理论知识的运用,将每个知识点与实例结合,并为每个实例进行了编号以便教学。

本书在系统分析部分仍保留第 4 版的大部分内容,补充了应用较为广泛的用户故事作为敏捷开发 Scrum 过程中的需求描述方法。考虑到"大数据+智能"时代对数字化转型的需要,结合信息系统工程领域的成熟技术方案和最新进展,对信息系统设计部分的内容进行了较大篇幅的重编和优化,力图与企业界的工程实践对接,让理论内容在指导实践时更顺畅。

系统设计部分的重点修订体现在三个方面。

一是将面向过程、面向对象和面向服务等软件设计方法(纯理论知识)提取出来,归入第 9 章系统设计概述中。这主要是因为面向过程的设计方法在现代信息系统开发中已经很难独立使用,其中最重要的模型——模块结构图与实际代码的物理对照关系越来越模糊,模块结构图逐渐退化为一种逻辑模型,而模块封装思想在面向对象的设计(类的方法)和系统接口设计中已有体现。从实用角度来看,系统设计以具体的设计任务和内容为主,方法论作为基础理论不应作为设计的主体内容。二是将系统应用架构设计独立成章,这是因为架构作为高屋建瓴的顶层设计越来越重要,内容的独立性也较强,适合独立教学。三是后续章节不再采用总体设计和详细设计,而是基于常用的多层架构模式划分为接口层设计、业务逻辑层设计和数据层设计的思路,便于加深对架构的理解,更具条理性和实践操作性。

本书增加"第 17 章数据驱动型系统的建设"。随着大数据和物联网技术的成熟,各行各业的数字化建设迫切需要转型,越来越多的业务应用系统开始向新一代数据驱动型的智能信息系统发展。数据智能系统是以数据分析和客户洞察作为引擎,利用大数据、影图识别、声音识别合成、自然语言理解等人工智能技术,挖掘数据价值,利用数据赋能业务和决策。数据驱动型系统的建设有鲜明的大数据和人工智能相结合的特色,本书概要性地总结了相关概念、技术和开发方法,并以两个实例进行说明,希望在读者开发同类项目时能起到一定指导作用。

本书增加"附录 A 非功能性需求与架构设计",使整个信息系统分析与设计的知识体系趋于完备。删除第 4 版的"第 14 章信息系统工程新进展",原书云计算的内容经过缩减融入"第 15 章系统实施"的云端部署中。

全书共 17 章,4 个附录。崔国玺负责编写第 10 章、第 13 章和附录 A,李楠负责编写第 15~17 章的大部分章节,邝孔武负责编写第 1~3 章,王晓敏负责编写本书其余部分并完成统稿工作。宋燕林、赵晓永为本书的编写提出了宝贵的建议,林艳同学提供了实践项目案例文档,在此对他们的工作表示衷心的感谢。

许多院校采用本书作为教材,多名一线教师与我们沟通交流,同行们的信任和鼓励让我们感到高兴,更感到压力和责任倍增。对此我们表示衷心的感谢,希望能得到专家和读者更多的批评指正。

清华大学出版社编辑刘向威博士为本书的出版付出了辛勤的劳动,并从专业的角度给出了高品质的修改意见,借此机会,一并表示我们诚挚的谢意。

由于编者水平有限,再版内容虽有所改进,但书中不当之处在所难免,欢迎广大同行和读者批评指正。

编　者

2021 年 3 月

第4版前言

这一版对全书框架做了较大调整，章节通过增减后由原来13章改为14章，不仅如此，本版对系统分析和系统设计章节进行了彻底整合，调整后的章节次序与信息系统开发生命周期更加吻合。

重大修改有以下几处：

第一，对第1章进行了补充和完善，增加了对系统工程方法的介绍，将原来第13章中的软系统方法论引入到本章，与传统系统工程方法进行了比较。此外，还对我国学者提出的具有东方特色的物理-事理-人理系统方法论作了简要介绍。

第二，删去了第2章管理系统。这是考虑到很多高校信息管理与信息系统专业都开设了管理学原理、企业经营管理模拟系统等前修课程，已具备相关基础知识。

第三，从信息系统生命周期和开发技术两条线出发，重新梳理了第4章关于开发方法的介绍，前者包含瀑布方法、原型方法、迭代方法和螺旋方法等，后者则有结构化方法、面向对象方法和面向服务方法等。

第四，第5章系统规划中增加了对关键成功因素法和价值链分析法的介绍，这两种方法在实际信息系统和IT规划中较为常用。同时也缩减了理论篇幅，增加了规划工作的实用步骤列表。

第五，第3版第6~9章分别讲述了结构化系统分析、设计和面向对象系统分析、设计，事实上，部分任务和工作内容在这两种方法中是有重叠的，比如数据需求分析、输入输出设计、界面设计等，如何能做到既不重复又能自成体系，原来的章节设计很难兼顾。虽然现代信息系统多数采用面向对象方法开发，但这不表明结构化方法就是落伍的，结构化思想和逐层分解的方法与面向对象方法、面向服务方法并不冲突，其理念在系统开发中仍然适用，甚至是永不过时。为了更好地与信息系统生命周期5个阶段相对应，在改版时结合实际项目开发过程，将分析阶段整理为概述、流程建模、用例建模、领域对象建模等4章，设计阶段整理为概述、总体设计、详细设计等3章。这是全书变化最大的部分，也是本书的核心内容。重新整理后的章节经过实际教学验证，发现在讲授时更加流畅，同时将不同开发方法进行了有效融合，比原来将两种方法完全割裂的生硬做法更为科学合理。

第六，重新编写了信息系统工程新进展这一章，对云计算的概念和技术等进行了简要介绍，并使用了一个案例来说明云计算在信息系统建设中的应用。

在这一版的编写过程中，崔国玺老师承担了第5章的编写工作，北京信息科技大学的孙志恒、孙若莹和宋燕林老师也对本书编写提出了很好的建议，但限于时间，这些建议在本版中未能全部实现。

因编者水平有限,部分想法还值得商讨,书中定存在错误和不妥之处,敬请读者批评指正。

编　者

2013 年 6 月

第3版前言

这一版增大了介绍面向对象方法的篇幅,正文中用两章的篇幅讨论面向对象系统分析与设计,并增加了两个附录,介绍 UML2.0 图形符号和建模工具 Rose,对第 3,4,12 章的内容进行了调整,补充了信息系统建模、信息系统项目管理的内容。前 11 章涵盖了信息系统的基础概念和基本开发方法,是本课程的核心内容。第 12 章介绍信息系统工程的某些进展,包括 BPR、软系统方法和开发工具,可作为选修内容。

编 者

2006 年 2 月

第2版前言

这一版的重大修改有两处:第一,删去了决策支持系统一章。这主要是考虑到许多院校都开设了"决策支持系统"课程;第二,充实了介绍软系统方法、面向对象方法的内容。第10章面向对象分析与设计由王晓敏编写,第11章原型法和软系统方法由邝孔武编写。通过这两章的学习,读者可以了解这些新方法,为进一步学习打下基础。

许多院校采用本书作为教材。我们为此感到高兴,更感到不安,担心由于我们学识浅陋而误导了读者。令人欣慰的是,大连理工大学党延忠教授、南京邮电学院郑会颂教授等许多同仁对本书第1版提出了宝贵的建议和批评。对此我们表示衷心的感谢,希望能得到专家和读者更多的批评指正。

编　者
2002 年 8 月

第1版前言

顾名思义,本书讨论信息系统的开发技术。的确,信息系统开发和维护技术是本书的主要内容。但是,随着信息系统概念及应用的发展,成功的经验和失败的教训使人们认识到,信息系统建设过程是复杂的社会过程。系统观点是系统建设的重要思想武器,管理知识的运用甚至比技术起着更重要的作用。本书多处强调了这些观点,相信读者一定会注意到这一点。本书前3章介绍系统思想、管理和信息系统的一些基本知识,但限于篇幅和编者水平,感到言不尽意。而对于开设了"信息系统导论"一类课程的专业,这部分内容可以不讲或少讲。

本书第4章至第9章讨论信息系统建设。这部分是按照结构化思想展开的。第4章是系统建设概论,第5章介绍总体规划,后面各章分别介绍系统分析、设计、实施、维护各阶段的任务、技术、工具。在实际教学中,讲完第9章之后再讲第5章,效果可能更好。一方面,系统总体规划的内容更抽象一些,学生通过其他章节的学习,并结合课程设计具体实施一个小系统之后,会对系统规划有更深入的理解。另一方面,这样做也有助于课程设计的进行。课程设计一般与课堂讲授穿插进行,讲授系统分析之后布置课题,学生按小组完成课题系统分析及以后各阶段的工作。系统实施要占用较多的课外时间,在此期间完成总体规划及其余章节的课堂讲授。这样安排,课程设计的时间跨度长一些,效果更好。

实践性强是本课程的一个重要特点。根据我们的体会和兄弟院校的经验,课程设计是本课程必不可少的一个环节。课程设计的课题不宜太大,又要"五脏俱全",称得上是一个系统,最好能有用户配合,使学生真正体会系统分析的滋味。本书附录中提出了一些实施建议和课题,供参考。

本书第2章、第8章和第12章"面向对象方法"一节及附录由王晓敏编写。邝孔武编写其余各章,并负责总体修改和统稿。

在本书编写过程中,学生沈志芳、宋扬、徐志远等提出了有益的建议,在此一并表示感谢。特别是北京理工大学的龚元明教授、樊孝忠教授仔细审阅了本书的全稿,提出了许多宝贵的修改建议,清华大学出版社编辑柳萍女士为本书的出版付出了辛勤的劳动,借此机会,一并表示我们诚挚的谢意。

由于编者水平所限,书中难免有错误和不妥之处,某些论点尚待切磋,敬请读者批评指正。

编 者
1998年6月

目录

第1章　系统思想 ·· 001
　1.1　系统的概念 ··· 001
　　1.1.1　系统是什么 ·· 001
　　1.1.2　系统的分类 ·· 002
　1.2　系统的特性 ··· 004
　　1.2.1　系统的整体性 ··· 004
　　1.2.2　系统的层次性 ··· 006
　　1.2.3　系统的目的性 ··· 006
　　1.2.4　系统的稳定性 ··· 007
　　1.2.5　系统的突变性 ··· 007
　　1.2.6　系统的自组织性 ·· 008
　　1.2.7　系统的相似性 ··· 008
　1.3　系统思想的发展 ··· 008
　　1.3.1　古代朴素的系统思想 ·· 009
　　1.3.2　系统思想的淹没 ·· 009
　　1.3.3　现代系统思想的兴起 ·· 010
　　1.3.4　复杂系统理论热潮 ··· 012
　1.4　系统工程 ·· 012
　　1.4.1　系统工程的兴起 ·· 012
　　1.4.2　系统工程方法 ··· 013
　1.5　软系统方法论 ·· 015
　1.6　物理-事理-人理系统方法论 ·· 017
　习题1 ··· 019
第2章　信息、管理与信息系统 ·· 020
　2.1　信息的概念 ··· 020
　　2.1.1　信息的定义 ·· 020
　　2.1.2　信息的性质 ·· 022
　　2.1.3　人作为信息处理器的特点 ······································ 023
　2.2　信息与管理 ··· 024

2.2.1　信息是管理的基础 ……………………………………………………… 024
　　　2.2.2　管理中的信息 …………………………………………………………… 025
　　　2.2.3　信息管理 ………………………………………………………………… 026
　2.3　信息系统 ……………………………………………………………………………… 026
　　　2.3.1　信息系统的定义 ………………………………………………………… 026
　　　2.3.2　信息系统的基本功能 …………………………………………………… 028
　　　2.3.3　信息系统的结构 ………………………………………………………… 030
　2.4　信息系统分类 ………………………………………………………………………… 037
　　　2.4.1　按技术发展分类 ………………………………………………………… 037
　　　2.4.2　按管理应用分类 ………………………………………………………… 040
　2.5　信息系统与组织 ……………………………………………………………………… 045
　　　2.5.1　信息系统在组织中的地位 ……………………………………………… 045
　　　2.5.2　信息系统对组织的影响 ………………………………………………… 046
　2.6　信息系统的发展趋势 ………………………………………………………………… 048
　　　2.6.1　影响信息系统发展的因素 ……………………………………………… 048
　　　2.6.2　发展趋势 ………………………………………………………………… 049
　习题 2 ……………………………………………………………………………………… 050

第 3 章　信息系统建设概论 …………………………………………………………… 051
　3.1　信息系统建设是复杂的社会过程 …………………………………………………… 051
　　　3.1.1　信息系统建设的复杂性 ………………………………………………… 051
　　　3.1.2　信息系统开发是一个社会过程 ………………………………………… 052
　3.2　信息系统建设的一般方法 …………………………………………………………… 053
　　　3.2.1　早期方法的不足 ………………………………………………………… 053
　　　3.2.2　系统方法的应用 ………………………………………………………… 054
　　　3.2.3　系统建模 ………………………………………………………………… 055
　　　3.2.4　建立管理模型 …………………………………………………………… 056
　　　3.2.5　UML ……………………………………………………………………… 059
　3.3　信息系统的生命周期 ………………………………………………………………… 061
　　　3.3.1　系统规划阶段 …………………………………………………………… 062
　　　3.3.2　系统分析阶段 …………………………………………………………… 062
　　　3.3.3　系统设计阶段 …………………………………………………………… 062
　　　3.3.4　系统实施阶段 …………………………………………………………… 062
　　　3.3.5　系统运维与管理阶段 …………………………………………………… 062
　3.4　基于生命周期的开发方法 …………………………………………………………… 063
　　　3.4.1　瀑布开发方法 …………………………………………………………… 064
　　　3.4.2　原型开发方法 …………………………………………………………… 064
　　　3.4.3　迭代开发方法 …………………………………………………………… 065
　　　3.4.4　螺旋开发方法 …………………………………………………………… 066

  3.4.5 敏捷开发方法 ·· 067
 3.5 基于开发技术的开发方法 ·· 069
  3.5.1 管理模型到信息处理模型 ·· 069
  3.5.2 结构化开发方法 ·· 070
  3.5.3 面向对象开发方法 ·· 071
  3.5.4 面向服务开发方法 ·· 072
 3.6 系统开发的组织管理 ·· 073
  3.6.1 信息系统的企业发展模型 ·· 073
  3.6.2 建立信息系统的基础条件 ·· 074
  3.6.3 系统开发的准备工作 ·· 075
  3.6.4 选择开发方式 ·· 077
  3.6.5 系统开发项目管理 ·· 077
 3.7 信息系统开发工具 ·· 079
习题 3 ·· 080

第 4 章 系统规划

 4.1 系统规划的任务与特点 ·· 082
  4.1.1 系统规划的任务 ·· 082
  4.1.2 系统规划的特点 ·· 083
  4.1.3 系统规划的原则 ·· 083
 4.2 系统规划的技术和方法 ·· 084
  4.2.1 战略目标集转移法 ·· 084
  4.2.2 企业系统规划法 ·· 085
  4.2.3 关键成功因素法 ·· 089
  4.2.4 价值链分析法 ·· 091
 4.3 信息系统战略规划的基本步骤 ·· 093
  4.3.1 环境准备 ·· 093
  4.3.2 规划步骤 ·· 095
 4.4 可行性论证 ·· 097
  4.4.1 可行性论证的内容 ·· 097
  4.4.2 可行性分析报告 ·· 099
习题 4 ·· 099

第 5 章 系统分析概述

 5.1 系统分析的任务 ·· 100
 5.2 系统分析的过程和方法 ·· 102
  5.2.1 问题分析 ·· 102
  5.2.2 需求分析 ·· 106
  5.2.3 需求定义 ·· 107
 5.3 系统说明书 ·· 107

		5.3.1 系统说明书的内容 ·········	107

      5.3.1 系统说明书的内容 ·················· 107
      5.3.2 系统说明书的审议 ·················· 108
  习题 5 ························· 109

第 6 章 流程建模 ························· 110
  6.1 业务流程分析与建模 ·················· 110
      6.1.1 业务流程分析 ···················· 110
      6.1.2 业务流程图的画法 ················ 111
      6.1.3 业务流程优化 ···················· 113
      6.1.4 数字化转型 ······················ 118
  6.2 数据流分析与建模 ···················· 123
      6.2.1 数据流分析 ······················ 123
      6.2.2 数据流图 ························ 123
      6.2.3 数据流图案例 ···················· 126
      6.2.4 画数据流图的注意事项 ············ 129
      6.2.5 数据字典 ························ 132
      6.2.6 新系统逻辑模型的提出 ············ 137
  6.3 业务规则的表示 ······················ 137
      6.3.1 结构化语言 ······················ 137
      6.3.2 判定树 ·························· 138
      6.3.3 判定表 ·························· 139
      6.3.4 三种表达工具的比较 ·············· 142
      6.3.5 业务规则管理系统 ················ 143
  习题 6 ························· 144

第 7 章 用例建模 ························· 145
  7.1 基于用例的需求分析 ·················· 145
      7.1.1 用例的概念 ······················ 146
      7.1.2 识别参与者 ······················ 146
      7.1.3 识别用例 ························ 148
  7.2 用例的描述 ·························· 150
  7.3 建立用例的关系 ······················ 154
  7.4 用户故事 ···························· 156
  习题 7 ························· 158

第 8 章 领域对象建模 ····················· 160
  8.1 面向对象方法概述 ···················· 160
      8.1.1 引例 ···························· 160
      8.1.2 面向对象方法的发展 ·············· 161
      8.1.3 面向对象方法的主要概念 ·········· 163
      8.1.4 面向对象方法的优势 ·············· 167

8.2 识别领域对象 … 168
8.2.1 什么是领域对象 … 168
8.2.2 识别领域对象的方法 … 169
8.3 识别对象属性 … 172
8.4 识别对象的关联 … 173
8.4.1 什么是关联 … 174
8.4.2 整体—部分关联 … 175
8.4.3 关联的类型 … 176
8.5 识别泛化关系 … 177
8.5.1 什么是泛化 … 177
8.5.2 泛化的用法 … 178
8.6 类图的画法 … 180
8.7 对象状态建模 … 183
习题 8 … 184

第 9 章 系统设计概述 … 186
9.1 系统设计的任务要求 … 186
9.1.1 系统设计的目标 … 186
9.1.2 良好的结构设计 … 188
9.1.3 从分析过渡到设计 … 190
9.2 系统设计的内容 … 190
9.3 软件设计方法 … 192
9.3.1 面向过程的设计方法 … 193
9.3.2 面向对象的设计方法 … 196
9.3.3 面向服务的设计方法 … 199
9.3.4 事件驱动的设计方法 … 201
9.3.5 软件系统的模型 … 204
9.4 系统设计说明书 … 204
习题 9 … 204

第 10 章 系统应用架构设计 … 206
10.1 信息系统架构概述 … 206
10.1.1 架构的概念 … 206
10.1.2 应用架构 … 208
10.1.3 应用架构模式 … 209
10.2 分层应用架构 … 209
10.2.1 基本的三层架构模式 … 210
10.2.2 扩展的五层 … 211
10.2.3 各层的物理配置 … 212
10.3 MVC 应用架构 … 213

    10.3.1 MVC 架构模式 ………………………………………………………… 213

    10.3.2 前后端分离的 MVC 架构 …………………………………………… 216

  10.4 面向服务的架构 …………………………………………………………………… 218

    10.4.1 从单体系统到分布式系统 …………………………………………… 218

    10.4.2 面向服务的架构模式 ………………………………………………… 219

  10.5 软件框架 …………………………………………………………………………… 224

    10.5.1 软件框架的概念 ……………………………………………………… 224

    10.5.2 Spring 框架 …………………………………………………………… 225

    10.5.3 组合软件框架 ………………………………………………………… 228

  习题 10 ……………………………………………………………………………………… 229

第 11 章 接口层设计 …………………………………………………………………………… 230

  11.1 人机接口设计 ……………………………………………………………………… 230

    11.1.1 人机接口技术 ………………………………………………………… 230

    11.1.2 人机交互设计的原则 ………………………………………………… 231

    11.1.3 图形用户界面设计 …………………………………………………… 232

    11.1.4 输入数据的校验 ……………………………………………………… 237

    11.1.5 自动识别技术 ………………………………………………………… 238

  11.2 系统及构件接口设计 ……………………………………………………………… 240

    11.2.1 软件接口技术 ………………………………………………………… 240

    11.2.2 软件接口设计 ………………………………………………………… 243

    11.2.3 软件接口设计注意事项 ……………………………………………… 247

  习题 11 ……………………………………………………………………………………… 247

第 12 章 面向对象的业务逻辑层设计 ……………………………………………………… 248

  12.1 面向对象设计基础 ………………………………………………………………… 248

    12.1.1 类 ……………………………………………………………………… 248

    12.1.2 类的属性 ……………………………………………………………… 248

    12.1.3 类的方法 ……………………………………………………………… 249

    12.1.4 类的关系 ……………………………………………………………… 250

  12.2 根据应用架构设计类 ……………………………………………………………… 255

    12.2.1 边界类的设计 ………………………………………………………… 255

    12.2.2 实体类的设计 ………………………………………………………… 256

    12.2.3 控制类的设计 ………………………………………………………… 256

    12.2.4 划分包 ………………………………………………………………… 257

  12.3 用例的详细设计 …………………………………………………………………… 259

    12.3.1 用例驱动的详细设计步骤 …………………………………………… 259

    12.3.2 CRC 卡片法分配职责 ………………………………………………… 259

    12.3.3 对象交互建模 ………………………………………………………… 260

    12.3.4 用例详细设计举例 …………………………………………………… 267

		12.3.5	其他设计模型	268

12.4 设计原则 271
12.4.1 高内聚低耦合原则 271
12.4.2 单一职责原则 273
12.4.3 开放—封闭原则 274
12.4.4 Liskov 替换原则 275
12.4.5 依赖倒置原则 276
12.4.6 接口隔离原则 277

12.5 设计模式 278
12.5.1 什么是设计模式 278
12.5.2 GoF 设计模式 279

习题 12 280

第 13 章 面向服务的业务逻辑层设计 281
13.1 面向服务设计步骤 281
13.2 定义系统操作 282
13.3 确定候选服务 284
13.3.1 根据业务能力设计服务 284
13.3.2 根据业务领域设计服务 287
13.3.3 服务的粒度 290
13.4 定义服务接口 290
13.4.1 为服务分配系统操作 290
13.4.2 为服务设计接口 292
13.5 设计原则 292
习题 13 293

第 14 章 数据层设计 294
14.1 关系数据库设计 294
14.1.1 设计关系数据模型 294
14.1.2 规范化 295
14.1.3 物理设计 296
14.2 ORM 设计及框架 297
14.2.1 ORM 概念 297
14.2.2 Hibernate 框架 299
14.2.3 MyBatis 框架 301
14.2.4 基于 ORM 框架的用例详细设计 302
14.3 NoSQL 数据库 303
14.3.1 NoSQL 简介 303
14.3.2 NoSQL 的四种类型 304
14.3.3 NoSQL 应用实例 305

习题 14 ·· 306

第 15 章 系统实施 ·· 307

15.1 系统实施阶段的任务 ·· 307
15.1.1 实施阶段的主要活动 ·· 307
15.1.2 系统实施阶段的特点 ·· 308
15.1.3 实施策略 ·· 308

15.2 编程与调试 ·· 309
15.2.1 好程序的标准 ·· 309
15.2.2 程序的内部文档 ·· 310
15.2.3 程序结构 ·· 311
15.2.4 编程规范 ·· 312
15.2.5 调试程序 ·· 313

15.3 系统集成与构建 ·· 314

15.4 系统测试 ·· 315
15.4.1 测试的概念 ·· 315
15.4.2 测试级别 ·· 316
15.4.3 测试用例设计 ·· 318
15.4.4 自动化测试 ·· 321
15.4.5 测试的原则 ·· 322

15.5 系统部署 ·· 322
15.5.1 部署的概念 ·· 322
15.5.2 本地部署 ·· 323
15.5.3 云端部署 ·· 324
15.5.4 云端部署案例 ·· 327

15.6 系统迁移 ·· 329
15.6.1 系统迁移的任务 ·· 330
15.6.2 系统切换方式 ·· 330

习题 15 ·· 331

第 16 章 系统运维与管理 ·· 332

16.1 系统运维与管理的概念和任务 ·· 332
16.1.1 对系统运维的理解 ·· 332
16.1.2 系统运维与管理的任务 ·· 334

16.2 运维类型 ·· 334
16.2.1 以运维对象分类 ·· 334
16.2.2 以质量特性分类 ·· 335

16.3 运维管理 ·· 336
16.3.1 流程管理 ·· 336
16.3.2 制度管理 ·· 337

16.3.3　人员管理 ………………………………………………………… 339
　　　16.3.4　运维服务相关标准 …………………………………………… 339
　16.4　开发运维一体化（DevOps） …………………………………………… 344
　　　16.4.1　传统运维的转型之路 ………………………………………… 344
　　　16.4.2　DevOps 原则 ………………………………………………… 346
　　　16.4.3　DevOps 实践 ………………………………………………… 347
　16.5　运维自动化与 AIOps …………………………………………………… 348
　16.6　信息系统监理与审计 …………………………………………………… 349
　　　16.6.1　信息系统监理 ………………………………………………… 350
　　　16.6.2　信息系统审计 ………………………………………………… 351
　习题 16 ……………………………………………………………………………… 352

第 17 章　数据驱动型系统的建设 …………………………………………… 353
　17.1　数据分析与大数据 ……………………………………………………… 353
　　　17.1.1　数据分析的发展过程 …………………………………………… 353
　　　17.1.2　大数据 …………………………………………………………… 356
　　　17.1.3　数据湖 …………………………………………………………… 358
　17.2　大数据技术基础 ………………………………………………………… 360
　　　17.2.1　分布式存储 ……………………………………………………… 360
　　　17.2.2　分布式计算 ……………………………………………………… 362
　　　17.2.3　大数据平台 ……………………………………………………… 365
　　　17.2.4　数据分析方法 …………………………………………………… 372
　17.3　数据驱动型系统的开发 ………………………………………………… 374
　　　17.3.1　开发方法 ………………………………………………………… 374
　　　17.3.2　开发案例——恒丰银行精准营销 …………………………… 376
　　　17.3.3　开发团队 ………………………………………………………… 379
　习题 17 ……………………………………………………………………………… 379

附录 A　非功能性需求与架构设计 …………………………………………………… 380
附录 B　项目实践的建议及案例 ……………………………………………………… 389
附录 C　UML2.0 图形符号 …………………………………………………………… 406
附录 D　建模工具 Rose 的使用 ……………………………………………………… 408
参考文献 …………………………………………………………………………………… 417

第1章 系统思想

系统科学思想以空前的广度和深度向人类几乎所有的知识领域渗透,近几十年来,系统思想、理论和方法极大地影响并促进了信息科学的发展,而信息系统作为信息科学与管理科学交叉融合的产物,尤其离不开对系统思想的研究与应用。

1.1 系统的概念

1.1.1 系统是什么

系统的概念,人们并不陌生。我们经常说到各种系统,诸如自然界的生物系统,农业的灌溉系统,人体的消化系统、呼吸系统、神经系统,计算机的操作系统、数据库管理系统,人类社会的行政系统、教育系统,等等。

尽管系统一词频繁出现在社会生活和学术领域中,但不同的人在不同的场合往往为它赋予不同含义。长期以来,系统概念的定义和系统特征的描述没有统一规范的定论。本书采用下述描述性定义:系统是由相互联系和相互制约的若干组成部分结合成的、具有特定功能的有机整体。

这个定义可以从三个方面理解。

(1) 系统是由若干要素(部分)组成的。这些要素可能是一些个体、元件、零件,也可能本身就是一个系统(称为子系统)。例如,鼻、咽、喉、气管、支气管、肺等器官构成人的呼吸系统,而呼吸系统又是人体(系统)的一个子系统。

(2) 系统有一定的结构。一个系统是其构成要素的集合,这些要素相互联系、相互制约。系统内部各要素之间相对稳定的联系方式、组织秩序及时空关系的内在表现形式,就是系统的结构。例如,钟表是由齿轮、发条、指针等零部件按一定的方式装配而成的,但一堆齿轮、发条、指针随意放在一起却不能构成钟表;人体由各种器官组成,但各个器官简单拼合在一起不是一个活人。

(3) 系统有一定的功能。特别是人造系统,总有一定的目的性。功能是指系统与外部环境相互联系和作用中表现出来的性质、能力和功效。呼吸系统的功能是进行体内外的气体交换;信息系统的功能是进行信息收集、传递、存储、加工、维护和使用,辅助决策,帮助企业实现目标。

虽然系统的定义形形色色,但都包含了这三个方面的含义。因此,这三点是定义系统的基本出发点。

稍加分析便可以发现,系统一词几乎不单独使用,往往与一个修饰词组成复合词,如前面提到的"消化系统""教育系统""生物系统"等。前面的修饰词,如"教育""生物"等,描述了研究对象的物质特征,即"物性"(thinghood);而"系统"一词,表征所述对象的整体特征,即"系统性"(systemhood)。对某一具体对象的研究,既离不开对其物性的讨论,也离不开对其系统性的阐述。系统科学研究所有实体作为整体对象的特征,如整体与部分、结构与功能、稳定与演化等。切克兰德(Peter Checkland)指出,系统科学所讨论的系统,既代表了现实中可以观察到的作为一个复杂整体而存在的实体,又用来描述一个抽象的整体。当系统作为一个整体的抽象概念使用时,它是一个认识工具,可以用它来感知和表示现实世界中的系统。他认为应该用"整元"(holon)的概念来描述一个抽象的整体,用以区别日常语言中用来描述现实实体的"系统"一词,提出了建立"整元"基础上的系统认识论。整元一词,较恰当地描述了一个系统在一个层次结构中的特性,即任何一个系统既是由许多部分构成的整体,又是一个更大系统的要素。任何整元都位于这样一个层次结构中的某一特定层次。这样,系统认识论就构成一个连贯的整体,对世界的认识就成为一个不断循环的过程,如图 1.1 所示。

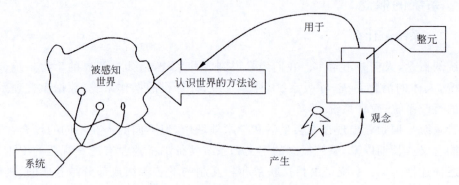

图 1.1　系统是认识世界的工具

1.1.2　系统的分类

系统有各种形态,可以从不同角度将系统分类。

1. 按系统的复杂程度分类

系统思想诞生于人类应对日益增加的"有组织的复杂性"的尝试。肯尼思·艾瓦特·博尔丁(Kenneth Ewart Boulding)按复杂程度把系统分成九个等级,从复杂程度较低的框架结构,到最复杂的超越知识的超越系统(transcental system),如图 1.2 所示。底层三级是物理系统,中间三级是生物系统,高层三级是最复杂的人类社会及宇宙系统。我们将要讨论的信息系统属于最复杂的社会文化系统。

2. 按系统的起源分类

按系统的起源不同,可以将系统分为自然系统和人工系统。人工系统包括人工物理系统、人工抽象系统和人类活动系统三类。

从物理学中描述的亚原子系统,到地球上的山川河流、生命系统,直至银河系统,都是自然系统。自然系统是进化形成的、不可还原的整体。只要宇宙的式样和规律不是反复不定的,这些系统就不能是别的样子。这是自然系统的显著特征。太阳总是从东方升起,彩虹的颜色总是一样的。

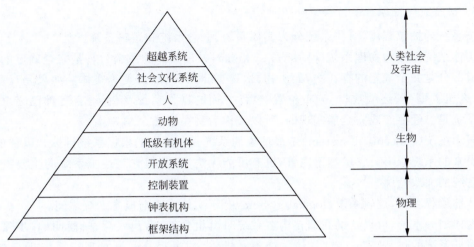

图 1.2　系统复杂性等级

人工物理系统起源于人类的某个目的,是为某个目的设计出来的。它的存在也是服务于该目的的。锤子、电车、空间火箭是人工物理系统。人为了钉钉子而设计和制造了锤子。锤子有一定的物理形态,而且一旦形成则不易改变。

人的设计能力不限于建造物理人造物。我们可以看到大量被描述为人工抽象系统的东西,如数学、诗歌和哲学,代表着人类有序的、有意识的产品。它们本身是抽象系统,有了书、磁带、蓝图等人工物理系统作为载体,才被人们所了解。它们也是与某个目的有关而存在的,例如为了扩大知识面。

人类活动系统(human activity system)是有目的的人类活动的集合。这类系统起源于人的自我意识。人类活动系统与自然系统、人工物理系统的根本差别在于,后者一旦显现出来,就再也不能是别的样子,而人类活动系统往往不会有唯一的(可检验的)认识,观察者可根据其世界观不同而有不同的理解。当然,人类活动系统离不开其他一些系统。例如,铁路是人类活动的场所,就与属于人工物理系统的铁路网、火车站、铁轨、机车补给站等联系在一起。

四类系统如图 1.3 所示。

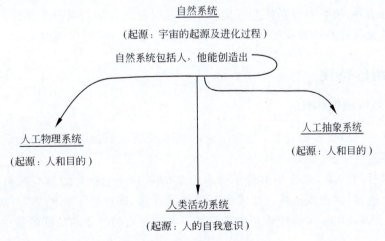

图 1.3　自然系统与人工系统

3. 按系统的抽象程度分类

按系统的抽象程度,可将系统分为实体系统、概念系统和逻辑系统三类。

实体系统又称为物理系统(physical system),是最具体的系统。它是完全确定的系统,其组成部分是完全确定的存在物,如矿物、生物、能量、机械、人类等实体。如果是计算机系统,那么机器型号、终端数目、分布位置、软件方面的操作系统、编程语言等都已完全确定。实体系统是已经存在或完全能实现的,所以又称为实在系统。

概念系统(conceptual system)是最抽象的系统。它是人们根据系统目标和以往的知识构思出来的系统雏形。它虽然不完善,也有可能无法实现,但它表述了系统的主要特征,描绘了系统的大致轮廓。

从抽象程度讲,逻辑系统(logical system)介于实体系统与概念系统之间。

这样划分系统,可以帮助我们在构造系统时由粗到细,由浅入深,阶段明确,步骤清楚。研制信息系统的过程,是一个"具体—抽象—具体"的过程。通过对现行系统进行初步调查,明确新系统的目标和功能框架,构造的是概念系统,或称为概念模型。在系统分析阶段,通过对现行系统的详细调查,并参考对新系统的目标要求(即概念模型),构造出新系统的逻辑模型。与概念模型相比,新系统的逻辑模型更具体。总体规划对系统的结构只划分到子系统,数据只区分为"类",而系统分析阶段则把子系统内部结构具体化,数据之间的关系更明确具体。在论证和确定逻辑模型的基础上设计出来的物理模型,是将子系统划分为层次结构的功能模块或相互协作的对象类,这时数据存储的数据库结构也就设计出来了。系统实施阶段的结果则是交付用户一个可实际运行的系统,即实体系统。

4. 按系统与环境的关系分类

按照系统与环境间的相互关系可将系统分为开放系统与封闭系统两类。开放系统是指与其环境之间有物质、能量或信息交换的系统;封闭系统是与环境没有任何物质、能量和信息交换的系统。开放系统还可以进一步区分为只有能量交换的系统;同时进行能量、物质交换的系统;以及有物质、能量和信息交换的系统。若忽略落下的流星和宇宙尘埃,地球与其环境只有能量交换。生命系统、社会系统都是开放系统。物质、能量、信息的交流,对生命系统和社会系统具有重要的意义。严格地讲,现实世界中没有完全意义上的封闭系统。因此,对系统的开放性和封闭性不能绝对化。

系统具有边界,边界划分系统与环境。边界可以帮助我们理解开放系统与封闭系统的区别。封闭系统具有不可贯穿的边界,而开放系统的边界具有可渗透性。

1.2 系统的特性

1.2.1 系统的整体性

整体性是系统最重要的特性,是系统论的基本原理。系统之所以成为系统,首先是系统具备整体性。

系统整体性指的是,系统是由若干要素组成的具有一定新功能的有机整体,各个要素一旦组成系统整体,就表现出独立要素所不具备的性质,即产生了新的质,并满足系统新功能的规定,从而表现出整体的性质和功能不等于各个要素的性质和功能的简单相加。

整体与部分的关系,可以有两种情况:一种是各个部分简单拼凑在一起;另一种是各个部分有机地结合在一起,即有一定的结构,各个部分相互联系、相互制约,构成有机整体——系统。在后一种情况下,"部分"只有在"整体"中才能体现它的意义。正如黑格尔所说的,一只手如果从身体上割下来,按照名称虽然可以叫作手,但按照实质来说,已经不是手了。构成系统的要素所具备的内在根据,只有在运动过程中才得以体现。钟表的各个零部件不仅要按一定的关系有机地组合在一起,上紧发条,而且在按标准钟校准后,它的报时才有意义。整体的有机性,不仅表现为内部要素的联系,也表现为它与外部环境的联系。亚里士多德的名言"整体大于它的部分之和",精辟地指出了系统整体性的本质,强调整体不是各部分的简单累加。从"质"的方面讲,整体具有其构成要素所没有的性质。从"量"方面讲,整体可以大于、等于或小于其部分之和。"三个臭皮匠,赛过诸葛亮",皮匠虽说不才,但若同心同德,群策群力,就能赛过足智多谋的诸葛亮。当系统要素协同配合时,将发挥出好的作用和效益,这就是整体大于部分之和。但整体也可能小于部分之和。"一个和尚挑水吃,两个和尚抬水吃,三个和尚没水吃",这是整体小于部分之和的通俗说明。拿破仑曾经把法国骑兵和马穆鲁克骑兵进行比较,前者骑术差但有纪律,善于互相配合和协同作战,后者骑术精良,善于单个格斗,但没有纪律,不善于互相配合和协同作战。拿破仑认为:2个马穆鲁克兵绝对能打赢3个法国兵,100个法国兵和100个马穆鲁克兵势均力敌,300个法国兵大都能战胜300个马穆鲁克兵,而1000个法国兵则总能打败1500个马穆鲁克兵。在这例子中,法方的整体大于部分之和,而马穆鲁克兵的整体小于部分之和。无论整体大于或小于部分之和,都与亚里士多德的话不矛盾,都是对认为系统只是各部分简单累加这种形而上学偏见的否定。

系统的整体性是由系统的有机关联性为保证的。一方面,系统内部诸要素相互关联、相互作用。系统的部分是构成整体的内部依据,但是部分之间的联系方式也是决定系统整体特性的重要方面。同一组元素处于两种不同的关系中就会表现出不同的特点。例如,石墨和金刚石的成分都是碳,但因分子排列方式不同,二者的硬度有很大的差别。另一方面,系统与外部环境有物质、能量、信息的交换,有相应的输入和输出。这是系统与环境的有机关联,即系统的开放性。系统向环境的开放,是系统向上发展的前提,也是系统稳定存在的条件。因此为了增强系统的整体效应,一方面要提高系统构成部分的品质,另一方面要分析各要素的组合情况,使之保持合理状态,还要分析整体与环境的关联情况。

整体性观念是我国传统学术思想的一大特色。阴阳五行观念对中国古代科学和艺术的发展,产生过深远的影响。中医的基础理论、诊断方法、治疗方法处处注意全局。中国传统医学认为,人类患疾病实质上是人失去了与自然的和谐关系或平衡关系,可能是与天地万物不协调、不平衡,也可能是一个人自身的器官或功能不协调、不平衡。中医从总体出发,发现并解决局部问题,取用自然的其他部分(植物、矿物、动物),达到与自然的平衡协调。

但是,古代朴素的整体观缺乏对各部分的分析,这是其致命的缺陷,往往成为伪科学或非科学的避难所。

分析是把整体分解为部分来加以认识。客观世界本来是处于相互联系之中的,但人们为了深入认识部分,从而更好地认识整体,不得不把特定系统从普遍联系中暂时划分出来,孤立静止地加以剖析。近代科学正是借助于分析方法取得了辉煌成就。也正是由于这个原因，分析曾一度被当作唯一的科学方法。片面地强调分析，认为只要理解了部分，也就理解了整体，即整体等于部分之和，这是一种只见树木而不见森林的片面观点。

现代系统论吸收了朴素整体论从整体上看问题的长处，以及近代科学分析方法的长处，注意克服它们各自的片面之处，将二者结合起来，形成部分和整体、分析和综合相结合的系统方法论。这是我们认识世界的有效方法，也是指导信息系统建设的有效方法。

1.2.2 系统的层次性

层次性是系统的一种基本特征。系统的层次性指的是由于组成系统的诸要素的种种差异，使系统组织在地位和作用、结构和功能上表现出等级秩序性，形成具有质的差异的系统等级。

我们知道，系统是由要素组成的。但是，一方面，这一级系统又是上一级系统的子系统（要素），而上一级系统又是更上一级系统的要素；另一方面，这一系统的要素却是由低一层的要素组成的，低一层的要素又是由更低一层的要素组成的，最下层的子系统由组成系统的基本单位的各个部分构成。这样，由好几个层次组成了金字塔结构。可见系统的层次区分是相对的。系统的整体性，是指一定层次中形成一定结构基础上的整体性。系统功能则是指系统与外部环境（它的上层系统）相互联系和相互作用的秩序和能力。伴随着结构的层次化，系统功能对于上层的系统来说，一层一层地具体化。

在分析系统的时候，必须注意系统层次性。把握了这一点，可以减少认识事物的简单化和绝对化。既要注意把一个子系统看作上层系统中的一个要素，求得统一的步调，又要注意到它本身还包括复杂的结构。一般来说，高一层结构对低层结构有更大的制约性。低一级的结构是高一级结构的基础，反作用于高一级结构。从层次的观点看，"黑箱"方法是正确认识复杂事物和处理问题的有效方法。"黑箱"方法是指在认识的某一个阶段，把某种认识对象看作一个封闭的箱子，我们只了解外界对它的输入输出，而暂时不打开这个箱子了解其内部结构。这种方法引导人们自觉、主动地控制讨论问题的层次和范围，在每个具体时刻，都集中力量于应当注意的层次，暂不顾及下一层的细节，以免分散精力。当这一层的问题弄清楚之后，再根据需要深入到下一层次的某些细节中去。这样，"黑箱"逐步变为"灰箱"，最后变为"白箱"。

1.2.3 系统的目的性

系统的目的性是系统发展变化时表现出来的特点。系统在与环境的相互作用中，在一定的范围内，其发展变化表现出坚持趋向某种预先确定的状态。

"目的"本来限于表达与人的意识活动相联系的范畴。系统科学的兴起赋予目的性以全新的科学解释。维纳等控制论的创立者从系统的行为角度分析了系统的复杂行为，把行为、目的等概念变成科学概念。按照控制论的观点，目的性行为即是受到反馈控制的行为，系统的目的可以通过系统的活动来实现。目的，即预先确定的目标，引导着系统的行为。人工控制系统总是为了实现一定的预期目的，因此，必须依据反馈信息不断调节系统行为才能实现预期目的。当系统处于所需要的状态时力图保持系统状态的稳定；而当系统不是处于所需状态时,引导系统由现有状态稳定地变到预期状态。人工系统的目标,实际上是事先确定的人为目标,这种目标常常并不以对象实体来定义,而是以关于对象的条件来定义的。例如,所谓导弹可以自动寻找目标,不是导弹可以认识对象实体,而是它可以根据对象所发出的不同于其背景的某些特定的状态信息,运用人为设计好的并安装于其中的自动反馈机制来调整本身的行为,实现跟踪目标对象的目的。

系统的目的性原理,具有实践上的指导意义。一个系统的状态不仅可以用其现实状态来表示,还可以用发展终态来表示,或用现实状态与发展终态的差距来表示。因此,人们不仅可以从原因来研究结果,以一定的原因来实现一定的结果,而且可以从结果来研究原因,按照设定的目的来要求一定的原因。系统工程方法的基本思路是:要解决的问题有一个明确的目标,我们要选取达到它的几种途径,于其中找出一种最好的途径,实施并加以监控、修正,最后达到目标。

1.2.4 系统的稳定性

系统的稳定性是指在外界作用下的开放系统有一定的自我稳定能力,能够在一定范围内自我调节,从而保持和恢复原来的有序状态、原有的结构和功能。

系统稳定性是开放之中的稳定性,动态中的稳定性。系统发展中的稳定态,指的是稳定的定态。稳定不等于静止,例如,一个有稳定热源加热的金属棒,其各处的温度可以不同,具有一定的梯度,因而并非静止,但只要温度梯度不变,那么它就处于一定的热力学定态,在热力学上是稳定的。

系统的稳定性与系统的整体性、目的性实际上是互相联系的。它们都与系统的负反馈能力有关,与在负反馈基础上的自我调节、自我稳定能力相联系。正是由于系统的这种内在能力,使系统得以消灭偏离稳定状态的失稳因素而稳定存在,使系统保持整体性、目的性。

在工程技术上,人们特别钟爱系统的稳定性,而把不稳定因素作为消极因素来对待。在工程技术方面,这无疑是十分正确的,但这不能无条件地推广。工程系统是一种被组织起来的系统,而不是一种自组织系统。

自组织系统总是处于演化之中。所谓系统的稳定性,是相对的,不是绝对的。即使系统整体是稳定的,也可能存在局部的不稳定性。很可能最初个别的、局部的不稳定因素,在一定条件下得以放大,超出了系统在原先条件下保持稳定的条件,使系统整体失稳而进入新的稳定状态。因此系统的不稳定因素反而成为系统发展的积极因素。

总之,稳定是发展中的稳定,稳定是发展的基础,发展是稳定的前提。自然系统是这样,社会系统也是这样。

1.2.5 系统的突变性

系统的突变性,是指系统通过失稳从一种状态进入另一种状态的一种剧烈变化过程。它是系统质变的一种基本形式。

突变是一种普遍的自然现象和社会现象,如自然现象中火山爆发、寒流突至,工程现象中桥梁坍塌、河堤决口,社会运动中战火突起、股票暴涨,精神现象中灵感突来,等等。

系统的突变通过失稳而发生,因此突变与系统稳定性相关。突变成为系统发展过程中的非平衡因素,是稳定中的不稳定。当系统个别要素的运动状态或结构功能的变异得到其他要素的响应时,子系统之间的差异进一步扩大,加大了系统内的非平衡性。当它得到整个系统的响应时,整个系统一起行动起来,系统就要发生质变,进入新的状态。

1.2.6　系统的自组织性

系统的自组织是指开放系统在系统内外因素的相互作用下,自发组织起来,使系统从无序到有序,从低级有序到高级有序。

自组织表示系统的运动是自发的、不受特定外来干预而进行的。其自发运动是以内部矛盾为根据、环境为条件的内外条件交叉作用的结果。这里有两点值得注意:第一,只有开放系统才有自组织,系统的自组织不是离开环境的独立存在;第二,系统的自组织包含系统的自发动的意思,同时强调自发运动过程也是自发形成一定的组织结构的过程,即系统的自组织包括了系统的进化与优化。

我们面对的自然界,是一个自组织的世界。社会的发展运动,从根本上讲,也是自组织的演化发展过程。一座城市是一个不断演化的自组织系统。美国学者曾运用系统自组织的观点定量地讨论美国城市人口分布的空间结构,其成果反映了美国各州之间人口发展的机制,受到有关部门的重视。

与自组织相对应的是他组织,也称为被组织。他组织表示系统的运动和组织结构的形成是在外来特定的干预下进行的,主要是受外界指令的控制,在极端情况下,是完全按外界指令运动和组织的。

由于系统的整体性和层次性,系统的自组织性是相对的。整体性很强的系统,整体会强烈地约束低层子系统的行动自由。低层组织受到高层系统整体的干预,显得是被特定指令组织起来的。因此,对于一个具体的系统的自组织,不能理解为"自以为是"。

1.2.7　系统的相似性

相似性是系统的基本特征。系统相似性是指系统具有同构和同态的性质,体现在系统结构、存在方式和演化过程具有共同性。

系统具有相似性,根本原因在于世界的物质统一性。系统的相似性体现着系统的统一性。系统的整体性、层次性、目的性等都是系统统一性的体现。

系统的相似性是各种系统理论得以建立的基础,也是建立各种模拟方法的基础。

1.3　系统思想的发展

现代系统理论诞生于20世纪40年代。它的产生和发展,彻底改变了世界的科学图景和当代科学家的思维方式,是继相对论和量子力学之后的又一次伟大的科学革命。它既是现代科学高度发展的产物,又是人们原始思维的延续。今天的系统理论中的许多观点,可以一直追溯到有文字记载的最早期。也许在文字发明之前,人类就已经自觉或不自觉地用原始的系统方式看待周围的自然界了。回顾系统的历史渊源,有助于深入理解系统理论的内涵,掌握其实质。

1.3.1　古代朴素的系统思想

在人们自觉认识到系统思想之前,就进行着系统思维。例如,古希腊哲学家亚里士多德关于"整体大于部分之和"的论述,就是系统论最基本的思想。

系统思维是我国传统思想的一个突出特点,这种思维方式是中国古代文明位于世界前列的一个重要因素。它在那些组织系统性很高的领域,如天文学、管理学、军事、农学和医学领域,创造了资本主义以前时期世界上最灿烂的文化。春秋时期孙武所著的《孙子兵法》,运用系统思想从全面战略高度来讨论战争,提出了与现代"综合国力论"相似的理论,用动态系统运筹观点对战争进行了淋漓尽致的分析。两千多年来,《孙子兵法》一直为中外军事家所重视,拿破仑在战争中经常批读,德皇威廉二世在第一次世界大战失败后读到《孙子兵法》时叹息"相见恨晚"。20世纪80年代世界上又掀起"孙子"热,其思想被运用于军事之外的管理领域。公元前250年,李冰父子主持修建的都江堰,是一个宏大的防洪灌溉系统工程。他们吸取了前人的经验,巧妙地利用当地的自然条件,把几个相对简单的工程有机地结合起来,获得了任何一项单独工程都不可能取得的效果。都江堰工程使成都平原获得"天府之国"的美誉。两千多年前修建的都江堰工程不仅至今发挥着防洪灌溉作用,而且其设计、施工思想也留给我们许多有益的启示。耗散结构的创始人、诺贝尔奖奖金获得者普利高津(Prigogine)指出:"中国传统的学术思想着重研究整体性和自然性,研究协调和协和。现代科学的发展……更符合中国的哲学思想。"

现代科学的伟大成就,或许是古人绝对想象不到的。但当人们回首整个人类思想的发展历程时,当科学的发展推动着人们用系统眼光重新看待世界时,人们会惊奇地发现,在人类文明的两个截然不同的阶段,人们观察世界的基本方式竟然彼此辉映!这种强烈的感受,在对中国易学的研究中很容易找到。

1.3.2　系统思想的淹没

尽管古人曾成功地运用系统思想创造了一个个伟大的历史奇迹,但由于知识太贫乏,手段太落后,缺乏对整体中各个细节的认识能力,因而往往只能用理想、幻觉的联系来代替未知事物内部的关系,用臆想补充缺乏的事实。这种朴素的系统思想带有浓厚的猜测和思辨性质。人们在同大自然的抗争中,逐渐感觉到系统思维还不是寻找生存、改造自然最有效的武器,对于解决分散、零碎的实际问题并不那么卓有成效。在相当多的情况下,只能从最简单、最具体的方式入手。面对具体的现实世界,人们只能将一时难以搞清的事物采取各个击破的方法,一部分一部分地去研究,系统思想和方法便逐渐退到次要的位置。

欧洲文艺复兴运动以后,随着科学思想的觉醒,近代科学开始迅猛发展。望远镜、显微镜、气压计、温度计、摆钟等相继被发明和制造出来,这些发明为人类深入认识客观世界的各个局部提供了十分有效的手段。力学、天文学、物理学、化学、生物学等逐渐发展成独立的学科。尤其是伽利略(Galileo)、牛顿(Newton)对天体运行和可见物体运动等宏观领域的开创性研究,使人们更加确信世界是由许多做机械运动的部分相加起来的,就像一架精确的钟表。机械论成为近代科学的一大特征。经典力学的辉煌成就,使很多人深信经典力学的方法是"放之四海而皆准"的真理。不少学者拿机械论的力学观点解释诸如生命、生物、生态和社会等复杂问题。笛卡儿(Descartes)曾写过一本书——《动物就是机器》。法国学者拉·梅特里(La Mettrie)进而写出《人是机器》。拉普拉斯(Laplace)更把这种机械论推到登峰造极的地步,他认为只要知道某一个时刻自然界中的一切力及组成部分的相对位置,则可以用公式来概括宇宙中一切物体的运动,计算出过去或今后任何一个时刻、任何一部分的运动。这就是科学史上有名的"拉普拉斯决定论"。

机械论的世界观也把世界看成一个整体,但这种整体观并不符合系统思想。机械论立足于一个重要原理:分析还原原理。笛卡儿在《方法谈》中给出了指导人们理智的四条原则:第一条包括避免"急躁与偏见",只接受清晰和独特的思想;第二条分析还原原理;第三条要求从简单到复杂渐次前进;第四条要求进行无一遗漏的完整分析。最有意义的是第二条,它囊括了科学思维方式的首要特征:把正在考虑的难题分成尽可能多和必要的部分,以便更好地加以解决。人们有了分析的工具和手段,对自然界的局部认识取得了长足的进步,为光辉灿烂的成就所陶醉,认为只要把研究对象分解开来,对各部分孤立地研究,再把各部分的认识综合起来,就可得到整体的认识。切克兰德称分析还原原理"标示了西方知识传统之特征""统治西方科学方法达350年之久"。翻开今天的教科书,仍可随意找到这种科学分析方法。这种偏重于分析的方法有一定的局限性,它只能孤立地掌握世界的部分属性,不能掌握世界的整体性质。在科学深入到更复杂的领域之前,它确实卓有成效地开垦了科学领域的大片处女地,给人类文明带来了实惠。在这种历史条件下,系统思想被搁置起来也就不难理解了。

1.3.3　现代系统思想的兴起

19世纪下半叶以来,科学技术进入全面发展的新时期。自然科学由收集经验材料、分门别类的研究阶段,进入到整理经验材料、走向理论综合的发展新阶段,进而不断从新的水平上揭示了自然界的普遍联系。一系列重大的科学发现、科学技术与社会科学的结合,对近代科学方法提出了挑战,为现代系统思想的诞生奠定了基础。

近代科学方法面临的关键问题是它应付复杂性的能力。笛卡儿的第二条原则,即细分问题并分别进行考察,是设想这种分解不会曲解所研究的现象。它假定,整体中的各组成成分在分开考察时与它们在整体中发挥的功能完全相同。由于物理学的成功,这些似乎是合理的。但是随着所考察问题复杂程度的增加,近代科学方法表现出某些局限。

长期以来,在生物学中对于生命现象的解释存在着机械论与活力论两种对立的观点。从牛顿时代以来,机械论在生物学中占据支配地位。但生物学中很多现象不能用机械论来解释,因此活力论也有重大影响。活力论认为生命物质与非生命物质之间存在着一条不可逾越的鸿沟,生命现象不能还原为基本的物理和化学过程。"活力"是超物质的,是赋予生物体以目的和生命力的一种力量。19世纪的化学家分离出体现生命的物质,即具有"有机"化合物特征的复杂碳化物成分,这类分子是如此复杂,以至于人们认为只有在神秘的"活力"干预下才能制造出来。然而弗里德里希·维勒(Friedrich Wohler)人工合成有机化合物尿素的成功,使活力论受到沉重打击。19世纪末20世纪初,活力论又在生物学中爆发出来。德国生物学家汉斯·杜里舒(Hans Driesch)在海胆胚胎的试验中,将处于分裂为两细胞阶段的海胆卵切成两半,让每个细胞独立生长,希望能得到变态初胚。结果两个半个原胚发育成两个较小的完整的胚胎,最后发育成两个完整而较小的海胆幼体。这完全出乎预料,原先以为只能发展成两个不完整的幼体。这表明,这里的整体的确不是由部分简单构成的。作为机械论者的杜里舒百思不得其解。几年以后,他用其他初胚进行了一些更惊人的实验。例如,把一条蝾螈初胚的未长成的尾巴切下来并嫁接到通常长腿的位置,这条未长成的尾巴在新位置上竟长成了一条腿！20世纪20年代,类似的实验表明,在较晚的生长阶段,一个初胚各部分的发育遵循了生命整体构造的发展程式。这些结果在生物学中间引起一片惊惶。这些试验对机械论是重大的打击,使之在复杂的生命现象面前陷入困境。杜里舒由此转向了活力论。

在另一些生物学家和哲学家看来,只有把生命看作一个有机整体,才能解释这些实验事实。他们主张用机体论来代替活力论和机械论。贝塔朗菲(Bertalanffy)多次发表文章表达了机体论思想,强调把有机体当作一个整体来考虑,认为科学的主要目标在于发现种种不同层次上的组织原理。他指出机械论有三个错误观点:一是简单相加的观点;二是"机械"观点,把生命现象简单地比作机器;三是被动反应的观点,即把有机体看作只有受到刺激时才做出反应。他批判地继承前人的机体论思想,把协调、秩序、目的性等概念用于研究有机体,形成了自己关于系统的基本观点,如整体观点、动态观点、等级观点,初步形成了他的一般系统论的思想。1937年,贝塔朗菲第一次提出了一般系统论概念。

1948年美国数学家香农(C. E. Shannon)和维纳(N. Wiener)相继提出了信息论和控制论,它们和一般系统论一起形成三大论。

在信息论创立之前,人们认为信息是无法度量的,而事实上信息量有其实质含义。例如,在未获得某些信息之前,对事物的认识是不清楚的、不确定的,而获得这些信息之后,就消除了这不确定性。因此从这个角度讲,信息是消除不确定性的度量。香农引入概率来精确计算信息量的大小。如果某事物具有 n 种独立的可能状态: $x_1, x_2, \cdots, x_n$,每一状态对应出现 $\sum_{i=1}^{n} p(x_i) = 1$ 的概率分别为 $p(x_1), p(x_2), \cdots, p(x_n)$,且有关系,则该事物具有的信息量为 $H(X) = -\sum_{i=1}^{n} p(x_i) \lg p(x_i)$,信息单位为比特(bit)。信息论随着通信和计算机技术的发展,进一步研究发展成为今天的信息科学。凡是应用信息科学原理和方法与信息作用的技术都称为信息技术,包括信息的产生、检测、交换、存储、传输、处理、显示、识别、提取、控制和利用的技术。信息和信息技术是现代管理的基础。从信息量的定义来看,要使一个系统从杂乱、不确定走向有序就要有信息;反之,信息的缺失则意味着系统趋于杂乱。因此企业信息及时有效的反馈与沟通,对控制企业的物流、资金流、业务流的良性循环,达到管理目标和优化管理效果具有特别重要的意义。

系统一般都是有若干可能的状态,这些可能状态的集合称为系统的可能性空间。所谓控制,就是根据一定的目的,改变条件,使系统的可能性空间缩小,沿着某种确定的方向发展,从而形成控制。从信息角度看,控制是获取信息、处理信息和利用信息调整系统的结构以实现系统所追求的目的的过程。所以信息是控制的基础,而控制论就是研究对信息的处理利用。

系统论、信息论、控制论从横向综合的角度,研究物质运动的规律,从而揭示世界各种互不相同的事物在某些方面的内在联系和本质特性。信息论研究的是如何认识信息和度量信息，系统论则利用信息来实现系统最优化，控制论是利用信息交换和反馈来实现系统的有目的的最佳控制，它们都应用系统、控制、信息的基本概念、基本思想，互相交叉、互相借鉴、协同发展，从而奠定了系统科学的理论基础。

1.3.4 复杂系统理论热潮

20世纪70年代兴起的耗散结构论、协同学和突变论的"新三论"从各方面丰富发展了系统论的内容，对非平衡系统的自组织提出了各自的观点，使人类对客观世界的认识水平从平衡态到非平衡态，从线性到非线性，从他组织到自组织，从简单性到复杂性推进。

自组织理论研究的对象都是复杂系统，它们从不同角度揭示了复杂现象的规律。自组织理论认为，系统处于平衡状态时各种物理量在平均值附近存在涨落。小的涨落不会影响系统的稳定性，但涨落如果发生在系统远离平衡的非线性区，就会使系统离开原来的轨道出现分岔，原有系统的稳定性被打破，这时系统本身所固有的调节能力和协同作用使各子系统或组成成分之间产生相干效应，它们相互联系、相互作用从而产生新的有序结构。涨落是不可避免的，没有涨落就没有系统的进化，涨落造就了复杂性。由此开辟了复杂系统理论的研究热潮。

复杂系统理论的研究有不同学派，除自组织理论之外，1994年遗传算法的创始人约翰·霍兰德（John Holland）提出的复杂适应系统理论也受到人们的广泛重视。复杂适应系统理论认为系统的复杂性来源于适应性，基本思想概括为：将系统的组成元素统称为主体（agent），主体能完成自身行为，这些行为可以利用一组"刺激-反应"规则来描述。主体是具有主动性、适应性的"活"的实体。主体的适应性体现在它能够与环境或其他主体进行持续不断的交互作用，从中完成"学习"和"经验积累"，并且利用所学到的知识经验改变自身的结构和行为，以适应系统环境的变化。主体在不同学科领域有不同的含义，例如，社会系统中的主体一般指人，免疫系统中的主体指抗体，经济系统中的主体可以是消费者、生产商、经销商或者家庭、中介机构等。由此可见复杂适应系统理论能有效应用于生物系统、经济系统、社会系统、教育系统、网络系统等。

综上所述，现代系统科学思想经历了半个多世纪的发展，不断涌现新的理论和方法，当前系统科学研究的对象朝着复杂系统的方向发展，例如，国家规模的社会系统和经济系统、全球生态及气候系统、互联网电子商务和社交系统等，未来研究将引发更深入、更广泛的跨学科交叉融合。

1.4 系统工程

1.4.1 系统工程的兴起

随着系统思想和理论在实践活动中的运用和验证，系统工程的理论也逐步发展起来。提到系统工程不能避开20世纪发展的另一门新型科学——管理科学。

19世纪末，随着自由资本主义开始向垄断资本主义过渡，生产规模日益扩大，专门从事组织管理的阶层随之出现，只凭经验安排生产的管理方式已经不能适应日益扩大的生产规模和经济发展的需要了。在这样的背景下，泰罗、法约尔、韦伯等人奠定了科学管理理论，促使人们开始注意把工厂、企业作为一个有机的组织来加以管理。20世纪30年代，巴纳德

(Barnard)提出,组织就是"两个或两个以上的人有意识协调而成的活动或力量系统",社会中的各种组织都是这样的协作系统。在他的组织定义中包含"系统"及系统等级概念,系统要素的协同,人有意识、有目的的活动以及时间连续性等概念。由此可见,系统思想已经日益深入到管理理论之中,变成自觉的管理理论的基点之一。

系统工程的兴起与管理问题密切相关。所谓系统工程,就是以系统的观点和方法为基础,综合地应用各种技术分析解决复杂而困难的问题的工程方法。20世纪30年代,美国贝尔电话公司在设计巨大工程时,感到传统方法已经不能满足要求,便提出和使用了系统概念、系统思想和系统方法这类术语。1940年,他们在实施微波通信时,首创了系统工程学,按时间顺序把工作划分为规划、研究、开发、开发期研究、通用工程五个阶段,取得了良好的效果。第二次世界大战期间,系统工程在工程管理、军事国防系统中受到极大重视。由于战争的推动,系统工程和运筹学紧密地联系在一起,得到迅速发展。第二次世界大战之后,这两门学科继续在军事等方面得到广泛的应用。如1957年,美国研制导弹核潜艇的北极星计划,原计划需要六年时间,由于运用系统工程方法,提前两年完成研究工作。在执行这个计划过程中,研究出计划评审技术PERT(program evaluation and review technique)。又如,美国20世纪60年代开始的阿波罗登月计划,涉及40多万人、120所大学实验室和2万多家公司,共有700多万个零件,耗资300多亿美元。运用系统工程和运筹学方法,得以协调如此庞大的科学项目,节约了资金,提高了效率,于1969年提前实现了预期的目标。

20世纪50年代在系统工程发展的同时,出现了称为"系统分析"的方法论思想。其方法的基本要点是:

(1) 一个或一组希望达到的目标;
(2) 供选择的技术或手段(或"系统");
(3) 每个系统所需的"成本"或资源;
(4) 一个或一组数学模型;
(5) 选择最佳方案的标准。

可以看出,系统分析与运筹学有许多相似之处。它们的相似性来自于对某种系统性方法的信奉。当存在着一个目标状态 S_1 和一个当前状态 S_0,并且有多种方式从 S_0 到达 S_1 时,按照这种观点,"问题求解"的步骤是:定义 S_1 和 S_0,选择最好的方法减少二者的差距。这样,在系统工程中,(S_1-S_0) 定义了"需求"或要达到的目标;系统分析则提供一种能满足该需求的各种系统中做出选择的规范化方法。正是出于这种信念,从20世纪50年代以来,系统方法论(系统工程、系统分析、系统方法等)方面的文献中一直强调必须从定义需求出发,明确要达到的目标,设计能满足需求的系统。

1.4.2 系统工程方法

1962年,在美国贝尔电话公司任职的霍尔(A. D. Hall)基于长期从事通信系统工程所积累的成果,出版了《系统工程方法论》一书,该书被认为是系统工程方法的奠基性著作。他强调要把系统工程看作一个过程,一种解决实际问题的程序,包括以下六个方面:问题定义;目标选择;系统综合;系统分析;最优系统选择;实施计划。

1. 问题定义

系统研究首先要进行需求研究和环境研究。前者是通过详细收集资料和调查研究，找到用户和市场具体的需求，例如系统的功能、成本、安全等方面的要求；后者则研究系统的物理和技术环境，看看有哪些可行的理论、技术、材料和工艺可以用来满足所定义的需求。

2. 目标选择

目标选择是对问题定义的逻辑结果形成一个愿景，需要对系统目标的各种替代方案进行研究，确定评价最优系统的标准，即描述一个理想系统所具有的目标及其特性。

3. 系统综合

前面两个步骤解决了系统任务是什么、追求的目标是什么，回答了系统要"做什么"。系统综合是要综合前人的知识和经验，发挥想象力和创造性，提出一组解决问题的方案。之所以称为系统综合，是因为这个过程没有固定规律和逻辑可循，但又不是凭空想象，是需要综合运用多种手段来明确"怎么做"的过程。

4. 系统分析

系统分析就是依照系统目标和评价标准对系统综合提出的各种方案进行分析，通过对方案的推理、演算得出结论，并将结论与目标进行比较，从而获知不同方案对目标的实现程度，为下一阶段的最优系统选择打下基础。因为系统分析较为复杂，所以常常要通过一组数学模型进行计算机仿真。

5. 最优系统选择

根据系统分析的计算结果对所有可选方案进行比较后选择最优方案，这是一个系统评价决策过程。这一过程不是简单的排序，在多目标系统中，评价指标很复杂，有些指标之间还存在矛盾，生活中随处可见的不可能三角就很有代表性，例如"高效率、低成本、高质量"的工程项目，"高收益、低风险、短周期"的投资。要找到一个所有指标都最优的方案几乎是不可能的，因此需要在各个指标间进行协调，使用多目标最优化的方法来选出最优系统。

6. 实施计划

根据最后选定的优化方案组织系统的具体实施。

霍尔的系统工程思想的贡献在于明确系统分析、系统综合、系统评价等概念及其相互关系，这些概念是系统工程的核心内容。

以系统工程方法论为基础，霍尔又于1969年提出著名的霍尔三维结构，它以时间维、逻辑维、知识维组成的立体空间结构来概括地表示出系统工程的各阶段、各步骤以及所涉及的知识范围。也就是说，它将系统工程活动分为前后紧密相连的七个阶段和七个步骤，并同时考虑到为完成各阶段、各步骤所需的各种专业知识，为解决复杂的系统问题提供了一个统一的思想方法。图1.4显示了该结构基本模型。

（1）时间维（工作进程）。对于一个具体的工作项目，从制定规划起一直到更新为止，全部过程可分为七个阶段：规划阶段；设计方案；研制阶段；生产阶段；安装阶段；运行阶段；更新阶段。

（2）逻辑维（解决问题的逻辑过程）。运用系统工程方法解决某一大型工程项目时，一般可分为七个步骤：明确问题；选择目标；系统综合；系统分析；最优化；决策；实施计划。以上七个步骤只是一个大致过程，其先后并无严格要求，而且往往可能要反复多次，才能得到满意的结果。

（3）知识维（专业学科知识）。系统工程除了要求完成上述各步骤、各阶段所需的某些共性知识外，还需要其他学科的知识和各种专业技术，霍尔把这些知识分为工程、医药、建筑、商业、法律、管理、社会科学和艺术等，各类系统工程，如军事系统工程、经济系统工程、信息系统工程等，都需要使用其他相应的专业基础知识。

至今，关于系统方法论的研究，霍尔的三维结构体系影响最大，应用最广。其他诸如四维的结构体系、软系统方法等都是在霍尔方法论的基础上发展进化的。

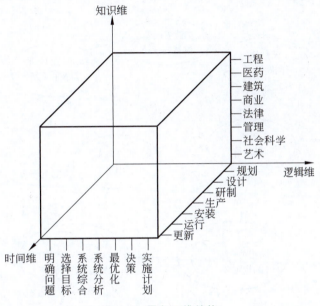

图1.4 霍尔三维结构

1.5 软系统方法论

方法论是指人们用一定的哲学思想来处理一些问题的步骤、方法、原则和工具。系统方法论是指在一定的系统哲学思想下，人们处理问题的步骤、方法、原则和工具。本节简要介绍软系统方法，1.6节简要介绍物理-事理-人理系统方法论。

在众多项目中取得的巨大成功使世界各国开始普遍接受系统工程，由此在20世纪后期全球展开了一场将系统工程应用于社会经济管理问题的系统运动。然而事与愿违，系统工程在解决社会经济问题时似乎遇到不可克服的障碍。针对这一困境，20世纪80年代以来系统工程界开始反思。切克兰德（P. Checkland）指出之前应用的系统工程方法是一种"硬"系统方法，对于硬系统普遍有效。所谓硬系统是指具有良结构化（well-structured）的工程系统，问题和目标是确定的，能用明确的数学模型描述，可以使用定量方法计算出系统行为和最优结果。然而现实世界很多问题比工程和国防问题要"软"得多，例如社会经济问题、企业管理问题等，由于这些问题中涉及大量人类活动，使得系统的目标难以界定，评价指标不够清楚，过程也变化不定，因此，应用传统的系统工程方法求解不是最适宜的。切克兰德在应用系统思想探索"人类活动系统"过程中，创立了软系统方法论（soft system methodology, SSM），突破了"硬"系统思想的观念，在系统学界获得了巨大的声誉。

软系统方法论的轮廓如图 1.5 所示。图 1.5 表示一个 1~7 的时间序列，这只是一种便于描述的逻辑顺序。例如，有可能从阶段 4 开始一个方案。原则上起点可以放在任何地方。有时返工和重复也是必要的。事实上，方法论的最有效的使用者是那些能够把它作为一个框架，把目的性活动置于其中进行系统研究的人，而不是那些把它作为一份菜谱使用的人。在实际研究中，最有效的系统思想者将在不同的细节层次上，在几个阶段同时工作。方法论本身是一个系统，即1.1.2节中所描述的那种人工抽象系统，该系统中任何一个阶段的变化都会影响到其他阶段。

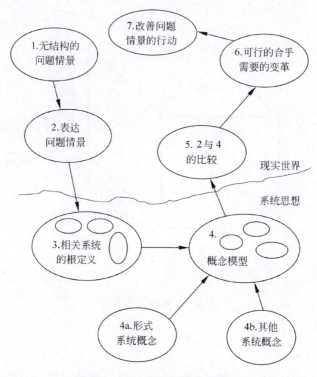

图 1.5　软系统方法论轮廓

方法论包含两种类型的活动。阶段 1、2、5、6、7 是"现实世界"的活动，必须包括问题情景中的人。阶段 3、4、4a、4b 是"系统思想"活动，是否包括问题情景中的人取决于具体的研究情景。一般说来，前一类型活动的语言可以是问题情景中的任何规范的语言。因为在这一阶段，现实世界的高度复杂性通过翻译成更高层次的系统论语言而得到阐明和理解。

阶段 1 和阶段 2 是"表达"阶段，即建立尽可能多的问题情景（problem situation），在问题情景中发现问题。阶段 3 包括命名一些看起来可能与假设的问题相关的系统，并简明地定义这些系统是什么，目的是得到一个对某些系统性质的简洁清楚的陈述，这些系统日后可能被看出与改善问题情景有关。这当然不是固定的，随着理解的加深，该陈述随时都可以被修改。阶段 3 的这些定义被称为"根定义"（root definition），旨在通过所选系统的描述概括得到系统的基本性质和概念。相关系统描述需要思考六个方面：主顾（customers）、行为执行者（actors）、变换（transformation）、世界观（weltanschauung）、系统的所有者（owners）、环境约束（environmental contraints），缩写为CATWOE。给出这个定义之后，阶段4的任务是正式构造在根定义中定义的人类活动系统的概念模型（conceptual model）。构造模型的语言要求非常简单，但却是细致的和有力的。构造模型的活动在4a和4b阶段加以修正和补充：在4a阶段是运用一般人类活动系统的模型来检查所构造的模型是否有根本缺陷；4b阶段的任务则是修改模型，如果有必要，把模型转变为其他更适于特定问题的形式。例如，用系统动力学的语言重新表述可能更为恰当，或者把它重新表述为一个"社会-技术系统"。无论这种转变发生与否，阶段4所形成的模型都要在阶段5中"进入现实世界"，并与对现实的知觉相比较。这种"比较"的目的是引起一场与问题情景有关的人员的讨论。利用讨论的结果将在阶段6确定可能的变革。这些变革应同时满足两个标准：在所考察情景前提下，它们应是合乎需要的和可行的。阶段7的任务是把阶段6的决定付诸行动以改善问题情景。事实上这相当于定义一个"新问题"，并且也能用同样的方法论来处理。与硬系统方法论相比，SSM对解决不良结构的社会系统问题提供了更有益的思路和实施手段。

首先，把人的主观性因素纳入考虑范围。这对于社会性的系统问题是十分重要的。SSM根据多种不同的"观念图景"形成多个相关系统的概念模型，为人的主观性问题提供了有益的处理方法，有利于克服系统建模与目标定义的片面性。系统建模更为灵活。

其次，在实施过程方面，以更灵活的"学习过程"取代硬系统方法论中的优化过程，以"问题求解系统"取代单纯的系统化（systemactic）的工程过程，方法更灵活。

1.6 物理-事理-人理系统方法论

20世纪90年代，我国学者顾基发等根据系统工程实践（区域发展战略、全球变化、各种评价、水资源管理决策支持系统），分析其中的物理、事理和人理因素，比较和观察东西方文化，借鉴西方系统方法论形成的经验，提出了具有东方特色的物理-事理-人理系统方法论（Wuli-Shili-Renli系统方法论，WSR方法论），引起了国际同行的广泛注意。

在WSR方法论中，"物理"指涉及物质运动的机理，既包括狭义的物理，又包括化学、生物、天文、地理等，运用自然科学知识回答"是什么"的问题。"事理"指做事的道理，主要解决如何去安排，通常运用运筹学和管理科学的知识回答"怎么去做"的问题。"人理"指做人的道理，运用人文与社会科学的知识去回答"应当怎么做"和"最好怎么做"的问题。

系统实践中需要综合考虑"物理""事理""人理"三个方面。仅重视"物理""事理"而忽视"人理"，做事往往机械、缺乏变通，很可能达不到系统整体目标，甚至走错方向；如果一味强调"人理"而违背"物理"和"事理"，凭主观意志办事，同样会导致失败。"懂物理、明事理、通人理"应当是我们的实践准则。

物理-事理-人理系统方法论的主要内容概括如表1.1所示。

表1.1 物理-事理-人理系统方法论内容

	物理	事理	人理
对象与内容	客观物质世界 法则、规则	组织、系统 管理和做事的道理	人、群体、关系 为人处世的道理
焦点	是什么 功能分析	怎样做 逻辑分析	最好怎么做 可能是人文分析

续表

	物理	事理	人理
原则	诚实 追求真理	协调 追求效率	讲人性、和谐 追求成效
所需知识	自然科学	管理科学、系统科学	人文知识、行为科学

WSR 方法论的一般工作过程可以分为七个步骤：理解意图；形成目标；调查分析；构造策略；选择方案；协调关系；实现构想。这些步骤不一定按严格的顺序进行，协调关系贯穿整个过程。

WSR 工作过程中的任务、方法与工具概括如表 1.2 所示。

表 1.2　WSR 工作过程中的任务、方法与工具

工作步骤	主题内容			方法与工具
	物理	事理	人理	
理解意图	尽可能了解服务对象（顾客）的所有目标及现有资源情况	了解目标的背景、目标间的相互关系、目前系统组织和运行方式、目前工作实行的评价准则	与各层用户沟通，考察顾客对目标的期望或认同程度，了解用户的视点，特别是有决策权的领导的观点	智暴、研讨会、GATWOE 分析、认知图、习惯域、群件、斡件、计算机支持协同工作
形成目标	列出所有可行的和实用的目标、评价准则和各种约束	弄清目标间的关系准则，如优先次序和权重	弄清各种目标可能涉及的人、群体及相互关系	智暴、目标树、统一计划规划、ISM、层次分析法、战略假设表露与检验、CSH、SSM
调查分析	调查学习实践对象的领域知识和系统当前运行状况，获取必需的数据信息	根据目标调查分析资源间的关系、约束限制，获取用户的操作经验和知识背景	文化调查，了解谁是真正的决策者及对目标的影响，系统当前运行操作人员的利益分析，对获取数据的影响，对当前目标的影响	德尔菲法、各种调查表、文献调查、历史对比、交叉影响法、事件访谈法
构造策略	根据调查分析结果和设计目标，制定整体目标和分目标实现的基本框架和技术措施	整合关于所有目标的框架与技术支持，定义整体系统的性能指标，给出若干具体方案	在整体和分布构造中嵌入用户（特别是领导）的思考点和不同用户群的关系	系统工程方法、各种建模方法和工具、综合集成研讨厅
选择方案	分析策略构造中描述的初步方案，考虑模型方法必要的支持数据	设计、选择适合的系统模型以集成各种相关物理模型，方案的可行性分析和验证（verification）	在系统模型中恰当地突出策略所包含的人的视点、利益等	层次分析法、群体决策支持系统、综合集成研讨厅

续表

工作步骤	主题内容			方法与工具
	物理	事理	人理	
协调关系	整个工作过程中物理因素的协调，即技术的协调	对目标、策略、方案和系统实践环境的协调，如处理模型和知识的合理性，可视为知识协调	工作过程中在目标、策略、方案、实施与系统实践环境（文化等因素）等诸方面的观点、理念和利益等关系的协调，配合物理与事理的协调，可认为是利益协调	战略假设与检验、启发式系统批判法、交互式规划、和谐理论、对策论、亚对策、超对策；综合集成研讨厅、群件、斡件、计算机支持协同工作
实现构想	设计方案的全面实现，分别安排人、财、物，监测实施过程	实施过程的合理调度，方案的证实（validation）	实施过程中人力资源的调度，方案与人群的利益关系，结果的认可（accreditation）	各种统计图表、统筹图、路线图（roadmapping）

注：CSH(critical system sheuristics)——启发式系统批判法；ISM(interpretive structural modeling)——解析结构建模。

运用 WSR 方法论注重下列原则。

(1) 综合原则。即要综合各种知识，听取各种意见，取长补短，以获取关于实践对象的目标的设定。

(2) 参与原则。全员参与，建立不同人员之间良好的沟通，以便理解相互的意图，设定合理的目标，选择可行的策略，改进不切实际的想法。系统实践一再证明，没有用户的积极参与，项目注定失败。

(3) 可操作原则。选用的方法要紧密结合用户实际。从项目的目标、策略、方案到人机界面都必须考虑用户的实际。用户能够操作、乐于使用的系统才有生命力。

(4) 迭代原则。处理复杂且未有经验的情况，需要"摸着石头过河"。运用 WSR 的过程是迭代的。每个阶段，对物理、事理、人理三个方面的侧重有所不同，并不要求三者同时处理妥当。

习题 1

1.1 举例说明：一个组织是一个系统。

1.2 怎样理解"整体大于部分之和"？

1.3 解释下列名词：系统结构，系统功能，系统目的性，系统的稳定性，系统的突变性，系统的自组织性，系统的相似性。

1.4 怎样理解一般系统论、信息论和控制论之间的关系？

1.5 短篇论文：系统论是认识世界的有力工具。

1.6 系统工程方法的一般步骤是什么？

1.7 什么是硬系统和软系统？为什么说硬系统方法不能很好地解决软系统问题？

1.8 简述 WSR 系统方法论内容与步骤。

第2章 信息、管理与信息系统

本章主要介绍信息和信息系统的基本概念,介绍信息系统的功能、结构、分类、发展等内容。信息是管理的基础,信息系统是为管理服务的。只有认清信息系统和管理之间的关系,掌握管理的普遍规律和方法,才能更好地理解信息系统建设的有关理论和方法。

2.1 信息的概念

人们日常所谈到的信息是一个不甚精确的概念。有人说信息是消息,是"通知和消息",有人说"信息是所观察事物的知识",有人说"信息是人们对事物了解的不确定性的减少或消除"(香农),也有人说"是调节和控制生命活动的信号。是构成生物体的三大要素(物质、能量、信息)之一",等等。不同学科对于信息的定义各不相同。这些说法是从不同的侧面提出的,都有一定的道理。信息概念已渗入到信息论、控制论、生物学、管理科学等多个领域,因此信息的定义应有普遍性,应能适应所涉及的一切领域。这里也涉及哲学问题,如信息的实质是什么,它与物质、能量的关系,等等。这些问题至今争论不休,我们不打算在此讨论,而只从信息系统的角度讨论信息的概念和性质。

2.1.1 信息的定义

在信息系统中,信息可定义如下:信息是经过加工后的数据。它对接收者有用,对决策或行为有现实或潜在的价值。

数据与信息的关系可以看作原料与成品的关系,如图2.1所示。数据是一组表示数量、行动和目标的可鉴别的非随机符号。它可以是字母、数字或其他符号,也可以是图形、图像、声音等。数据是信息系统的原材料,信息系统把数据加工成适合用户使用的形式——信息。为了便于处理,要把数据组织成一定的数据结构。

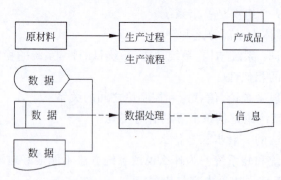

图 2.1 数据与信息的关系

数据与信息之间的这种"原料"和"成品"的关系,说明信息有相对性。同一件东西对某个人来讲是信息,而对另一个人来讲,可能只是一种数据。例如,发货单是发货工作人员的信息,他要根据发货单给用户发货;但对于负责库存事务的经理,它仅仅是一种原始数据。这正如某个加工部门的成品,对另一个部门很可能只是一种原料,如图2.2所示。操作级的"成品"是管理级的"原料"。

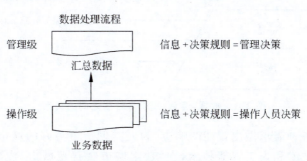

图 2.2 不同管理层次的信息

信息与决策密切相关。行驶着的汽车速度表上显示的数据,只有在司机看了速度表、做出是否改变速度的决策之后,这个数据才是信息。股票涨落情况对投资者是非常重要的信息,非投资者对此却漠不关心。

在实际应用中,数据和信息这两个词常常交替使用,但我们应该清楚它们之间的区别。数据是原材料,而信息是成品,信息对决策或行动是有价值的。为此,我们可以认为信息比数据更高级,用途更大。

信息是决策的输入,而怎样决策和为什么这样决策则需要知识。具体讲,知识是通过人类大脑对客观世界的信息进行概括、抽象、整理,从而形成的对客观世界本质性、规律性的反映。知识是一种特定信息,可以通过语言、文字、图片等各种形式表现出来,具有信息的一切属性,属于信息的范畴。学者们常把信息与知识的关系比作两个大小不同的同心圆,信息是外层圆,知识是内心圆。

拥有知识和信息为准确决策创造了基础条件,但并不一定会带来高超的决策能力。智慧才代表着人们辨析、判断和发明创造的能力。智慧是知识和信息经过人类大脑内化后转换为对事物理解和处理的能力,具有明智决策、促进活动高效顺利完成的特征。我们常常说的"高分低能"就是有知识没智慧的典型案例,形容的是一个人读书很多,拥有丰富的知识,却不能用知识解决实际问题,能力很低。

数据、信息、知识、智慧的关系如图2.3所示。例如股票交易数据是客观事实,投资者眼里就是信息。K线图和技术指标能反映股价信息和成交量趋势,股票市场中的各种规则都是知识。投资者如何根据股票涨跌信息、知识和经验,以及外部环境决定何时买卖,则需要智慧。

图2.3描述了数据、信息、知识和智慧四者之间的增值关系。各级组织在数据的利用上,从最初创建"数据中心"到20世纪90年代遍地开花的"信息中心",以及后来的"知识管理中心",一直到近年出现的"数字孪生""城市大脑"等热门词汇,可以看出数据和技术帮助我们创造越来越有智慧的世界。例如,"智慧城市"能够充分运用信息和通信技术手段感测、分析、整合城市运行核心系统的各项关键信息,对包括民生、环保、公共安全、城市服务、

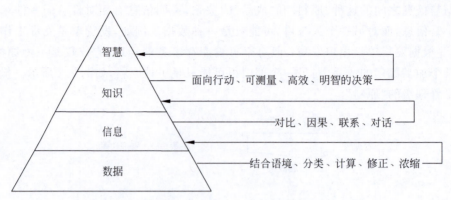

图 2.3　数据、信息、知识与智慧之间的关系

工商业活动在内的各种需求做出智能的响应,为人类创造更美好的城市生活。结合近年来飞速发展的大数据技术和人工智能技术,在"数字城市""智慧城市"成果的基础上,诞生了"城市大脑"这一重要的信息基础设施和新一代城市科技,为城市管理者提供更强大的决策、控制和服务支撑。从数据到智慧的这条增值之路,方兴未艾。

2.1.2　信息的性质

从信息系统的角度看,信息具有以下一些基本属性。

(1) 事实性。事实性是信息最基本的属性。在信息系统中,我们应当充分重视这一点。这是收集信息时最应当注意的性质。而在实际生活中,对信息事实性的破坏是相当普遍的。

(2) 扩散性。扩散是信息的本性。它通过各种渠道向各方传播,俗话说:"没有不透风的墙",说明信息扩散的威力。信息浓度越大,扩散性越强。

信息的扩散性存在两面性:一方面有利于知识的传播,另一方面造成信息的贬值,不利于保密。在信息系统的建设中,若没有很好的保密手段,就不能调动用户使用系统的积极性,造成系统失败。

(3) 传输性。信息可通过各种手段传输到很远的地方,它的传输性能优于物质和能源。信息的传输可以加快资源的传输。

(4) 共享性。信息可以共享但不能交换,这是与物质不同的性质。物质的交换是零和的。给你一支笔,我就少一支。信息则不然,例如,股票信息为股民共享,不会因某人获得信息而使其他人减少信息。

(5) 增值性。用于某种目的的信息,随着时间的推移价值耗尽,但对另一目的可能又显示用途。例如天气预报的信息,预报期一过,对指导当前的生产不再有用,但和各年同期天气比较,可用来预测未来的天气。这种增值性可在量变的基础上导致质变,例如,把互联网与某企业相关的文章集中起来,通过特征提取、机器学习算法进行提炼,就能对该企业的全貌有个估计。利用信息的这种增值性,从信息"废品"中提炼有用的信息,已是现代企业实现业务风险控制,降低交易风险的重要手段之一。

(6) 不完全性。关于客观事实的知识不可能全部得到,往往也没有必要收集全部信息。只能根据需要收集有关数据,不能主次不分。只有正确地舍弃无用的和次要的信息,才能正确地使用信息。

(7) 等级性。管理系统是分级的。不同级别的管理者对同一事物所需的信息也不同。信息也是分级的,一般分为战略级、战术级和作业级。不同级别的信息,有不同的属性,在2.2.2节将较详细地讨论。

(8) 滞后性。数据加工以后才能成为信息,利用信息决策才能产生结果。从数据到信息,再到决策,最后得到结果,它们在时间 t 上的关系如下:

$$数据 \xrightarrow{\Delta t_1} 信息 \xrightarrow{\Delta t_2} 决策 \xrightarrow{\Delta t_3} 结果$$
$$t_1 < t_2 < t_3 < t_4$$

从前一个状态到后一个状态的时间间隔总不为零,这就是信息的滞后性。

2.1.3 人作为信息处理器的特点

信息系统是人机系统。对于用户来讲,必须通过用户界面(user interface,UI)实现人机交互(human computer interaction,HCI),用户界面是其唯一能接触到的东西,其他部分对用户来说是个"黑盒子"。因此,了解人作为信息处理器的特点,做好人机交互设计是十分有意义的。另外,作为信息处理器,人与计算机各有所长。了解这一点,在设计系统时可以合理选择处理手段,使整个系统更有效。

1. 人作为信息处理器的一般模型

人作为信息处理的模型可用图2.4表示,其中感官(眼、耳、鼻等)用以接收外界的信号并传递到处理器官(有存储功能的大脑),处理结果就是输出应答信号(动作、语言、文字等)。

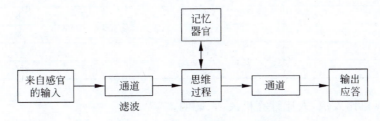

图 2.4 人作为信息处理器的模型

在一个具体时刻,人响应输入、产生输出的能力是有限的。如果输入负荷超过了人的处理能力,人的响应速度就会降低,响应性能会恶化。为了避免信息过载,会把一些输入滤掉,使负载在人可以接受的范围以内。每个人的"滤波器"与其经验、背景和习惯有很大关系。

2. 人进行信息处理的特点

1) 人需要反馈

这不仅是为了证明无错误,也是人的心理需要。一个人与另一个人谈话,若另一个人毫无表情,则谈话人不是怀疑自己说错了,就是怀疑别人没有听。打电话时,对方不断答"嗯",表示已听到。人与计算机打交道也是这样,若很长时间没有反应,会使人感到疲倦,精力分散,经验少的操作人员更不知道发生了什么情况,而过短的响应时间又使人感到被机器拖着走,容易增加错误。

2) 人需要一些多余的信息

首先,多余信息可以增加人们的信心。论证一个方案,如果有多余信息的衬托,可以证明其选择的合理性。其次,多余信息具有未用机会价值。外地人到北京旅游,地图上的许多信息对他是无用的,但为他提供了未用机会价值。

3) 人们需要信息的压缩

"爆炸"的信息大大超过人们的接受能力。企业的经理一方面需要信息系统存储越来越多的信息,另一方面又需要系统帮助他分析、"滤波",给出粗略信息。

4) 人们对信息需求的口味各异

了解各企业文化建设、各用户角色的需要,是信息系统设计满意的基本条件。

5) 人需要非口语的信息输入

阅读和对话是人接收信息最普遍的形式,但人们往往还通过其他形式获得大量信息。

3. 计算机处理与手工处理的比较

作为信息处理器,计算机与人有不同的特点,如表 2.1 所示。

表 2.1 计算机与人的比较

性　　能	计算机	人
处理速度	快	慢
灵活程度	不灵活	灵活
精度要求	高	低
信息结构化程度	高	低
稳定性	好	差
出错	少	多
可靠性	好	差
修改	难	易
决策能力	差	好

总之,计算机比人快,人比计算机灵活、聪明。

2.2　信息与管理

2.2.1　信息是管理的基础

信息在管理过程中起着基础性作用。管理活动是管理者向管理对象施加影响和管理对象向管理者做出反应两个过程的统一,而整个活动是在一定环境中进行的。离开管理者、管理对象、管理环境和管理活动的有关信息,任何管理都无法进行。"做管理工作的人没有信息,就是鼻子不通,耳目不灵。"

信息对管理的基础作用可以由管理基本职能中信息的重要作用来说明。

(1) 信息是制订计划的基本依据。制订计划,必须先收集和分析过去的、现在的实际信息,掌握和运用反映未来趋势的预测信息。拥有的信息数量和质量决定着计划的质量。

(2) 信息是组织实施的保证。组织实施是实现计划目标所采取的行动。设置机构、配备人员、调动财力和物力,都需要相关的具体信息作为前提条件,才能保证这些活动的顺利进行。

(3) 信息是调节控制的指示器。在计划实施的过程中,缩小或纠正实际结果偏离现实目标的差距,必须要有反映管理系统运行状态的监测信息,以及通过调整实际参量来接近目标参量的反馈信息。

(4) 信息是激励职工的依据。一方面,为达到激励的目的,需要设置适当的目标。而激励目标的制定,需要分析职工需求的信息;另一方面,对职工的奖惩需要度量职工业绩的信息。信息是评估评价的原始依据。

(5) 信息是领导指挥的基础。领导者需要掌握组织的全面信息,还要知人善任,心中无数只能导致瞎指挥。

以上从管理的职能角度分析了信息在管理中的地位关系。而以经济学家赫伯特·西蒙(Herbert A. Simon)为代表的"决策理论"学派认为,整个管理过程就是一系列决策过程,即"管理就是决策"。决策的过程包括收集信息,制定方案,选择方案,跟踪检查等阶段。任何组织的管理人员在管理过程中都要进行决策,信息是决策的关键因素。"知己知彼,百战不殆",说明内外信息在指挥决策中的重要地位。决策是谋与断的结合,先谋后断,多谋才能善断。信息是谋和断的基础。

2.2.2 管理中的信息

一般组织的管理活动分为三个层次,即高层管理(战略管理)、中层管理(战术管理)和基层管理(作业管理)。战略管理指对重大方向性问题的决策,如经营方针、长远规划、新产品开发等;战术管理是对保证战略目标实现所需要的人、财、物的准备和调配等问题的决策,如人事调动、资金周转、生产计划等;作业管理是为了完成日常业务活动而进行的决策,如确定采购量、处理投诉等。

由此可见,不同管理层的决策性质有明显的区分度,一般划分为结构化决策、半结构化决策和非结构化决策三种类型。所谓结构化决策是指能够明确定义的、被重复的、程序化的决策。越是基层的管理决策,结构化程度越高,越是高层管理,非结构化决策占比越高。

管理活动中所使用的信息就是管理信息。根据不同管理层的决策特点,所需要的管理信息可划分为战略信息、战术信息和业务信息三类。

(1) 战略信息。供企业高层管理人员进行战略决策时使用。包括系统内外、过去和现在、各种环境的大量综合汇总信息。

(2) 战术信息。供企业中层管理人员完成计划编制、资源分配等工作时使用。主要包括系统内部各种基础信息、历史和现状信息,以及部分具体的外部信息。

(3) 业务信息。供企业基层业务人员和管理人员执行已制定的计划、组织生产或服务活动时使用。主要包括直接与生产、业务操作有关的反映当前情况的信息。

不同层次的管理工作重点不同,对信息的要求也就不同,表2.2总结了各管理层次的信息特性。

表2.2 各管理层次的信息特性

信息特性	管理层次		
	业务管理	战术管理	战略管理
主要来源	内部	→	外部
范围	较小	→	较广
频率	高	→	低

续表

信息特性	管理层次		
	业务管理	战术管理	战略管理
精确度	高	→	低
时间性	历史的	→	预测的
可知性	预知性	→	突发性
寿命	短	→	长
保密要求	低	→	高
加工方法	固定	→	灵活
组织	严谨	→	松散

注：→表示过渡。

此外，如果按照信息稳定性分类，管理信息分为基础信息和作业信息。

（1）基础信息。基础信息反映组织内部各种资源的情况，例如，人力资源、原材料资源、产品资源、设备资源、资金资源等。基础信息具有相对稳定的特性，可以在各项管理任务中重复使用，是企业一切计划和组织工作的基础。

（2）作业信息。作业信息是反映组织各项经营活动、事务的实际进程和实际状态的信息，它随组织活动的进展不断更新，时效性较强，例如每日销售、发货、派工等信息。

2.2.3 信息管理

在当前全球竞争环境下，信息作为管理的基础和竞争的第一要素，已成为比物质和能量更重要的经济资源。对信息的有效管理和充分利用，能降低决策中的不确定性和风险，使各项资源得到最大限度的合理运用，为企业和社会创造更多财富。

对信息管理的理解有狭义和广义之分。狭义信息管理认为信息管理就是对信息本身的管理，即采用各种技术方法和手段对信息进行组织、规划、控制、存储和检索等，并达到预定目标；广义信息管理认为是对信息资源及其相关资源（如信息设备、信息技术、信息人员、信息系统等）进行规划、组织、领导和控制的过程。以上两种理解都体现出信息管理具有管理的一般职能，是一种特殊的管理活动。

信息管理的过程中包含信息的产生、记录、收集、传递、存储、检索、分析、选择、吸收、评价、利用等活动，这些信息活动在过去都是由人们手工完成，但现在已离不开信息技术的支持，所以很多场合采用计算机信息管理这一说法。

2.3 信息系统

2.3.1 信息系统的定义

简单地说，信息系统就是输入数据，通过加工处理，产生信息的系统。

从原理上讲，可以撇开计算机，从概念上讨论信息系统。计算机并不一定是信息系统的必要条件。事实上，在任何一个地方，只要有管理，就离不开信息，离不开信息系统。我国古代的驿站，担负着军事和政治情报的传递任务，形成全国性的信息网络，可看作是人类早期的信息系统。但是，计算机的强大能力使信息系统更为有效。随着生产技术的进步和社会活动的复杂化,信息处理成为当今社会的一项重要活动。

2021年3月,中国互联网络信息中心(China Internet Network Information Center,CNNIC)发布第47次《中国互联网络发展状况统计报告》。该报告数据显示,截至2020年12月,我国网民规模达9.89亿,互联网普及率达70.4%。在2020年新冠肺炎疫情期间,各类信息系统不仅为精准有效防控疫情发挥了关键作用,还在经济、生活服务、教育、政务管理等方面取得了显著进展。网上外卖、在线教育、网约车、在线医疗等数字服务蓬勃发展,用户规模分别达4.18亿、3.42亿、3.65亿和2.15亿。国家政务服务平台注册的个人用户达1.88亿,2020年疫情发生以来,全国一体化政务服务平台推出"防疫健康码",累计申领9亿人,使用次数超过400亿人次。2020年全国网上零售额达到11.76万亿元,其中实物商品网上零售额9.76万亿元,占社会消费品零售总额的24.9%,移动支付金额达432.16万亿元,居全球第一。

可以说,全球进入到全新的数据化时代,采用以计算机为基础的信息系统已成为我们生活、工作、学习的必需品。当前的问题不是用不用计算机,而是各种处理工作究竟计算机化到什么程度。采用以计算机为基础的信息系统并不意味着一切都会自动化。人机系统的概念说明有些任务最好由人完成,而其余任务由机器代替。这就要求系统的设计者不仅要懂得计算机,而且要懂得人,懂得哪些工作交给人做比较合适,哪些交给计算机做比较合适,以便充分发挥人和机器的特长,组成一个和谐的、有效的系统。

高登·戴维斯(Gondon B. Davis)被视为管理信息系统学科的奠基人,他关于管理信息系统的定义:是一个利用计算机硬件和软件,手工作业,分析、计划、控制和决策模型以及数据库的人机系统,它能提供信息,支持企业或组织的运行、管理和决策功能。

为了体现与管理学科、计算机学科的关系,信息系统也可以这样定义:信息系统是结合管理理论和方法,应用信息技术解决管理问题,为管理决策提供支持的系统。

管理模型、信息处理模型、系统实现条件三者的结合产生现实信息系统,如图2.5所示。

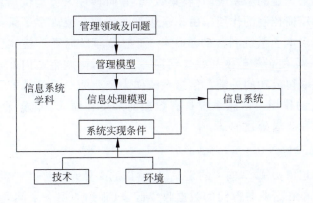

图2.5 信息系统

管理模型指系统服务对象领域的专门知识,以及分析和处理该领域问题的模型,也称为对象的处理模型。例如薪酬处理模型、财务处理模型,以至于整个企业管理模型。

信息处理模型指系统处理信息的结构与方法。管理模型中的理论和分析方法在信息处理模型中转化为信息获取、存储、传输、加工和使用的逻辑。

系统实现的基础条件指可供应用的计算机技术和通信技术,从事对象领域工作的人员,以及对这些资源的控制与融合。

面向管理是信息系统的显著特点。信息系统要解决管理领域的问题,为管理决策提供支持。同时,信息系统与环境密切相关。除了人是信息系统不可或缺的重要因素之外,企业的内外环境、组织结构、管理模式、业务流程、运作与竞争方式、各级管理人员的信息意识,对信息系统建设起着关键作用。

信息系统学科研究关于信息系统建设和信息资源开发利用的管理理论与方法。它是管理理论、系统科学方法论和信息技术交叉形成的综合性应用学科,是现代管理理论与方法的重要支柱之一。一般认为,信息系统学科注重研究管理与信息技术的结合,而不深入地探讨具体的管理问题,也不致力于计算机或通信技术方面的研究。

从事信息系统的专业人员必须具备广阔的商务知识,懂得利用信息技术增强组织性能,有较强的分析和批判思维能力,具备良好的沟通能力、团队精神和伦理价值观,如图 2.6 所示。

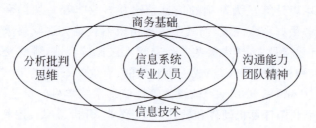

图 2.6　信息系统专业人员的四个基本能力

2.3.2　信息系统的基本功能

企业信息系统是企业的子系统,它收集数据,并向管理人员提供信息,与管理人员一道在整个企业中起着反馈控制的作用。由于企业采取了划分成许多子系统的组织结构,各个子系统往往注意追求本子系统利益的最优化,而把局部目标置于整体目标之上,引起各子系统行动上的不协调,使企业整体利益受到损害。因此,协调企业内部各子系统的行动,优化整体利益是企业取得成功的关键。信息系统作为企业的一个特殊的子系统,正是在这一点上起着十分重要的作用。信息系统具有数据的采集和输入、传输、存储、处理、输出等基本功能。有关概念和要求分述如下。

1. 数据的采集和输入

信息处理界有句口头禅:"输入的是垃圾,输出的必然是垃圾。"它说明了系统输入的极端重要性。要把分布在企业各部门的数据收集起来,碰到的第一个问题是识别信息。由于信息的不完全性,想得到反映客观世界的全部数据是不可能的,也是不必要的。确定信息需求要从调查客观情况出发,根据系统目标,确定数据收集范围。

识别信息有三种方法:

(1) 由决策者识别。决策者最清楚系统的目标,也最清楚信息的需求。可以用发调查表或交谈的方法对决策者进行调查。

(2) 系统分析师亲自观察识别。有时决策者对他们的决策过程不很清楚,因而不能准确地说明其信息需求,这时系统分析师可以从了解组织中的各具体工作过程入手,从旁观者的角度分析信息的需求。

(3) 基层事务处理人员识别。他们面对的是最原始的基本信息,提供给系统分析师后,由系统分析师再向决策人员调查,然后加以修正、补充。

采集数据的方法大体上有三种:

(1) 人工录入,自下而上尽可能广幅收集。

(2) 全自动设备采集。例如利用摄像头采集交通路网信息,高速 ETC 出入口采集车辆信息,传感器采集温度、压力等信息。包括信号触发采集,自动连续采集,也可以定时采集或随机采集。

(3) 半自动混合方式。例如通过扫码、IC 卡等方式获取数据,需要人的配合。

2. 数据的传输

数据传输包括计算机系统内和系统外的传输,实质是数据通信。其数据传输的一般模式如图 2.7 所示。

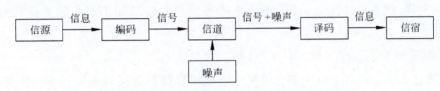

图 2.7　数据传输的一般模式

(1) 信源。信源即信息的来源,可以是人、机器、自然界的物体等。信源发出信息时,一般以某种符号(文字、图像等)或某种信号(语言、电磁波等)表现出来。

(2) 编码。编码是指把信息变成信号。所谓码,是指按照一定规则排列起来的、适合在信道中传输的符号序列。这些符号的编排过程就是编码过程。信号有多种多样,如声音信号、电信号、光信号等。

(3) 信道。信道就是信息传递的通道,是传输信息的媒质,分明线、电缆、无线、微波、人工传送等。信道的关键问题是信道的容量。信道也担负着信息的存储任务。

(4) 噪声。无论信道质量多么好,都可能有杂音或干扰,这就是噪声。它或由自然界雷电形成,或由同一信道中其他信息引起。在人工信道内的干扰中,还包括各个环节人的主观歪曲。

(5) 译码。信号序列通过输出端输出后,需要翻译成文字、图像等,成为接收者需要了解的信息,这就是译码。译码是编码的反变换,其过程与编码相反。

(6) 信宿。信宿即信息的接收者,可以是人、机器或另一个信息系统。

3. 信息的存储

过去数据存储主要靠纸。纸有上千年的历史,至今仍是存储数据的主要材料。其主要优点是存量大、体积小、便宜、永久保存性好、不易涂改。此外,存储数字、文字和图像一样容易。缺点是传送信息慢,检索不方便。

随着计算机存储器容量增大而成本不断下降,用计算机存储器存储数据的成本比纸低。计算机存储器按功能分为内存和外存。内存存取速度快,可随机存取存储器中的数据，用于存放程序及运行时的数据。数据长期存储主要依靠外存，包括机械硬盘、存储阵列、固态硬盘、光盘、USB闪存盘等。这些存储器容量大，价格便宜，存取速度快。在某些情况下还有特殊要求，如易改性和不易改性。

信息存储的概念比数据存储的概念广。主要问题是确定存储哪些信息，保存时间，以什么方式存储，经济上是否合算。这些问题都要根据系统的目标和要求确定。为了便于访问，存储方式的选择非常重要，信息系统最常用的数据存储及访问技术有文件和数据库。此外，还要考虑信息如何保护、备份和灾难恢复方案等问题。

4. 信息的加工

信息加工的范围很大，从简单的查询、排序、归并到复杂的模型训练及预测。一些数据加工中还使用了许多数学及运筹学的工具，涉及许多专门领域的知识，如数学、运筹学、经济学、管理科学等。许多大型的系统不但有数据库，还有方法库和模型库。有了大数据技术和人工智能等新一代信息技术的赋能，现代信息系统在数据处理方面的能力越来越强，计算机甚至在某些方面表现出比人更聪明，能代替创造性的人类脑力劳动，如医学诊断、管理决策、写文章、识别复杂图片、挖掘商业规律等。未来信息加工能力的提高具有广阔的前景。

5. 信息的维护

保持信息处于合用状态称为信息维护。这是信息资源管理的重要一环。狭义上讲，它包括经常更新系统中的数据，使数据保持合用状态；广义上讲，它包括系统建成后的全部数据管理工作。

信息维护的主要目的在于保证信息的准确、及时和安全。保证信息的准确性，首先要保证数据是最新状态的，其次要使数据在合理的误差范围内。

信息的及时性要求能及时提供信息。为此，要合理地组织、存放信息，信息目录要清楚，常用的信息要方便访问，各种设备状态要完好，操作规程要健全，操作人员技术要熟练。

信息的安全性要求采取措施防止信息被盗取，以及受到意外或人为的破坏。为了保护数据，需要采取一定的加密技术，如采用硬件加密、软件加密、口令字等，行政上建立严格的管理制度，设置服务器、数据库、应用系统的访问权限。最根本的措施是加强人员的保密教育，慎重选择重要岗位的人员。数据一旦遭到破坏，应能快速简单地恢复。为此，要保证存储介质所处环境的安全，对容易损坏信息的介质，要定期备份，建立冗余存储机制。

6. 信息的使用

从技术上讲，信息的使用主要是指高性能和高质量地为用户提供信息。系统的输出结果应易读易懂，直观醒目。输出格式应尽量符合使用者的习惯。随着数据爆炸式增长，大数据可视化技术能够将海量数据浓缩为一幅图片，让人一目了然。

信息的使用，更深一层的意思是实现信息价值的转化，提高工作效率，利用信息进行管理控制，辅助管理决策。

2.3.3 信息系统的结构

信息系统作为一个系统必然有一定的结构，这种结构反映组成信息系统的各个部分及特点、各个部分之间的关系、解决的主要问题,以及人们的认识水平和技术水平。

1. 信息系统的概念结构

一般来说,由信息源、信息处理器、信息用户和信息管理者组成信息系统的概念结构,这是最为抽象的信息系统结构,如图2.8所示。信息源是信息的产生地。信息处理器负责信息的传输、加工、存储。信息用户是系统的用户。信息管理者负责系统设计、实现、运行和维护。

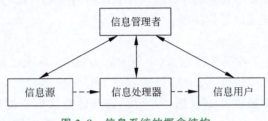

图2.8 信息系统的概念结构

2. 基于管理职能的逻辑结构

基于管理职能的逻辑结构,即从组织的业务功能来描述系统结构。组织的职能分工没有统一的模式。例如,对于制造业,一套典型的职能包括供应、生产、销售、人事、财务,还涉及各职能相关的基础数据管理。高层管理也可以认为是一种独立的功能。

一个信息系统由支持以上各种功能的子系统组成,每个功能子系统又可以划分为不同的功能模块,完成从基层事务处理到高层战略规划等不同管理层级的活动。图2.9就是这样一种逻辑结构的示意图。下面分别介绍这些子系统的功能。

图2.9 信息系统的逻辑结构

1) 市场销售子系统

市场销售子系统一般包括产品销售和服务。销售的事务处理主要是销售订货、广告推销等。作业控制包括销售的日常调度,销售数量按地区、按产品的定期统计分析。管理控制的主要活动是将销售情况与计划比较,分析偏差原因,采取措施保证计划的完成。这项活动要用到顾客、竞争者、产品、销售人员的有关数据。战略规划方面的活动是研究市场战略和开发新市场,有些要用到客户分析、竞争者分析、客户调查等信息以及收入预测、产品预测、技术预测等信息。

2) 生产制造子系统

生产管理的职能包括产品设计、生产设备计划、作业计划、质量控制等。典型的事务处理有根据成品订单分解为零部件需求及成品单、废品单和工时单的统计。作业控制要求将实际情况与计划相比较,找出薄弱环节,分析影响进度的难点。管理控制要求进行总进度、单位成本、单位工时消耗的计划比较。战略规划包括选用一些制造方法、自动化方法。

3) 采购管理子系统

采购管理包含在既保证生产又尽量减少库存资金积压的情况下,编制企业需要的采购计划;以及对采购订单、采购到货处理以及入库状况进行全程管理,为采购部门和财务部门提供准确及时的信息,并辅助管理决策。

4) 库存管理子系统

库存管理子系统负责各项单据输入、审核和账表查询,并针对企业存货的收发存业务进行核算,掌握存货的耗用情况,及时准确地把各类存货成本归集到各成本项目和成本对象上,为企业的成本核算提供基础数据。并可动态反映存货资金的增减变动,提供存货资金周转和占用的分析数据,为降低库存,减少资金积压,加速资金周转提供决策依据。

5) 财务管理子系统

财务管理包含财务会计和管理会计,二者有区别,又是相关的。财务会计主要完成企业日常的财务核算,并对外提供会计信息;管理会计围绕成本、利润和资本三个中心,分析过去、控制现在、规划未来,为管理者提供经营决策信息,并帮助其做出科学决策。

6) 人力资源子系统

人力资源子系统包括人员的录用、培训、考勤、考核、定级定薪、绩效管理等,人事记录的保存,工资发放,各项福利基金的提取和管理。主要记录和管理人员的各种信息以及相关信息的变动情况,并提供多角度的统计分析功能。

7) 决策支持子系统

决策支持系统是利用信息技术和决策分析方法,通过建立数据库和分析模型,向企业的决策者提供及时、可靠的财务和业务等信息,帮助决策者对未来经营方向和目标进行量化分析和论证,从而对企业生产经营活动作出正确的决策。

信息系统的逻辑结构定义为各种功能子系统的综合体,其中每个子系统又可划分为事务处理、作业控制、管理控制和战略规划四种信息处理部分。每个子系统有自己的专用数据库或文件,同时可以共享数据库中的数据,或调用公共服务程序。每个子系统可以独立运行,也可以与其他系统集成,通过接口实现子系统之间的联系。

从工作量来讲,事务处理的工作量最大,越往上工作量越小,到战略规划工作量最小。为反映这种工作量的变化,可把信息系统的结构表示成金字塔式,如图2.10所示。

3. 信息系统的物理结构

信息系统的物理结构是指系统的硬件、软件、数据等资源在空间的分布情况。单一地讨论硬件结构是没有意义的。因为硬件和软件是紧密相关、互相依存,所有计算机硬件设备作为信息系统组成成分的意义在于:设备上部署了要运行的软件部件。

物理结构分为集中式和分布式两大类。

集中式系统是将软件、数据和主要外部设备集中在一套计算机系统之中,采用集中计算模式。单机系统是典型的集中式系统。主机-终端(host-terminal)系统是由分布在不同地点的多个用户通过终端共享资源的多用户系统,计算能力集中于主机,也归类于集中式

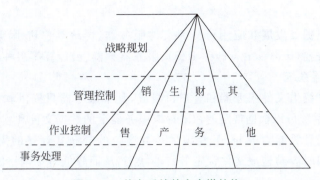

图 2.10　信息系统的金字塔结构

系统。主机-终端式结构如图 2.11 所示。主机通常指大型机或功能较强的小型机,主机上运行的是一个多用户、多任务和多进程的 UNIX 操作系统,而终端是一种由显示器、控制器及键盘合为一体的设备,它与我们平常指的 PC 的根本区别是没有自己的中央处理单元(CPU),也没有自己的内存,其主要功能是将键盘输入的请求数据发往主机(或打印机)并将主机运算的结果显示出来。采用这种计算模式的所有计算数据和程序都只能位于主机系统上,从而形成典型的"集中存储、集中计算"模式。

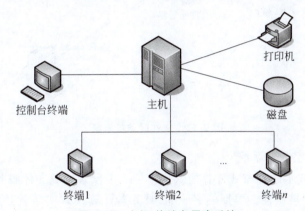

图 2.11　主机-终端多用户系统

集中式系统由于资源集中,便于管理,资源利用率高,网络总费用比较低。早期的管理信息系统多采用这种形式。随着系统规模扩大,用户数量和数据处理量急剧增长,集中式系统在业务高峰时期面临效率显著下降的问题,且资源过于集中,系统比较脆弱,主机一旦出现故障,可能使系统瘫痪。

分布式系统通过计算机网络把不同地点的计算机硬件、软件、数据等资源联系在一起,共同服务于一个目标。实现不同地点的资源共享,是这种系统的一个主要特征。各地的计算机系统(包括 PC)既可以在网络系统的统一管理下工作,又可以脱离网络环境利用本地资源独立工作,即整个系统具有分布式计算能力。网络上的计算机系统根据其运行的软件特点区分为客户机和服务器两大类。执行服务程序的计算机系统称为服务器,包括文件服务器、数据库服务器、打印服务器等。执行客户端应用程序的计算机系统称为客户机。用户执行客户机上的应用程序,当需要时客户端应用程序向服务器发送服务请求,服务器程序收到请求后执行有关操作,将经过加工过的信息返回给客户端应用程序,应用程序再将结果显示给用户。

分布式系统根据其发展和应用可分为文件服务器、传统客户机-服务器(client/server,C/S)、浏览器-服务器(browser/server,B/S)、服务器集群、云计算等多种模式。

1) 文件服务器系统

文件服务器系统由文件服务器和客户机组成,其中服务器只提供软件和数据的文件共享服务,各客户机系统可以根据规定的权限存取服务器上的数据文件和程序文件,见图 2.12。这种结构的分布式计算能力很弱,不能满足日益增长的分布式计算的需求,多用户同时对中央节点进行访问时容易造成文件锁定等待的状态,从而降低整个网络的性能。

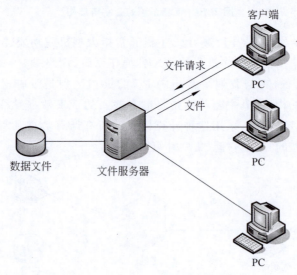

图 2.12 文件服务器系统

2) 传统客户机-服务器系统

客户机-服务器技术的分布式计算模式集中了大中型系统及文件服务器的优点,并有良好的系统开放性和可扩展性。早期的客户机-服务器计算模式实质就是将应用程序和数据存取分离开来的结构,例如大型数据库系统 Oracle、MySQL 等。客户端程序包括用户界面及部分业务处理逻辑,由按钮、菜单、窗口、数据输入验证、数据表格显示等元素组成的客户端窗口程序与数据库服务器进行交互,服务器端程序(如 Oracle 服务器)负责接收客户端请求,完成数据库的增删改查、触发器、存储过程等操作,并将操作结果反馈给客户端。由于硬件和软件分离为两层,也称为两层结构,如图 2.13(a)所示。该结构利用两层硬件环境减少网络开销,提高了网络利用率,数据处理的性能得到显著的提高,应用程序与数据的有效隔离也提高了系统可靠性。

但是客户端软件适用在局域网,主要的程序处理逻辑集中在客户端(胖客户端),需要获得安装程序在本地计算机安装客户端程序后才能运行使用。每次代码修改后,都需要更新或重新安装部署客户端程序,很不方便。

3) 浏览器-服务器系统

随着因特网(Internet)技术的流行,传统的 C/S 无法满足网络开放、互联、信息随处可见和信息共享的新要求,于是就出现了 B/S 模式。B/S 模式的特点是:用户可以通过客户端的 WWW 浏览器访问指定 Web 服务器上的资源(如指定网页),而每一个 Web 服务器又能与数据库服务器连接并进行交互,最终将数据以 HTML 的形式返回给客户端,通过浏览器展示给用户。客户端除了 WWW 浏览器,一般不需要其他用户程序,相对传统 C/S 模式,是一种瘦客户端模式。因为这种结构从软件上将界面、逻辑处理和数据进行了分离,所以硬件构成了三层的分布式结构,也称为三层结构,如图 2.13(b)所示。B/S 模式本质上仍然是一种客户机-服务器模式,因为对于数据库服务器,Web 服务器就是它的客户端。

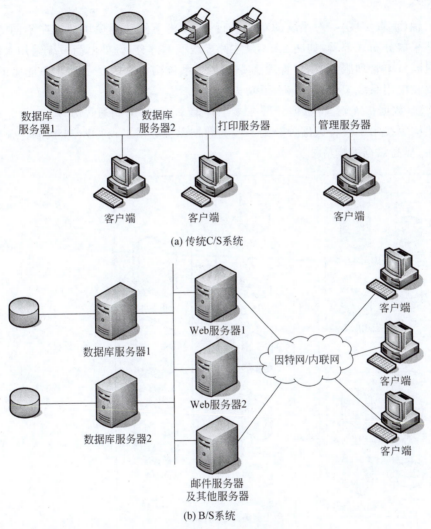

图 2.13 客户机-服务器系统

B/S 系统不需要安装专门的客户端程序,因此扩展方便,部署和使用简单。客户端的功能大大削弱,主要的应用逻辑和数据访问等功能都迁移到服务器端,对硬件要求较低。它的不足之处是,由于受限于浏览器程序的界面交互能力和频繁的页面刷新,造成用户体验较差,此外 B/S 系统的处理主要集中于服务器,当开发面向互联网的应用系统时,客户接入数量太大,服务器对资源消耗的快速增长会使服务器的性能面临严峻考验,使系统整体运行效率降低甚至崩溃。

4) 集群分布式结构

服务器端采用集群技术可以将一组服务器连接起来共同工作，从而实现高扩展和高性能，如图 2.14 所示。服务器集群的分布式架构能够应对高并发场景，保证系统稳定运行。在负载超出范围后，可支持以下多个维度的扩展。

- X 轴（水平扩展）。服务器应用可以复制多个实例分布到不同的硬件节点上，共同提供 Web 响应、数据库访问等服务，依靠基础设施的扩展即可达成，如图 2.14 的中间部分。
- Y 轴（垂直扩展）。对系统的功能进行分解，将不同功能模块部署在不同的进程中，并采取分布式部署，如图 2.14 最左侧虚线框的部分，例如电商系统采用微服务架构封装订单管理服务、用户管理服务等多个系统构件。这是一种业务能力的扩展，需要在应用系统架构设计层面下功夫。
- Z 轴（数据扩展）。将数据分散在多个存储单元中，例如通过分库分表、分布式主从架构等技术手段将数据分散到不同的数据库服务器上，利用同步机制保证数据一致性，提高数据的响应能力。

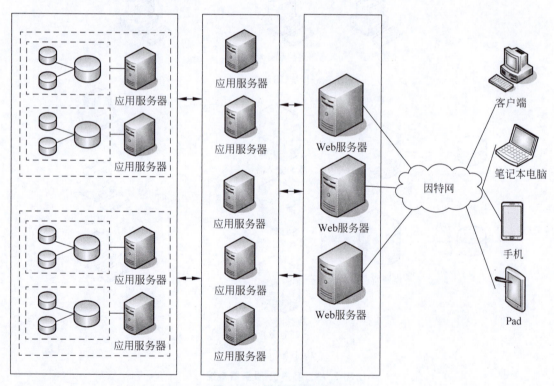

图 2.14 服务器集群系统

有关集群分布式结构更进一步的讨论参见附录 A。

从目前大数据发展势头看，未来企业和社会将面临众多大规模的分布式环境，企业在控制成本且自身技术储备不足的情况下，可以选择云计算模式。云计算平台由服务器集群组成，可为企业创建高性能、高可用的应用提供存储与计算服务。相关介绍参见 15.5.3 节及 15.5.4 节。

2.4 信息系统分类

信息系统的概念是不断发展的,整个发展过程中出现的有关名词和概念层出不穷,有些概念存在交叉,如何对它们进行分类是个难题。有的观点认为应该从时间、技术、组织、管理职能等多个维度来分别讨论。为简洁起见,本书选择按照技术发展和管理应用两个方面来进行介绍。

2.4.1 按技术发展分类

根据技术发展来对信息系统进行分类结合了时间和技术两个维度,一般认为信息系统的发展已经经历了数据处理系统、管理信息系统、决策支持系统、主管支持系统、商务智能系统、大数据及人工智能系统六个阶段。

1. 数据处理系统

数据处理系统(electronic data processing system,EDPS)是信息系统的初级阶段,起步于20世纪50年代,成熟于20世纪60年代。早期的数据处理系统主要用来处理日常交易数据,产生各种报表,重点在于实现手工作业的自动化,提高工作效率,也称为事务处理系统(transaction processing system,TPS)。其主要功能是:记录和保存精确数据,检索数据,计算,产生报表和账单。这类系统的特点有:支持日常运作,重复性强,逻辑关系比较简单,精度要求高。一个典型的例子是美国某航空公司20世纪50年代建立的 SABRE 预约订票系统。该航空公司在世界各地有 1008 个订票点,可以预订近千个航班的 7.6 万个座位。在系统建立前,各订票点按一定比例分配座位,由于各订票点彼此不联系,航班载客率很低。为了改变这种状况,公司利用计算机和已有的通信设备建立了 SABRE 系统。它能存取 60 万个旅客记录和 2.7 万个飞行段记录,可以实现数据的自动更新和自动调节,分配各预约点之间机票的余额。系统的建成使该公司航班满座率大大领先于其他航空公司,带来了巨大的经济效益。这样一个系统,数据量很大,操作也很复杂,但它只是反映最新状态,没有预测和控制功能,不能改变系统的状态,例如不能告诉以现在的售票速度何时可将余票售完,从而应采取何种措施补救。这类系统安全性比较差,无法防止犯罪活动。

2. 管理信息系统

20世纪70年代初,随着数据库和管理科学方法的发展,在数据处理系统的基础上,管理信息系统(management information system,MIS)逐步成熟起来。具有统一规划的数据库是管理信息系统成熟的重要标志。管理信息系统有两个重要特点:一是高度集中;二是利用定量化的科学管理方法支持管理决策。中心数据库标志着信息已集中成为资源,供各种用户共享。最初人们设想管理信息系统是一个高度一体化的系统,能处理所有的功能。实践中人们认识到这种高度统一的系统过于复杂,难以实现。人们根据总体规划,开发了一个个子系统,而管理信息系统是一些相关子系统的联合。

3. 决策支持系统

决策支持系统(decision support system,DSS)是20世纪70年代提出的概念。它的特点在于以交互方式支持决策者解决半结构化的决策问题。决策支持系统不强调全面的管理功能。

决策支持系统的组成部件包括模型库管理系统、数据库管理系统、知识库管理系统、方法库管理系统及人机交互界面,概念模型如图 2.15 所示。

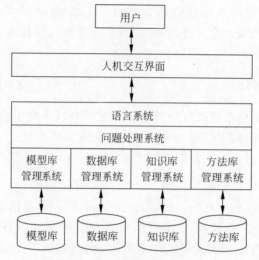

图 2.15　DSS 的概念模型

结合计算机网络技术构成的,提供异地决策者共同参与进行决策的是群体决策支持系统(group decision support system,GDSS)。在 GDSS 的基础上,为了支持范围更广的群体,包括个人与组织共同参与大规模复杂决策,人们又将分布式的数据库、模型库与知识库等决策资源有机地集成,构建分布式决策支持系统(distributed decision support system, DDSS)。现代决策支持系统结合了数据仓库、联机分析处理、机器学习等技术,形成了以数据驱动的智能决策支持系统(intelligent decision support system,IDSS)。

DSS 面向决策者。它的输入和输出、起源和归宿都是决策者。决策支持的概念强调"支持"而不是"代替"。人才是决策的主体,DSS 的所有组成部件力求为决策者扩展决策能力,而不是取而代之。

DSS 将决策过程进行了泛化,而专家系统(expert system,ES)则侧重将某一专门领域的知识装入知识库实现自动工作,例如疾病自动诊断系统。因此 DSS 强调通用性,而 ES 一般是专用的。

4. 主管支持系统

随着信息时代来临,企业高层经理更加倚重于信息系统来快速获取企业内部信息和外界信息,帮助他们了解业务状态,并对竞争对手、客户和目标市场进行分析比较。20 世纪 80 年代,主管信息系统(executive information system,EIS)应运而生,至 20 世纪 90 年代开始进入应用,之后业界倾向于使用主管支持系统(executive support system,ESS)这种说法。主管支持系统是服务于组织中高层经理的一类特殊的信息系统,可以迅速和方便地以图文表格等多种形式提供组织的内外部信息,为高层经理的通信、分析、决策、组织等工作提供全方位的支持。

5. 商业智能

商业智能(business intelligence,BI),又称商业智慧或商务智能,指综合运用现代数据仓库技术(data warehouse)、联机分析处理技术(online analytical processing,OLAP)、数据挖掘(data mining)和数据展现技术进行数据分析以实现商业价值。商业智能的概念提出于1996年,它不是来自于某个标志性的新技术发明,它是由改善业务决策这一企业管理目标驱动的产物,因此商业智能常常被认为是融合了多种数据处理技术的解决方案。

商业智能系统的组成部件包括:用户,企业数据,数据库、数据仓库、数据集市等技术基础架构,商务分析工具集,交互系统及用户界面。核心功能有数据预处理、数据仓库、用户仪表盘、企业报表、在线数据分析等。

商业智能能够辅助的业务经营决策,既可以是操作层的,也可以是战术层和战略层的。商业智能的运作流程是:首先从多个不同的企业运作系统的数据库中提取出有用的数据并进行清理。然后经过抽取(extraction)、转换(transformation)和装载(load),即ETL过程,合并到一个企业级的数据仓库里,从而得到企业数据的一个全局视图。在此基础上利用合适的查询和分析工具、数据挖掘工具、OLAP工具等对其进行分析和处理。最后通过仪表盘和报表等形式将分析结果呈现给用户,使企业的各级决策者获得知识或洞察力,为决策过程提供支持。

6. 大数据与人工智能系统

到目前为止,大数据与人工智能系统是信息系统发展的最新阶段。为了表述简便,传统信息系统引入大数据与人工智能后简称为数智化,基于大数据的人工智能应用称为数据智能系统(data intelligence system,DIS)。数据智能系统并不是全面取代传统的信息系统,有可能是原信息系统某个功能的高阶智能化,也可能是新构建的智能决策子系统。

数据智能研究的内容包括:数据驱动与知识引导相结合的人工智能新方法,以自然语言理解和图形图像为核心的认知计算理论和方法,综合深度推理的人工智能理论与方法,数据驱动的通用人工智能数学模型与理论等。

数据智能系统是以数据分析和客户洞察作为引擎,利用大数据、影图识别、声音识别合成、自然语言理解等人工智能技术,形成从大数据到知识、从知识到决策的能力。结合云网络通信技术和物联网(internet of things,IoT)技术,对企业原有的运营模式和客户体验进行改造,提升信息系统智能化水平,将广泛应用于智能制造、智能医疗、智慧城市、智能农业、国防建设等领域。

2017年7月8日,国务院发布了我国《新一代人工智能发展规划》。规划中指出人工智能作为新一轮产业变革的核心驱动力,将进一步释放历次科技革命和产业变革积蓄的巨大能量,并创造新的强大引擎,重构生产、分配、交换、消费等经济活动各环节,形成从宏观到微观各领域的智能化新需求,催生新技术、新产品、新产业、新业态、新模式,引发经济结构重大变革,深刻改变人类生产生活方式和思维模式,实现社会生产力的整体跃升。

以物流系统举例说明。变革后的智能物流系统有以下典型工作流程:①在装卸搬运、分拣包装、加工配送等物流装备中配备传感器和摄像头等各类物联网设备;②物联网设备将源源不断发送数据给数据处理中心;③数据处理中心利用工具过滤掉无效数据后,聚焦于有效数据完成计算和分析;④基于数据深度感知能力,结合远程控制,就能实现智能配货、调度、运输,提供物流管理的优化、预测和决策支持,提升物流运营管理水平和效率。

由以上介绍可知,信息系统的技术是从解决结构化问题逐步向解决半结构化和非结构化问题发展的。结构化问题是指建立在清楚的逻辑基础上的决策问题,这类问题可以由计算机通过固定程序解决;非结构化问题是没有明确规则和方法的决策问题。解决非结构化问题时,决策者往往凭自己的经验、学识和创造力做出直觉判断,或用探索法、经验规则和反复试验的办法做出决策。管理者所面临的许多问题,既不是绝对的结构化决策,也不是完全的非结构化决策,而是介于二者之间的所谓"半结构化问题"。对于这类问题,可以采用人机结合的解决方式。解决不同问题可以使用不同的信息系统,如表 2.3 所示。

表 2.3 结构化问题与非结构化问题

问题类型	解决方法	
	传 统 方 法	现 代 方 法
结构化问题	(1) 习惯 (2) 标准作业规程 (3) 适当的组织机构	(1) 数据处理系统(EDPS/TPS) (2) 管理信息系统(MIS,包括各种管理科学方法)
半结构化问题及 非结构化问题	(1) 判断力、直觉 (2) 经验规则 (3) 选拔训练管理人员	(1) 决策支持系统(DSS) (2) 专家系统(ES) (3) 主管支持系统(ESS) (4) 战略信息系统(SIS) (5) 商业智能系统(BI) (6) 数据智能系统(DIS)

还应指出,对问题的划分不是绝对的。它反映了人们对所决策问题的认识程度,随着人们对该问题认识的不断深化,非结构化问题可转化为半结构化问题,进而转化为结构化问题。

2.4.2 按管理应用分类

信息系统自 20 世纪 70 年代后广泛应用于各行业的管理工作中,试图帮助人们实现管理自动化。一些典型的应用系统经过多年实践的总结和演化,不但形成了成熟的软件产品,而且在相关领域发展出一套先进的管理理念和方法,得到大规模推广应用,例如企业资源计划(enterprise resource planning,ERP)、客户关系管理(customer relationship management,CRM)、供应链管理(supply chain management,SCM)、电子商务(electronic commerce,EC)、社会化媒体系统、内容管理系统(content management system,CMS)等。

1. 企业资源计划

企业资源计划是建立在信息技术基础之上,利用现代管理思想,全面集成组织所有资源信息,为组织提供决策、计划、控制和经营业绩评估的全方位和系统化的管理平台。可以从两个角度理解 ERP 概念:首先它是指由高德纳咨询公司(Gartner Group)提出的一整套企业管理系统体系标准,其核心是制造资源计划(manufacturing resource planning,MRPⅡ);其次,它是指利用计算机技术实现该管理体系的信息系统。

ERP 起源于 20 世纪 60 年代出现的物料需求计划 MRP(material requirement

planning)。MRP 是一种以计算机为基础的生产计划与控制系统。MRP 的基本思想,是以最终产品的主生产计划(master production schedule,MPS)和其他需求出发,根据组件之间的依赖关系,逐层向下计算出各种组件的需求数量和需求时间,确定各种物料的订货时间和数量,以及生产和加工的时间。其最主要的组成部分是主生产计划、物料清单(bill of material,BOM)和库存记录(inventory record),如图 2.16 所示。

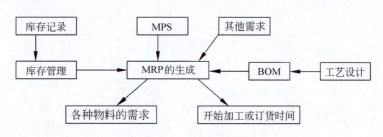

图 2.16　MRP 系统

20 世纪 70 年代,MRP 系统发展成为闭环 MRP 系统。闭环 MRP 系统除物料需求计划外,还将生产能力需求计划(capacity requirement planning,CRP)、车间作业计划和采购计划纳入 MRP 中,从而形成一个完整的生产计划与控制系统,如图 2.17 所示。

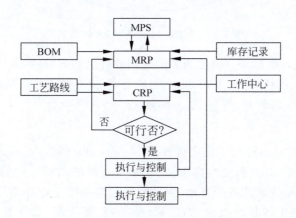

图 2.17　闭环 MRP 系统

闭环 MRP 系统使生产计划的各种系统得到统一。但是,在企业的管理中,物流只是一个方面,企业的经营状况要靠资金流表现出来。人们希望在管理物料的同时处理财务信息。这样,库存记录可以反映资金占用情况,物料清单可以用于成本核算,对采购及供应商情况可以建立应付账,对成品销售可以建立应收账,等等。这样把物流与资金流结合起来,形成生产、销售、财务、采购等紧密结合的完整经营生产信息系统,实际上涵盖了生产制造活动的各种资源,称为制造资源计划(manufacturing resources planning),其缩写也是 MRP,为与物料需求计划相区别,将其缩写为 MRP Ⅱ。它以计划安排生产为主要内容,以经营规划、生产规划、主生产计划、能力需求计划、标准成本计划、生产监控为中心,对整个企业的生产制造资源进行全面规划和优化控制,把生产、供应、销售、财务等生产经营活动连成一个有机整体,形成一个包括预测、计划、调度、监控的一体化闭环系统,提高了生产计划的可行性、生产能力的均衡性、生产控制的可靠性,使企业适应多变的市场需求。据统计，实施 MRP Ⅱ 可使企业增加利润 2%～3%，减少库存 20%，且制品占用资金下降 20%～30%。

企业资源计划(enterprise resource planning，ERP)是 MRP Ⅱ 的进一步发展。ERP 的管理范围包括了企业的各个方面，包括质量管理、实验室管理、流程作业管理、配方管理、产品数据管理、维护管理和仓库管理等。MRP、MRPⅡ、ERP 涵盖关系如图 2.18 所示。在应用行业上 MRPⅡ 局限于传统制造业，而 EPR 可应用于金融业、通信业、零售业、高科技产业等。

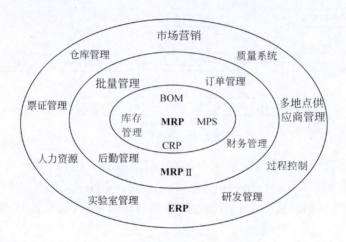

图 2.18　MRP、MRP Ⅱ、ERP 的关系

ERP 迄今尚无统一的标准。国际著名的应用软件公司 SAP 的 R/3 系统包括下列的主要模块：销售与分销、物料管理、生产计划、质量管理、工厂维护、人力资源、工业方案、工作流程、项目系统、固定资源管理、控制、财务会计。

2. 供应链管理

20 世纪 80 年代就已经提出了供应链管理(supply chain management，SCM)概念，但当时没有引起关注。随着 ERP 系统的应用，它才注入了新的内涵。我们知道 ERP 系统的管理范围包括了企业内部管理的各个方面，但并没有过多考虑企业外部环境。以制造业 ERP 为例，整个商品供应链中的其他机构(如厂家、分销商、零售商、最终客户等)并没有全部纳入 ERP 系统的视线，这时供应链上任何一个环节的信息传递太慢或错误，都会造成生产或订单的延误。

供应链管理就是这样一种供应链集成的管理思想和方法，它是指利用计算机网络技术，全面规划供应链从供应商到最终用户中的物流、信息流、资金流，并进行计划、组织、协调与控制。SCM 表现出企业在战略和战术上对企业整个作业流程进行整合优化，改善了供应商、制造商、零售商的业务效率，使商品能以正确的数量、正确的品质、正确的地点、正确的时间、最佳的成本进行生产和销售。

SCM 是涉及与供应链相连的所有相关节点、部门和人员的集成化管理，它的基础是合作的思想。实现 SCM 的关键之一在于如何全面、有效地共享供应链上各节点企业的信息；关键之二在于如何有效利用供应链各个节点所共享的信息。SCM 可以看作是对 ERP 的扩展。例如，增强 ERP 中销售和采购职能实现与外部供应链的信息交换。SCM 也可以看作和 ERP 互补，例如 ERP 通过 SCM 从外部供应链上获取信息，SCM 又必须从 ERP 系统获取必要的库存和生产等方面信息与外部交换。今天的 ERP 系统一般已经将 SCM 功能纳入其中。

3．客户关系管理

当以产品为中心和以市场为中心的营销理念逐步被以客户为中心的营销理念所代替时，传统的营销流程和管理手段严重落后，为了适应这一变化，1999 年 Gartner Group 提出了客户关系管理（customer relationship management，CRM）的概念。CRM 是一种以客户为中心的管理思想和经营理念，是一种旨在改善企业与客户关系的新型管理机制，目标是通过提供更快速和周到的优质服务保持更多的客户，并通过对营销业务流程的权责管理来降低产品的销售成本。同时它又是以多种信息技术为支持手段的一套先进管理软件和技术，它将最佳的商业实践与数据挖掘、数据仓库、销售自动化及其他信息技术紧密结合在一起，为企业的销售、客户服务和决策支持等领域提供一个自动化的业务解决方案。

客户关系管理的基本内容可以归纳为三个方面：市场营销中的客户关系管理、销售过程中的客户关系管理、客户服务过程中的客户关系管理。在市场营销过程中需要分析目标客户群体，以进行精确的市场投放，还要根据与市场活动相关联的回款记录及活动成本统计出市场活动的效果，分析每一次市场活动的投入产出比。销售环节主要包括潜在客户、客户、联系人、业务机会、订单、回款单、报表统计图等模块。业务员通过记录沟通内容，建立日程安排，查询预约提醒，快速浏览客户数据，有效地缩短了工作时间，而大额业务提醒、销售漏斗分析、业绩指标统计、业务阶段划分等功能又可以有效帮助管理人员提高整个公司的成单率，缩短销售周期，从而实现最大效益的业务增长。客户服务主要是用于快速及时地获得问题客户的信息及客户历史问题记录等，这样可以有针对性并且高效地为客户解决问题，提高客户满意度，提升企业形象。

为了满足以上客户关系管理的需求，一个 CRM 系统（CRM 软件）通常会包括营销模块、销售模块、客户服务模块、呼叫中心模块、统计分析模块、决策支持模块和电子商务模块，如图 2.19 所示。

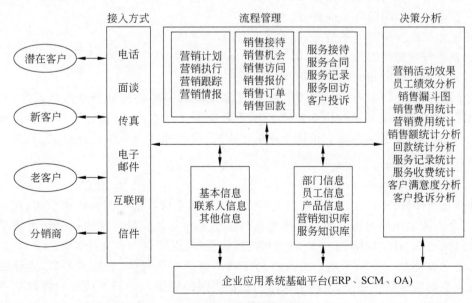

图 2.19　CRM 模块结构

这里要特别说明一点，由图中可看到企业的 CRM 系统、ERP 系统、SCM 系统、OA 系统等应用系统可以实现紧密集成。由于历史原因企业在进行信息系统建设时不可能进行全盘规划和一次建成，因此，不同阶段不同技术的应用系统的集成是所有企业面临的重大难题。企业应用集成(enterprise application integration，EAI)是将基于各种不同平台、用不同方案建立的异构应用集成的一种方法和技术，能完成企业内部系统之间无缝共享和交换数据的需要，从而保护已有投资，提高运作效率。

4. 电子商务

所谓电子商务，是指对整个贸易活动实现电子化。从功能上看，电子商务包括以下几个方面。

(1) 广告宣传。利用因特网上的主页和电子邮件在全球范围内做广告，比传统的媒体广告成本更低，信息量更大。

(2) 咨询和洽谈。利用因特网提供的多种信息交流方式，了解行情，获取商品信息，进行交易洽谈，不但突破了时间限制，而且获得比传统方式更有真实感的信息。

(3) 产品订购。利用电子邮件和因特网动态网页，可以实现实时的订购。

(4) 货币支付。可以采用信用卡、电子货币、智能卡等多种方式实现网上支付，货款支付更灵活方便，资金周转率更高。

(5) 电子账户管理。网上货币支持要有电子化的金融系统支持，电子账户管理是它的基本组成部分。

(6) 商品查询。对于一些信息产品，还可以通过网络传送。

(7) 用户意见征询。收集客户对产品、服务等方面的反馈意见。

(8) 交易活动管理。交易活动的管理是一种全程管理，涉及人、财、物、信息诸方面，涉及企业与客户、企业内部的协调，还涉及法规、税务等方面。

根据交易对象划分，电子商务有以下几种类型：

- 企业对企业间的电子商务，即 BtoB。
- 企业与顾客间的电子商务，即 BtoC。
- 顾客与顾客间的电子商务，即 CtoC。
- 企业与政府间的电子商务，即 BtoG。
- 消费者与政府间的电子商务，即 CtoG。

电子商务最重要的一个特征，是用信息流来反映和引导物流和资金流。因此，电子商务的出现，将引起物流系统和资金流系统的重大变革。从本质上讲，它不仅是一种新的贸易形式，它是一种业务转型。它正从企业运作模式、政府和社会组织运作模式、教育及娱乐方式等各个方面改变人们的交往和生活方式。

5. 社会化媒体系统

社会化媒体(social media)是通过人与人之间的联系而产生出的新媒体形式，在社会网络中，每个人或组织同时扮演着信息传播者与接受者的角色。最常见的社会化媒体系统是博客、微博、论坛、社交网络、维基百科、播客、虚拟会议、点评或内容类社区等。

社会化媒体是一种给予用户极大参与空间的新型在线媒体，它形式多样，能够激发感兴趣的人主动地贡献和反馈，模糊了媒体和受众之间的界限。不同于传统的媒体的单向流通，社会化媒体的优势在于，内容在媒体和用户之间是双向传播，形成了一种快速扩散的交流方式,使得交流更充分、更有互动性。

社会化媒体不仅仅停留在信息传播和社交层面,它还可以充当网络营销的工具,政府和企业通过抽取有价值的信息还可以进行舆情监测和分析,都能达到意想不到的效果。社会化媒体营销就是利用社会化媒体平台来传播和发布资讯,从而形成营销、销售、公共关系处理和客户关系服务维护及开拓。例如,基于"微信"这一社交媒体平台有微店、企业公众号、微信小程序等。

6. 其他信息系统

办公自动化系统(office automation system,OAS)是利用信息技术提高办公效率,进而实现办公自动化处理的系统。办公自动化系统一般具有文档管理、日程安排、日常事项审批、电子邮件、语音信箱、数字化传真和电视会议等功能。

地理信息系统(geographic information system,GIS)是在信息技术支持下,对整个或部分地球表层(包括大气层)空间中的有关地理分布数据进行采集、存储、管理、运算、分析、显示和描述的系统。地理信息系统处理和管理的对象是多种地理空间实体数据及其关系,包括空间定位数据、图形数据、遥感图像数据、属性数据等,用于分析和处理在一定地理区域内分布的各种现象和过程,可以解决复杂的规划、决策和管理问题。

内容管理系统(content management system,CMS)是协助组织和个人,借助信息技术,实现内容的创建、存储、分享、检索、利用,达到信息重复利用以及信息的增值利用的系统。这里指的"内容"可以是文本、图形图像、Web 页面、业务文档、数据库数据、视频、声音、XML 文件等。应该说,内容是一个比数据、文档和信息更广的概念,是对各种结构化数据、非结构化文档和信息的聚合。

2.5 信息系统与组织

信息系统在组织中的应用经历了一个逐步深入的过程,其中一个显著的特点就是信息系统不再仅仅支持事务数据的简单处理,辅助实现管理的自动化,而是成为大多数业务过程中的重要组成部分,成为支持企业战略目标实现的重要工具,在很大程度上改变了企业运作的方式。

2.5.1 信息系统在组织中的地位

本书讨论的组织指的是狭义的社会学领域中的概念,简单地说就是人及其相互关系组成的社会实体,例如企业、政府机构、学校和公益团体等。信息、管理和信息系统三者的关系可以这样理解:信息是主体,管理是目的,信息系统是手段。三者的关系围绕组织来展开就是:信息反映了组织内部和外部相关组织的各种资源、关系和活动状态;管理是组织利用信息从事协调、控制以达成组织目标的活动过程;信息系统是对组织管理职能的技术支持系统。

信息社会时代的到来,改变了组织的商务和竞争环境,信息技术对组织的渗透和融合使得信息系统在组织中已经占据了重要的地位,成为组织获取和保持竞争优势的根本手段之一。从这个意义上说,信息系统战略构成了现代组织战略不可分割的一部分。

认识信息系统在组织中的地位和影响,需要考察企业自身的特点及其战略目标。对某些企业来说,信息系统对企业的生存是至关重要的,信息管理中的一个细微的质量问题或短暂服务中断都将带来严重的后果。而对其他一些企业来说，信息系统的应用为企业管理运作带来了便利和帮助，但并非是战略性的。学者们根据信息系统在企业中的地位差别，总结了以下四种类型。

1. 战略型

信息系统具有战略地位的企业利用信息技术赢得竞争优势。例如大型零售企业沃尔玛、著名物流企业联邦快递等，信息技术是这些企业核心竞争力的一部分，企业目标的实现依托于信息技术与信息系统。而那些完全建立在新技术和"新经济"之下的组织，如谷歌(Google)、阿里巴巴、携程商务等，这类组织的使命与目标直接与信息技术紧密关联，其生存和发展完全依托于信息技术。

2. 转变型

处于转变型定位的企业并不完全依赖于不中断的、快速响应的和有效成本下的信息技术来实现运作目标。但是对于这些企业来说，新的应用信息技术和信息系统应用对实现企业战略目标来说是绝对必需的。例如某些快速发展的制造公司已经将信息系统应用到生产制造、市场营销和财务会计等环节。随着产品、工厂、国际分支机构、员工等数量的快速增长，公司的运作、管理和产品研发都将遭遇瓶颈，处于转型期的企业需要设计和实施新的信息架构才能摆脱各种困境，进而提高管理水平和效率，降低运营成本。一旦新项目得以实施，信息技术将逐步转变为公司未来成功的战略性支柱。

3. 工厂型

这类企业非常依赖低成本高效率的信息技术支持，信息技术已经是企业顺利运作的保障。信息系统的停工会导致主要部门运营的停顿，造成顾客流失和资金的严重损失。然而信息系统的应用虽然能带来丰厚的利润，但终究成为不了企业的核心竞争力，例如传统的银行业。

4. 支持型

支持型定位是指信息系统对企业当前运作和未来战略的影响不大，即使企业有信息系统，也只是些低层面的应用，可以实现简单和零散的事务支持。如果信息系统发生运行故障甚至实施失败的话，对公司业务的继续运作不会造成很严重的影响。与上述三种类型相比较，信息技术在企业中的地位低很多。但通过应用一些新的信息技术，如移动办公、论坛微博等系统改善人员沟通和知识共享，激发员工创新业务模式，一定程度上可以促使信息系统的定位由支持型向转变型演化。

信息系统在企业中的地位并不是一成不变的。例如在沃尔玛成功之前，信息系统在大多数的零售业中属于"支持型"地位。沃尔玛却一直紧跟新技术潮流，1983年将条形码扫描系统应用到了整个连锁商店系统，1987年安装专用卫星通信系统，实现总部、分销中心、零售店之间双向声音和数据的传输。短短数年，信息技术让沃尔玛异军突起，成为零售业的领头羊，带动信息系统在该行业从支持型地位转变到了战略型地位，同类企业如果不完成这一转变，只有被激烈的市场竞争所淘汰。

2.5.2　信息系统对组织的影响

信息系统带来了组织结构和行为的变化。它使得组织结构趋于扁平，促使领导职能和管理职能发生转变,并改变了员工完成日常工作的基本手段,形成了更高程度的流程化和制度化。

信息系统应用对组织的重大影响体现在以下两个方面。

1. 促使组织结构的扁平化、虚拟化

传统的组织结构大多是集权式金字塔形的层次结构,各种命令和反馈信息需要层层转达,常常出现决策延滞的现象。通过使用信息系统,高层领导可以方便地得到详尽的基层信息,许多决策问题也不必再由上层或专人解决,经营分析和管理决策能力也得到增强,因此,对中层及基层的管理人员的需要将会减少。这种趋势导致企业决策权力向下层转移并且逐步分散化,从而使企业的组织结构由原来的金字塔形向组织结构扁平化发展。扁平化的组织结构具有更高的灵活性和更快的反应能力。

随着互联网络的发展和移动通信的普及,人们能够超越组织内外进行无边界的交流,例如管理人员可在旅途中处理公务,不同地域的团队成员可以协同办公,互不相识的人们组织团购,由此出现了虚拟办公室、虚拟组织这样的新型组织结构。

2. 促进管理变革和创新

由于企业外部环境等众多因素的快速变化,信息系统要解决的不只是使用计算机替代人工活动,实现简单的效率改善的问题,而应考虑运作方式及管理过程等的彻底重新设计,更深层次地促进企业运作方式和管理过程的变革,这就是企业过程重组(business process reengineering,BPR)。企业管理改革的一项基础性工作就是对传统的企业流程进行改造,打破职能分割,提高流程的效率、效益与灵活性,实现企业的生产与服务过程的柔性化以及个性化,支持规模化生产向定制化服务的转变,信息系统正是实现这一目标的重要手段。

在新一代信息技术的冲击下,信息系统不断升级改造促使企业积极进取,同时企业也面临着外界环境不确定性和竞争的压力,迫使企业在业务经营方向、运营模式及其相应的组织方式、资源配置方式上发生整体性转变,通过转型升级重塑竞争优势。例如制造型企业从产品制造商转型为服务运营商,通过产品与客户建立一种强关系,成为24小时在线并能了解、预测、满足客户需求的服务运营商,为客户提供增值服务,提升价值。陕西汽车控股集团有限公司就是在行业同质化竞争加剧和订单锐减情况下,基于客户买车、用车、管车一系列的服务需求驱动,从单一的提供车辆转变为提供全生命周期服务,通过车联网服务系统、汽车保险保理金融服务、养车托管服务、二手车平台等信息系统,实现了转型升级,服务性产品的利润贡献率达到了15%。

除此之外,从经济学的角度分析其对组织的影响还包括:缩减人力资源成本,降低交易成本,减少库存积压,提高客户满意度等。

当然也不能一味只看到信息系统积极影响的一面,还应注意到信息系统应用对组织造成的负面影响,例如人们感情交流的减少,失业率的增高,信息安全问题日趋严峻,以及更具隐蔽性的计算机犯罪和人文关怀缺失等问题。如何降低负面影响可以从健全企业管理体制、新技术应用和开发等多个途径寻找对策。

2.6 信息系统的发展趋势

2.6.1 影响信息系统发展的因素

1. 信息技术的发展

信息技术是信息系统发展的第一推动力,具体体现在信息采集、传输、存储、处理、使用和维护等信息系统功能中。

在信息的采集环节,经历了从手工输入到自动采集的飞跃。例如超市系统通过条码扫描仪读取商品信息,智能交通管理系统利用视频监控技术和图像处理技术自动识别车牌号,气象部门通过传感器技术自动采集温度、湿度、风力、污染物指数等气象环境数据等,在这个万物互联的时代,数据几乎复制了现实世界,即所谓的"数字孪生"。

在信息传输方面,多媒体网络、高速宽带网络、高可用性网络、无线网络、移动互联网、5G 通信等为信息系统提供了便捷高效的网络环境。

在信息存储及处理方面,分布式文件系统、分布式数据库、高可用性存储设备、大数据处理框架、人工智能等不断提升数据管理的容量和质量,一切业务都可被数据化。联机分析处理、个性化技术、移动互联网、物联网等使信息的使用范围和效果大大增强。例如通过联机分析处理,公司管理层可以在客户端实时获得产品在不同地区、不同人群、不同时间的销售分析报告;利用数据挖掘技术,电子商务系统可以向个人提供个性化商品推荐等。

2. 管理思想的发展

管理思想为信息系统发展提供理论基础。信息系统中信息收集、传递、加工和信息输出方式都与管理方法、管理体制密切相关,任何一种信息系统都是其具体管理思想的缩影。随着以消费者为导向的市场机制的形成,企业间的竞争日益激烈。质量、速度、成本和特色已成为企业存亡的关键因素,于是诞生了许多新的管理思想——全面质量管理、精益生产、敏捷制造、供应链管理等,这些思想为信息系统的开发和应用提供了基本的理论。同时各种数学决策模型和人工智能算法模型又为信息系统提供了计算机实现的算法基础。

3. 竞争环境的变化

随着全球经济一体化和竞争的加剧,产品同质化的趋势越来越明显,产品的价格和质量的差别不再是企业获利的主要手段。企业认识到满足客户的个性化需求的重要性,甚至能超越客户的需要和期望。以客户为中心、掌握客户呼声和需求、对不断变化的客户期望迅速做出反应的能力成为企业成功的关键。市场竞争也从过去单个企业间的单打独斗转变为供应链之间的整体较量。在以供应链为竞争单位的市场环境中,供应链成员形成一种合作-博弈关系,整体利润是不固定的,供应链各方的协同努力将导致利润之和增加,通过交流和合作,不仅可以增加自身的利润,还会提高关联方的利润,达成供应链成员的多赢局面,保证供应链各方的交流畅通、互享信息、协作共赢。

自 21 世纪以来,数字原生企业以及互联网企业对传统的市场规则和边界产生冲击,例如外卖平台对于传统餐饮行业、共享单车对于品牌自行车厂家、自媒体及直播平台对于传统媒体等,有些是颠覆性的跨界冲击。就像我们常说的"打败柯达的不是乐凯胶卷,而是数码照相机"。同理,康师傅方便面在某个时间段销量急剧下滑,打败它的并不是统一方便面,而是外卖平台。

以上事例说明,在新的竞争环境下要提高企业价值和竞争力,信息技术和信息系统是必不可少的利器,并且占据核心地位。

2.6.2 发展趋势

从 2.4 节介绍可以看出,随着技术发展,信息系统的概念及其应用发生了很大的变化。早期数据处理和管理信息系统的重心是解决企业基层业务的信息化,着眼于减少重复劳动,提高工作效率。随着决策支持系统、战略信息系统、商务智能、人工智能等概念的提出,彼时信息化建设已席卷整个企业,于是重心开始转向支持管理决策,支持和实现企业实现竞争优势。当各行各业信息系统应用了几十年后,持续不断积累的数据已成为企业的重要资产,同时数字技术与实体经济深度融合,数字化应用潜能迸发释放,全球数字经济规模不断扩张,我国 2019 年数字经济占国民生产总值的比重已高达 36.2%,在国民经济中的地位进一步凸显。新形势下,重点在于加速实现数据要素的价值化,通过数据全面深度应用实现数据驱动业务,进一步利用数字化技术帮助企业进行业务重塑和转型。

我们知道,最新的数字化技术包括无处不在的传感器、嵌入式终端系统、智能控制系统和通信设施,已形成一个智能网络,使人与人、人与机器、机器与机器以及服务与服务之间能够实现万物互联。在这样一个全连接的数字化图景下,数字化企业呼之欲出。数字化企业将实现敏捷运营,快速感知企业内外部信息,具有市场洞察能力和快速响应能力,并创建以客户体验为中心的运营模式。

信息系统已发展到企业数字化转型(digital transformation)的最新阶段。在这一阶段,企业应利用数字化技术完成以下四个方面的转型。

(1) 利用数字技术打破边界,重构客户体验旅程,让客户和企业发生的需求、交易、体验全面提升。

(2) 重构企业的制造和业务管理流程,通过智能数据分析对企业内部资源重新整合配置,让企业的运营效率、决策准确度大幅度提升。

(3) 重构企业的产品和服务的创新流程。

(4) 组织层面的变革,新的数字化时代需要创新的组织方式和机构工作流程。

而企业数字化转型的目标是实现全面智能化,图 2.20 以一个制造业为例说明了覆盖整个企业范围的创新领域和智能业务。

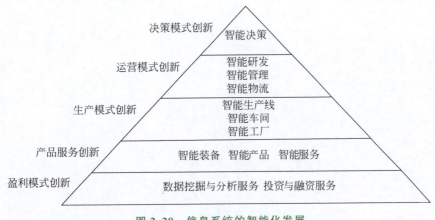

图 2.20　信息系统的智能化发展

本书 6.1.4 节详细讨论企业数字化转型。

习题 2

2.1　数据、信息、知识与智慧之间的关系是什么？

2.2　什么是信息？联系实际说明信息的主要特性。

2.3　为什么说信息是管理的基础？

2.4　不同管理层的信息有什么区别？

2.5　什么是信息系统？举例说明某信息系统的功能。

2.6　信息系统的物理结构有哪几种类型？

2.7　说明数据处理系统、管理信息系统、决策支持系统、主管支持系统、商务智能系统、数据智能系统的各自特点。

2.8　解释下列名词：企业资源计划，供应链管理，客户关系管理。

2.9　联系实际说明信息系统在一个组织中的地位变迁。

2.10　请查找文献，阐述最近十几年来信息系统的发展情况和发展趋势。

第3章 信息系统建设概论

在这一章里,我们将简要介绍信息系统的生命周期,包括信息系统的开发过程、实际运行和维护管理。目的是使读者从一个信息部门主管或项目负责人的角度体会一个信息系统的来龙去脉,了解各个阶段的任务,以及各个阶段之间的联系,而暂时不考虑复杂的技术细节。

3.1 信息系统建设是复杂的社会过程

3.1.1 信息系统建设的复杂性

进入 21 世纪,随着移动互联网和物联网的迅速发展,社会、购物、生活各类互联网应用百花齐放,"互联网+"深入人心,信息系统应用变得无所不在、空前繁荣。技术革新催生了新的需求,也带来信息系统的更新换代。信息系统开发方法和工具一直随着信息技术的发展不断进步,但新问题层出不穷,建设道路仍然历尽坎坷。许多系统的效益远不如当初的承诺,半途而废、改弦更张时有发生,人们为信息系统建设的效率和成功率担忧。造成这种情况的原因,从根本上讲,是信息系统的多学科性、综合性等决定了它的复杂性是固有的、本质的,其发展必定有一个较长的过程,需等待各学科的成熟,技术人员和管理人员的知识需要拓宽,人员对信息系统建设过程的认识需要在实践中提高。

信息系统建设周期长、投资大、风险大,比一般技术工程有更大的难度和复杂性。这是因为:

1)技术手段复杂

信息系统是信息技术与现代管理理论相结合的产物,它试图用先进的技术手段解决社会经济问题。计算机硬件和软件、数据通信与网络技术、人工智能技术、各类决策方法都是当今发展最快的技术,是信息系统借以实现各种功能的手段。掌握这些技术手段,合理地应用以达到预期效果,是信息系统建设的主要任务之一。

2)内容复杂,目标多样

面向管理是信息系统最重要的特征。管理系统需要的信息量大覆盖面广,形式多样,来源复杂。一个综合性的信息系统要支持各级多部门的管理,规模庞大,结构复杂,非一般技术工程所能比拟。企业各部门员工和管理人员、不同用户群体或角色的需求不尽相同,甚至相互冲突,因而协调困难,不易求得各方面都满意的方案。有些需求是模糊的,不易表达清楚。对一般技术工程,往往可以通过具体模型或样品试验解决设计中的问题并完善设计,而信息系统的样品就意味着产品,在实际运行前几乎无法进行现场试验,系统开发中的问题只有投入运行后才能充分暴露。加之系统开发周期长,容易造成人力、物力和时间的浪费。

3) 投资密度大，效益难以计算

信息系统建设，包括设备采购、系统开发和维护，都需要投入大量的资金。根据全球领先的信息技术研究和顾问公司 Gartner Group 的预测，2021年中国 IT 支出预计将达到 3.04 万亿人民币，其中通信服务 1.27 万亿，设备 1.01 万亿，IT 服务 0.38 万亿，企业级软件 0.12 万亿，数据中心系统 0.26 万亿。信息系统采用大量的先进技术，但目前软件开发的自动化程度低，仍需要投入大量的人力进行系统分析、设计、编程测试和运维。信息系统建设是一种高智力的劳动密集型项目，简单劳动所占比例极小。这也是一般技术工程所不能比的。

同时，信息系统给企业带来的效益主要是无形的间接效益，不像一般技术工程取得的效益那样直接和容易计算。

4) 环境复杂多变

信息系统要成为企业竞争的有力武器，必须适应企业的竞争环境。这就要求信息系统的建设者必须十分重视、深刻理解企业面临的内外环境及其发展趋势，考虑到管理体制、管理思想、管理方法和手段，考虑到人的习惯、心理状态以及现行的制度、惯例和社会、政治等诸多因素。系统目标、功能既要适应企业当前的发展水平和能力，又要有足够的适应性，可以在一定范围内适应规章制度的变化，促进管理水平的提高，实现管理目标。这些更是不能同一般技术工程相提并论的。

3.1.2 信息系统开发是一个社会过程

将信息系统建设与一般技术工程相比较，可以看到，信息系统建设的困难不仅来自技术方面，还来自企业内外环境。影响信息系统成败的有体制、政策、法规、观念、技术等多种因素。技术不是唯一因素，甚至不是主要因素。

在相当长的一段时间里，人们把信息系统看作是计算机技术在某个组织的应用，认为信息系统开发是一个技术过程，视开发项目为"交钥匙工程"。用户认为开发是技术人员的事；开发人员认为用户应当陈述清楚他们的需求，由此出发开发系统，除此之外用户不要过多干预。用这种方式开发系统，往往造成双方误解，到"交钥匙"时，用户可能会提出"你开发的系统不是我所要的系统"，由此延误开发时间，浪费资源，或者因维护困难而使系统短命。

信息系统建设的实践，使人们越来越重视社会人文因素对信息系统建设的影响。信息系统是人机交互系统，其开发、维护都离不开人的参与。信息系统开发过程本质上是一个社会过程。从社会行动观点看，信息系统开发是人类活动的协调序列，是多种参与者的协作过程。在信息系统开发过程中，用户、系统管理者、系统分析师、系统架构师、软件工程师等利益相关者相互联系，相互影响。他们的通力合作是系统建设成功的基础。但是，由于这些人员知识背景、经历不同，会影响彼此沟通。通信的曲解是影响系统成功的隐患。更重要的是，信息系统建设不可避免地要改变某些业务流程乃至组织机构，这将影响某些机构和人员的工作方式、权力关系，引起机构之间、人员之间的利益冲突。有人会担心丢掉自己熟悉的工作，感到自己的传统地位和能力受到威胁；由于缺乏计算机知识，有人感到难以适应现代信息系统的运行。这些担心常常造成系统开发的阻力。

信息系统不只是单纯的计算机系统,也是辅助企业管理的人机系统。人是信息管理的主体。因为人类活动是一种高级而复杂的影响因素,所以在有人参与并由人控制决策的社会系统中,往往会使本应理性的行为变得富有感情和丰富多彩。离开了人,再好的计算机系统,也不过是价格昂贵的装饰品而已。把信息系统的开发、应用和管理看作纯技术过程,许多问题永远得不到解决。只有从更深层次探讨,重视非技术因素,才有可能解决长期困扰人们的"软件危机"。

3.2 信息系统建设的一般方法

3.2.1 早期方法的不足

20世纪50年代计算机开始用于管理领域。软件技术的进步,特别是数据库技术的出现,促进了管理信息系统的发展,20世纪60年代出现了信息系统发展的第一个高潮。计算机的应用,使企业面目一新,提高了工作效率,增强了企业的竞争力。使用计算机成为一种时髦,企业和政府部门争相购买计算机,一些公司甚至在广告中写着"本公司用计算机进行管理"。有人称20世纪60年代是"计算机推销员的时代"。

然而这个高潮给人们带来的不总是成功的效益和喜悦,也带来了问题和教训。昂贵的计算机往往没带来设想的巨大经济效益,反而造成亏损,乃至企业倒闭。这种情况促使人们分析其中的原因。很多公司聘请系统分析专家对各种信息系统进行调查研究,总结经验教训,进而走上了较为顺利发展的道路。人们称20世纪70年代是"系统分析师的年代"。

出现这种情况的原因,从根本上讲是信息系统具有多学科性、综合性。信息系统的开发具有长期性、复杂性和风险性,需要科学的方法论作指导。造成系统开发失败有多方面的原因,如缺乏科学管理基础,领导重视停留在口头上,业务人员有顾虑甚至抵触。人们对信息系统的复杂性缺乏足够的认识,认为信息系统无非是"大程序",缺乏开发信息系统的方法。

1. 目标含糊

信息系统是管理系统的一个子系统,它是为实现组织目标服务的。对于组织的目标没有明确的认识,对于信息系统要达到的目标没有明确的、恰当的规定,研发人员根据"想当然"来设计系统,危险性当然很大。对管理人员来讲,目标含糊表明对未来系统的状况没有明确的概念。这样,双方的想法必然产生差距。

2. 通信误解

研发信息系统,需要各级业务人员与技术人员密切配合。但这两方面的人员往往专业背景和经历极不相同,彼此不精通对方的业务,这就造成思想交流的困难,容易产生误解。而这种误解给系统带来巨大的隐患。俗话说"隔行如隔山",在一方为常识性的、不言而喻的术语、规则,另一方却不一定理解。实际工作中常常遇到这样的情况,许多业务人员精通自己的业务,但不善于把业务过程明确地表达出来,他们觉得某项业务理所当然地就应该这么做,或者是凭经验和直觉就该这么做,而不是根据信息流或判断逻辑来进行。加上用户往往缺乏计算机知识,不了解计算机能做什么,不能做什么,因而更不可能用计算机技术人员熟悉的术语介绍业务过程。而计算机技术人员因为缺乏用户方面的业务知识,不知道该问什么问题。这样,系统设计人员对用户的要求理解不透,有许多遗漏和误解。根据这种理解建立起来的系统当然有许多缺陷,甚至根本不是用户所要求的。

3. 步骤混乱

信息系统的开发是一项长期的复杂工程,各个工作环节之间有着内在的逻辑关系,超越某个阶段就会出现问题,造成返工和浪费。不经过深入的系统分析,只是根据对系统的肤浅理解就进行程序设计,这不仅不能保证各部分的正确衔接,而且肯定造成返工和重复劳动。本想早日完成系统开发,结果变成多次反复,旷日持久,欲速则不达。遗憾的是,把建立信息系统看成买计算机和编程序的现象,至今屡见不鲜。

4. 缺乏管理控制

信息系统的开发是一项复杂的系统工作,往往需要多方面的人员在较长时间里合作。研发期间常有人员、环境的变动。因此,缺乏计划性和缺少必要的管理控制势必使系统的建设涣散,难以协调,不能达到最终目的。

3.2.2 系统方法的应用

系统科学方法为人们提供了新的思维模式,是研究复杂系统的有效工具。钱学森曾指出:"系统工程是组织管理系统的规划、研究、制造、试验和使用的科学方法,是一种对所有系统都具有普遍意义的方法。"在信息系统领域,系统科学和系统工程方法的应用体现在以下几个方面。

1. 还原论与整体论相结合

还原论采用的是系统分解的方法,即将一个信息系统分解成若干个相对简单独立的子系统,每个子系统同理又可以分解成若干组成要素,这样自顶向下、逐步求精。只要研究清楚各个组成部分的性质就可以获得整个系统的性质,即整体等于部分之和。

而复杂性科学将复杂系统看作是一个整体,虽然为了分析的方便,会将复杂系统分解成若干部分来进行研究,但并非将整体看作是各个部分的简单叠加,整体的性质不是各组成部分性质的简单相加,各功能子系统之间的相互作用会产生新的性质,即整体大于部分之和。

如果没有整体论的指导,我们建设的信息系统可能是若干个"信息孤岛"的集合体。因此还原论和整体论指导我们在进行系统分解时,所分解的各组成部分是相对独立而不孤立的。

2. 微观分析与宏观综合相结合

微观分析的目的是了解系统的层次结构,而宏观综合的目的则是了解系统的功能结构及其形成过程。大规模的信息系统需要从微观描述过渡到宏观整体描述,如每个子系统和程序模块属于微观层次,系统整体架构则属于宏观综合。

3. 定性判断与定量计算相结合

信息系统是一个人机系统,计算机擅长进行定量计算,但是并不是对所有问题都可以开发精确计算的程序,因此必须采取定量计算和定性分析相结合的方法。通过定性判断,可以建立信息系统总体及各子系统的概念模型,然后再尽可能将它们转化为数学模型或计算机模型。

4. 严格生命周期阶段与反复迭代相结合

在1.4.2节中介绍的霍尔三维结构的系统工程方法论,将系统工程活动分为前后紧密相连的七个阶段,每个阶段又分为七个步骤,根据这一方法论,我们将信息系统的生命周期划分为系统规划、系统分析、系统设计、系统实施、系统运行与维护五个阶段,每个阶段有明确的任务和成果,并强调上一阶段产生的输出是下一阶段工作的输入。

按照这种阶段划分的工作方式,系统开发得到严格管理和控制,大大提高了开发的成功率。但人类认识客观世界和解决管理领域问题的过程,是一个渐进的过程,是一个主动反复迭代的过程,因此信息系统的开发过程既要强调不同阶段任务的严格划分,同时也允许不断修正和迭代。

3.2.3 系统建模

1. 系统模型

系统模型是指以某种确定的形式(如文字、符号、图表、实物、数学公式等),对系统某一方面本质属性的描述。系统模型是对原系统的描述、模仿或抽象。分析研究复杂系统问题,建模是一种基本手段。对于大多数研究目的而言,没有必要考虑系统的全部属性,因此根据实际需要可以从一个特定视角建立模型以描述系统某一方面的属性。

系统模型反映实际系统的主要特征,但它又高于实际系统而具有同类问题的共性。因此,一个适用的系统模型应该具有如下三个特征。

(1) 它是现实系统的抽象或模仿;
(2) 它是由反映系统本质或特征的主要因素构成的;
(3) 它集中体现了这些主要因素之间的关系。

系统模型根据抽象程度不同分为概念模型、逻辑模型和物理模型;根据时间的依赖关系可以分为静态模型和动态模型。对于同一个系统,研究目的的不同,可以建立不同的系统模型,而要全面彻底地描述一个系统,通常需要使用多个模型。

2. 信息系统模型

信息系统模型大多数是图形和图表模型,本书的主要章节将展示如何创建和绘制信息系统的各种模型。每种图形或图表模型都有公认的标准符号、惯例和语法规则,这些符号和规则形成了一种特殊的表示语言,也称为建模语言。

信息系统的建模语言一直处于发展和完善之中。一些模型符号简单,目的单纯,没有严格的规范,不具备复杂的语言特性,因此表达能力有限,只能描述系统某一个方面的特性,比如实体关系图。另一些建模语言有复杂的语义、丰富的表达符号和多个模型图,能从各个视角一致性地描述系统,如统一建模语言(unified modeling language,UML)。

表3.1列出了信息系统开发中常用的一些模型,本书后续章节将陆续用到。

表 3.1　常用信息系统模型

模型名称	用　　途
业务流程图	描述不同职能部门业务活动分工和活动过程
数据流图	描述数据的产生、处理、存储和去向的信息处理模型
程序流程图	描述程序完成顺序、分支、循环等处理过程
实体关系图	描述系统中有价值的实体及其关系的数据模型
组织结构图	描述组织的部门及其从属关系的层次模型
模块结构图	描述软件功能模块及其调用关系的层次模型
判定表、判定树	描述决策条件及其行动关系
UML(类图、用例图、顺序图等)	描述软件系统结构及行为的一组模型
甘特图	描述项目任务及其完成日期的项目计划模型

3. 信息系统建模的作用

建立模型的目的不是复制系统的原貌,而是帮助人们更好地了解和探究复杂事物的本质。可以将信息系统工程和任何一项复杂的建筑工程相比拟,建筑工程在前期要完成大量的需求调研和设计工作,有了设计图纸后工人才能开始根据图纸施工。同样,信息系统在具体实施之前也需要绘制"蓝图",例如,需要分析和设计系统的硬件结构、软件结构、信息处理流程和商务规则等诸多复杂和纷乱的问题,并以模型将工作成果表达出来。可以这样说,信息系统分析与设计的过程实际上就是建模的过程。信息系统分析阶段建立的是系统逻辑模型,以表达信息系统需求为主;设计阶段完成系统物理模型,以设计系统软硬件结构和程序流程为主;信息系统战略规划则是建立系统概念模型,描述系统最基本的框架。

建立信息系统模型有以下六个作用。

(1) 对复杂问题进行简化描述,帮助有关人员简单、直观、准确地了解系统本质。

(2) 建模的过程使分析师和设计师能更全面地研究系统,深思熟虑,减少遗漏,形成更成熟的方案。

(3) 各阶段产生的模型为后续阶段的有关人员提供了工作依据。

(4) 为项目各类人员提供了统一的交流工具,利于沟通和团队合作。

(5) 为项目验收和将来的维护工作提供了文档依据。

(6) 利用工具将模型映射为特定平台的可执行代码,减少开发人员工作量。

3.2.4　建立管理模型

模型致力于解决实际问题,因此必须保证模型的建立和模型的结果都符合实际领域知识和行为。由图 2.5 可以看出,信息系统的开发本质就是建立管理模型并转化为信息处理模型的过程。在信息系统的生命周期中,建立管理模型是系统分析阶段的任务,在系统设计及实现阶段中,相应的模型转换为技术方案。

管理模型是通过模型描述组织的状况,包括组织的静态特征、动态特征、业务流程、商务规则等,如图 3.1 所示。

通过建立管理模型,使项目经理和信息系统开发人员对实施的项目有比较规范的依据。本节仅就建立管理模型的主要内容作一简要说明。

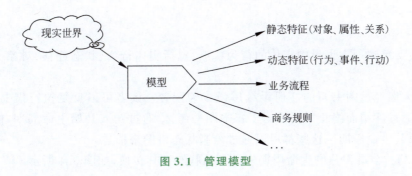

图 3.1　管理模型

1. 静态结构建模

建立管理模型,首先要对系统的静态特征建模。静态特征主要反映现实世界中"有什么"或"是什么",如有关的对象、对象的属性、对象之间的关系等,组织机构的设置以及机构之间的关系等。

静态管理模型应用较多的是组织结构图和实体关系图(entity relationship diagram,ERD)模型。不同组织的业务不同,部门划分可以有直线职能式的结构,或者是基于产品或市场的分权管理的事业部结构,每个事业部下分各自的职能部门,以及便于项目管理的矩阵式结构。

【例 3.1】　图书馆组织结构图,如图 3.2 所示。

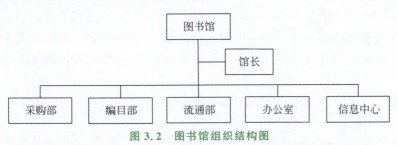

图 3.2　图书馆组织结构图

【例 3.2】　工厂库存管理的实体及关系。

图 3.3 是库存管理的 ER 模型,图中矩形框表示实体,内含实体名称和属性,直线表示实体间的关系,连线上的字母或数字表示关系的基数。

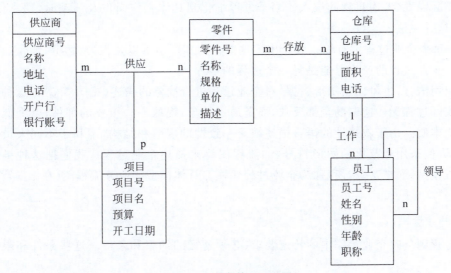

图 3.3　库存管理 ER 图

2. 行为建模

动态模型反映现实世界中实体的行为特点,包括实体行为、状态迁移、对象交互协作等方面的描述。

例如,人们经过图书馆的注册手续后便成为读者。读者可以反复执行借书、还书等一系列活动,通过注销而终止活动。对于每本图书而言,通过购入开始生命周期,由于丢失或下架而结束其生命周期。这些都可以通过绘制状态机图来描述。

【例 3.3】 会员积分的生命周期中的各种状态及其转换,如图 3.4 所示。

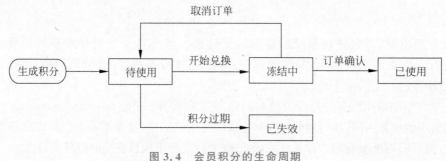

图 3.4 会员积分的生命周期

3. 过程建模

建立企业过程(business process)模型是信息系统分析的重要内容,也是企业过程重组的基础。本节简要介绍企业过程和企业过程建模的概念,具体的方法和工具在 6.1 节再详细介绍。

所谓企业过程是为实现某个预定产出的逻辑相关的一系列任务。企业过程有以下三个特征。

(1) 企业过程是跨越组织边界的。在按职能划分的企业里,部门对应的是与职能相关的任务,而企业过程包括多个任务,因而可能跨越部门,甚至跨越组织边界。

(2) 企业过程有层次性。企业过程有大范围的,例如企业全局的核心过程,也有比较细节的,例如具体的采购过程、产品开发过程。大范围的过程往往可以分解为若干子过程。应根据实际需要,考虑过程的层次。当子过程细化到具体工作岗位及活动时,通常使用"业务流程"这一说法。

(3) 每个企业过程都有输入和产出。这些输入和产出可以是人力、物资、能量、设备、信息。一个企业过程的产出可能是另一个过程的输入。

可以用语言,也可以用图形、符号对企业过程进行抽象的描述(见图 3.5)。这种描述不是企业实际过程无一遗漏的全部反映,而是通过抽象,提取一些重要的部件,以降低复杂度而又不失本质。由于叙述性的语言描述缺乏一致性的规范和结构,不利于不同人员之间相互沟通,人们采用规范化的图形符号,如流程图等来描述企业过程。我们把这种描述称为企业过程模型,而把这个过程称为企业过程建模。具体模型如业务流程图(在第 6 章有详细介绍)。

4. 商务规则

商务规则反映企业运作中的特定要求、必须遵循的约束和条件。这些条件和限制保证

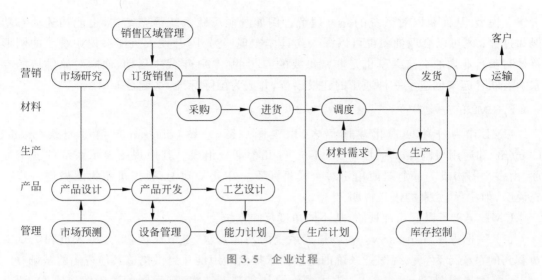

图 3.5 企业过程

了商务活动的正常运行,指明了商务活动中的各种要求,也建立了对商务活动的监督控制。

商务规则首先体现在数据的完整性约束上,包括属性的类型和值域、实体完整性、参照完整性。属性的类型和值域决定了该属性的基本数据特征。例如属性"月份"类型为短整型数字,取值范围为$\{1,2,3,\cdots,12\}$。实体完整性意味着每个数据记录都应具有身份标识。例如"学生"这个数据会有一个非空的"学号"属性作为主键,学号的值可以唯一地指出某一个学生的数据记录。参照完整性反映数据属性之间的某种"存在性"关系,在数据库中体现为数据表之间关系的维护。例如一个派工任务可以由 1~3 名工人完成,一张处方单最多可以开 6 种药品。

此外商务规则体现在计算策略和决策行动上,如根据不同用户类型、订单总额计算优惠价格和积分,不同产品选择不同物流服务等。可以通过决策树、决策表这类模型描述。

在信息系统中,商务规则可以通过多种方式来集成。有些规则是比较明显的,而有些可能是隐含的,需要深入分析才能得出。商务规划集成的质量是决定信息系统品质的关键指标之一。

3.2.5 UML

UML 是由单一元模型支持的一组图示法。这些图示法有助于表达与设计软件系统,特别是采用面向对象方法构造的软件系统。本节简要介绍 UML 的起源、主要内容和发展趋势。

1. 什么是 UML

工程师们都需要绘制蓝图。一栋大楼的设计图在绘制时只需要几个人,施工时却需要上百的建筑工人;一架飞机设计蓝图时需要几十个航空工程师,但制造飞机可能需要几千人。绘制蓝图时不需要购买材料、不需要施工,只是利用图示模型事先规划好,比直接蛮干要便宜得多,而且可以利用蓝图来探究设计方案。

采用面向对象方法来分析和设计信息系统,最主要的图示模型应该反映问题域的对象/类及其结构,但仅从这一个视角来描述系统是不够的,强大的模型语言应能从各个角度来建立模型,从而获取对系统的完整理解。例如既能反映系统静态结构,也能描述动态功能和过程;既可以表现抽象也可以深入到具体实现。另外,开发人员能够使用统一的图形符号对于行业内的交流共享也是非常重要的。20世纪90年代中后期,面向对象领域的专家学者联合起来创造了一种通用的建模语言,并成为国际标准,这就是UML。

2. UML的主要内容

UML作为一种可视化建模语言,由视图(view)、图(diagram)、模型元素(model element)和通用机制(general mechanism)等几个部分组成。其中视图表示系统的各个方面,由多个图构成。每个图使用了多个模型元素。在此基础上,通用机制为图做进一步补充说明,如注释、元素的语义说明。

UML定义了以下几种视图,从不同角度反映系统。

(1) 用例视图(usecase view)。描述系统的功能需求,是最终用户、分析人员和测试人员看到的系统行为。该视图把系统的基本需求捕获为用例并提供构造其他视图的基础。

(2) 逻辑视图(logic view)。描述系统的基本逻辑结构,是问题的逻辑解决方案,展示对象和类是如何组成系统、实现系统行为的。

(3) 进程视图(process view)。用于描述系统性能、可伸缩性和吞吐量的设计,包含了形成系统并发与同步机制的线程和进程。

(4) 实现视图(implementation view)。用于描述系统组装和配置管理、表达软件成分的组织结构,包含用于装配与发布物理系统的构件和文件。

(5) 部署视图(deployment view)。描述组成物理系统的部件的分布、交付和安装,包含了形成系统硬件拓扑结构的节点。

系统模型中每一个视图的内容是由一些图来描述的。UML2.0标准包含了14种模型图,信息系统建模主要用到其中的活动图、用例图、类图、对象图、顺序图、通信图、状态机图、构件图、部署图等。对整个系统而言,其功能由用例图描述,物理结构由构件图和部署图描述,软件的静态逻辑结构由类图描述,动态行为由状态机图、顺序图、协作图和活动图描述。

(1) 用例图(usecase diagram)。定义了系统的功能需求,它完全是从系统的外部观看系统功能,并不描述系统内部对功能的具体实现。在用例图中,参与者代表触发系统功能的用户或其他系统,用例代表具体的功能描述。

(2) 类图(class diagram)。描述系统的静态结构,表示系统中的类及其关系。

(3) 对象图(object diagram)。描述系统执行时一个特定时刻上的一组对象及其关系。对象图是类图的实例化。

(4) 顺序图(sequence diagram)和通信图(communication diagram)。均表示一组对象之间的动态交互关系,顺序图反映对象之间发送消息以及发送的时间顺序,通信图反映收发消息的对象的交互关系。顺序图和通信图是同构的,即两者之间可以相互转换。通信图在UML1.x曾命名为协作图(collaboration diagram)。

(5) 状态机图(statemachine diagram)。描述对象可能的状态和发生某些事件时状态的转换,强调对象行为的事件顺序。

(6) 活动图(activity diagram)。表述系统业务过程、工作流、用例或对象行为中各个活动的流程,支持并行活动的表示。

(7) 构件图(component diagram)。描述软件构件以及它们之间的关系,表示系统的静态实现视图。

(8) 部署图(deployment diagram)。反映系统中软件和硬件的物理架构,表示系统运行时的处理节点以及节点中构件的配置。

在实际项目中,并不要求使用所有的图,例如计时图在嵌入式实时系统中普遍存在,但一些商业领域不常见。还有一些图之间是等价的,比如顺序图和通信图,通常不需要都画出来,或者可以利用建模工具软件直接在二者间进行转换。一般的建议是:在分析与设计过程中至少应该产生用例图、类图和顺序图。

图示语言只是一种建模工具。初学者不必花过多的心思琢磨 UML 如何做到精确细致。本节不对 UML 的各种图进行一一详述,具体使用章节会有详细介绍。读者可查阅本书附录 C 简介,也可以到 UML 官方网站下载最新版本。

3.3 信息系统的生命周期

任何事物都有产生、发展、成熟、消亡(更新)的过程,信息系统也不例外。信息系统在使用过程中随着其生存环境的变化,要不断维护、修改,当它不再适应的时候就要被淘汰,就要由新系统代替老系统,这种周期循环称为信息系统的生命周期。图 3.6 表示信息系统的生命周期以及相应的工作步骤。

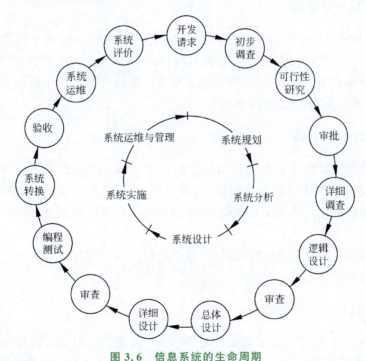

图 3.6 信息系统的生命周期

从图 3.6 可见,信息系统的生命周期可以分为系统规划、系统分析、系统设计、系统实施、系统运维与管理五个阶段。

3.3.1 系统规划阶段

系统规划阶段的任务是对企业的环境、目标及现行系统的状况进行初步调查,根据企业目标和发展战略,确定信息系统的发展战略,对建设新系统的需求做出分析和预测,同时考虑建设新系统所受的各种约束,研究建设新系统的必要性和可能性。根据需要与可能,给出拟建系统的备选方案。对这些方案进行可行性分析,写出可行性分析报告。可行性分析报告审议通过后,将新系统建设方案及实施计划编写成系统设计任务书。

3.3.2 系统分析阶段

系统分析阶段的任务是根据系统设计任务书所确定的范围,对现行系统进行详细调查,描述现行系统的业务流程,指出现行系统的局限性和不足之处,确定新系统的基本目标和逻辑功能要求,即提出新系统的逻辑模型。这个阶段又称为逻辑设计阶段。这个阶段是整个系统建设的关键阶段,也是信息系统建设与一般工程项目的重要区别所在。

系统分析阶段的工作成果体现在系统说明书中,这是系统建设的必备文件。它既是给用户看的,也是下一阶段的工作依据。因此,系统说明书既要通俗,又要准确。用户通过系统说明书可以了解未来系统的功能,判断是不是其所要求的系统。系统说明书一旦讨论通过,就是系统设计的依据,也是将来验收系统的依据。

3.3.3 系统设计阶段

简单地讲,系统分析阶段的任务是回答系统"做什么"的问题,而系统设计阶段要回答的问题是"怎么做"。该阶段的任务是根据系统说明书中规定的功能要求,考虑实际条件,具体设计实现逻辑模型的技术方案,即设计新系统的物理模型。这个阶段又称为物理设计阶段,阶段成果体现为"系统设计说明书"。

3.3.4 系统实施阶段

系统实施阶段是将设计的系统付诸实施的阶段。这一阶段的任务包括计算机等设备的购置、安装和调试,程序的编写和调试,人员培训,数据文件转换,系统测试,系统交付与转换等。这个阶段的特点是几个互相联系、互相制约的任务同时展开,必须精心安排、合理组织。

系统实施是按实施计划分阶段完成的,每个阶段应写出实施进度报告。系统测试之后写出系统测试分析报告。

3.3.5 系统运维与管理阶段

系统投入运行后,需要经常进行运行记录、维护、变更、审计评价等,记录系统运行的情况,根据一定的规格对系统进行必要的修改,评价系统的工作质量和经济效益。

各个阶段的主要成果及审核安排如图 3.7 所示。

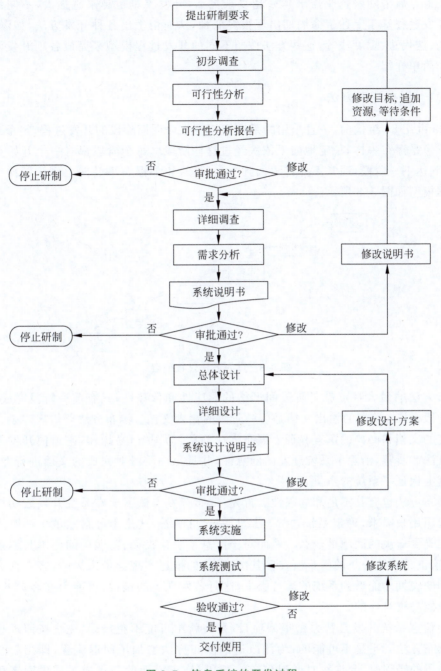

图 3.7 信息系统的开发过程

3.4 基于生命周期的开发方法

如 3.2.1 节所述,早期信息系统开发处于一种无序状态,经历软件危机后,开始采用系统工程方法论指导开发,即根据信息系统生命周期将整个开发划分为五个阶段,明确每个阶段的任务、任务的成果体现。最初有组织的系统开发就是遵照这些通用的阶段按顺序执行各项任务。后来随着企业需求越来越复杂灵活,开发工具也越来越强大,不同信息系统项目的开发过程基于上述生命周期出现很多变种,从而衍生出各种开发方法,如瀑布法、快速原型法、迭代法、螺旋法等,这些方法按照不同的开发过程模型来完成各项开发活动。下面分别作简单介绍。

3.4.1 瀑布开发方法

在20世纪80年代前,一直采用的是严格按照生命周期阶段的开发过程,整个开发过程看起来就像是瀑布一样,稳定地向下依次经过这些阶段。每个阶段都有一个开始点和结束点,一旦到达下一阶段,通常不允许再回到上一阶段,正如瀑布不会向上倒流一样。瀑布方法的过程模型如图3.8所示。

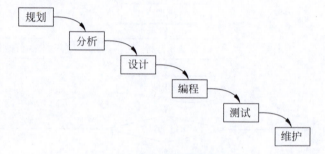

图3.8 瀑布方法过程模型

瀑布方法的最大特点就是阶段间严格的顺序性和依赖性,只有前一阶段完成,才能开始后一阶段;前一阶段的输出文档是后一阶段的输入文档。瀑布方法严格规定了每一阶段必须提交的文档和必要的审查验证。瀑布方法简单,易理解,易操作,它迫使开发人员遵守规范的方法和步骤,消除了系统开发的随意性,并且每一阶段对完成的文档进行严格审查,一定程度上保证了系统的质量。

但瀑布方法也有其不足和局限性。首先,瀑布开发方法需要在系统开发之初严格定义或明确说明用户需求,确定系统边界。从工程学角度看,这是十分自然的——解决问题之前必须明确要解决的问题是什么。然而对于信息系统建设而言,明确问题本身不是一件轻松的事,这正是系统分析的困难所在。其次,系统的推迟实现会带来风险,客户往往要等到开发周期的晚期才能看到系统的运行版本,这时若发现大的错误,可能引起客户的惊慌,其后果也可能是灾难性的。

因为信息系统开发是智力密集型项目,是人就不可能不犯错误,完全按照理想的自顶向下的瀑布方法几乎是不可能的,为此改进的瀑布方法增加了回退流程,即当后续阶段发现前面阶段的错误时,允许暂时回退到前一阶段,修正前面的工作成果后再回来继续完成中断的任务。

3.4.2 原型开发方法

正如瀑布开发方法中所提到的,并非所有的需求在系统开发之初都能准确地说明。实际上,用户往往善于描述其目标、对象以及想要前进的大致方向,而对于如何实现的细节却不甚清楚。建造一个系统,对所有参加者都是一个学习过程。用户通过观察和使用系统,会推翻事先提出的需求,而提出新的需求,这种反复是不可避免且必要的,应该加以鼓励。

原型方法产生于 20 世纪 80 年代中期。其基本思想是:在投入大量的人力、物力之前,在限定的时间内,用最经济的方法构造一个系统原型,使用户尽早看到未来系统的概貌,在系统原型的实际运行中与用户一起发现问题,提出修改意见,不断完善原型,使它逐步满足用户的要求。原型方法的过程模型如图 3.9 所示。其中虚线部分就是该方法的核心活动——构造原型,该活动是一个和用户密切讨论不断反复的过程,最终确定的原型准确表达了用户需求。原型通常借助于快速开发工具或原型设计工具来完成,不适于直接投入使用,还需要根据实际开发平台环境进行再设计和编程实现。需要说明的是,如果原型只是完成系统部分核心需求的定义,那么在构造原型之后,全面的系统分析工作不可省略,图 3.9 未包含这种情况。

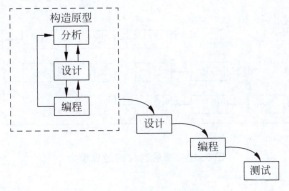

图 3.9　原型方法过程模型

原型方法的优点很明显。

(1) 增进了用户与开发人员之间的沟通,启迪和发掘用户的真实需求。原型方法需要展示给用户可以实际运行的原型系统,使用户"看得见,摸得着",可以很清楚地把他们的意见反馈给系统分析师。

(2) 用户在系统开发过程中起主导作用,随时提供现场的第一手资料,帮助开发者认识用户的真正需求。

(3) 降低开发风险,因为更有效地辨认用户需求,所以减少了开发人员对用户需求的误解,避免了较大偏离的情况发生。

(4) 可以帮助开发人员尽早验证系统架构、关键算法、人机交互等设计方案的有效性。

原型方法也有不足之处。原型法不如瀑布方法成熟和便于管理控制。由于用户的大量参与,也会产生一些新的问题,如原型的评估标准是否完全合理。原型的开发者在修改过程中容易偏离原型的目的,使用者在看到原型的功能逐步完备之后,以为原型可以联机使用了,反而疏忽了原型对实际环境的适应性及系统的安全性、可靠性等要求,便直接将原型系统转换成最终产品。这种过早交付产品的结构,虽然缩短了系统开发时间,但损害了系统质量,增加了维护代价。

3.4.3　迭代开发方法

上述原型方法只是一种需求验证的手段,如果将其思想应用到整个开发过程,使得每个阶段的任务经过多次反复,或者将分析、设计、实施的周期反复多次,通过一次次迭代,不断在原来的基础上完善和修正,越来越靠近目标,这样的开发过程就称为迭代方法。

迭代方法产生于一种假设:一条直线一次性到达目的总是困难的。在信息系统开发中,系统的规模和复杂性日益增长,而市场竞争也对工期要求越来越紧,缓解风险和压力的方式是先提交一个有限的版本,细节部分逐步增加,即经过多次迭代后完成系统。

迭代方式有两种:增量迭代和进化迭代。

1. 增量迭代

增量迭代是将整个系统划分为多个小型的、功能相对独立的小项目(如子系统),被称为一系列的迭代或增量。每一次迭代都包括了分析、设计、编程与测试一个完整周期,每个迭代周期完成一个增量,然后将它们集成,如图 3.10 所示。整个过程如同搭积木。

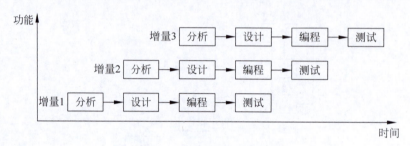

图 3.10 增量迭代的过程模型

2. 进化迭代

进化迭代与增量迭代的区别是每个迭代周期是对上一次迭代的演化和完善。如可以将一个软件功能的编程划分为多个迭代周期,每个迭代是对该功能的补充和进化。这个过程好比滚雪球。

迭代开发方法是目前应用最为广泛的开发过程,它以功能递增或进化的方式进行软件开发,不仅可以较快地产生可操作的系统,改善测试效果,而且分析师、设计师和程序员等不同技术人员可以实现并行化作业。此外,在每一轮迭代中,都可以把用户或开发人员的经验结合到不断求精的下一个迭代周期中,软件质量不断进步,降低开发总成本。

使用该方法较为困难的地方是迭代的定义,包括迭代长度(周期)。进化型迭代或小型项目可以一周迭代一次,增量型迭代或大型项目则可以 2~4 周甚至更长。项目组需要有经验丰富的架构师,否则很难规划出每次迭代的内容和要达到的目标,相关的交付件的验证和过程控制也需要投入较多精力。

3.4.4 螺旋开发方法

如果在每个迭代周期内加入风险分析,则会产生另一种过程模型:螺旋模型,如图 3.11 所示。这种模型的核心意图是将系统建设的生命周期分解为多个周期,多次开发完善系统原型,通过每个周期的风险分析,实现整个系统的风险控制。这里的原型不是用于验证的原型系统,而是最终要交付的成品系统。

图 3.11 中的四个象限分别表达了四个活动——制订计划、风险分析、工程实施、客户评估。沿着螺线自内向外每旋转一圈,便开发出一个更为完善的系统版本,最终得到所期望

的系统。若对于所开发的系统已经有了较好的理解,可直接采用瀑布模型(也可理解为单圈螺旋)。

由上面的介绍可以看出,不同过程模型各有利弊,通常要根据实际项目特点来进行选择。在前期需求明确的情况下尽量采用瀑布模型或改进型的瀑布模型。在用户无信息系统使用经验,分析人员技能不足的情况下一定要借助原型。在不确定性因素很多,难以提前估计和计划的情况下尽量采用增量迭代和螺旋模型。在技术难度较大、内容复杂的情况下采用进化迭代和螺旋模型。

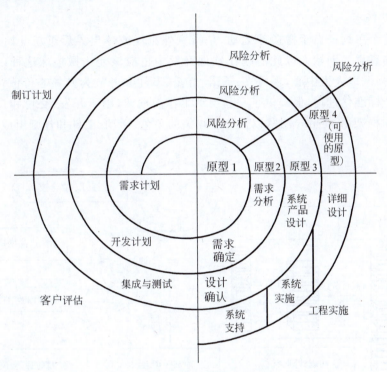

图 3.11　螺旋方法的过程模型

3.4.5　敏捷开发方法

1. 敏捷过程

过去几年中,人们提出了一种新的软件开发方法体系——敏捷方法学。由于传统的瀑布方法等过程存在繁文缛节的官僚过程,实施成本太高,并且对需求的变化反应不够迅速,因此敏捷过程越来越受欢迎。敏捷过程(agile process)是一系列轻量的过程模型的总称,它们致力于在无过程和过于烦琐的过程中达到一种平衡,以不多的步骤过程获取较满意的结果。

敏捷过程的主要思想可以从下面的《敏捷软件开发宣言》(manifesto for agile software development)中看出。

我们正在通过亲身实践以及帮助他人实践,揭示更好的软件开发方法。通过这项工作,我们认为:

(1) 个体和交互胜过过程和工具。

(2) 可以工作的软件胜过面面俱到的文档。

(3) 客户合作胜过合同谈判。

(4) 响应变化胜过遵循变化。

虽然右项也有价值,但我们认为左项具有更大的价值。

敏捷过程也建立在迭代的基础上,倾向于使用较短的迭代周期,通常是一个月或更短。敏捷过程有很多代表模型,如极限编程(eXtreme Programming,XP)、Scrum、Crystal、特征驱动开发(Feature-Driven Development,FDD)等。下面对 Scrum 做简要介绍。

2. Scrum 框架

Scrum 这个单词来自于橄榄球运动,是指意外犯规或球出界后重新开始比赛、双方前锋低头争球的意思。创始人以此隐喻在软件开发中也应该使用橄榄球这种以团队为整体的工作流程,强调以人为中心,视勇气、承诺、尊重、专注和开放为其核心价值观。Scrum 并没有指定一个标准化过程,但提供了一套组织工作的框架,用于开发、交付和持续支持复杂产品。Scrum 框架由 Scrum 团队以及与之相关的角色、活动、工件和规则组成,见图 3.12。

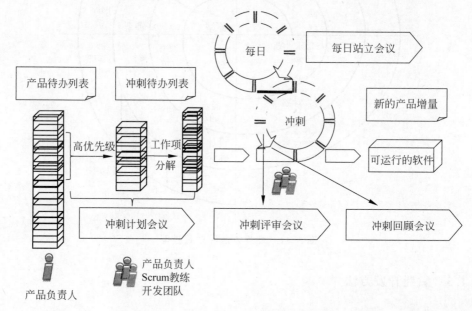

图 3.12 Scrum 框架

1) 角色

Scrum 团队由一名产品负责人、开发团队和一名 Scrum 教练(scrum master)组成。产品负责人是负责管理产品需求,确定要开发什么、以什么优先级开发。开发团队包含各种专业人员,负责交付满足产品负责人要求的产品。教练负责指导团队在通用的框架上建立并遵循自己的过程,尽可能确保 Scrum 团队中的每个人都能理解目标、范围和产品域。

2) 活动

冲刺(sprint)是 Scrum 的核心,其长度为一个月或更短(迭代周期),一个冲刺过程内构建一个可用的和潜在可发布的产品增量。在整个开发过程期间,冲刺的长度保持一致。前一个冲刺结束后,下一个新的冲刺紧接着立即开始。

冲刺由冲刺计划会议、冲刺执行(开发)、每日站立会议、冲刺评审会议和冲刺回顾会议等活动构成。一个冲刺中要做的工作在冲刺计划会议中决定,计划由整个 Scrum 团队共同协作完成,体现团队成员间的信任和承诺。冲刺执行是开发团队为了完成冲刺计划而执行一些必要任务,冲刺执行完成后应产出一个产品增量,但不是全部产品。每日站会是开发团队的一个以 15 分钟为限的活动,为接下来的 24 小时的工作制订计划,同时通过检视上次站会以来的工作来调整团队协作、优化性能。冲刺评审会议在冲刺快结束时举行,对开发团队所交付的产品增量进行评审,并按需调整产品待办列表。冲刺回顾会议是 Scrum 团队检视自身,总结历史冲刺过程中的经验教训并适当调整,从而可持续改进开发过程和实践。冲刺回顾会议是在冲刺评审会议结束,下个冲刺计划会议之前举行。

3)工件

产品待办列表(product backlog)是一份涵盖产品中已知工作内容的清单,它是产品需求变动的唯一来源。产品负责人负责管理产品待办列表的内容、可用性和优先级排序。

冲刺待办列表(sprint backlog)是一组为当前冲刺选出的产品待办列表项,同时加上交付产品增量和实现冲刺目标的计划,它明确了下一个产品增量所需的功能以及交付这些功能的工作量预测。

产品增量是一个冲刺完成的所有产品待办列表项的总和,以及之前所有冲刺所产生的增量的价值总和。

4)规则

规则把角色、事件和工件组织在一起,管理它们之间的关系和交互。规则贯穿在整个 Scrum 框架的描述中。例如冲刺计划谁来制订、谁有权力取消冲刺、冲刺执行所需工作和预期不一致怎么解决等。

Scrum 采纳一种迭代、增量式的方法来改善预测和控制风险,已被成功用于开发软件、硬件、嵌入式软件、交互功能网络、自动驾驶、学校、政府等组织的管理运营,以及个体和群体日常生活或工作。另外一个敏捷过程代表——极限编程,与 Scrum 有很多相似之处,其提出的结对编程、测试驱动开发、持续集成、重构(refactoring)等很多做法深得人心,已成为行业标准或共识。

3.5 基于开发技术的开发方法

开发信息系统除了关注开发过程之外,更重要的是采用哪些开发技术来实现可运行的系统。本节从开发技术和建模的角度探讨信息系统不同开发方法的形成及其主要思想。

3.5.1 管理模型到信息处理模型

图 2.4 表明了信息系统是管理模型、信息处理模型、系统实现的基础条件这三者结合的产物。管理模型抽象描述了需要解决的管理问题(问题空间),而信息处理模型则回答信息系统将如何解决问题(解空间),这个求解过程中最关键的环节在于软件系统的实现。因为软件系统的状态比硬件系统的状态往往要复杂很多,只有找到控制和降低软件复杂性的方法,才能从根本上控制和降低信息系统复杂性。

软件结构是由计算机程序语言的特性决定的。几十年来,人们不断研究新的开发技术,试图缩小计算机世界和现实世界之间的差距,从而让开发人员能以接近现实问题本质的方式去思考和描述问题,实现管理模型和信息处理模型的一致。

优秀的软件结构应具有以下特性。

(1) 能真实、充分地反映现实世界,包括事物和事物之间的联系,能满足用户对数据的处理要求。

(2) 易于理解,方便开发人员之间、开发人员与用户之间交换意见。

(3) 易于更改,当应用环境和应用要求改变时,能容易地对系统进行修改和扩充。

(4) 易于向计算机支持的数据结构转换。

软件结构从简单到复杂,走过了从机器指令、语句、模块封装到类封装、再到构件和服务封装的历史发展过程,不同的开发技术和软件结构催生了不同的开发方法。

3.5.2 结构化开发方法

结构化方法论(structured methodology)是计算学科中一种典型的系统开发方法论。它采用系统科学的思想方法,从层次的角度,自顶向下地分析和设计系统,即抽象与分解。系统可用高级的抽象概念来理解和构造,这些高级的抽象概念又可用较低级的抽象概念来理解和构造,如此进行下去,直到最低层次的模块可以用某种程序设计语言的语句表示为止。

结构化方法产生于 20 世纪 70 年代中期。"结构化"一词出自程序设计,即我们熟知的结构化程序设计。在结构化程序设计出现之前,程序员按照各自的习惯和思路编写程序,没有统一的标准,也没有统一的方法。同样一件事情,不同的程序员编写的程序所占用的内存空间、运行时间可能差异很大。更严重的是,这些程序的可读性和可修改性很差,一个程序员写的程序,别人可能看不懂,修改更是困难,往往还不如重写。经过研究发现,造成这一现象的根本原因是程序的结构问题。

1964 年,波姆(C. Böhm)和雅科比尼(G. Jacopini)提出结构化程序设计的理论,认为任何一个程序都可以用图 3.13 所示的三种基本逻辑结构来编制。戴克斯特拉(E. Dijkstra)等主张程序中避免使用 GOTO 语句,而仅用上述三种结构反复嵌套来构造程序。在这一思想指导下,一个程序的详细构造过程可按"自顶向下,逐步求精"的方法确定,即把一个程序分成若干个功能模块,这些模块之间尽可能彼此独立,用作业控制语句或过程调用语句把这些模块联系起来,形成一个完整的程序。这种方法大大提高了程序员的工作效率,改进了程序质量,增强了程序的可读性和可修改性,修改程序的某一部分时,对其他部分的影响也不太大。可以说这种方法使程序设计由一种"艺术"成为一种"技术"。

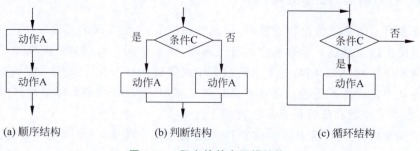

图 3.13 程序的基本逻辑结构

人们从结构化程序设计中受到启发,把模块化思想引入到系统设计中来,将一个系统设计成层次化的程序模块结构。这些模块相对独立,功能单一。这就是结构化系统设计的基本思想。1974 年,康斯坦丁(L. Constantine)、斯蒂文斯(W. Stevens)和梅约斯(G. Myers)等在《IBM 系统》(*IBM System*)杂志上发表了《结构化设计》(*Structured Design*)论文,为结构化设计方法奠定了思想基础。

但是,结构化系统设计不能帮助系统设计人员建立一个直观的系统模型,使用户在实际得到并使用这个系统之前,就能够知道这个系统是不是他所需要的计算机信息系统。用户关心的是这个系统的逻辑功能,是否满足他的需要,是否能解决他要解决的问题。至于这个系统如何实现这些功能,并不是他最关心的问题。为了使所设计的系统满足用户的要求,在设计之前,先要正确理解和准确表达用户的要求,20 世纪 70 年代中期爱德华·尤顿(Edward Yourdon)等提出了结构化分析方法。而随着他于 1989 年所著的《现代结构化分析》(*Modern Structured Analysis*)的出版,该方法流行开来。结构化系统分析,强调系统分析师与用户一起按照系统的观点对企业活动由表及里地进行分析,调查分析清楚系统的逻辑功能,并用数据流图等工具把系统功能描述清楚。

结构化分析、结构化设计和结构化编程三种技术组成在一起成为结构化开发方法。由于分解是基于功能过程的,所以也称为"面向过程的方法"。

3.5.3 面向对象开发方法

面向对象(object-oriented)方法具有很强的类和对象的概念,因此能很自然地直观地模拟人类认识客观世界的方式,例如模拟人类在认知进程中的由一般到特殊的抽象功能,以及整体由部分元素组合而成等事物联系的分析功能。类的概念既反映出对象的本质属性,又提供了实现对象共享机制的理论根据。

面向对象方法是由面向对象程序设计技术(object-oriented programming,OOP)发展起来的,始于 1966 年的一种模拟编程语言 Simula。为仿真一个实际问题,引入了数据抽象和类的概念。几年后出现的 Smalltalk 语言被认为是第一个真正面向对象的编程语言。它吸取了 Simula 中类的概念,规定一切都是对象,程序设计以尽可能自动化的单元来进行,并开始用于实现基于对象的图形用户界面。随着 20 世纪 80 年代中期一些面向对象语言如 C++、VB 的出现,OOP 进入普及阶段。

OOP 的基本思想可以归纳为以下四点。

(1) 客观世界的任何事物都是对象(object),它们包含一些静态属性和有关的操作。对象是一个整体,对外不必公开这些属性与操作。这就是对象的封装性(encapsulation)。

(2) 对象之间有抽象与具体、群体与个体、整体与部分等几种关系,这些关系构成对象的网络结构。

(3) 抽象的、较大的对象所具有的性质,自然地成为其子类的性质,而不必加以说明。这就是继承性(inheritance)。

(4) 对象之间可以互送消息(message)。可以通过消息传送一个参数,消息也可以是使这个对象开始某个操作。

程序设计包括数据结构和算法(功能)两个方面,即信息的静态结构和对它的处理。对象这个概念把这两个方面结合起来，使程序设计的思想方法更接近人们的思维方式。面向对象的程序设计为人们提供了更有力的认识框架。这一认识框架迅速地扩展到程序设计范围之外，相继出现了面向对象的数据库管理系统（object-oriented database management system，OODBMS）、面向对象分析（object-oriented analysis，OOA）、面向对象设计（object-oriented design，OOD）等技术，逐步合流形成一套完整的开发方法。

3.5.4 面向服务开发方法

服务主要指两个相关又有区别的概念：SOA 和微服务。

为了实现远程分布式的过程调用，在 20 世纪 90 年代出现了面向组件的编程技术，如 J2EE CORBA、DCOM 等。组件就是将程序进行封装，定义一些接口让外部调用，这些接口也称为应用编程接口（application programming interface，API）。客户端调用 API 时，客户端和服务器端之间以特定的传输协议进行通信，客户端不需要了解接口是如何具体实现的，也不需要引用服务器端的实现类。但由于组件技术标准不统一，导致不同技术实现的组件之间无法相互调用。2000 年开始，万维网联盟（world wide web consortium，W3C）基于互联网标准，陆续发布了简单对象传输协议（simple object access protocol，SOAP）和 Web 服务描述语言（web services description language，WSDL）协议，掀起 Web 服务热潮，从此依靠统一标准的 Web 服务，异构系统之间可以实现远程交互。不久，专家学者和各大厂商开始推广和普及面向服务的体系架构（service-oriented architecture，SOA），并共同努力制定了中立的 SOA 标准，SOA 开始进入了实施阶段。

面向服务的体系架构是一个组件模型，它将应用程序的不同功能单元（称为服务）通过这些服务之间定义良好的 API 联系起来。API 是采用中立的方式进行定义的，它应该独立于实现服务的硬件平台、操作系统和编程语言。这使得构建在各种这样的系统中的服务可以一种统一和通用的方式进行交互。

SOA 是从业务角度出发考虑问题的，服务是可以独立封装的业务功能组件。SOA 方法提升了模型的抽象层次，它继承并加强了结构化和面向对象方法的通用软件结构设计思想，还增添了一些其他的主题，例如服务编排、服务库和服务总线中间件模式。

从概念上讲，SOA 中有以下三个主要的抽象级别元素。

1) 操作

代表单个逻辑工作单元的事务。执行操作通常完成数据的存取和加工。SOA 操作可以与面向对象中类的方法相似，它们都有特定的调用接口，并且能返回结果。

2) 服务

代表操作的逻辑分组。例如，如果将客户信用视为服务，则按照客户名称获得客户信用数据、建立信用记录、更新客户信用等就代表相关的操作。

3) 业务流程

为实现特定业务目标而执行的一组长期运行的动作或活动。业务流程通常包括多个业务调用。业务流程的例子有：批准一项贷款，本科生转专业，完成订单等。业务流程包括依据一组业务规则按照有序序列执行的一系列操作。操作的排序、选择和执行称为服务或流程编排。典型的情况是调用已编排好的服务来响应业务事件。

面向服务的分析与设计(service-oriented analysis and design,SOAD)不仅需要描述客户的业务流程,定义和编排服务,设计服务中每个操作的接口,还涉及企业架构,比如企业可以开发哪些服务组件,哪些服务可以公布供内部使用,哪些可以对外提供给相关部门或企业(如客户或供应商)使用。这涉及部门与部门之间、企业与企业之间的交互。总之,面向服务的方法最接近现实世界,管理模型和信息处理模型的一致性最高。

目前面向服务方法的最新研究和工程成果体现为微服务架构(microservice architecture)。微服务最早于2012年提出,是一种将一个单一应用程序开发为一组小型服务的方法。每个服务运行在自己的进程中,服务间通信采用轻量级通信机制。这些服务围绕业务能力构建并且可通过全自动部署机制独立部署。服务可用不同的语言开发,使用不同的数据存储技术,并且可以实现去中心化的数据管理模式。

SOA 和微服务相同的地方在于都将服务作为一种进程外的组件,通过 Web 服务请求或远程过程调用(remote procedure call,RPC)机制实现应用程序之间的通信。但 SOA 的主要目的是为了企业各个系统更加容易地融合在一起,微服务主要为了解决大规模互联网应用系统的可扩展性和可靠性,同时控制团队规模,更易实行敏捷开发。

3.6 系统开发的组织管理

3.6.1 信息系统的企业发展模型

1. 诺兰模型

一个单位或一个地区的信息系统,要经历由初级到成熟的发展过程。诺兰(Nolan)总结了信息系统发展的规律,在1973年提出了信息系统发展的阶段理论,并在1980年进一步完善了这一理论,被称为诺兰模型。诺兰模型把信息系统的成长过程分为如图3.14所示的六个阶段。

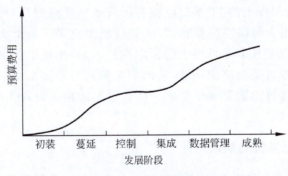

图 3.14 诺兰模型

第一阶段:初装。

从单位购买第一台计算机用于管理部门就开始了初装阶段。在这一阶段,人们初步意识到计算机对管理的作用,有少数人具备了初步应用能力。

第二阶段:蔓延。

计算机初见成效吸引了人们,使信息系统扩散到多数部门,便进入了蔓延阶段。在这一阶段,数据处理能力发展很快,但很多问题有待解决,如数据具有不一致性、共享性差等。

这个阶段的投资迅速增长,但只有一部分系统取得实际效益。

第三阶段:控制。

解决第二阶段的问题,要求加强组织协调,对信息系统建设进行统筹规划。严格的控制代替了自由蔓延。这一阶段利用数据库技术解决数据共享问题。控制阶段投资增长较慢。

第四阶段:集成。

在控制的基础上,硬件重新连接,在软件方面建立集中式数据库和能充分利用各种信息的系统,这就是集成。诺兰认为前三个阶段属于"计算机时代",从第四阶段开始进入"信息时代"。这个阶段由于各种硬件、软件设备大量扩充,投资迅速增长。

第五阶段:数据管理。

集成之后进入数据管理阶段。因为当时美国还处在第四阶段,所以诺兰对数据管理阶段未作详细描述。

第六阶段:成熟。

成熟的信息系统应能满足组织中各个管理层次的要求,实现真正的信息资源管理。

诺兰模型总结了欧美发达国家信息系统建设的经验教训,具有普遍的指导意义。一般认为,模型中的各个阶段是不能跳跃的。实践证明,脱离实际的跨越,结果往往是跨而不越。在信息系统建设中,必须明确本单位所处的生长阶段,根据这个阶段的特点制定规划,确定开发策略,少走弯路。

2. 成熟度模型

从 2000 年以来,IT 领域的研究机构陆续开发了各种成熟度模型,包括最早的软件工程能力成熟度模型(capability maturity model for software,CMM)、数据成熟度模型、信息安全成熟度模型等。成熟度模型可帮助企业领导者评估他们在技术领域、管理流程、业务、人员等各方面的成熟度,并建立路线图,提高成熟度水平,创造更高业务价值。

Gartner Group 公司提出的 IT 基础设施与运营成熟度模型针对企业信息化建设整体成熟度给定了分级标准。与诺兰模型相似,成熟度模型定义了每个级别的特征,企业可以根据自己的企业状况以及各个等级当中的标志性技术,轻松地了解目前企业所处的阶段,以及发展到下一个阶段将要面临的问题,从而制定提高成熟度水平的路线图。根据经验,每个成熟度级别的过渡可能需要多年时间。读者可参阅相关资料了解各成熟度模型的等级评估标准。

3.6.2 建立信息系统的基础条件

经验证明,建立信息系统并使它正常运行并取得效益,必须具备一定的条件。这些条件有以下几点。

1. 领导重视,业务人员积极性高

国内外的经验证明,企业主要领导的重视和亲自参与,是成功建立管理信息系统的首要条件。一方面,管理信息系统是为管理服务的,只有最高领导最了解企业的目标和信息需求;另一方面,建立管理信息系统是一项复杂的系统工程,工期长,投资大,涉及面广,它的建立和应用可能涉及某些业务流程、规章制度,甚至组织机构的调整和改变,这些涉及全

局性的问题,只有最高领导亲自过问才能解决。

除领导重视外,业务人员的积极性也是一个重要因素。在系统开发阶段,需要他们积极配合,介绍业务流程,提供数据。系统建成之后,他们是主要的使用者和操作者。他们的业务水平、工作习惯和对新系统的态度,直接影响系统的使用效果和生命力。往往有这种情况:一个设计得很好的系统在一个企业失败了,但另一个类似的设计得不是很好的系统却在另一个单位成功了。关键的因素是人。

调动领导和业务人员的积极性,一方面要通过教育,普及信息系统的知识,提高他们的信息意识,消除误解;另一方面要吸收他们参加系统的开发,鼓励他们提出方案和建议。参与和交流是最有效的教育。

2. 有一定的科学管理基础

计算机的应用与管理水平的提高是相辅相成、互相促进的。管理水平的提高产生了对计算机的需求,计算机的应用又要求管理向更高水平发展。因此,建立信息系统,先要下决心研究管理问题,甚至下决心进行某些管理制度,乃至某些管理机构的改革。信息系统有各种形态,企业应根据实际管理水平,建立实用的信息系统,不要盲目追求整体性、综合性。一个战略目标不明确、管理制度不健全、数据不完整不准确的单位,首先要明确目标,健全制度,完善管理系统,使其科学化、完善化;否则,即使建立了管理信息系统,也不可能取得效益,假账真算,算得再快也毫无意义,反而为计算机的应用造成阻力。

3. 能组织一支具有不同层次的技术队伍

信息系统的开发和维护需要一支由各类专业人员组成的技术队伍,见表3.2。仅有计算机技术人员是不够的,还应有经济管理方面的专家。

在信息系统开发过程中,系统分析是最困难的工作。系统分析师的知识水平和工作能力决定了系统的质量。缺乏称职的系统分析师是目前制约信息系统开发的重要因素之一。通常可由一些既懂业务又懂技术的人员组成系统分析小组,共同承担系统分析的重任。

4. 具备一定的资源

信息系统的建立和维护是一项投资大且有一定风险的系统工程。在工程正式开始之前,应有一个总体规划,进行可行性论证,对所需资源有一个正确的估计,制订投资计划,保证资金、设备按期到位。开发过程中要加强资源管理,防止浪费。

3.6.3 系统开发的准备工作

开发前的准备工作是建立领导机构。一个组织要开发管理信息系统,必须要该组织的主要负责人亲自领导,即"一把手原则"。我国的实践证明,主要领导人的重视与参与是管理信息系统成功的关键因素。只有主要领导人亲自组织,管理信息系统的开发才能顺利实现。

为了领导管理信息系统的开发工作,领导人应有运用现代管理科学提高企业管理水平的设想,具备信息系统的一些基本知识,了解信息系统的开发过程,善于组织队伍。推动信息系统开发的第一步是建立信息化委员会。信息化委员会是领导者的主要咨询机构,也是系统开发的最高决策机构。其主要工作是确定系统目标,审核和批准系统说明书、系统设计说明书,验收信息系统。信息化委员会的成员应包括首席信息官(chief information officer,CIO)、首席数据官(chief data officer,CDO)、技术总监(chief technology officer,CTO)、有关部门负责人、有经验的管理专家、系统分析师等。委员会的主任由企业主要负责人担任。

信息化委员会可以下设项目管理办公室和各部门联络人,组织架构根据具体情况而定。人员可由各单位抽调,也可以外聘,或者内外结合。

系统开发中各类技术人员的职责和能力要求如表3.2所示。

表3.2 系统开发中的各类技术人员的职责和能力

工作职务	职责和能力
系统分析师	同用户共同确定信息需求,编写系统说明书。应熟悉企业管理和信息系统开发过程,有较好的表达能力、与他人协同工作的能力。有根据信息流和组织目标改变组织职能的能力
系统架构师 软件设计师	设计信息系统,定义硬件、软件方案。能综合考虑系统的性能、安全性和质量,提供最佳系统架构和软件结构。应精通计算机硬件和软件。有较强的组织能力和决策能力
应用程序员	设计、调试计算机应用程序
系统测试员	计划和设计测试方案,并执行测试,记录和跟踪系统缺陷
程序维护员	维护现有程序
数据库管理员	管理和控制企业数据库
计算机操作员	操纵计算机设备
配置管理员	管理开发活动中的各项资产(源代码、文档、开发人员、软件版本等),组织和协调相关项目组成员实现变更控制
信息主管	规划信息系统的前景蓝图

除技术人员外,开发的各个阶段需要有业务人员的参加配合。开发的前期需要用户配合系统分析人员做好系统分析工作;后期需要用户承担切换、测试工作。为了使用户配合好开发工作,需要对用户进行培训,提出对他们的培训要求。图3.15是各开发阶段人力需求曲线。

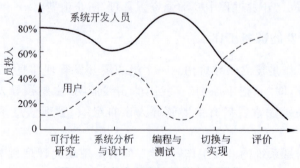

图3.15 各个开发阶段的人力需求

3.6.4 选择开发方式

系统开发有多种方式,应根据资源情况、技术力量、外部环境等因素选择。不论采用哪种方式,都需要单位领导和业务人员参加。表3.3为四种系统开发方式的比较。

表3.3 四种系统开发方式的比较

特点	方式			
	自行开发	委托开发	联合开发	购买现成软件包或软件服务
对分析、设计力量的要求	非常需要	不太需要	逐步培养	少量培养
编程力量的需求	非常需要	不需要	需要	少量需要
系统维护	容易	较困难	较容易	困难
开发费用	少	多	较多	较少

自行开发的好处是可以得到适合本单位的满意的系统,通过系统开发培养自己的力量。缺点是往往开发周期较长。自行开发需要强有力的领导,有足够的技术力量,需要进行一定的咨询。

委托开发从用户角度讲最省事,但必须配备精通业务的人员参加,经常检查、协调。这种方式开发费用较高,系统维护比较困难。

购买现成的软件包当然最省事。但要买到完全适合本单位的、满意的软件也不容易。有人说可以买到现成的计算机系统,但不能买到现成的信息系统。购买现成软件包需要有较强的鉴别能力。这种方式谈不上什么系统维护。购买软件最极端的方式是购买软件服务,一般以云计算的租用模式来使用软件,也称为SaaS(software-as-a-service)模式。该模式允许用户在互联网上按期租用软件运营商的软件模块实现信息化管理,系统的软硬件部署、升级和维护都由运营商负责。它是云计算的一种类型。

联合开发对于培养自己的技术力量最为有利,系统维护也比较方便。条件是双方要精诚合作,自己有一定的系统分析和设计力量。

3.6.5 系统开发项目管理

信息系统开发具备一般项目的特点:它是一次性任务,有一定的任务范围和质量要求,有时间限制和进度要求,有经费资源的限制。因此,信息系统开发也是一类项目,可以用项目管理的思想和方法进行管理。

与一般技术项目相比,信息系统开发项目有以下特点:

(1) 目标不精确,边界较模糊,质量需求更多由项目团队定义。

(2) 信息系统开发项目进行过程中,用户的需求会不断被激发并进一步明确,导致项目进度、费用计划的更改。

(3) 智力密集,受人力资源影响大,项目组的结构、项目组成员的责任心和能力对项目的成功有决定性的影响。项目组成员不仅应具备一定的技术水平和工作经验,还要有良好的心理素质,善于与人共事,有高度的组织纪律性和团队精神,能放弃自己的某些"自由"去接受项目组的限制和约束,服从项目的严格管理。

信息系统项目管理的内容包括以下几点。

(1) 进度管理和控制。

简而言之,项目管理的过程就是制订计划,然后按计划工作。一个详细的计划包括:

① 确定执行项目需要的特定活动,明确每项活动的职责;

② 确定这些活动的完成顺序;

③ 计算每项活动所需要的时间和资源;

④ 制订项目预算。

计划制订之后,必须监控进度,确保工作按计划进行。若实际进展与计划有差异,必须采取纠正措施,并重新修订计划。计划评审技术(program evaluation review technique, PERT)是进度管理和控制的一项实用技术。在系统开发的准备阶段,可以制订较粗的计划,说明几个开发阶段的时间安排,绘制出网络图。随着开发工作的进展,再绘制分阶段的局部网络图。也可以用甘特(Gantt)图表示,如图 3.16 所示。

有关 PERT 的详细介绍,读者可参考运筹学、项目管理方面的书籍。

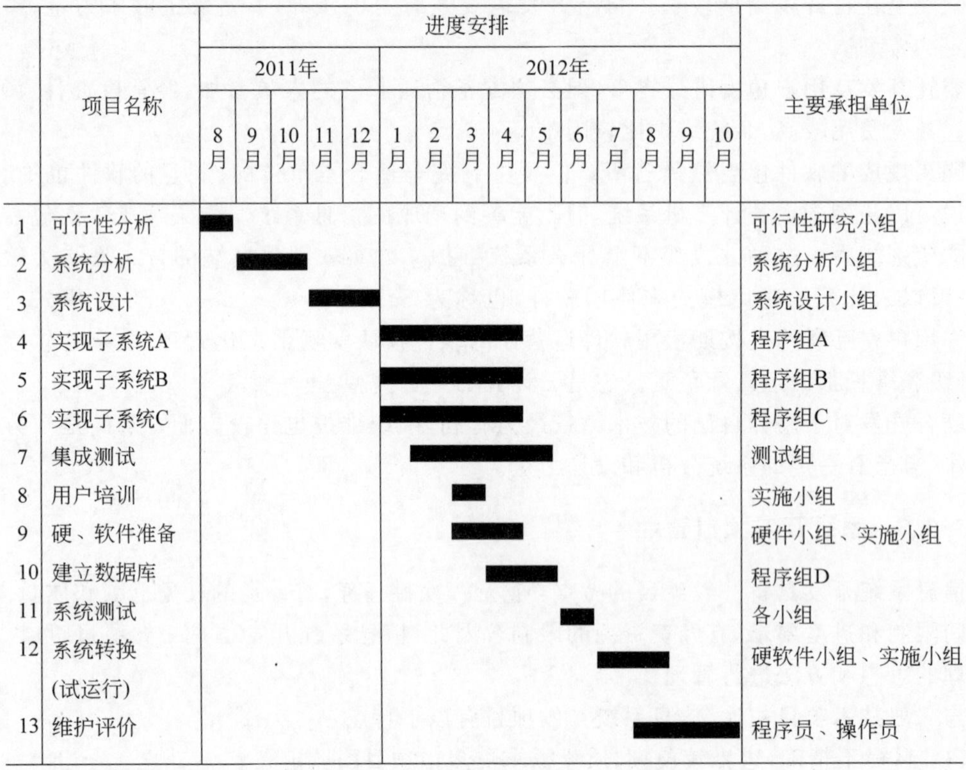

	项目名称	2011年 8月	9月	10月	11月	12月	2012年 1月	2月	3月	4月	5月	6月	7月	8月	9月	10月	主要承担单位
1	可行性分析	■															可行性研究小组
2	系统分析		■	■													系统分析小组
3	系统设计				■	■											系统设计小组
4	实现子系统A						■	■	■	■							程序组A
5	实现子系统B						■	■	■	■							程序组B
6	实现子系统C						■	■	■	■							程序组C
7	集成测试									■	■						测试组
8	用户培训									■	■						实施小组
9	硬、软件准备									■	■	■					硬件小组、实施小组
10	建立数据库									■	■	■					程序组D
11	系统测试											■	■				各小组
12	系统转换(试运行)												■	■			硬软件小组、实施小组
13	维护评价														■	■	程序员、操作员

图 3.16　甘特图

(2) 经费管理。

经费管理是项目管理的一项重要内容,也是项目管理的有效手段。经费管理包括测算信息系统的成本、制订经费计划和成本计划的变更控制。

(3) 质量管理。

在现代质量管理中,质量是指"用户的满意程度"。信息系统要使用户满意,必须满足:

设计规格符合用户要求;程序要按照设计规格所说明的情况正确运行。质量管理包括质量计划、质量保证和质量控制。

(4) 文档管理。

文档是信息系统的生命线。信息系统开发的产品是软件,即程序加文档。对用户而言,程序是"看不见,摸不着"的。程序执行的对与错,用户只有看到结果才知道。没有规范的文档,程序不可能维护。

文档管理的内容包括文档管理制度化、文档编写规范化、标准化,维护文档的一致性,维持文档的可追踪性。

(5) 人员管理。

对于一个项目的成功,制订计划是必不可少的,但人员——项目经理和项目团队——却是关键所在。项目管理,归根到底是人员管理。项目负责人的素质,以及项目组的结构、责任心、能力对项目能否成功有决定性的影响。

3.7 信息系统开发工具

信息系统开发工具指在系统开发生命周期各个阶段帮助开发者提高工作质量和效率的一类软件,也称为 CASE(computer aided software engineering,计算机辅助软件工程)工具。在理解这一概念时,我们强调:

(1) 它是一种软件。

(2) 它是继高级程序语言之后,软件技术进一步发展的产物。

(3) 它的目的是在软件开发过程的不同方面给予人们不同程度的支持和帮助。

CASE 工具可以分为分析与设计工具、编程工具、测试工具、运维工具和项目管理工具。

1. 分析与设计工具

分析与设计工具统称为建模工具。

系统分析阶段需要使用建模工具来严格定义需求规格,并能将应用系统的逻辑模型清晰地表达出来。由于系统分析是系统开发过程中最困难的阶段,它的成功与否往往是决定系统成败的关键,因此分析工具应具备对建模的结果进行一致性和完整性检查,发现并排除错误的功能。设计工具是用来进行系统设计的,将设计结果描述出来形成设计说明书,并检查设计说明书中是否有错误,然后找出并排除这些错误。

分析与设计工具主要包括各种模型的绘制工具和快速原型的构造工具。常用需求分析建模工具有 Sybase 公司的 PowerDesigner、IBM 公司的 Rational Rose、微软的 Visio 等,它们可以用来创建业务流程图、数据流图、ER 图、UML 各种模型图、网络架构图、图形用户界面等。其中一些工具支持从模型生成部分源代码,以及从源代码生成模型的功能。

2. 编程工具

在程序设计阶段,需要为程序员提供程序开发环境,开发环境一般包括代码编辑器、编译器、调试器、图形用户界面设计器等。可以是单独的一种工具,也可以是将代码编辑、分析、编译、调试等合成为一体化的开发软件服务套件,这种套件就叫作集成开发环境(integrated development environment,IDE),IDE 是目前程序员最常用的编程工具。

在以 Web 编程技术为主的工具中，依托不同的程序开发语言，有不同的开发平台和开发框架。基于 J2EE 应用的集成开发环境有 Eclipse/MyEclipse、IntelliJ IDEA 等，由不同厂家提供，很多是开源产品。.NET 则是由微软公司发布的强调多语言间交互的通用运行平台，.NET 应用开发使用 Visual Studio .net 集成开发环境。PyCharm 是采用 Python 语言开发 Web 应用的一款功能强大的 IDE。

除 IDE 工具外，还有很多开发框架也能帮助提高开发效率和速度。开发框架好比是一些软件"半成品"，为应用程序的设计和开发提供了可重用的公用结构（组件和类），帮助程序员快速实现应用的定制，如 Spring、Django 框架。

3. 测试工具

软件测试历来是软件质量控制的主要手段，它是为了发现错误而执行程序的过程。测试工具应能支持整个测试过程，包括测试用例的选择、测试程序与测试数据的生成、测试的执行及测试结果的评价。测试工具不仅能够针对用户界面和功能进行自动化测试，还可以模拟客户机向服务器发送请求，测试并发用户数对性能的影响，数据量对性能的影响，网络配置对应用的影响，并对服务器各项资源进行监控等。

属于测试阶段的工具有静态分析器、动态覆盖率测试器、单元测试工具、自动化功能测试工具、自动化性能测试工具、测试报告生成器、缺陷跟踪和管理工具等。比如开源的压力测试工具 JMeter、自动化测试工具 Selenium 等。

4. 运维工具

系统运维的目的不仅是要保证系统的正常运行，使系统适应新的变化，更重要的是发现和解决各种事件和问题。

系统日常运行管理和实时监控程序、漏洞扫描工具、运维审计工具都属于运维工具。软件运行维护阶段的工具主要包括开发运维一体化工具、支持逆向工程（reverse engineering）或再造工程（reengineering）的反汇编程序及反编译程序等。

5. 项目管理工具

软件项目管理贯穿系统开发生命周期的全过程，包括对项目开发队伍或团体的组织和管理，以及在开发过程中各种标准和规范的实施。具体讲，有项目开发人员和成本估算、项目开发计划、项目资源分配与调度、软件质量保证、版本控制、风险分析及项目状态报告和跟踪等内容。

目前支持项目管理的常用工具有 PERT 图工具、Gantt 图工具、软件成本与人员估算建模及测算工具、软件质量分析与评价工具以及项目文档制作工具、报表生成工具等。比如 Microsoft Project 可以协助项目经理发展计划、为任务分配资源、跟踪进度、管理预算和分析工作量。

习题 3

3.1 小论文：结合现实案例阐述信息系统开发是一个社会过程。

3.2 对信息系统建模的目的是什么？你认为应该在哪些方面建模？

3.3 信息系统的开发可以分为哪几个阶段？各阶段的基本任务是什么？各阶段应提

供什么技术文档？

3.4 为什么说系统分析是开发信息系统最重要的阶段？这个阶段的工作困难在什么地方？系统分析师的职责是什么？

3.5 在系统开发中，用户起什么作用？为什么说信息系统的失败，主要是领导的失败？

3.6 基于生命周期的开发过程方法有哪几种？各自适应于什么类型的项目？

3.7 结构化方法的主要思想是什么？

3.8 面向对象程序设计和结构化程序设计有什么联系和区别？

3.9 什么是面向服务的体系结构？

3.10 购买软件包和购买软件服务有什么异同？请选择某个单位的信息系统，分析采用不同开发方式的利弊。

3.11 什么是CASE工具？选择一种CASE工具进行简明介绍。

第4章 系统规划

本章讨论系统总体规划的目的、意义、方法和步骤。

规划指全面的长远发展计划。系统规划是信息系统生命周期的第一阶段。这一阶段的主要目标是明确系统整个生命周期内的发展方向、系统规模和开发计划。这里的系统一般不特指单一业务的具体系统,通常是连带整个企业通盘考虑的全局系统。

信息系统建设是投资大、周期长、复杂度高的社会技术系统工程。科学的规划可以减少盲目性,使系统有良好的整体性、较高的适应性,建设工作有良好的阶段性,以缩短系统开发周期,节约开发费用。目前,我国各行各业的管理工作已经全面上线了信息系统,但单项应用的多,综合集成还未普及。有的系统适应性差,难以扩充。缺乏科学的规划是造成这种现象的原因之一,有些规模较大的项目,由于没有系统规划和科学论证,上马时轰轰烈烈,使用中困难重重、骑虎难下,不仅造成资金和人力的巨大浪费,而且为今后的系统建设留下隐患。系统规划是信息系统建设成功的关键之一,它比具体项目的开发更为重要:

好的系统规划＋好的开发＝优秀的信息系统
好的系统规划＋差的开发＝好的信息系统
差的系统规划＋好的开发＝差的信息系统
差的系统规划＋差的开发＝混乱的信息系统

4.1 系统规划的任务与特点

4.1.1 系统规划的任务

系统规划阶段的主要任务有三个。

(1) 制定信息系统的发展战略。

信息系统赋能企业管理,其发展战略必须与整个企业的战略目标协调一致。制定信息系统的发展战略,先要调查分析企业的目标和发展战略,评价现行信息系统的功能、环境和应用状况。然后在此基础上确定信息系统的使命,制定信息系统的战略目标及相关政策。

(2) 制定信息系统的总体方案,安排项目开发计划。

在调查分析企业信息需求的基础上,提出信息系统的总体结构方案。根据发展战略和总体结构方案,确定系统和应用项目开发次序及时间安排。

(3) 制订系统建设的资源分配计划。

提出实现开发计划所需要的硬件、软件、技术人员、资金等资源,以及整个系统建设的概算,进行可行性分析。

4.1.2 系统规划的特点

系统规划阶段是概念系统形成的时期。系统规划具有以下几个特点。

(1) 系统规划是面向全局、面向长远的关键问题,具有较强的不确定性,结构化程度较低。

(2) 系统规划是高层次的系统分析,高层管理人员是工作的主体。

(3) 系统规划不宜过细。系统规划的目的是为整个系统确定发展战略、总体结构和资源计划,而不是解决系统开发中的具体问题。它要给后续工作以指导,而不是代替后续工作。在系统规划阶段,系统结构着眼于子系统的划分,和子系统之间的有机集成,对数据的描述在于划分"数据类",进一步的划分是后续工作的任务。

(4) 系统规划是企业规划的一部分,并随环境发展而变化。

系统规划阶段是一个管理决策过程。它要应用现代信息技术有效地支持管理决策的总体方案。它又是管理与技术结合的过程,规划人员对管理和技术发展的见识、开创精神、务实态度是系统规划成功的关键因素。

4.1.3 系统规划的原则

系统规划应遵循以下原则。

(1) 支持企业的总目标。

企业的战略目标是系统规划的出发点。系统规划从企业目标出发,分析企业管理的信息需求,逐步导出信息系统的战略目标和总体结构。

(2) 整体上着眼于高层管理,兼顾各管理层的要求。

(3) 摆脱信息系统对组织机构的依从性。

重点着眼于企业过程。企业最基本的活动和决策可以独立于任何管理层和管理职责。例如,"库存管理"可以定义为"原材料、零件和组件的收发控制和库存量的估计过程"。这个过程可以由一个部门单独完成,也可以由多个部门联合完成。组织机构可以有变动,但库存管理的过程大体上是不变的。对企业过程的了解往往从现行组织机构入手,但只有摆脱对它的依从性,才能提高信息系统的应变能力。

(4) 使系统结构有良好的整体性。

信息系统的规划和实现的过程大体如图 4.1 所示,是一个"自顶向下规划,自底向上实现"的过程。采用自上而下的规划方法,可以保证系统结构的完整性和信息的一致性。

(5) 便于实施。

系统规划应给后续工作提供指导,要便于实施。方案选择应追求实效。宜选择最经济、简单、易于实施的方案。技术手段强调实用,不片面求洋、求新。

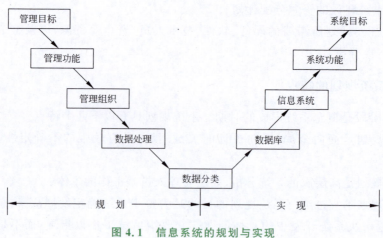

图 4.1　信息系统的规划与实现

4.2　系统规划的技术和方法

企业若不从战略高度管理信息技术和信息系统，不顾所处行业环境和自身条件，盲目引入信息技术，就会造成资源浪费或为将来留下隐患。因此信息系统建设的关键问题之一是如何在企业战略的指导下制定合理的信息系统战略规划（information systems strategic planning，ISSP）。信息系统战略规划是企业战略规划的有机组成部分，是关于信息功能的目标及其实现的总体谋划。它描绘了企业未来的信息化和数字化的蓝图，并描绘了如何获取与整合这些蓝图的能力。

为了改善信息系统战略规划效果，许多研究者提出了各种方法与框架。本书选择具有代表性的战略目标集转移法、企业系统规划法、关键成功因素法、价值链分析法等作简单介绍。

4.2.1　战略目标集转移法

战略目标集转移法（strategy set transformation，SST）是把企业的总战略、信息系统战略分别看成"信息集合"，信息系统战略规划的过程则是将组织战略集转换成与它相关联一致的信息系统战略集，该过程可粗略地用图 4.2 表述。

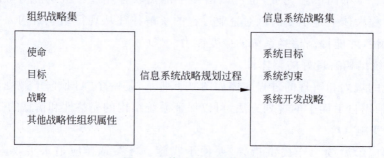

图 4.2　战略目标集转移法

1) 组织战略集

组织战略集是组织本身战略规划过程的产物,包括组织的使命、目标、战略和其他一些与信息系统有关的组织属性。

组织的使命描述该组织是什么,为什么存在,它能做出什么贡献。简言之,描述该组织属于什么具体的行业或部门。

组织的目标,就是它希望达到的目的。这些目标可以是定量的也可以是定性的。

组织的战略,是为达到目标而制定的总方针。

其他战略性组织属性,如管理水平、管理者对信息技术了解的程度、采用新技术的态度等等,虽然难以度量,但对信息系统建设影响很大。

2) 信息系统战略集

信息系统战略集由系统目标、系统约束和系统开发战略构成。

系统目标主要定义信息系统的服务要求。其描述类似组织目标的描述,但更加具体。

系统约束包括内部约束和外部约束。内部约束产生于组织本身,如人员组成、资金预算等。外部约束来自企业外部,如政府和企业界对组织报告的要求、同其他系统的接口环境等。

系统开发战略是该战略集的重要元素,相当于系统开发中应当遵循的一系列原则,如系统安全可靠、应变能力等要求,开发的科学方法及合理的管理等。

3) 信息系统战略规划过程

该过程将组织战略集转换成与它相关联一致的信息系统战略集,首先要识别和验证组织战略集。

(1) 识别和解释组织战略集。

组织战略集的某些元素可能有书面的形式,如组织的战略计划或长期计划。但是,对这些元素的描述不一定适应管理选择的目的。为此,信息系统战略规划者就需要一个明确的战略集元素的确定过程。这个过程可按以下三个步骤进行。

① 划出组织利益相关方的结构。利益相关方即是与该组织有利害关系者,如客户、股东、雇员等;

② 确定利益相关方的要求;

③ 定义组织相对于每个利益相关方的任务和战略。

(2) 进一步解释和验证组织战略集。

有了一组关于组织使命、目标和战略的初步描述后,送交组织的最高管理者审查,收集反馈信息,分析最高管理者同意或不同意的态度,判断战略集元素优先次序,评价其他战略性组织属性。

4.2.2 企业系统规划法

企业系统规划法(business system planning,BSP)是 IBM 公司在 20 世纪 70 年代提出的,旨在帮助企业制定信息系统的规划,以满足企业近期和长期的信息需求,是最早也是影响最广的规划方法。该方法是先通过全面调查,分析企业信息需求,然后制定信息系统总体方案,BSP 的四个基本步骤概括如下。

1. 定义管理目标

为了确定拟建的信息系统的目标,需要调查了解企业的目标和为了达到这个目标所采取的经营方针以及实现目标的约束条件。只有明确企业的管理目标,信息系统才可能给企业直接的支持。

目标调查是通过采访各级管理部门进行的,帮助他们提炼、归纳、汇总目标,绘制出目标树。各子目标要服从它所属的目标,目标之间不能互相矛盾,也不应完全相关。子目标的指标是根据上级指标、本企业历年统计、同类组织的最好指标等数字来确定的。各级管理的统一目标,各个部门的目标要服从总体目标。

2. 定义管理功能

定义管理功能,就是识别企业过程中的主要管理活动。

管理功能是管理各类资源的各种相关活动和决策的组合。管理人员通过管理这些资源支持管理目标。BSP方法强调管理功能应独立于组织机构,从企业的全部管理工作中分析归纳出相应的管理功能。这样设计的信息系统可以相对独立于组织机构,较少受体制变动的影响。例如,不论高等学校的招生工作是属于教务处的工作范围还是属于学生工作部的工作范围,其过程是基本相似的。

定义管理功能并进行分组是 BSP 方法的核心,管理功能主要是根据企业中的资源及其生命周期来识别的。具体方法如下。

1) 识别资源

这里说的"资源"是广义的,指被管理的对象,有形资源比较容易识别,例如设备、零件、建筑物。有些是无形资源,例如服务、科研项目等。战略计划是一类特殊的无形资源,是指一个企业的长期计划、资源开发计划、投资计划等,例如,产品开发计划、人力资源计划、销售分析与预测等。

2) 根据资源的生命周期识别功能

资源的生命周期,是指一项资源由获得到退出所经历的阶段,一般划分为产生、获得、服务和归宿四个阶段。根据资源的生命周期可以识别功能。表 4.1 列出一些例子。

表 4.1 资源的生命周期

资 源	生 命 周 期			
	产生阶段	获得阶段	服务阶段	归宿阶段
人力	人力资源计划	招聘、调动	培训	辞退、退休
材料	需求计划	采购、进库	库存控制	应付款业务
产品	产品开发	生产、库存	销售、物流	应收款业务

资源生命周期的四个阶段给出了确定功能的一般规律。但并非所有资源的生命周期都一定具有这四个阶段,在一个阶段中也不一定只有一个功能,应根据实际情况来决定。

3) 汇总分析

对以上识别出来的功能进行合并归类,减少不一致和重叠。在此基础上将功能和组织之间的关系画在一张表上,这就是组织/功能矩阵,如表 4.2 所示。这张表不仅表达了组织与功能之间的关系现状,而且应该表达它们的合理关系。系统分析阶段要按功能对各组织进行进一步的调查。

表 4.2　组织/功能矩阵

组织	市场		销售			生产			材料管理		财务			…
	计划	预测	销售区管理	销售	订货服务	设计开发	产品规格	生产调度	采购进货	库存控制	财务计划	成本核算	基金管理	
财务部	×			/			/		/	/	○	○	○	
销售部	○	○	○	○	○	×	×							
产品部		×		/	/	○								
采购部		×							×	○	×			
…														

说明：○表示主要负责；×表示参加；/表示一般参加。

3. 定义数据类

在总体规划中，把系统中密切相关的信息归成一类数据，称为数据类，如客户、产品、合同等，也可称为数据大类。

识别数据类的目的在于了解企业目前的数据状况和数据要求，查明数据共享的关系，建立数据类/功能矩阵，为定义信息结构提供基本依据。定义数据类有两种基本方法：实体法和功能法。

（1）实体法。与企业有关的可以独立考虑的事物都可定义为实体，如客户、产品、材料、现金、人员等。

（2）功能法。每个功能都有相应的输入和输出的数据类型。对每个功能找出其必要的输入数据类和输出数据类，与第一种方法得到的数据类比较并进行调整，最后归纳出系统的数据类。一般有 10～20 个数据类比较恰当。

功能和数据类都定义好之后，可以得到一张功能/数据类表格，表达功能与数据类之间的联系，如表 4.3 所示。功能与数据类的交叉点上标以 C，表示这个数据类由相应的功能产生，标以 U 表示这个功能使用这个数据类。

表 4.3　功能/数据类矩阵

功能	数据类															
	客户	订货	产品	操作顺序	材料表	成本	零件规格	材料库存	成品库存	职工	销售区域	财务	计划	机器负荷	材料供应	工作令
经营计划						U						U	C			
财务计划						U			U			U	C			
资产规模												U				
产品预测	U	U									U			U		
产品设计开发	U		C		U	C										

续表

功能	数据类																
	客户	订货	产品	操作顺序	材料表	成本	零件规格	材料库存	成品库存	职工	销售区域	财务	计划	机器负荷	材料供应	工作令
产品工艺			U		C		C	U								
库存控制								C	C						U	U
调度			U											U		C
生产能力计划				U										C	U	
材料需求			U		U										C	
操作顺序				C										U	U	U
销售区域管理	C	U	U													
销售	U	U	U								C					
订货服务	U	C	U													
发运		U	U						U							
通用会计	U		U							U						
成本会计			U			C										
人员计划										C						
人员考核										U						

4. 定义信息结构

定义信息结构也就是定义信息系统子系统及其相互之间的数据交换，这是 BSP 方法的最终成果，即获得最高层次的信息系统结构。有了功能/数据类矩阵之后，根据数据的产生、使用和控制对功能进行聚类分组。具体做法是通过一系列的矩阵行列调整，尽量把 C 汇聚到对角线上，从而使得一组紧密相关的数据类和功能形成一簇，如表 4.4 所示。簇外的 U 表示各个簇间的数据联系，如表 4.5 所示。这样做的目的就是将有密切联系的数据和功能划分在一个子系统内，使得子系统之间的信息交换尽量少，从而形成科学合理、松耦合的系统结构。

BSP 方法产生于信息系统发展的初级阶段，对当时信息系统建设具有突出指导意义。经过近 40 年的发展，管理领域和信息系统领域取得了长足进步，各类管理软件如 ERP 等经过长期应用积累和检验，已经形成了成熟的结构体系，大多数企业可以直接借鉴和使用。因此在信息系统发展新形势下，BSP 方法虽然在理论上仍有借鉴价值，但针对新形势下的新问题，需要有新的规划方法和手段来解决。

表 4.4 划分子系统

功能		数据类														
		计划	财务	产品	零件规格	材料表	材料库存	成品库存	工作令	机器负荷	材料供应	操作顺序	客户	销售区域	订货	成本	职工
经营计划	经营计划	C	U														U
	财务计划	C	U													U	U
	资产规模			C													
技术准备	产品预测	U		U									U	U			
	产品设计开发			C	C	U							U				
	产品工艺			U	C	C	U										
生产制造	库存控制						C	C	U		U						
	调度				U				C	U							
	生产能力计划								C	U	U						
	材料需求				U	U					C						
	操作顺序								U	U	U	C					
销售	销售区域管理			U									C	U			
	销售			U									U	C	U		
	订货服务			U									U		C		
	发运			U			U								U		
财会	通用会计			U												U	
	成本会计														U	C	
人事	人员计划																C
	人员考核																U

4.2.3 关键成功因素法

关键成功因素(key successful factor,KSF;或 critical success factor,CSF)是在探讨产业特性与企业战略之间关系时常使用的概念,它是指那些对组织能否成功实现其目标起决定作用的因素。一个企业若能掌握少数几项重要因素(通常是5~9个),便能确保相当的竞争力。如果企业想要持续成长,就必须对这些关键领域加强管理,否则将无法达到预期的目标。

关键成功因素法是依据关键因素确定系统信息需求的一种总体规划方法。在现行系统中,存在着多个变量影响系统目标的实现,其中若干个因素是关键的和主要的(即成功变量)。关键成功因素法就是通过分析,找出企业成功的关键因素,然后再围绕这些关键因素来确定系统的信息需求,并进行规划。该方法包含以下四个步骤。

表 4.5　子系统之间的联系

功能	计划	财务	产品	零件规格	材料表	材料库存	成品库存	工作令	机器负荷	材料供应	操作顺序	客户	销售区域	订货	成本	职工
经营计划															U	U
技术准备	U								U	U						
生产制造				U		U										
销售			U					U								
财会			U									U		U	U	
人事																

1. 确定组织目标

识别组织目标是关键成功因素法的基础和核心,决定着整体工作的方向。关键成功因素法的本质就是围绕企业或组织目标的关键成功因素展开分析。"目标"有多个层次,可以是企业的整体发展战略目标,也可以是某个管理层或职能领域的具体目标。

识别战略目标可以从以下四个方面展开:市场目标、创新目标、盈利目标和社会目标。其中每个方面又可以进行进一步细化。细化目标可以从生产作业、市场和销售、服务、采购、技术开发、人力资源管理和企业基础设施等环节识别。

2. 确定关键成功因素

关键成功因素的识别,主要是分析影响具体目标的各种核心因素以及影响这些因素的子因素,从中选择决定企业成败的重要因素。关键成功因素的选择力求精练,通常控制在 5~6 个因素以内,关键成功因素可以通过召开一两次"头脑风暴"会议来讨论确定。

不同行业的关键成功因素各不相同。即使是同一个行业的组织,由于各自所处的外部环境的差异和内部条件的不同,其关键成功因素也不尽相同。例如,连锁经济型酒店的关键成功因素有成本控制、选址、配套服务和网络覆盖等。度假酒店的关键成功因素则是旅游资源和项目、服务质量及生态环境等。

3. 确定关键成功因素的性能指标

性能指标是对关键成功因素的明确和细化,是关键成功因素的具体评价体系,也称为关键性能指标(key performance indicator,KPI)。一个关键成功因素的具体评价指标很多,实际应用过程中,根据每个指标的重要程度选择最重要的几个指标,通常控制在 3 个以内。表 4.6 以网上书店为例说明关键成功因素及其关键性能指标。

表 4.6 某电商的关键成功因素及性能指标

关键成功因素	关键性能指标
产品优势	包含图书、音像、数码、美妆、服饰、家居等,产品实现多样化 全部正版图书,电子图书的数量达到 50000 种 多种智能推荐 产品评价丰富有价值
价格优势	比市场同类企业的产品价格低 会员等级、优惠券、返利等多种促销
物流质量	实现最优仓库调货 订单次日送达(北京等城市) 4 小时专递服务
客户关系	个性化服务、邮件提醒 客户忠诚度分析

4. 确定信息需求

所有这些 KPI 都可以用来确定信息系统的需求,当这些需求被建立起来后,可以通过分析现有的系统以确定是否已经存在有关信息内容,如果现有系统不能提供,信息管理者就可以明确这一新的信息需求和满足需求的初步方案。例如,表 4.6 中的关键成功因素之一的价格优势,针对优惠券促销需要明确的信息需求是何时、何故、何人执行优惠券的发放,优惠券的币值多少,如何有效使用优惠券,优惠券使用效果分析等,从而导出网上书店系统的功能需求。

4.2.4 价值链分析法

价值链分析法(value chain analysis,VCA)由美国哈佛商学院著名战略学家迈克尔·波特(Michael Porter)提出。他认为企业在设计、生产、销售、交付产品及其辅助过程中进行了种种活动,每个活动都有可能相对于最终产品产生增值行为,从而增强企业的竞争地位。所有这些活动可以用一个价值链来表明,波特的"价值链"包含四个基本观点。

(1) 价值是企业一切活动的核心,企业不仅要谋求总收入最大化,控制总成本最低,更注重的是赢利最大化。价值管理就是努力追求包含利润在内的价值成就。

(2) 企业内外价值增加的活动分为基本活动和支持性活动。基本活动涉及企业生产、销售、进料后勤、发货后勤、售后服务;支持性活动涉及人事、财务、计划、研究与开发、采购等。

(3) 企业的价值活动不是一些孤立的活动,基本活动和支持性活动相互依存,形成一个系统,构成了企业的价值链。

（4）企业的效率或者竞争优势来自于价值活动的有效组合，来自于"价值链"的优化，这也是企业不同于或者优于其他厂商的特质，企业的竞争成功也产生于合理的"价值链"。

由于信息技术的发展和它的社会应用日益广泛，信息技术在企业中的应用越来越受到重视，但企业信息化不可能一蹴而就，由于资金、技术等资源的限制，需要根据实际情况，让"好钢用在刀刃上"，方显信息技术这一"宝刀"的锋芒。

在这种情况下，制定企业信息战略可以采用价值链分析法。该方法认为，不同的企业参与的价值活动中，并不是每个环节都创造价值，只有那些特定的能创造价值的经营活动，才是价值链上的"战略环节"。战略制定者通过研究当前信息技术应用的活动环节及其增值潜力，优先考虑信息技术应用的战略环节，从而优化信息处理流程，最大地增加该活动的价值。

价值链分析法的基本步骤如下。

1. 识别企业价值链

将组织的经营过程分割成一系列相互联系、相互作用的活动。其中基本价值过程包含那些直接参与研发、制造或销售企业产品和服务的活动，它们构成企业一个完整的从产品创建直到顾客完成消费的价值链。基本价值过程具有线性特征，即缺少任何一个环节都不能达到最终产品或服务目的；而支持价值过程则类似于"幕后英雄"，它们为公司作为整体提供支持，用以保证基本价值过程的顺利进行，不能归入到基本价值过程中的某个环节。

通常将基本价值过程的活动作为列，支持价值过程的活动作为行，从而形成如图4.3所示的矩阵结构，该图展示的是某电商的价值链。图中所有环节都具有单独价值，但这些环节组合起来的价值往往大于它们的单独价值之和，多出来的就是附加价值。附加价值越大，意味着利润越丰厚，组织的竞争优势越大。

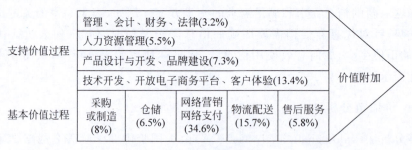

图 4.3　某电商的价值链

2. 确定关键价值增加环节

分析价值链所有环节，通过对客户和专家的调查来确定每个环节对价值的贡献率，标示出各环节对于增加价值所占的比例，比例大的活动就是价值链的关键环节。例如以100分作为价值链总分数，根据客户打分统计得到价值链分析如图4.5的百分比（注：该电商及数据为虚构）。

由此得到的关键环节，即对顾客来说最明显、最显著的增加价值的环节。根据图4.5可知网络营销和支付、物流配送能够最迅速、最大量地产生价值附加。

3. 确定关键价值减少环节

与确定价值增加环节相对应,还要分析哪些环节会对价值减少、顾客满意度降低有最关键的影响。同样可以通过收集客户或专家的反馈信息并统计得出关键价值减少环节。

4. 明确信息技术对关键价值环节的支持

通过对价值链的分析,可以识别出企业最为重要的增值或减值环节,并由此确定支持该环节的信息技术和信息系统。事实上,考虑到各个环节已有的信息化程度不一,以及为了保证信息流程的连贯性和畅通,应该对价值链所有环节进行信息技术支持的分析,找到该环节如何使用信息技术和信息系统以最大地增加价值,然后在制定信息系统战略规划时优先考虑关键价值环节。

以上介绍的几种信息系统战略规划方法均有各自的观点和步骤,在日趋复杂的企业环境及外部竞争压力下,系统规划面临不是单一管理或单一技术的问题,因此在企业实际规划过程中,常常将多个方法进行有机结合,以期得到更全面、更具前瞻性的信息系统战略规划。

4.3 信息系统战略规划的基本步骤

大中型企业和信息化咨询公司在进行信息系统规划过程中,工作步骤和方法各有不同,没有通用的一套标准可遵循。但它们通常都会融合上述的多种规划技术和方法,可以总结为以下几个阶段。

4.3.1 环境准备

信息化成功率和建设水平不仅依赖于先进的技术与设备,还依赖于企业是否具备健全的 IT 领导决策机制和问责制度,后者可以通过信息系统治理(IS governance)和信息技术治理(IT governance)来建立,以下统称为 IT 治理。当企业准备进行信息系统战略规划时,需要先审视并确保 IT 治理有一定基础,从而保证规划中各项决策的合理制定以及规划的顺利执行。技术好比"种子",治理环境好比"土壤",没有好的土壤,再好的种子也不能开花结果。具体一点说,在信息化建设的过程中,会出现很多问题,解决这些问题不在于具体行动的困难,而是某个行动的决策不知道应该由谁来制定,如何制定,谁负主要责任等。缺乏 IT 治理,会造成决策的技术及经济论证不足,信息技术风险管理缺位,企业重视硬件投入而轻视软件和咨询服务等问题,最终造成信息技术的应用效果不佳,信息系统没有达到预期回报。

为了讨论 IT 治理以及它与企业战略规划的关联性,首先需要理解治理的概念。动词"治理"(govern)的一个非正式的定义是"颁布和控制一个团队、组织,或国家的政策和标准"。可以将治理理解为一个过程,该过程首先明确企业各类相关人员的职责、权力和沟通链(决策权),然后建立度量、政策、标准和控制机制,以控制人们执行他们的角色和职责。一个国家要想长盛不衰和稳定发展,需要有制度、规则、标准及合理的组织结构。对于一个企业也是如此,治理就是根据一个共同的原则来管理企业资产。例如,对于人力资产或雇员,治理可能包括的内容有:一个专门的委员会负责员工总人数的计划,一个人力资源管理系统负责绩效考核过程,另一个专门的委员会负责审查薪酬架构并根据一定的流程聘用新员工。

IT 治理是企业治理在信息时代的重要发展,中外学者对此给出了多种定义。其中美国 IT 治理协会对 IT 治理的定义是:"IT 治理是一种引导和控制企业各种关系和流程的结构,这种结构安排旨在通过平衡信息技术及其流程中的风险和收益,增加价值,以实现企业目标。"中国 IT 治理研究中心 2010 年给出的定义是:"IT 治理是指设计并实施信息化过程中各方利益最大化的制度安排,包括业务与信息化战略融合的机制、权责对等的责任担当框架和问责机制、资源配置的决策机制、组织保障机制、核心信息技术能力发展机制、绩效管理机制以及覆盖信息化全生命周期的风险管控机制。该制度安排的目的是实现组织的业务战略,促进管理创新,合理管控信息化过程的风险,建立信息化可持续发展的长效机制,最终实现信息技术的商业价值。"

IT 治理的目的是建立与 IT 决策相关联的责任和权利,建立用于度量和治理 IT 决策及其执行的机制。即 IT 治理讨论的是关于谁(who)负责 IT 部分中的什么(what),以及如何(how)指导相应的人员履行这些职责。图 4.4 企业 IT 治理的构成要素显示了 IT 治理的这几个构成要素。

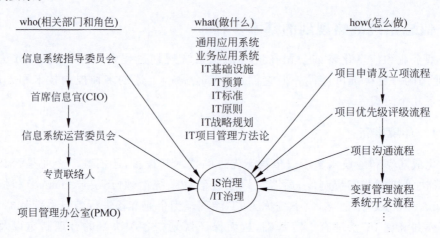

图 4.4 企业 IT 治理的构成要素

图 4.4 企业 IT 治理的构成要素描述了 IT 治理的大致框架,该框架明确有关 IT 决策权的归属机制、决策内容和所遵循的决策流程。其中责任人包括信息系统指导委员会、首席信息官、信息系统运营委员会、专责联络人和项目管理办公室等部门和职位。负责的内容主要是为 IT 应用、IT 基础设施、IT 原则、IT 预算、IT 标准、IT 战略规划和 IT 项目管理等几个方面制定相关制度。最后,通过一系列决策流程对所有决策活动进行指导、监督、检查和控制,这些流程包括信息化项目的申请和立项流程、优先级评级流程、沟通流程以及开发和变更管理流程等。

为了更加直观地显示企业中每个部门或成员的角色和职责,可以采用责任分配矩阵(responsible-accountable-consulted-informed,RACI)来表述,也称为 RACI 矩阵,它是 IT 治理的重要工具之一。表 4.7 描述了图 4.4 中决策成员的主要职责,RACI 分别代表某项决策由谁负责、谁来批准、向谁咨询和决策结果通知给谁。

表 4.7　IT 治理的 RACI 矩阵

相关部门和角色	IT 基础设施	通用应用系统	业务应用系统	IT 预算	IT 标准及流程	IT 原则	IS 战略规划
信息系统指导委员会	C	R	I	R	C	C	R
信息系统运营委员会	C	C	R	I	I	I	C
专责联络人	I	C	C	I	I	I	C
首席信息官	R	C	C	C	R	R	C

R：responsible，负责；C：consulted，被咨询；I：informed，被通知。

IT 治理不仅是面向大型组织的，对小型组织同样会带来显著收效。但是不同类型的企业应根据自身特点和经验找到最适合的 IT 治理框架。良好的 IT 治理直接促进生产力增长、质量提高以及财务收益的改进；糟糕的 IT 治理则适得其反，可能导致流程烦冗、官僚主义、士气低落，整体财务收益减少。

4.3.2　规划步骤

信息系统战略规划过程可以划分为企业调查和分析、信息系统调查和分析、制定方向、评审及建议四个步骤。表 4.8 系统规划步骤详细内容列表对每个步骤的任务和输出成果进行了总结。

表 4.8　系统规划步骤详细内容列表

步骤	子步骤	任　　务	成　　果
企业调查和分析	发起和管理规划项目	1. 确定规划的目的、目标和范围 2. 识别资源、角色和职责，确定受访人员 3. 明确可交付成果和工作计划 4. 设计交付件模板草案 5. 宣布规划项目，指导项目定位 6. 建立持续的项目治理、沟通和状态报告 7. 审查及确认战略规划的计划及里程碑	1. 规划目的、范围和过程 2. 项目参与成员 3. 需交付的表格结构 4. 项目公告 5. 状态汇报表的结构
	了解企业现状	1. 收集整理企业文档 2. 设计企业访问表、调查问卷和研讨会 3. 制定企业访问和研讨会的日程 4. 开展访问、研讨会和调查 5. 撰写访问、研讨会和调查文档 6. 审查并确认所收集的材料	1. 企业访问表与调查问卷 2. 详细的访问、研讨会和调查记录
	企业分析	1. 记录当前企业状况、发展愿景、价值观、目标、战略方向、商业前景、商业项目和举措 2. 分析行业业务趋势、外部企业和客户的需求 3. 价值链分析，识别企业优势与劣势、机会与威胁 4. 识别企业关键信息需求和度量指标 5. 分析企业关键业务流程 6. 确定企业业务对 IS 的影响 7. 审查并确认对企业现状的认识	1. 企业基本情况 2. 企业发展愿景 3. 价值链 4. 商业 SWOT 分析 4. 对 IS 的影响力

续表

步骤	子步骤	任务	成果
IS调查和分析	了解 IS 现状	1. 收集整理已有的 IS 文档 2. 设计 IS 访问表、调查问卷和研讨会 3. 制定 IS 访问和研讨会日程 4. 开展访问、调查和研讨会 5. 撰写访问、调查和研讨会文档 6. 撰写 IS 现状文档(业务应用系统、网络通信、服务器和桌面环境、数据中心环境、IT 组织结构) 7. 审查并确认对 IS 现状的了解	1. IS 访问表和调查问卷 2. 详细的 IS 访问和研讨会记录 3. IS 现状
	分析当前 IS 形势	1. 了解行业标杆情报并作为指导 2. 识别行业的发展趋势和竞争对手概况 3. 收集整理已有的信息需求和数据模型 4. 收集整理业务流程及其应用系统的使用 5. 识别高层功能性需求及其实际应用的差距 6. 分析信息系统 SWOT、风险、技术机遇和变革 7. 设计 IS 评估分数表并为当前 IS 建设打分 8. 审查并确认 IS 分析结果	1. 市场调查结果 2. 关键信息需求 3. 关键功能需求和差距 4. 业务流程改进 5. IS 行业的统计情况、发展趋势和概况 6. ISSWOT 7. 当前 IS 评分表
	设计可选方案	1. 提出企业应用系统的可选方案及建议 2. 提出 IT 基础设施的可选方案及建议 3. 提出组织的可选方案和建议 4. 提出 IS 流程可选方案和建议 5. 审查并确认建议	建议(应用系统、IT 基础设施、组织、流程)
制定方向	制定 IS 愿景	1. 制定 IS 发展愿景、使命 2. 制定发展目标和战略 3. 确定 IS 绩效评价指标和平衡计分卡 4. 审查并确认 IS 愿景和方向	1. IS 愿景、使命 2. IS 目标、战略 3. IS 平衡记分卡
	制定 IS 发展方向	1. 制定企业应用系统发展方向 2. 制定电子商务发展方向 3. 制定 IT 基础设施发展方向 4. 制定组织发展方向 5. 制定企业流程发展方向 6. 制定 IT 项目优先级评级流程 7. 审查并确认 IS 发展方向	1. 企业应用系统、电子商务发展方向 2. IT 基础设施发展方向 3. 组织计划 4. 流程计划 5. 优先级评级流程
	识别 IS 项目	1. 识别 IS 项目(业务应用系统开发、基础设施建设、组织和流程改进等) 2. IS 项目成本估算 3. 识别 IS 项目效益 4. 对 IS 项目进行优先级排序 5. 审查并确认 IS 项目及其优先级	1. 项目优先级 2. 项目成本 3. 项目效益

续表

步骤	子步骤	任　务	成　果
评审及建议	制定路线图	1. 撰写详细路线图 2. 投资汇总 3. 组织影响汇总 4. 识别风险、转移风险、成熟度评估 5. 评审并确认路线图	1. IS路线图 2. 投资方案 3. 组织影响 4. 风险评估 5. 成熟度评估
	论证规划方案	1. 可行性论证 2. 设计沟通计划和总结发言 3. 为战略规划设立可持续的流程和指导委员会 4. 审查并确认论证结果	1. 可行性论证 2. 财务模型 3. 沟通计划 4. 战略规划流程
	沟通规划方案	1. 规划报告定稿 2. 撰写总结发言报告 3. 提交计划并讨论	1. 规划报告 2. 规划总结发言 3. 规划项目完成情况和评价调查

4.4 可行性论证

总体规划的后期，要对项目的可行性进行论证。事实上，可行性研究是任何一项大型工程正式投入力量之前必须进行的工作。这对于保证资源的合理使用、避免浪费是十分必要的，也是项目一旦开始以后能顺利进行的必要保证。信息系统的建设是一项投资大、时间长的复杂工程，可行性研究更为必要，也更复杂、更困难。

"可行性"是指在当前情况下，企业研制这个信息系统是否有必要，是否具备必要的条件。可行性的含义不仅包括可能性，还包括必要性、合理性。

4.4.1 可行性论证的内容

除了建立系统的必要性之外，建设信息系统的可行性应从以下三个方面进行论证。

1. 技术可行性

技术可行性是指：

(1) 根据现有的技术条件，能否达到所提出的要求。

(2) 所需要的物理资源是否具备，能否得到。

特别要注意，这里的技术条件是指已经普遍采用、确实可行的技术手段，而不是正在研究中还没有把握的新技术。

技术条件包括以下四个方面。

(1) 硬件。包括计算机的存储量、运算速度，外部设备的功能、效率、可靠性，通信设备的能力、质量是否满足要求。

(2) 系统软件。包括操作系统提供的接口能力是否符合需要，如是否具备实时处理能力或批处理能力，分时处理的响应时间是否可接受，数据库管理系统的功能是否足够，程序设计语言的种类和表达能力是否满足要求，网络软件的性能是否满足需要，等等。

(3) 应用软件。是否已有专用的软件。

(4) 技术人员。各类技术人员的数量、水平和来源。

2. 经济可行性

经济可行性分析要估计项目的成本和效益,分析项目经济上是否合理。如果不能提供研制系统所需要的经费,或者不能提高企业的利润,或一定时期内不能回收它的投资,就不应该开发该项目。也就是说,经济可行性要解决两个问题:资金可得性和经济合理性。

1) 资金可得性

先要估计成本,计算项目投资总额。成本包括初始成本与日常维护费用。系统的初始成本包括:

- 各种软、硬件及辅助设备的购置、运输、安装和调试费用;
- 机房及附属设施(电源、通信、地板等)费用;
- 其他(差旅、办公、不可预见费用)费用。

日常维护费用包括:

- 系统维护(软件、硬件、通信);
- 人员费用;
- 易耗品(打印机、打印纸、硬盘等);
- 内务开销(公用设施、建筑物、远程通信、动力);
- 其他。

应注意防止成本估计过低的倾向。(经验表明,实际费用往往超过估计成本的 2~4 倍),例如只算开发费,不算维护费;只算硬件,忽视软件;只算主机,不算外设。现在的趋势是外设比重越来越大。

2) 经济合理性

考虑资金可得性,要计算系统的开支。要说明经济合理性,还需计算信息系统带来的效益。

效益可分为直接经济效益和间接经济效益。直接经济效益是系统投入运行后,对利润的直接影响,如节省多少人员,压缩多少库存,产量增加多少及废品减少多少,等等。这些效益可直接折合成货币形式。把这种效益与系统投资、运行费用相比,可以估算出投资回收期。

但信息系统的效益大部分是难以用货币形式表现出来的社会效益。如系统运行后,可以更及时地得到更准确的信息,对管理者的决策提供有力的支持,改善企业形象,增加竞争力,等等。这些都是间接效益。根据国外的统计,信息系统的效益按其重要性排列如下:

- 提供以前提供不了的统计报表与分析报告;
- 提供比以前准确、及时、适用、易理解的信息;
- 为领导决策提供了有力支持;
- 促进体制改革,提高工作效率;
- 减少人员费用;
- 改进服务,增强了顾客信任,增强企业的竞争地位;
- 改善工作条件;
- 将来需要的潜力。

由此可见,信息系统的效益主要是难以用货币表现的间接效益。

3. 社会可行性

社会可行性是指所建立的信息系统能否在该企业实现,在当前操作环境下能否很好地运行,即组织内外是否具备接受和使用新系统的条件。从组织内部来讲,管理信息系统的建立,可能导致某些制度,甚至管理体制的变动。对于这些变动,组织的承受能力影响着系统的生存,尤其是从手工系统过渡到人机系统,这个因素的影响更大。领导者不积极参与或旁观怀疑,中下层害怕改变工作性质,由于惰性或惧怕心理而反对采用新技术,都是系统失败的关键因素。从组织外部来讲,管理信息系统运行后,报表、票证格式的改变,是否为有关部门认可和接受,将直接影响企业的营业额。对于涉及社会经济现象的系统,还应考虑道德伦理、安全性以及法律问题。

4.4.2 可行性分析报告

总体规划的最后阶段是撰写可行性报告。可行性报告包括总体方案和可行性论证两个方面,一般内容有以下几点。

(1) 引言。

说明系统的名称、系统目标和系统功能、项目的由来。

(2) 系统建设的背景、必要性和意义。

报告要用较大的篇幅说明总体规划调查、汇总的全过程,要使人信服调查是真实的,汇总是有根据的,规划是可信的。

(3) 拟建系统的候选方案。

这部分要提出计算机的逻辑配置方案,可以提出一个主要方案及几个辅助方案。

(4) 可行性论证。

从技术、经济、社会三个方面对规划进行论证。

(5) 几个方案的比较。

若结论认为是可行的,则给出系统开发的计划,包括各阶段人力、资金、设备的需求,用甘特图表示开发进度。

习题 4

4.1 为什么要进行信息系统的总体规划?总体规划的任务是什么?
4.2 总体规划有什么特点?
4.3 试述战略转移法的基本思路。
4.4 试述 BPS 法的四个基本步骤。
4.5 试述关键成功因素法的基本思路。
4.6 试述价值链分析法的基本步骤。
4.7 什么是 IT 治理?为什么要进行 IT 治理?
4.8 系统规划的一般步骤是什么?
4.9 可行性的含义是什么?信息系统可行性分析包括哪些内容?

第5章
系统分析概述

系统分析是应用系统思想和方法,把复杂的对象分解成简单的组成部分,找出这些部分的基本属性和彼此间的关系。

本章对系统分析阶段的任务、方法和工具进行概述。这一阶段产生的系统说明书(需求规格说明书),既是后续开发工作的依据,也是衡量一个信息系统优劣的依据。系统分析是系统开发中最重要、也是最困难的阶段。结构化系统分析方法及数据流图、数据字典,面向对象系统分析方法及 UML 模型等工具是克服困难的有力武器。

5.1 系统分析的任务

系统分析阶段的基本任务是:系统分析师(system analyst,SA)与用户在一起,充分了解用户的要求,并把双方的理解用系统说明书表达出来。系统说明书审核通过之后,将成为系统设计的依据,也是将来验收系统的依据。

拟建的信息系统既要源于原系统,又要高于原系统。所谓"高于原系统",就是要比现行系统功能更强,效率更高,使用更方便。但新系统不是无源之水,无本之木。"源"就是现行信息系统。因此系统分析师要在总体规划的基础上,与用户密切配合,用系统的思想和方法,对企业的业务活动进行全面的调查分析,详细掌握有关的工作流程,收集票据、账单、报表等资料,分析现行系统的局限性和不足之处,找出制约现行系统的"瓶颈",确定新系统的逻辑功能,根据企业的条件,找出几种可行的解决方案,分析比较这些方案的投资和可能的收益。

1. 系统分析的困难

系统分析是研制信息系统最重要的阶段,也是最困难的阶段。

系统分析要回答新系统"做什么"这个关键性的问题。只有明确了问题,才有可能解决问题。否则,方向不明,无的放矢,费力不讨好。实际工作中常常有这种情形,即业务人员认为信息系统的开发只是技术人员的事,开发人员根据对用户要求的肤浅理解匆匆忙忙进行系统设计,编写程序。交给用户使用时,用户说"这不是我要的系统"。对系统分析缺乏足够的重视,是导致研制工期一再延长甚至以失败告终的重要原因,也是系统分析难于进行的主观原因。

系统分析的困难主要来自三个方面:对问题空间的理解、人与人之间的沟通和环境的不断变化。

由于系统分析师缺乏足够的对象系统的业务知识,在系统调查中往往感到无从下手,不知道该问用户一些什么问题,或者被各种具体数字、大量的资料、庞杂的业务流程搞得眼花缭乱。一个规模较大的系统,有反映各种业务情况的数据、报表、账页,业务人员手中各种正规的、非正规的手册,技术资料等,数量相当大,各种业务之间的联系繁杂。不熟悉业务情况的系统分析师往往感到好像处在不见天日的大森林中,各种信息流程像一堆乱麻,不知如何理出头绪,更谈不上如何分析制约现系统的"瓶颈"。

另一方面,用户往往缺乏计算机方面的足够知识,不了解计算机能做什么和不能做什么。许多用户虽然精通自己的业务,但往往不善于把业务过程明确地表达出来,不知道该给系统分析师介绍些什么。对一些具体的业务,他认为理所当然就该这样或那样做。尤其是对于某些决策问题,根据他的经验,凭直觉就应该这样或那样做。在这种情况下,系统分析师很难从业务人员那里获得充分有用的信息。

俗话说"隔行如隔山"。系统分析师与用户的知识构成和经历不同,使双方的交流变得困难,因而系统调查容易出现遗漏和误解,这些误解和遗漏是研制系统的隐患,会使系统开发偏离正确方向,另外还使编写系统说明书变得十分困难。系统说明书是这一阶段工作的结晶,它实际上是用户与系统研发人员之间的技术合同。作为设计基础和验收依据,系统说明书应当严谨准确,无二义性,尽可能详尽;作为技术人员与用户之间的交流工具,它应当简单明确,尽量不用技术上的专业术语。这些要求是不容易达到的,但必须努力达到。

最使系统分析师困惑的是环境的变化。系统分析阶段要通过调查分析,抽象出新系统的概念模型,锁定系统边界、功能、处理过程和信息结构,为系统设计奠定基础。但是,信息系统生存在不断变化的环境中,环境对它不断提出新的要求。只有适应这些要求,信息系统才能生存下去。在系统分析阶段,要完全确定系统模式是困难的,有时甚至是办不到的。

2. 系统分析师的素质要求

在系统开发中,系统分析师起着十分重要的作用。系统分析这一重要而困难的任务主要由系统分析师承担。他要与各类人员打交道,是用户和技术人员之间的桥梁和"翻译",并为管理者提供控制开发的手段。系统分析师还必须考虑系统的硬件设备、数据输入、系统安全等各个方面。总之,系统分析师必须考虑系统的各种成分。

系统分析师的知识水平和工作能力决定了系统的成败。一个称职的系统分析师不但应具备坚实的信息系统知识,了解计算机技术的发展,而且还必须具备管理科学的知识。缺乏必要的管理科学知识,就没有与各级管理人员打交道的"共同语言"。很难设想缺乏财务基础知识的人能设计出实用的财务系统。系统分析师应有较强的系统观点和较好的逻辑分析能力,能够从复杂的事物中抽象出系统模型。他还应具备较好的口头和书面表达能力,较强的组织能力,善于与人共事。总之,系统分析师应是具有现代科学知识的,具有改革思想和改革能力的专家。

为了克服这些困难,做好系统分析工作,需要系统分析师与用户精诚合作。系统分析师应牢固树立"用户第一"的思想,虚心向用户学习。虽然隔行如隔山,但"隔行不隔理"。这个"理"就是人们认识事物的共同规律,就是系统的思想与方法,这是我们分析复杂事物的有力武器。系统论的思想方法强调系统的整体性、综合性、层次性,强调系统元素之间的有机联系。这也就是我们常说的要全面地看问题,认识事物要由表及里、去伪存真,要从事物之间的联系去认识事物,而不要孤立地看待事物。不论技术人员与用户的业务有多大差距,人们认识事物的方法都是相通的。如果说隔行如隔山,那么根据这个原理,就可以在这座"山"中打一个"隧道",使两边相通。为此,还要有一定的技术和工具。这里说的工具是指一些合理的图表。直观的图表模型可以帮助系统分析师理顺思路,也便于与用户交流。本书第 6~8 章将讨论系统分析阶段要用到的模型及建模方法。

3. 产品经理

还有一个与系统分析师有相似职责的角色是产品经理(product manager)。产品经理的提出源自于宝洁公司(P&G)。20 世纪 20 年代宝洁推出了一款叫作佳美(CAMAY)的香皂品牌,但销售业绩较差。宝洁公司员工麦吉利提出销售人员不应将精力同时集中到多个品牌中,而是应该把每一个宝洁品牌都当作一项独立的事业去经营,应为品牌配备专门的产品人员、销售人员等给予支持,品牌之间形成竞争。麦吉利的想法得到公司高层支持,他被认为是最早的产品经理。当时的产品经理负责品牌建设、市场销售等几乎所有事情,这种产品管理模式赢得了巨大成功。

从传统行业到软件行业,产品管理模式得到应用和推广。尤其在互联网蓬勃发展的这二十多年,互联网软件创新层出不穷,越来越多地引入产品管理制度,产品经理的职责也随之变化以适应 IT 行业的需要。在 IT 行业,苹果公司创始人史蒂夫·乔布斯(Steve Jobs)被公认为最伟大的产品经理。为了区别于传统行业的名称,这一角色称为"IT 产品经理",大多数情况下又专指软件类产品。

IT 产品经理的职责主要包含以下五个方面。

(1) 市场调研。市场调研是指研究市场以了解客户需求、竞争状况及市场压力,发现创新或改进产品的潜在机会,形成商业机会、产品战略或商业需求文档。

(2) 产品需求定义及设计。通常采用产品需求文档描述产品需要做哪些事情,一般包含产品愿景、目标市场、产品功能的详细描述、功能优先级排序、产品用例、系统及性能需求、销售及支持需求等。产品设计主要包含产品外观,如用户界面设计和交互设计。

(3) 项目管理。带领来自不同团队人员在预算、进度等约束条件下按时开发并发布产品。

(4) 产品宣传与市场。

(5) 产品生命周期管理。包括产品定位、产品定价及市场、产品线管理、用户数据分析、竞争策略、渠道拓展、合作伙伴管理等。

通过以上描述可知,产品经理与系统分析师的职责有很大的重合,同时产品经理还承担了系统设计师的部分任务。

5.2 系统分析的过程和方法

系统分析是分析领域业务和建立新系统逻辑模型的过程。系统分析的全过程如图 5.1 所示。整个过程划分为三个阶段:问题分析阶段;需求分析阶段;需求定义阶段。

5.2.1 问题分析

问题分析是系统分析的起点,通过详细调查全面深入理解用户的业务,找出用户所面临的问题,准确把握用户真正的需要,为最终整理出符合用户需要的需求做准备。

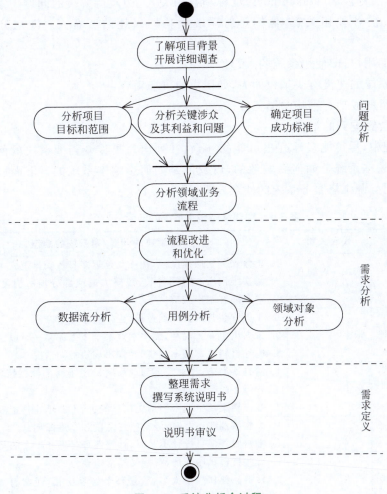

图 5.1　系统分析全过程

1. 问题分析的步骤

问题分析实质上就是需求调研,需要从各种渠道收集大量资料和信息,从而获得对业务系统的理解并获得系统原始需求,这些原始需求是进行需求分析并建立系统逻辑模型的基础。

问题分析的过程可按如下操作。

(1) 需要明确项目的背景。要回答这些问题:为什么会有这个项目?用户为什么想做这个项目?如果没有这个项目会怎样?

(2) 在了解背景的基础上,需要进一步了解以下五点内容。

① 本项目解决了用户的什么问题?

② 本项目涉及什么人、什么单位?

③ 本项目的目标是什么?

④ 本项目的范围是什么?

⑤ 本项目的成功标准是什么?

(3) 找出关键涉众(stakeholder,也称利益相关人员)及待解决的问题。系统需求的主要来源是系统的各种相关者,他们是对系统成功感兴趣的所有人。涉众分为以下四类人员。

① 系统的用户,即使用系统的人;
② 对该系统的建设有决策权的人,如用户的市场领导;
③ 对项目的成功有影响的第三方;
④ 系统会影响到的第三方。

在此过程中,尽可能多地列出可能的涉众,并列出每类涉众需要解决的问题。对于每一类涉众,描述本系统是如何影响他的,以及他是如何影响本系统的。下面以某空调服务公司为例说明空调维修服务系统的涉众分析(见表5.1)。

表5.1 空调维修服务系统的涉众分析表

序号	涉众	代表人物	待解决的问题/对系统的期望
1	客户	宋山(某商厦负责人)	1. 维修服务响应速度慢,往往要延迟多日才安排工人上门。 2. 每次维修所花时间过长,整座大厦或部分场所温度失控,大厦商户和顾客怨声载道
2	业务经理	张丰	1. 工人安装与维护周期过长,工作效率低下。 2. 工人出工安排混乱,无法掌握某个工人在某一时段空闲。 3. 库存材料总掌握不清楚,经常出现缺货的情况
3	工人	李华	1. 信息不准确,经常发生到现场后发现维修部件、材料、工具与空调故障不匹配的问题。 2. 客户档案及空调维修历史信息缺失,不能迅速判定故障的原因
4	财务人员	王林	1. 维修款到账不及时,经常错过月度和季度账期。 2. 维修服务信息统计不及时,计算业务经理和工人的奖金不准确
5	库房人员	钱丽	1. 有些材料积压库房,有些又经常短缺。 2. 材料品种和规格太多,管理环节容易出错,经常有库房材料账实不符的情况

(4) 详细调查和分析业务流程,建立业务流程模型以描述用户处理业务的过程及过程中数据的流转,快速让分析人员、用户、开发人员对企业业务流程和管理流程达成共识。

2. 系统调查方法

详细调查是问题分析和需求调研的第一步,传统的系统调查方法有资料收集、访谈、实地观察和问卷调查等方法。

1) 资料收集

收集企业现有的文档资料是信息系统调查最基本的方法,也是最廉价和最有效的方法。收集的资料包括:组织机构、部门职能、岗位职责的说明;业务流程说明、操作规程文件;管理工作标准和人员配备;单位内部管理用的各种单据、报表、报告;历史的系统分析文档。

2) 访谈

访谈法用得最普遍,实施起来也十分灵活。它既可以是一对一的采访,也可以是群组会议,大家各抒己见;既可以是正式访谈,也可以是非正式访谈。通过详细的面谈,广泛而深入地了解用户的背景、心理和需求等。访谈实施的关键在于访谈问题的设计。访谈法的优点是可以激发访谈对象主动贡献、自由表达的愿望,得到更多反馈和详细信息,近距离接触还能获得更多隐性信息。缺点是耗时、成本高,受制于地理位置,也取决于分析员的交流能力。

3) 实地观察

"耳听为虚,眼见为实",分析人员到用户工作现场,实地观察和跟踪用户的业务流程,对照用户提交的问题陈述,对用户需求可以有更全面、更细致的认识。它的优点是了解用户实际的操作环境、操作过程和操作要求,容易获得第一手的资料,收集到的信息可靠性高。缺点是观察过程容易被其他事务打断,不容易观察到包含各种特殊情形的全部业务场景。另外还需要注意的是,新系统目标不应只是观察到的那些操作的简单复制,分析人员不要受实际观察的拘束。

4) 问卷调查

问卷调查法将需要调查的内容制成问卷交由用户填写,通过回收和整理用户的回答获得用户的原始要求。本方法实施的关键在于问卷的设计。问卷调查法的优点是实施成本可以比较低,当需要调查大量人员时,非常有效,但获得的问卷的质量不一定能够得到保障。

3. 需求引导方法

以上是传统系统调查方法,适用于各种分析场景,在信息化建设领域,为了帮助用户更好地理解信息系统和信息技术的能力,引导他们发现现行组织管理和业务处理中所存在的问题,启发他们更好地表达原始需求,还可以使用一些需求引导方法,例如原型法、JAD联合会议、观摩法等。

1) 原型法

通过快速构造原型,提交给用户,请用户提修改意见,使用户明确需求。原型可针对整个系统,也可针对具体功能。原型法能够给予用户直观的感受,促进分析人员和用户深度沟通,准确掌握用户需要,澄清和纠正模糊和矛盾的问题。缺点是要投入额外工作量和成本。

2) JAD 联合会议

JAD(joint application development,联合应用开发)是一种类似于头脑风暴的技术,在一个或多个工作会议中将所有利益相关者带到一起,集中讨论和解决最重要的问题。参加人员有企业领导、会议记录员、业务人员、开发人员等。JAD会议的优点是发挥群体智慧,提高生产力,对问题有更理智的判断,解决各部门及人员的目标冲突,减少犯错。缺点是会议参与人员多,难以控制,人员之间的意见容易互相干扰和影响。

3) 观摩法

用户或开发人员参观同行业或同类型成功的信息系统,让他们通过观摩样板系统,对信息系统的作用、功能、外在效果、人机交互方式等产生认识,通过类比思维来获得新系统的需求,缩短需求分析的周期。

5.2.2 需求分析

1. 用户需要与系统需求

在本阶段,分析员与用户充分交流,准确、完整地获取系统需求。系统需求就是新系统必须完成的功能或其局限性。系统需求包括功能性需求和非功能性需求。

(1)功能性需求。功能性需求是系统最主要的需求,表达系统必须完成的所有功能及其必要性和相容性,以满足企业完成业务活动和管理的需要,例如提交申请、填写派工单、填写材料入库单、统计费用等。功能性需求包括系统的软件功能需求和数据需求。

(2)非功能性需求。非功能性需求也称为技术性需求,是和环境、硬件和软件有关的所有可操作目标。通常是响应时间、安全性、可靠性、易用性等技术指标和系统的质量特性。例如,系统必须能支持100个并发用户,保存订单的时间不能超过半秒等,涉及系统性能、可靠性、安全性等。

图5.2中对问题分析和需求分析进行了区分。问题分析阶段调查并分析涉众遇到的问题和对新系统的期望,反映了业务和用户的"需要"。用户需要可以采用自然语言表达,提出的是比较模糊和高层次的目标。需求分析则是对原业务抽象和升华的过程,包含业务管理流程的分析,设计流程改进和优化方案,根据业务和用户需要确定计算机信息系统的"需求"。计算机系统容不得半点模糊的表示,因此系统需求的描述应该非常具体和确切,适合采用形式化程度比较高的图示模型表达。

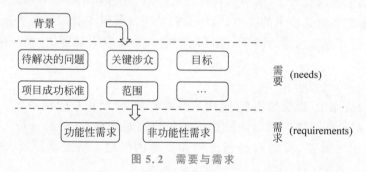

图 5.2 需要与需求

需要层面上提出的目标相对稳定,系统需求层面的内容抽象层次低,容易受技术因素和环境因素的影响,较易发生变化。

2. 需求分析的方法

许多大型应用系统的失败,最后均归结到需求分析的失败;或者获取需求的方法不当,使得需求分析不到位或不彻底,导致需求分析反复进行,引发后续设计、编程、测试连锁反应,项目无法按计划完成;或者各方配合不好,客户对需求不确认;或客户需求不断变化,同样致使开发过程无法顺利进行。

为了提高需求分析效果,各种需求分析方法都强调模型的使用,通过建立模型的方式来描述用户的需求,为用户、开发方及相关参与方提供一个交流的渠道。这些模型是对需求的抽象,以可视化的方式提供一个易于沟通的桥梁。根据建模特点,主要有以下几种常用需求分析方法。

1) 面向过程的结构化方法

基于自顶向下、逐层分解的方法对数据处理功能进行分析,每个处理功能有输入数据和输出数据,一个功能可以分解为多个更小的功能。数据流图是该方法最重要的模型。

2) 面向数据的信息工程方法

信息工程是以数据为中心的分析方法。该方法关注系统中存储的数据的结构,采用在分析过程和功能之前先研究和分析数据需求。实体关系图是该方法最重要的模型。

3) 基于 UML 用例驱动方法

面向对象分析的方法中使用 UML 建立系统的需求模型。其中用例图用于为软件系统的功能需求建模,用例图是用户导向的,主要通过用户与系统之间的交互来描述系统的行为和提供的功能。领域类图描述了业务领域概念、属性及概念和概念之间的关系,既可以用于为数据需求建模,同时也可以用于软件系统的静态结构建模。该方法兼顾了系统的功能和数据两方面的需求,是目前最为流行的方法。

4) 基于敏捷过程的用户故事

采用非正式的自然语言,以最终用户的角度描述软件功能的方法。用户故事是最轻量级描述需求的手段,最初的文字可以非常短,指需要交代什么人因为什么原因要做什么事(who、why、what),然后通过口头交流细化具体需求和验证条件形成软件功能需求。一般用于快速迭代的敏捷开发过程中,如 Scrum。

5.2.3 需求定义

需求分析是分析人员与用户反复沟通和谈判的过程,一旦双方就系统需求达成一致意见,接下来应该进行需求定义。需求定义阶段的任务是整理并建立最终的需求模型,详细定义和描述每项需求,确认约束条件及限制,编写需求规格说明。由于需求分析采用的方法和模型不同,需求定义的内容也有所不同,但基本上都会包括系统功能及流程、数据存储、人机操作方式等方面的需求细节的规定。

定义好的需求规格一般用 Excel 表格或 Word 文档来保存。在团队协作的需求分析中,文档的撰写、版本变更、合并等过程都由人工完成,很容易发生混乱,导致需求不一致、冲突和遗漏等问题的发生。借助于一些软件工具进行需求采集和管理,能够帮助项目团队更好地实现需求沟通和需求同步,规范需求的采集和定义,还可以实现需求的组织、跟踪、审查、确认、变更和验证。特别是需求的跟踪,它确保了每项需求能与设计、编码和测试等开发行为的关联,从而实现需求的追踪,增强团队协作开发能力。

5.3 系统说明书

5.3.1 系统说明书的内容

系统说明书是系统分析阶段的技术文档,通常包括以下三方面的内容。

1. 引言

说明项目名称、目标、功能、背景、引用资料(如核准的计划任务书、有关业务文件、项目合同等)、本文所用的专门术语等。

2. 项目概述

1) 项目的主要工作内容

简要说明本项目在系统分析阶段所进行的各项工作的主要内容。这些是建立新系统逻辑模型的必要条件,而逻辑模型是书写系统说明书的基础。

2) 现行系统的调查情况

新系统是在现行系统基础上建立起来的。设计新系统之前,必须对现行系统调查清楚,掌握现行系统的真实情况,了解用户的要求和问题所在。

列出现行系统的目标、主要功能、组织结构、用户要求、关键业务流程等,简要指出主要问题所在,并说明现行信息系统的概况和新系统的变动。

3) 系统功能需求

采用数据流模型、用例模型或用户故事描述新系统的所有功能,并对每个处理功能或用例进行详细说明,包括数据处理过程、业务规则、输入数据和输出数据的基本组成等。当篇幅过大时,或单独作为附件,可取名为需求规格说明书(requirement specification)。

4) 系统数据需求

采用领域类图(或实体关系图)描述新系统的所有对象及相互关系,并对对象属性(或实体属性)进行详细说明。

5) 系统其他需求

说明系统在性能、安全、故障处理、硬件环境等方面的要求。

3. 实施计划

1) 工作任务的分解

指对开发中应完成的各项工作,按子系统(或系统功能)划分,指定专人分工负责。

2) 进度

指给出各项工作的预定开始日期和结束日期,规定任务完成的先后顺序及完成的界面。可用 PERT 图或甘特图表示进度。

3) 预算

指逐项列出本项目所需要的劳务以及经费的预算,包括各项工作所需人力及办公费、差旅费、资料费等。

5.3.2 系统说明书的审议

系统说明书是系统分析阶段的技术文档,也是这一阶段的工作报告,是提交审议的一份工作文件。系统说明书一旦审议通过,则成为有约束力的指导性文件,成为用户与技术人员之间的技术合同,成为下阶段系统设计的依据。因此,系统说明书的编写很重要。它应简明扼要,抓住本质,反映系统的全貌和系统分析师的设想。它的优劣是系统分析人员水平和经验的体现,也是系统分析师对任务和情况了解深度的体现。

总体来说,系统说明书应具有以下品质。

(1) 正确性。说明书中所表述的用户领域的业务、数据、功能等是正确的,新系统的逻辑模型应该与用户的期望相吻合。

(2) 完整性。说明书应包含新系统要完成的全部事情,不要遗漏任何有待解决的问题,对当前暂时不解决造成遗留的问题应进行说明,并注明什么人、什么时候去解决。说明书中的所有条目都有标识(页、图、表、参考资料)。

(3) 一致性。系统各项特征和需求的描述不相矛盾,避免冲突术语、冲突特性,不同人员在撰写文档时应使用统一的领域术语和文档风格。

(4) 无二义性。对系统每一项特征或需求有且只有一种解释,避免造成误解。

(5) 可修改性。文档的书写结构和风格易于后续的修改和维护。

(6) 可跟踪性。对每项需求实现条目化管理,记录其来源,为实现需求与设计、源代码和测试等环节的关联打下基础,从而方便在整个生命周期内进行需求跟踪。

对系统说明书的审议是整个系统研制过程中一个重要的里程碑。审议应由研制人员、企业领导、管理人员、局外系统分析专家共同进行。审议通过之后,系统说明书就成为系统研制人员与企业对该项目共同意志的体现,系统分析作为一个工作阶段,宣告结束。若有关人员在审议中对所提方案不满意,或者发现研制人员对系统的了解有重大的遗漏或误解,就需要返回,详细调查,重新分析。也有可能发现条件不具备、不成熟,导致项目中止或暂缓。一般来说,经过认真的可行性分析之后,不应该出现后一种情况,除非情况有重大变动。

上面提到的局外系统分析专家,指研制过类似系统而又与本企业无直接关系的人。他们一方面协助审查研制人员对系统的了解是否全面准确,另一方面审查提出的方案,特别是对实施后会给企业的运行带来的影响做出估计。这种估计需要借助他们的经验。

习题 5

5.1 系统分析师的职责是什么?系统分析师应具备哪些知识和能力?

5.2 为什么说系统分析阶段是最困难的阶段?

5.3 对现有系统的问题分析包括哪些内容?

5.4 请对高校学籍管理系统进行涉众分析。

5.5 系统调查方法有哪几种?各自利弊是什么?

5.6 什么是功能性需求和非功能性需求?举例说明。

5.7 系统说明书包括哪些内容?

第6章 流程建模

为了提高企业效率和竞争力,在信息系统分析阶段,需要对企业业务流程进行系统化梳理和改进。企业或组织可能已经在各类文件(如规章制度、工作细则等)中对业务流程有或多或少的描述,但绝大多数是文字性描述,并且缺乏一致的规范和结构,不利于在不同人员之间进行沟通交流。本章将介绍业务流程图和数据流图这两种常用的流程建模工具,帮助分析人员完成企业业务流程的分析与建模,并通过业务现象找出数据处理的本质。

6.1 业务流程分析与建模

首先说明业务流程的概念。在第3章中我们初步了解了企业过程(business process)的概念。过程是指一系列逻辑相关并且达到某个预定产出的任务。企业过程落实到操作层面,就是具体详细的业务流(transaction flow),也称事务流。目前国内很多文章没有将这两个概念进行区分,都使用了业务流程的说法。事实上,过程和流程并非完全相同。过程是进程、工序、工艺、制作法,强调对全程的全面把握和对关键点的监督,是粗略的描述;而流程是程序、手续、步骤,是对每一个环节进行程序化的处理,是具体的操作细节。本章将针对具体的业务流程进行分析和建模。

一个具体的业务流程由多个连续的活动组成。复杂的流程还可以划分子流程。业务流程往往是跨部门的,例如入学注册流程需要教务处、财务处、后勤处、所在学院等多个部门分工合作,不同部门按照规定步骤执行相关活动。

企业的管理是由流程驱动的。对于初学者来说,业务流程的分析与建模作为信息系统分析的第一个步骤,比较容易理解和上手。分析人员通过绘制业务流程图,可以快速建立对企业整体运作的认识及其相关功能的理解。

6.1.1 业务流程分析

业务流程分析就是对组织的业务及其执行过程进行详细调查,并回答以下问题。

(1) 企业管理包含哪些业务流程?每个业务流程的目的或想达到的目标是什么?

(2) 业务流程是如何完成的?从哪里开始?包含哪些具体活动和步骤?流程的结束条件是什么?

(3) 这个业务流程有哪些人(岗位角色)或相关部门参与完成?他们分别承担哪些职责?完成业务流程中的哪些活动?

(4) 流程的活动之间有哪些控制流(如判断、同步分支和汇合)?多个不同流程之间存在什么关系?

（5）流程中用到了哪些方式或手段？

（6）完成流程所用的资源（物力、人力、知识）及其成本如何？资源在不同活动中的占用情况如何？哪些活动对实现流程目标具有最大贡献或具有增值作用？流程中是否存在大量辅助性或无效的活动？

（7）流程中是否存在阻碍流程顺畅运行的瓶颈？哪些活动有阻塞排队现象？

问题（1）～（5）是基础性的分析工作，通过绘制业务流程图可以明确表述。问题（6）、（7）则需要分析人员具备深入的行业知识和经验，甚至要借助实证数据或模拟仿真工具才能给出答案。

6.1.2 业务流程图的画法

业务流程图（transaction flow diagram）是业务流程分析和建模的图示工具。因为现阶段不同组织进行业务流程建模的目的和场景存在较大差异，所以业务流程图的表示方法不统一，几种常用工具大同小异，都能够表达上述流程分析的基本问题。本书将以跨职能流程图和UML活动图为例说明业务流程图的绘制方法。

1. 业务流程图

业务流程图应具有表达流程的基本元素，包括活动和动作、流、流程的开始和结束、流程中需要传递的文档、表格或数据、流程中的控制元素（如判定、并行分支和汇合等），表6.1列出了跨职能流程图和UML活动图中的元素和表示符号。

表6.1　业务流程图元素及其表示符号

业务流程图	活动（动作）	判定	同步或并行	开始	结束	文档（数据）	流
跨职能流程图	□	◇	─	⬠	⬭	▱	→
UML活动图	▭	◇	─	●	◉	▭	→

【例6.1】　高校教务管理中的期末考试业务流程。

下面采用跨职能流程图绘制高校教务管理中的期末考试业务流程。

某高校对期末考试流程规定如下：期末考试前三周，教务处负责安排全校课程的考试时间和地点，下发"考试安排表"。考试前一周，各任课教师准备好A、B两份试卷，填写"试卷打印审批表"一并交与系主任审批签字，将选中的期末试卷和已签字的"试卷打印审批表"送交教务处印刷部门进行印刷。学生按时到达指定考场参加考试，考试完毕任课教师进行阅卷，产出成绩单，并对学生答卷装订存档。如果课程有不及格情况，教务处负责安排补考时间和地点，产生"补考安排表"，流程结束，如图6.1所示。

【例6.2】　以UML活动图说明某空调服务公司的客户维修服务的业务流程。

流程从客户申请服务开始，如果是新客户，业务经理将该客户的基本信息记录下来。接下来业务经理将上门进行勘察，并制定具体"维修方案"。业务经理和客户就方案进行沟通，如果达成一致，则签订正式"服务合同"，否则流程终结。根据合同方案，业务经理将对实施维修的人员和所需材料进行计划，并填写"派工单"。工人拿到派工单后，领取指定材料上门实施服务。服务完成后客户进行验收，并在"派工单"上填写维修信息和反馈意见。业务经理收回派工单后，通知财务人员进行项目的结算并收款，流程终结。采用UML活动图描述以上流程得到图 6.2,出于简洁考虑,该活动图未绘制对象元素(用于表示数据的元素,如"派工单")。

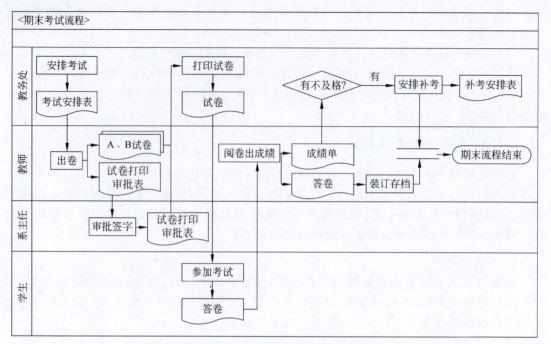

图 6.1 考试及成绩管理流程(跨职能流程图,由 Microsoft Visio2003 绘制)

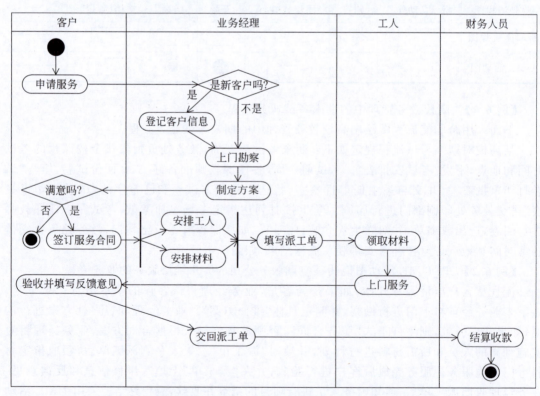

图 6.2 客户维修服务流程(UML 活动图,由 RationalRose7.0 绘制)

2. 绘制业务流程图的注意事项

绘制业务流程图,应注意以下几点。

(1) 从主要子系统或组织中的主要业务流程入手,它们是系统中起关键性作用的部分。

(2) 绘图应根据流程方向尽量呈现由上至下、由左至右的一致性。

(3) 使用在一定范围内通用、统一的符号标记,图形尽可能简单,图形中的文字务必简要明确,符合业务人员用语习惯。一般情况下,一个活动框应当是一件独立的工作或者事件,一个判定框代表一个判定值(活动得出的结果,取值真或假),文字使用一般疑问句的句式,如"合格吗?",不应表示活动或动作本身。

(4) 流程图的结构应完整,除图形符号外,最好准确标明图名,即流程名称。

(5) 关注流程起始点与终结点,一般情况下,一个流程只有一个起始点,有一个或多个终结点。起点和终点应有明确符号标示,不允许出现无头或无尾的活动。

(6) 尽量避免出现交叉的流动线路,可以并行执行的活动应尽量使用同步条表示。

(7) 尽量识别出流程中用到的表格和文档。

6.1.3 业务流程优化

现行企业组织建立在亚当·斯密(Adam Smith)的分工理论基础上,完整的系列活动被组织机构所分割和掩盖。人们往往熟悉部门、科室和班组,但不熟悉流程。组织机构分工明确,界限清楚,可以明白地画在组织机构图上。而流程却不是这样,流程不但看不见,没有名称,而且往往没有被管理,因为人们被分配只负责一个部门或某一个具体的任务,而没有人负责一个完整流程的工作。由于各部门之间沟通协调不够,流程进行到何处也无人清楚。而信息技术的应用改变了沟通的方式,改变了组织内权责的分配,拓展了流程改进和变革的空间,进而推动流程管理的实现与流程的持续优化。在可能的情况下,可以在企业实施业务流程再造和业务流程管理来进行业务流程的优化。

在进行流程分析时,有时会发现原有流程中的大部分工作对实现流程目标没有帮助,不能给客户带来价值。如果应用 IT 技术只是简单照搬原有流程,达到自动化和提速的目的,其实并不能为企业创造价值、提升竞争力,甚至信息化使企业过程变得更加僵化,难以适应业务变化。此时正确的做法是打破原有管理模式和工作规则,去除非增值活动,利用信息技术完成企业核心流程的重新设计,这种革命性的方法也称作业务流程重组或业务流程再造(business process reengineering,BPR)。

然而,多数企业的业务总是处于不断的变化中,业务流程也不是靠一两次再造就能得以完善并一劳永逸的,企业的发展依赖于对流程长期持续有效的控制和管理。这就需要对企业的业务流程做一个全面梳理,明确哪些流程对企业很重要,哪些流程对企业不太重要,对所有流程进行分析、设计、描述和维护管理,并通过 IT 技术和工具对流程自动化进行支持,这就催生了企业流程管理方法(business process management,BPM)。

BPR 和 BPM 既有区别,也有联系。从长期来看,BPR 好比是疾风骤雨,强调革命性的极端变化,而 BPM 好比是和风细雨,强调长期渐进的改善。一贯实施业务流程管理的企业,在日常经营过程中适时对业务流程进行修正和调适,因此这种企业的流程往往适应性比较强,流程的设置和运行也要科学得多,但这并不意味着它们就不需要对流程进行再造。

换句话说，BPR 包含在 BPM 概念涵盖范畴之内。

下面分别就 BPR 和 BPM 的概念展开详细讨论。

1. 业务流程重组（BPR）

BPR 是指对企业业务流程进行根本性的再思考和彻底的重新设计，以求获取可以用诸如成本、质量、服务和速度等方面的业绩来衡量的巨大的成就。这个定义包含四个关键要点。

1）根本性的（fundamental）

BPR 关心的是事物"应该是什么样子"，而不计较"现在是什么样子"。因此首先提出的问题不是"如何把现在的事情做得更好"，而是"为什么要做我们所做的事情""为什么要用现在的方法做事情"。这些根本性的问题，促使人们对管理企业方法所基于的习惯和假设进行观察和思考。通过观察思考，往往会发现有些习惯和假设已经过时，甚至是错误的，因而是不适用的。

2）彻底的（radical）

彻底的重新设计意味着追根溯源，从根本上重新设计业务流程，而不是对原有的东西进行修补或进行局部改变而保持原有的组织结构完整不变。它要抛弃运作已久的规程，对企业工作过程进行重新审视。这意味着要摒弃所有的陈规陋习，一切从头开始。

3）巨大的（dramatic）

BPR 要求的目标不是要获得小的改善，而是要取得业绩上的突飞猛进。如果一家公司希望业绩提高 5% 或 10%，那么这家公司不必实施 BPR，因为有许多传统的方法，从激励员工积极性到建立质量保证计划，都可以达到目的。只有当公司需要彻底改变时，才实施 BPR。

BPR 确实为很多企业带来戏剧性的变化。如美国 IBM 信贷公司实施 BPR，把为顾客提供融资服务的时间由 7 天缩减为 4 个小时，交易额提高了 100 倍。福特公司实施 BPR 之后，负责账款支付的人员由 500 人减少到 125 人。某些公司耗费在账款支付上的费用减少了 95%。

4）流程（process）

每个企业包含各种业务流程。例如：从原材料的采购到向顾客交付产品的系列活动是制造流程；从发出采购订单到原材料入库形成采购流程；从新产品的构思、形成概念到生产构成产品开发流程；服务流程则包括从顾客询问到解决顾客问题的一系列活动。

流程是实施企业 BPR 的重心。

BPR 的对象是流程而不是组织，但它的实施将导致组织机构的变化。实际上，只要对经营过程实行重组，那么完成工作所真正需要的组织结构形式将变得越来越清楚。企业内部原来的组织安排和部门分工将会改变，有的部门将会消失。

【例 6.3】 IBM 信贷公司客户贷款流程再造。

IBM 信贷公司是 IBM 的一个子公司。它为 IBM 公司销售的计算机、软件提供融资服务，即为 IBM 的客户提供贷款服务。该公司早期的贷款流程如图 6.3 所示。

整个过程平均耗费 7 天时间，遇特殊情况需要 2 周。从营销代表的角度看，这个过程实在太长了。这等于有 7 天时间让客户去寻找其他融资渠道，这些顾客可能被其他计算机卖

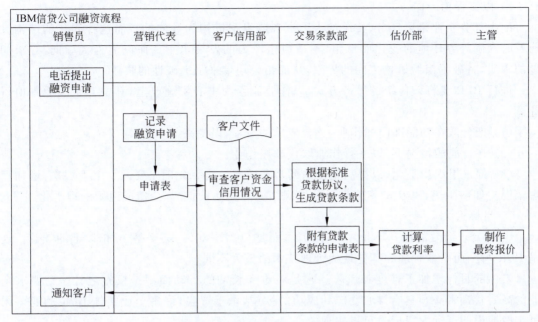

图 6.3　IBM 信贷公司早期经营过程

主拉走而终止与 IBM 的交易。尽管营销代表一次次电话催问:"我们的交易申请在什么地方?什么时候给我结果?"但没有线索,因为申请表已消失在过程链中。

IBM 信贷公司的两位高级管理人员进行了深入调查研究。他们亲自受理了一份融资申请,带着这份申请走遍了图 6.3 中出现的五个部门,让每个部门的职员放下手中的事情来处理这份特殊的申请。结果完成全部工作只需 90 分钟。这一发现,使管理层关注整个贷款流程的核心问题,进行更深入地思考并决心改变。最后他们决定用熟悉多种业务的交易员取代信用信核员、定价员等专业人员。申请表不再从一个办公室送到另一个办公室,而是由交易员从头至尾负责全部工作,取消了申请表的多层传递。

原先的过程设计建立在一个根深蒂固的劳动分工的基础上,并假设每一次交易请求既独特又复杂,因而需要四个训练有素的专业人员分工处理。这种假设实际上是错误的。事实上,大多数贷款申请既简单又直截了当。有了计算机和数据库的帮助,这些任务完全可以由一个人单独完成。因此,该公司通过开发一种新型流程的贷款信息系统来支持交易员工作。

如前所述,IBM 公司对以上过程的重新设计带来了巨大的效益。过程周期由平均 7 天减少到 4 小时。这一过程的重新设计使公司所处理的交易额增加了 100 倍。

这个例子清楚地说明了 BPR 的真正含义。

过去 20 年中,BPR 的例子还有很多。例如过去交通违规处理过程繁杂,驾驶员要到交警大队接受处罚,到银行缴纳罚款,回交警大队出示缴款记录等,车辆如果在外地违规,必须在违规属地接受处罚。现在驾驶员足不出户就可以通过手机 App 随时查询车辆违规情况,直接缴纳罚款。

从 BPR 的定义和前面的例子中,可以看出 BPR 有以下特点。

1) 以流程为导向

绝大部分企业是以任务、传统的人力资源或组织机构为导向的。而这种固化的结构没有及时跟随外界环境的变化而重组，不适应生产力的发展水平。而以流程为导向，寻求问题的本质，打破了组织机构之间的界限，从而给公司带来了突破性的收益。

进行 BPR 要打破传统的思考方式，以作业流程为中心实施改造，其中有很多原则值得注意：

（1）把分散在功能部门的作业，整合成单一流程，以提高效率。

（2）在可能的情况下，以平行作业取代顺序作业。

（3）促进组织扁平化，以提高企业内的沟通效率。扁平化即是要减少上下层次，增加管理幅度。如前所述，BPR 的实施将导致组织结构的变动，通常都会造成组织的扁平化。

2) 目标远大

BPR 要求绩效的提升不是 5% 或 10%，而是 70%～80%，甚至是 10 倍以上的效益。这是 BPR 与全面质量管理等其他现代管理技术的最大不同。

宏伟的目标增加了难度和风险。它是艰难和长期的行动而不是权宜之计。它要求企业的高层管理者必须具有雄心壮志和成功的欲望，乐于冒险，许多企业实施 BPR 的业绩无可辩驳地说明了远大目标是可以实现的。

3) 打破常规

打破常规是 BPR 的一个本质特点。打破常规首先要从思想上破除对劳动分工等一切旧有的管理原则的迷信。尤其是企业的高层管理者，若不从思想上破除对旧有的管理原则、模式和方法的迷信和依赖，就不可能实施企业 BPR。

常规与人们的价值观和企业的文化紧密相关。打破常规，需要人们祛除旧的文化习俗，树立新的价值观念，建立新的企业文化。

4) 创造性地应用信息技术

信息技术是 BPR 的推动力。正是信息技术的发展与应用，使企业能够打破陈旧的制度，创建全新的过程模式，使远大的目标得以实现。

早期的信息系统着眼于业务处理的自动化。信息技术的应用，也确实改善了人们的工作条件，提高了工作效率。但是，不改变旧的经营过程，不可能从根本上解决问题。事实上，IBM 信贷公司在实施 BPR 之前已经使用了计算机，但信息部门只是将人工流程照搬到计算机系统，虽然改善了计算速度，方便了文件传递，但贷款申请的程序没改变，仍不能减少客户的等待时间。

由此可见，信息技术真正的能力不在于它使传统的工作方法更有效率，而在于它使企业打破了传统的工作规则，并创造新的工作方式。这正是 BPR 的核心内容。BPR 不等于自动化，它关注的是如何利用信息技术实现全新的目标，是如何用新技术"做好当前和过去没做过的工作"。为此，需要探讨新的理论方法，创造性地应用信息技术。

BPR 是一场深刻的变革，它将在三个层次影响企业。第一个层次是作业层，包括工作方式和业务流程的变化。第二个层次是管理层，包括领导形态、组织结构、激励制度、企业策略的变化。第三个层次是理念层，包括管理原理、价值观的变化。没有第二个层次的相应改变，第一个层次改变所发挥的功效将十分有限。而只有达到第三个层次的变化，BPR

才能稳定。

2. 业务流程管理(BPM)

BPR全球风靡多年,取得过巨大的成功,也遭遇过巨大的失败。由于缺少对变革管理以及员工变革主动性的关注,在很多致力于把BPR理论付诸实践的公司身上产生了反作用的结果,很多企业重新审视其业务流程,寻找到降低风险更有效的方法,因此业务流程管理——这种通过分析、建模和监控持续优化业务流程的实践,被当作一种解决业务困境和帮助企业保持竞争力的系统方法。

BPM是指通过人工或技术手段,对企业的各类业务流程进行梳理、分析、改善和监控,并通过对业务流程的不断优化,有效降低业务处理成本,提高业务处理效率,快速反应市场与客户需求,持续提升企业决策反应能力。BPM不是一个新概念,它是从相关的业务流程变革领域,如BPR、BPI(business process improvement,业务流程改进)发展起来的,与之相关的流程管理技术也是从早期的工作流管理、企业架构集成(EAI)、流程自动化、流程集成、流程建模、流程优化等技术中发展起来的。

从整体上将BPM生命周期划分为五个阶段,分别是:业务流程发掘、业务流程设计、业务流程执行、业务流程管理维护和业务流程优化。其主要价值在于增强企业流程透明度和标准化,实现对企业所有业务状态的实时监控和数据汇总,提供决策支持,并实现流程的优化,提升运作效率和资源利用率。通过实施BPM,企业可以建立完善的绩效管理体系,并达到业务敏捷的目标。

从本质上看,BPM是一种企业中业务流程管理的方法。但和ERP相类似,BPM概念既表示一种企业管理方法,又表示具体的企业流程管理软件系统(business process management system,BPMS)。

概括起来说,与BPM生命周期任务相匹配,BPMS应该具有以下功能。

(1) **业务流程建模**。业务人员完全以业务的视角来定义业务活动,并编排业务流程,实现业务流程的可视化操作,也就是流程设计工具。

(2) **业务流程自动化**。根据定义好的流程,在BPM系统中自动执行,完全废弃传统的纸张,流程的传递不需要人工干预,也就是智能化BPM流程引擎。

(3) **系统集成**。BPM不仅仅是由人来参与,部分活动也可以由IT系统来参与,例如在毕业流程中需要在图书馆系统中判断毕业生是否归还了全部书籍。这就要求BPM提供执行自动作业功能,如调用WebService或调用某个软件组件完成特定算法。

(4) **业务流程管理**。能够可视化监控流程的执行情况,对流程执行过程中出现的意外进行处理,也就是提供实时流程监控。

(5) **业务流程优化**。对流程执行的情况(包括效率、成本、瓶颈、负载)进行统计、分析。根据统计分析结果,对流程进行改造,以优化流程的执行,也就是提供流程模拟与分析工具。

BPMS使企业能够对核心流程进行建模、部署和管理。企业信息系统所处理的业务流程越来越复杂,需要不断调整才能适应市场,这对企业信息系统的灵活性提出了更高的要求。BPMS的思想以一种统一、中性的表示方法描述业务流程模型,使业务流程模型从具体的软件实现算法中分离出来,从而快速地将企业各种应用程序进行集成,灵活地构建基于流程的信息系统。

3. 其他业务流程优化方法

ESIA 分析法的主要思想就是尽一切可能减少流程中非增值活动,调整流程中的核心增值活动。该方法包含消除(eliminate)、简化(simplify)、整合(integrate)和自动化(automate)四个步骤,所以简称 ESIA 法。

(1) 清除(eliminate)。指对组织内现有流程中的非必要的非增值活动予以清除,如过量产出、活动间的等待、不必要的运输、反复加工、过量库存、缺陷与失误、重复活动、反复审核等。

(2) 简化(simplify)。指在尽可能清除了非必要的非增值环节之后,对剩下的活动仍需进一步简化,一般可考虑从记录、程序、沟通、物流等方面进行简化。

(3) 整合(integrate)。指对分解的流程进行整合,以使流程顺畅、连贯、更好地满足顾客需求。可从活动、团队、机构、客户四个方面考虑整合。其中,活动整合是对经过简化的作业进行跨职能部门边界的一体化改造,使整个流程形成一个协调和高效的有机整体;团队整合是按流程任务进行逻辑上的延伸,即组建跨层级、跨职能部门的流程作业团队;机构整合是指对非流程组织机构按管理控制的要求进行的机构再造;客户整合是指建立统一的客户关系管理系统,以实现为客户提供最佳产品或服务,创造竞争优势。

(4) 自动化(automate)。指在清除、简化、整合的基础上,利用 IT 技术对业务流程实现自动化。

取得了对流程的理解和建模之后,就可以依次针对 ESIA 的每个方面列出有改进可能的内容清单,然后在企业内召开大会,鼓励员工尤其是流程执行者献计献策,提出问题和建议。流程优化小组对问题和建议整理分析以后,会设计出新的流程方案。

此外,DMAIC 模型作为实施六西格玛(6σ,也写作 6sigma)的一套操作方法,对企业流程改善方面也有一定指导价值。六西格玛是一套全面质量管理的方法体系,其含义是:通过设计、监督每一道生产工序和业务流程,以最少的投入和损耗赢得最大的客户满意度,从而提高企业的利润。六西格玛希望达到的质量目标是每一百万个机会中只有 3.4 个错误或故障。DMAIC 是指定义(define)、测量(measure)、分析(analyze)、改进(improve)、控制(control)五个阶段构成的过程改进方法,一般用于对现有流程的改进,包括制造过程、服务过程以及工作过程等。

DMAIC 模型的每个阶段都需要用到复杂的统计和量化的技术,实施成本较高,一般适合于大规模生产行业的流程优化。

6.1.4 数字化转型

早期,企业信息化建设的关注点在于计算机技术的应用,慢慢转移到业务流程重组和管理,而随着物联网技术和人工智能技术的发展,现代信息系统发生了翻天覆地的改变,以极快的进程颠覆了传统行业和工作流程。

1. 数据化转型的典型案例——RPA

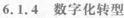【例 6.4】 财务机器人代替人工录入财务数据和做账。

过去财务人员或员工需要每日重复性将大量发票中的发票代码、发票号、金额、开票日

期等信息录入到企业的财务管理系统中,还需要登录发票查验平台对发票进行一一验证。这个过程虽然使用了信息系统,但需要人工操作,耗时费力,容易出错。

规律性和重复性的财务工作特别符合RPA财务机器人的使用场景。RPA指机器人流程自动化(robotic process automation),它能够代替或者协助人类在计算机、手机等数字化设备中完成重复性工作与任务。只要预先设计好使用规则,RPA就可以模拟人工进行复制、粘贴、点击、输入等操作,协助人类完成大量"规则较为固定、重复性较高、附加值较低"的工作。应用RPA财务机器人,可以大幅降低票据验证、报销、纸质文件录入、关账对账、财务报表汇总、报税等任务的工作负担,起到提高效率、降低成本和减少错漏的效果。

采用RPA首先能将发票图片采用OCR技术自动识别转换为文字(含数字),然后自动模拟人登录发票,查验平台输入发票数据完成发票查验,将查验结果存入数据库中。这种自动化流程大幅提升了工作效率,过去人工单笔发票耗时5分钟,而RPA识别发票只要3秒钟,加上查验单笔耗时半分钟,效率提升了10倍。

以上是一个典型的企业数字化转型案例。数字化转型是近二十年来持续升温的一个概念,上述RPA案例看起来也符合BPR的特点,为什么不采用BPR来解释,而是推出一个新概念。究竟什么是数字化转型?企业应该怎样进行数字化转型?下面将详细讨论。

2. 数字化转型的定义

关于数字化转型的定义和如何落地实施并没有统一的看法,不同机构对数字化转型有不同的定义。

2018年,国务院发展研究中心与戴尔(中国)联合发布了报告《传统产业数字化转型的模式和路径》,报告中将数字化转型定义为:利用新一代信息技术,构建数据的采集、传输、存储、处理和反馈的闭环,打通不同层级与不同行业间的数据壁垒,提高行业整体的运行效率,构建全新的数字经济体系。

华为公司认为数字化转型是通过新一代数字技术的深入运用,构建一个全感知、全联接、全场景、全智能的数字世界,进而优化再造物理世界的业务,对传统管理模式、业务模式、商业模式进行创新和重塑,实现业务成功。

百度百科介绍数字化转型是建立在数字化转换(digitization)、数字化升级(digitalization)基础上,进一步触及公司核心业务,以新建一种商业模式为目标的高层次转型。定义中的数字化转换是指将事物转换为计算机能够存储和处理的形式,比如将纸质单据录入计算机保存为电子表格,数字相机能拍照并将照片存储为电子格式。数字化升级是利用数字技术改变商业模式,创造新价值。可以这样理解,BPR、BPM等就是属于数字化升级的概念范畴,通过信息技术改变企业的组织形式或业务流程,例如在线审批、电子支付等都是其中的代表。

传统的信息系统是技术和流程驱动的,就是将现实世界中的流程迁移到信息世界中,从简单的线下业务直接照搬到计算机系统,再到BPR业务流程再造。而在数字化时代,组织各层级业务管理已经实现了信息化和自动化,大多数流程已经固化到了应用软件,这些软件经过多年运行沉淀了大量数据,于是管理者开始从数据视角而不是流程视角来察看他们的业务。

数据包含了一切的事实,数据是洞察一切的线索。数字化转型以数据为驱动,建立以数据为核心的管理体系,将企业的数据资产梳理清楚后,对之进行集成、共享、挖掘,帮助管理者发现问题,透过复杂繁芜的流程看到业务的本质,更好地优化决策。

【例 6.5】 多媒体线下广告业务的数字化转型之道。

2020 年疫情期间,某广告传媒公司在全国 110 多个城市、70 万块电梯屏幕持续播放疫情防控宣传公益广告。在很多社区采取封闭式管理的场景下,线下广告面临的最大问题是人工换刊无法进行。该公司基于物联网技术和云计算将分散在全国各城市的几十万广告设备连接起来,形成了一张支持实时信息传输、数据回流、设备监控的智能广告运营物联网,将数字化的线下媒体打造成物联网流量平台。该平台可以进行实时动态化库存及订单管理,在线进行广告排播和素材管理,实现智能化广告排片及设备管理。同时,自动远程上刊推送,完成"选点—排期—排播—售卖—素材—排片—上刊"的一站式系统化操作。这样,工作人员不必走进楼宇社区,在计算机前就能实现远程上刊。此外,利用大数据实时监测系统进行全链路归因分析,通过算法优化,实现既可以满足大品牌客户的投放需求,也可以对接一些需求方平台进行互联网广告模式的自动投放,保障广告投放标准化、效果可量化评估,为客户日益增长的精准化、多样化投放需求提供解决方案。

3. 数字化转型的特征

数字化转型不同于 BPR,而是具有以下新特征。

1) 数据作为生产要素

数据已成为数字经济的核心生产要素。数字化转型不仅仅是对新的信息技术的应用,更应该在转型过程中积累数字资产,围绕数字资产构建在数字世界的竞争力,实现数据到价值的有效转化。

在上海,城市数字体征就包括全市 26 个点位气象的实时数据预报,157 个水位监测点,550 个雨量监测点,公安交通等部门 1000 多个点位的视频监测,以及排水站、排水管网、疏散点等数据的汇聚。这些体征数据是秒级更新的,通过这样客观、全面的感知,我们可以更好地预判城市运行的情况。

2) 以客户为中心

企业利润来自于客户,只有持续关注客户,投入资金和精力满足客户需求,提高客户满意度,才能持续保持竞争力。数字化技术能够改善客户消费和体验,通过分析客户偏好和心理,给予客户最需要的响应,甚至能够挖掘客户的潜在需求,赢得客户认可。

【例 6.6】 电商购物的退换货解决之道。

据有关调查统计,实体店销售的平均退货率为 8%~10%,而电商销售的平均退货率为 30%。这些数字因产品类别而异,例如,家庭用品的退货率是 12%,服装的退货率是 30%,在假期前后退货率会增长到 50%。随着电商交易规模越来越大,线上订单的退换货情况越来越常见,是必须面对的需求痛点。从顾客的角度,要打消他们退货的焦虑,鼓励他们放心购物,方便退货而无后顾之忧。从电商平台的商家角度,需要通过各种策略尽量减少退货。从整个电商平台的角度,要提高退货效率,降低退货错误率,缩短退货回收周期,使多方受益。

下面仅挑选顾客角度看电商平台如何打破各方数据壁垒,实现快速退货物流。京东和淘宝等电商平台都提供了退换货上门取件服务,顾客收到货品指定期限内退货时,只要打开订单就能发起退货请求,系统使用默认上门取件,并自动根据商品类别显示常见退货原因选项,顾客单击按钮即可,然后坐等快递员上门取走货物。此外,借助于社区的快递柜实现随时取件,而无须客户与快递员之间约定时间。这一解决方案的背后是跨供应商、平台商、物流商、客户、快递柜的全链路数据的无缝连接,让顾客省去了联系快递公司、填写快递表单、包装货品、等待取件的烦琐流程,充分体现"以客户为中心"的服务理念,极大改善了顾客的购物体验。以上只是冰山一角,对于该问题的完整解决方案,读者可思考和查阅文献。

3) 敏捷组织及敏捷管理实践

数字化转型为了快速响应市场需求和变化,需要采用敏捷的数字化产品或项目的开发方法。不仅要在IT部门构建敏捷团队进行快速迭代的产品开发,还要将敏捷方法和敏捷团队扩散到整个组织。敏捷组织就是能针对市场环境的变化(如技术变革、市场变化、客户反馈等)迅速整合资源做出反应的企业组织。

传统组织中,一个任务被标准化,切割成若干环节,被若干部门的若干岗位认领并加以执行。而这些部门在物理空间上是相互疏离的,不利于员工彼此之间的合作和意见的交流。敏捷组织破除部门层级关系,重组组织结构。例如将公司的业务分成若干个小组,每一个小组都聚焦于某个特定功能上,并且每个小组都会对自己负责的那块产品进行快速改进迭代以及发布更新版本。团队成员会涵盖市场营销、产品设计、开发运营、财务各个环节,形成闭环,大家可以从不同角度提供洞见并快速决策。

4) 业务与技术深度融合

数字化转型不仅是技术部门的事情,更需要技术部门和业务部门之间强有力的配合。在传统的观念中,IT往往被定位成业务的支撑部门,经常是被动实现业务的需求和IT系统的构建;而在数字化时代,IT则需要走向前端与业务部门共同交付商业价值,业务与IT需要深度地融合在一起。

数字技术越来越不可或缺,但技术不是万能的,不能为了技术而技术。成功的转型不一定采用了最尖端的技术,但一定是采用了最合适的技术,实现了技术、数据、流程、场景、规则、生态等方面的融合。例如城市交通领域,很多城市已经安装大量摄像头获取车流量信息,各交通指挥中心拥有大屏幕能监控实时路况,但这些并不代表数字化转型已完成。智慧交通的目标是缓解道路交通拥堵,营造安全、有序、畅通的交通环境。通过采集设备,对道路交通流量进行分析,自动调整路口信号灯配时,提高道路通行能力,缓解道路交通拥堵。还比如根据季节变化和道路情况,通过LED显示屏随时发布路况和宣传诱导信息,引导行人和车辆选择更合理的交通路线。

数字化转型需要数字化技术人才,更需要既懂技术又懂业务的复合型人才。懂业务,不仅是对现有的业务操作模式非常熟悉,还要能分析目前的业务痛点并给出药方,将技术用得恰到好处,做出业务部门想要的解决方案。此外还需要懂数据,具备数据分析能力,根据管理职能部门的需求提供合适的数据,让数据产生价值。

4. 数字化转型的主要任务

无论信息系统在企业中的地位属于战略型还是支持型,在数字化转型的浪潮中,都不可能置身事外。不同组织出于满足自身转型和发展的诉求,对于数字化转型的认识和路径各有不同,但"条条大路通罗马",总结起来数字化转型建设的主要任务包括以下几个方面。

1) 技术平台

利用云计算、大数据、5G、物联网、区块链等信息技术打造人、机、物全面互联的新型网络基础设施,在此之上围绕业务运营搭建数据采集、数据存储、数据计算、数据库、微服务等所需要的技术平台,为开发产品和服务提供所需的环境。在基础功能之上,还可以拓展语音识别、图像识别等智能服务功能。

2) 产品与服务

产品与服务是企业的立身之本,是企业的核心竞争力,数字化技术赋予产品与服务新的价值与魅力。企业应创造性地应用新技术研发更适合消费者的产品与服务。例如汽车企业目标从传统的"以产品为中心、销售更多车型"转变为"以客户需求和用户体验为中心",发掘更多创新场景。未来的汽车产品可以自动驾驶,可以是娱乐中心,可以是一个移动的生活办公场所。车主可以享受充电换电等能源补给服务,车主社群等配套增值服务。

数字化技术深入到企业每一个毛孔,毫不夸张地说,未来的企业都是软件企业。

3) 数据治理

数据治理(data governance)是组织中涉及数据使用的一整套管理行为。由企业数据治理部门发起并推行,关于如何制定和实施针对整个企业内部数据的商业应用和技术管理的一系列政策和流程。数据治理的最终目标是提升数据的价值,数据治理是数字化转型的基础。具体包括:

- 数据模型;
- 元数据管理;
- 数据标准;
- 数据质量管理;
- 数据资产管理;
- 数据安全管理;
- 数据生命周期管理。

4) 数据分析

在数据转化为价值的过程中,数据分析能力是关键。强大的数据分析能力,可以洞察客户需求,提升客户体验;可以把数据能力嵌入到产品与服务中;可以优化组织运行。

具体做法是:首先,通过加强数据获取能力提升对企业的感知度。需要采集的有结构化数据,也有非结构化数据;有组织内部的数据,也有外部的数据。这些数据的来源也会五花八门,有业务系统数据、社交媒体数据、合作伙伴数据、传感器、摄像头、各种设备……数据经过清洗整理后,最后汇入数据仓库或数据湖。其次,需要借助于各类工具的组合使用提升组织的数据分析能力,例如数据仓库、数据可视化工具、大数据计算平台等。最后,数据分析与管理决策离不开算法,包括各种决策、预测模型和机器学习算法,数据分析团队是否熟练掌握算法并能灵活运用决定了决策水平的高低。

5) 组织与管理

数字化创新不仅体现在产品与服务上,还体现在组织、管理、商业模式的变革与创新上。例如前面提到的敏捷组织。为了保证敏捷管理实践顺利开展,还需要塑造一个开放包容、鼓励创新、注重协作的组织文化,否则组织文化的缺陷有可能成为数字化转型的最大障碍。

6.2 数据流分析与建模

通过业务流程建模,分析人员了解企业的业务流,全面了解企业的运营管理,构造管理模型。接下来需要透过表象看本质,将注意力放在与业务流相关的数据流上,分析每个活动的输入数据流和输出数据流,建立信息处理模型。

6.2.1 数据流分析

数据流分析的根本目的是分析出合理的信息流动、处理、存储的过程。数据流分析一般采用结构化分析方法,或者 HIPO(hierarchical input process output)方法。基本思想都是一样的。首先将系统看作一个最大的数据处理功能,明确该总体功能的主要输入数据与输出数据。接着分析总体功能的内部处理过程,例如一般会包含数据输入、加工、传递、存储等子功能,对这些子功能分别进行分析,找出其输入和输出。依法炮制,对每个子功能内部处理细节再进行分析,找到更小的组成功能。这样从抽象到具体一层一层地剖析,直到所有功能的处理步骤都很具体为止。

数据流分析的过程中,需要回答以下问题。

(1) 系统作为信息处理器,主要完成什么功能?把系统看作一个黑盒子的话,它最重要的输入数据是什么?最重要的输出结果是什么?

(2) 系统作为一个整体,和外界环境存在什么关系?这种关系应该从信息交换的角度去考虑,例如,谁是系统输入数据的源头,系统输出的数据将传递给谁,谁来使用?

(3) 系统功能复杂,能否分解为几个相对独立又有联系的子系统或子功能?子系统和子功能之间通过什么数据建立起联系?

(4) 分解后的子功能是否仍然很复杂?还可以划分为更细更具体的子功能吗?

(5) 每个功能或子功能处理的输入数据是什么?产生的输出数据是什么?

(6) 系统中需要长期保存的数据有哪些?例如各种表格、单据、文件是否在上述功能中使用?哪项功能负责填写和修改这些表单?表单中的数据会被哪些功能采用和参照?

(7) 在一个完整的业务流程中,业务需要处理的数据最初从哪儿来?经过哪些处理环节?最终去到哪里?

总之,数据流分析就是在业务活动及流程的基础上,识别出每个具体业务活动的数据处理需求,过滤掉企业运作中那些与数据无关的活动,对无法程序化的人工数据处理和决策活动进行辨识,设法将人工处理的信息纳入到系统中,然后利用数据流图构造信息系统逻辑模型。

6.2.2 数据流图

数据流图是结构化系统分析的主要工具。结构化系统分析采用介于形式语言和自然语言之间的描述方式,通过一套分层次的数据流图,辅以数据字典、小说明等工具来描述系统,图 6.4 是一个简单的示意图。图中上层数据流图中的一个处理框被分解为一张下层的数据流图。顶层的处理框 P0 分解为第一层数据流图,含有 P1、P2、P3、P4 处理框。第一层分解图中的处理框又分解为第二层数据流图,例如处理框 P4 被分解为含有 P41、P42 处理框的流程图。结构化系统分析方法就是通过这种自顶向下、逐层分解的方法,利用分解和抽象这两个基本手段控制系统的复杂性,把大问题分解成小问题,然后分别解决,这就是分解。分而治之,正是系统工程的思路。分解时分层进行,先考虑问题最本质的属性,暂时略去具体细节,以后再逐层添加细节,直到最详细的内容,这就是抽象。

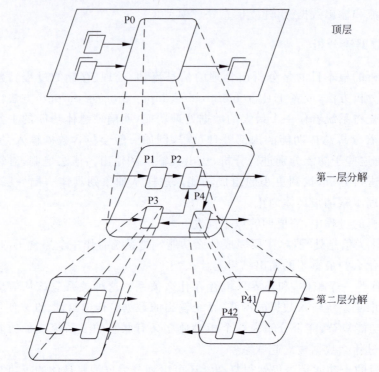

图 6.4 数据流图

数据流图描述数据流动、存储、处理的逻辑关系,也称为逻辑数据流图,一般用 DFD(data flow diagram,也译作"数据流程图")表示。

数据流图用到四个基本符号,即外部实体、数据处理、数据流和数据存储。现分别介绍如下。

1. 外部实体

外部实体指系统以外与系统有联系的人或事物。它表达该系统数据的外部来源和去处,例如顾客、职工、供货单位等。外部实体也可以是另外一个信息系统。

我们用一个正方形,并在其左上角外边另加一个直角来表示外部实体,在正方形内写上这个外部实体的名称。为了区分不同的外部实体,可以在正方形的左上角用一个字符表示。在数据流图中,为了减少线条的交叉,同一个外部实体可在一张数据流图中出现多次,这时在该外部实体符号的右下角画小斜线,表示重复。若重复的外部实体有多个,则相同的外部实体画数目相同的小斜线。外部实体的表示如图 6.5 所示。

图 6.5　外部实体

2. 数据处理

处理指对数据的逻辑处理,也就是数据的变换。

在数据流图中,用带圆角的长方形表示处理,长方形分为三个部分,如图 6.6 所示。

标识部分用来标别一个功能,一般用字符串表示,如 P1、P1.1,等等。

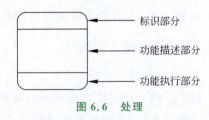

图 6.6　处理

功能描述部分是必不可少的,它直接表达这个处理的逻辑功能。一般用一个动词加一个作动词宾语的名词表示。恰如其分地表达一个处理的功能,有时需要下一番功夫。

功能执行部分表示这个功能由谁来完成,可以是一个人,也可以是一个部门,也可以是某个计算机程序。

3. 数据流

数据流是指处理功能的输入或输出,用一个水平箭头或垂直箭头表示。箭头指出数据的流动方向。数据流可以是信件、票据,也可以是电话等。

一般来说,对每个数据流要加以简单的描述,使用户和系统设计员能够理解一个数据流的含义。对数据流的描述写在箭头的上方,一些含义十分明确的数据流,也可以不另加说明,如图 6.7 所示。

图 6.7　数据流

4. 数据存储

数据存储表示需要长期存储的一组数据的逻辑描述。数据存储不指代保存数据的物理地点或物理介质(硬盘、服务器),也不指代数据存储管理技术(数据库),数据存储的命名要表达数据的内涵。

在数据流图中,数据存储用右边开口的长方条表示。在长方条内写上数据存储的名字。名字也要恰当,以便用户理解。为了区别和引用方便,再加一个标识,用字母 D 和数字组成。为清楚起见,用竖线表示同一数据存储在图上不同地方的出现,如图 6.8 所示。

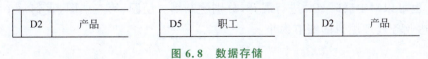

图 6.8　数据存储

指向数据存储的箭头,表示送数据到数据存储(存放、改写等);从数据存储发出的箭头,表示从数据存储读取数据,如图 6.9 所示。

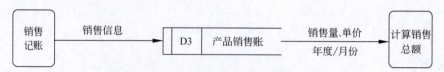

图 6.9 数据的读取与存储

不同的建模工具支持不同的模型符号,但都提供四种不同的符号分别代表以上 DFD 图的四种元素,本书后续会采用不同的表示法绘制数据流图,读者更易理解。

6.2.3 数据流图案例

1. 图书馆管理系统

【例 6.7】 图书馆管理系统的数据流图。

首先将图书馆管理系统看作一个整体功能,它的主要输入来自于供应商,然后读者可以获得书目信息。图 6.10 就是顶层图,展示了系统与最重要的外部实体的关系,也称为环境图。

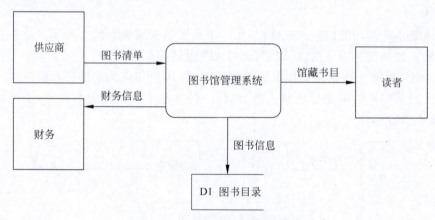

图 6.10 图书馆管理系统顶层图

图书馆业务分为采购、编目、流通等几大部分,分解后的一层图如图 6.11 所示。

其中"P4 流通管理"主要完成图书借还业务,功能较多,经过分解后得到第二层图(图 6.12)。由于借还业务中的数据主要来源于读者,所以外部实体只有读者。即使借书、还书业务需要图书管理员进行登记,但只是借图书管理员之手完成数据的采集,图书管理员不是数据的真正来源,所以无须绘制。

"P4.3 借书"包含一系列处理步骤,需要检查身份、登记借阅记录、有预约情况的还需要做注销处理等,经过分析后得到第三层图(图 6.13)。

同理,也可以对 P1、P2、P3 进行展开,分别绘制第二层图、第三层图,直到每个处理分解到可以表达业务处理逻辑的细节为止。

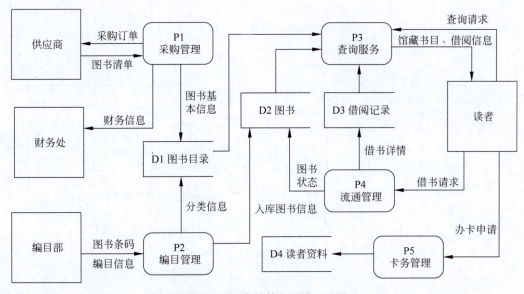

图 6.11　图书馆管理系统一层图

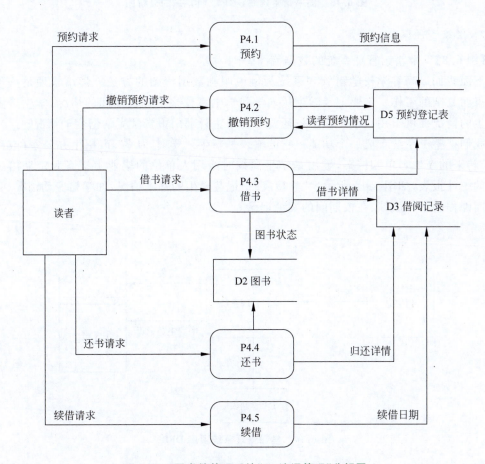

图 6.12　图书馆管理系统"P4 流通管理"分解图

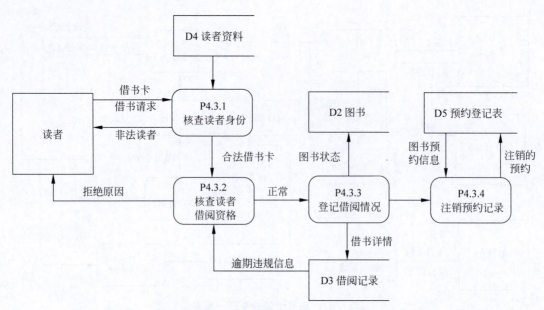

图 6.13　图书馆管理系统"P4.3 借书"的分解图

2. 学籍管理系统

【例 6.8】　学籍馆管理系统的数据流图。

下面我们以高等学校学籍管理系统为例说明画数据流图的方法。学籍管理是一项十分严肃而复杂的工作。它要记录学生从入学到学生离校整个在校期间的情况,学生毕业时把学生的情况提供给用人单位。学校还要向上级主管部门报告学生学籍变动情况。

我们把整个系统看成一个功能。它的输入是新生入学时,从省、市招生办公室(或高招系统)转来的新生名单和档案,输出是学生离校时给用人单位的毕业生档案和定期给主管部门的统计报表,如图 6.14 所示。"学籍表"中记载学生的基本情况,如学籍变动情况、各学期各门课程的学习成绩、在校期间的奖惩记录等。

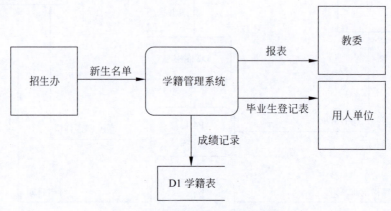

图 6.14　学籍管理系统顶层 DFD

图 6.14 概括描述了系统的轮廓和范围,标出了最主要的外部实体和数据流。还有一些外部实体、数据流没有画出来,随着数据流图的展开再逐渐增加。这样做的好处是突出主

要矛盾,系统轮廓更清晰。

图 6.14 是进一步分析的出发点。学籍管理包括学生学习成绩管理、学生奖惩管理、学籍异动管理等业务。由此,可以将图 6.14 展开成图 6.15。同样上一层图 6.14 的各个数据流都必须反映在下一层图 6.15 上。此外还有新增的数据流和外部实体。在图 6.15 中,与学籍表有关的数据流更具体了。

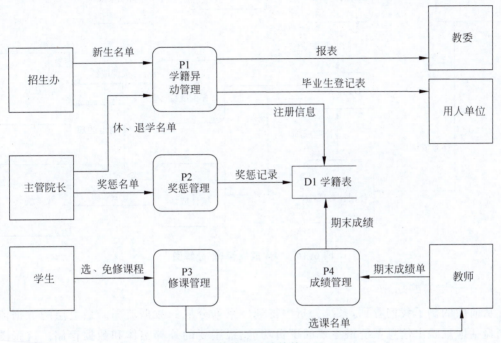

图 6.15　学籍管理系统的第一层 DFD

下面以"P4 成绩管理"为例,进一步展开得到图 6.16。首先教师产生"成绩单",需要登记并存储,然后进行分析,产生"试卷分析表",返回给教师;其次教师还需要登记补考成绩,所有成绩都会记录到"学籍表",并进行成绩统计分析,输出"留退名单"给分管教学的院长,并将"留退通知"发送给学生。另外,学生可以主动查询个人成绩。

在图 6.16 中,查看每个处理的数据流可以看出除 P4.5 框之外,其他各个处理都已十分明确,不需要再分解。而 P4.5"统计成绩"还比较复杂,需要进一步分解。学期结束之后,根据学习成绩,学生的异动有四种可能:升级、留级、退学。而且根据学生手册的有关学籍规定,确定学生这些异动情况,需要的不仅仅是本学期成绩,还需要根据学籍表整体情况决定。读者可以结合具体学校规定对 P4.5 作进一步的分解。

6.2.4　画数据流图的注意事项

在系统分析中,数据流图是系统分析师与用户交流思想的工具。这种图用的符号少,通俗易懂。实践证明,只要对用户稍作解释,用户就能看明白。同时,这种图层次性强,适合对不同管理层次的业务人员进行业务调查。在调查过程中,随手就可记录有关情况,随时可与业务人员讨论,使不足的地方得到补充,有出入的地方得到纠正。在草图的基础上,系统分析师应对图的分解和布局进行适当调整,画出正式图,使之更清晰,可读性更好。

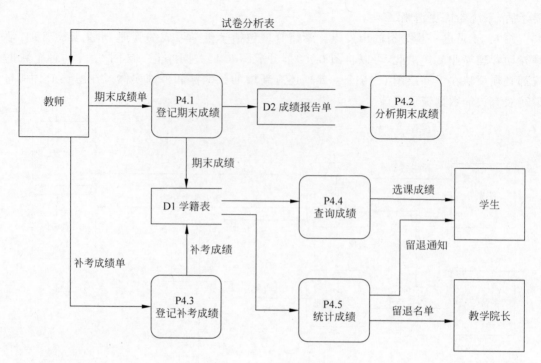

图 6.16 "P4 成绩管理"分解图

1. 关于层次的划分

从前面的例子我们看到,系统分析中得到一系列分层的数据流图。最上层的数据流图相当概括地反映出信息系统最主要的逻辑功能、最主要的外部实体和数据存储。这张图应该使人一目了然,立即对系统有了深刻印象,使人知道这个系统的主要功能和与环境的主要联系是什么。

逐层扩展数据流图是对上一层图(父图)中某些处理框加以分解。随着处理的分解,功能越来越具体,数据存储和数据流越来越多。必须注意,下层图(子图)是上层图中某个处理框的"放大"。因此,凡是与这个处理框有关系的外部实体、数据流、数据存储必须在下层图中反映出来。

逐层扩展的目的是把一个复杂的功能逐步分解为若干较为简单的功能。逐层扩展不是肢解和蚕食,使系统失去原来的面貌,而应保持系统的完整性和一致性。究竟怎样划分层次,划分到什么程度,没有绝对的标准,但一般认为:

(1) 展开的层次与管理层次一致,也可以划分得更细。处理块的分解要自然,注意功能的完整性。

(2) 一个处理框经过展开,一般以分解为 4~10 个处理框为宜。如果分解后的图中只有两个处理框,为减少数据流图的层次,可将图中的处理框直接并入到上一层图中。分解后的图中如果超过 10 个处理框,说明功能复杂度高。解决方案有两种:一是对当前图中的处理框再作归纳整理,处理框的抽象粒度可以大一些,然后多做一次分解,增加数据流图的层次;二是对当前图的上一层图处理框重新划分,细化成两个或三个处理框,这样可以不增加层次深度。

(3) 最下层的处理过程用几句话,或者用几张判定表,或一张简单的 HIPO 图能表达清楚,其工作量一个人能承担。若是计算机处理,一般不超过 100 条程序语句。

2. 检查数据流图的正确性

对一个系统的理解,不可能一开始就完美无缺。开始分析一个系统时,尽管我们对问题的理解有不正确和不确切的地方,但还是应该根据我们的理解,用数据流图表达出来,进行核对,逐步修改,获得较为完美的图纸。

通常可以从以下几个方面检查数据流图的正确性。

(1) 数据守恒,或称为输入数据与输出数据匹配。数据不守恒有两种情况。一种是某个处理过程用以产生输出的数据没有输入给这个处理过程,这肯定是遗漏了某些数据流。另一种是某些输入在处理过程中没有被使用,这不一定是一个错误,但产生这种情况的原因以及是否可以简化值得研究。

(2) 在一套数据流图中的任何一个数据存储,必定有流入的数据流和流出的数据流,即写文件和读文件,缺少任何一种都意味着遗漏某些加工。

画数据流图时,应注意处理框与数据存储之间数据流的方向。一个处理过程要读文件,数据流的箭头应指向处理框,若是写文件则箭头指向数据存储。修改文件要先读后写,但本质上是写,箭头也指向数据存储。若除修改之外,为了其他目的还要读文件,此时箭头应画成双向的。

(3) 父图中某一处理框的输入、输出数据流必须出现在相应的子图中,否则就会出现父图与子图的不平衡。这是一种比较常见的错误,而不平衡的分层使人无法理解。因此,特别应注意检查父图与子图的平衡,尤其是在对子图进行某些修改之后。父图的某框扩展时,在子图中用虚线框表示,有利于这种检查。父图与子图的关系,类似于全国地图与分省地图的关系。在全国地图上标出主要的铁路、河流,在分省地图上标得则更详细,除了有全国地图上与该省相关的铁路、河流之外,还有一些次要的铁路、公路、河流等。

(4) 任何一个数据流至少有一端是处理框。由"数据流是处理的输入或输出"这个定义就能理解这一条语法规则。换言之,数据流不能从外部实体直接到数据存储,不能从数据存储到外部实体,也不能在外部实体之间或数据存储之间流动。因为数据本身是静止的事物,不可能流动。只有借助外力加工才能促成数据的流动,不管这个加工是人工计算还是计算机处理。初学者往往容易违反这一规定,常常在数据存储与外部实体之间画数据流(图 6.17)。数据存储"成绩单"里面的数据不会主动到达学生,要么学生主动查询,要么通过发送短信到学生手机的方式传送数据。同样教师掌握了学生的成绩,但如何让学生获取到自己的选课成绩呢? 参考图 6.16,就可以了解数据从源头开始到数据去处的整个处理过程。

图 6.17 错误的数据流

只要记住一点,数据流是指处理功能的输入或输出,就不会出现这类错误。数据流图最重要的作用就是通过识别数据处理来表达系统的功能需求,没有了处理框,数据流图就失去了意义。

3. 提高数据流图的易理解性

数据流图是系统分析师调查业务过程,与用户交换思想的工具。因此,数据流图应该简明易懂。这也有利于后面的设计,有利于对系统说明书进行维护。可以从以下几个方面提高易理解性。

1) 简化处理间的联系

结构化分析的基本手段是"分解",其目的是控制复杂性。合理的分解是将一个复杂的问题分成相对独立的几个部分,每个部分可单独理解。在数据流图中,处理框间的数据流越少,各个处理就越独立,所以应尽量减少处理框间输入及输出数据流的数目。

另外最常见并且合理的手段就是通过数据存储解除处理之间的直接联系。想象以下两个不同的管理岗位一般都是通过文件、表格为中介传递数据,即处理 P1 将处理的输出写入数据存储 D,然后处理 P2 读取 D 作为输入,完成接下来的操作。一旦有了数据存储作为中介,两个处理就可以在不同的时间和不同的地点执行,实现了时间和空间上的解耦,各自更加独立,容易理解。

2) 均匀分解

如果在一张数据流图中,某些处理已是基本加工,而另一些却还要进一步分解三四层,这样的分解就不均匀。不均匀的分解不易被理解,因为其中某些部分描述的是细节,而其他部分描述的是较高层的功能。遇到这种情况,应重新考虑分解,努力避免特别不均匀的分解。

3) 适当命名

数据流图中各种成分的命名与易解性有直接关系,所以应注意命名适当。

处理框的命名应能准确地表达其功能,理想的命名由一个具体的动词加一个具体的名词(宾语)组成,在下层尤其应该如此,例如"计算总工作量""开发票"。而"存储和打印提货单"最好分成两个。"处理订货单""处理输入"则不太好,"处理"是空洞的动词,没有说明究竟做什么,"输入"也是不具体的宾语,而"做杂事"几乎等于没有命名。难以为某个成分命名,往往是分解不当的迹象,应考虑重新分解。

同样,数据流、数据存储也应适当命名,尽量避免产生错觉,以减少设计和编程等阶段的错误。

数据流图也常常要重新分解。例如画到某一层时意识到上一层或上几层所犯的错误,这时就需要对它们重新分解。重新分解可以按下述方法进行。

(1) 把需要重新分解的某张图的所有子图拼成一张。

(2) 把图分成几部分,使各部分之间的联系最少。

(3) 重新建立父图,即把第(2)步所得的每一部分画成一个处理框。

(4) 重新画子图,只要把第(2)步所得的图沿各部分边界分开即可。

(5) 为所有处理过程重新命名、编号。

6.2.5 数据字典

数据流图描述了系统的分解,即描述了系统由哪几部分组成,各部分之间的联系,等等,但还没有说明系统中各个成分的含义。例如,例 6.8 中,数据存储"学籍表"包括哪些内容,在数据流图中表达不够具体、准确。又如图 6.13 中的处理框 P3.3.2"核查读者借阅资格"、图 6.16 中的处理框 P4.2"分析期末成绩",具体什么核查规则,怎么分析成绩的,在图上也看不出来。只有当数据流图中出现的每一个成分都给出定义之后才能完整、准确地描述一个系统。为此,还需要其他工具对数据流图加以补充说明。

数据字典就是这样的工具之一。数据字典最初用于数据库管理系统。它为数据库用户、数据库管理员、系统分析师和程序员提供某些数据项的综合信息。这种思想启发了信息系统的开发人员,使他们想到将数据字典引入系统分析。

系统分析中所使用的数据字典,主要用来描述数据流图中的数据流、数据存储、处理过程和外部实体。数据字典把数据的最小组成单位看成是数据元素(基本数据项),若干个数据元素可以组成一个数据结构(组合数据项)。数据结构是一个递归概念,即数据结构的成分也可以是数据结构。数据字典通过数据元素和数据结构来描写数据流和数据存储的属性,它们之间的关系如图 6.18 所示。数据元素组成数据结构,数据结构组成数据流和数据存储。

建立数据字典的工作量很大,相当烦琐。但这是一项必不可少的工作。数据字典在系统开发中具有十分重要的意义,不但在系统分析阶段,而且在整个研制过程中以及今后系统运行中都要使用它。

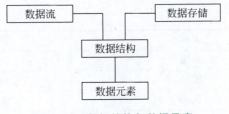

图 6.18 数据结构与数据元素

1. 数据字典的各类条目

数据字典中有六类条目:数据元素、数据结构、数据流、数据存储、处理过程和外部实体。不同类型的条目有不同的属性需要描述,现分别说明如下。

1) 数据元素

数据元素是最小的数据组成单位,也就是不可再分的数据单位,如学号、姓名等。对每个数据元素,需要描述以下属性。

(1) 名称。数据元素的名称要尽量反映该元素的含义,便于理解和记忆。

(2) 别名。一个数据元素,可能其名称不止一个,若有多个名称,则需加以说明。

(3) 类型。说明取值是字符型还是数字型等。

(4) 取值范围和取值的含义。指数据元素可能取什么值或每一个值代表的意思。

数据元素的取值可分为离散型和连续型两类。如人的年龄是连续型的,取值范围可定义为 0~150 岁,当然,这里的"连续"与高等数学中的"连续"含义不同。按通常编排学号的办法,学号是离散的。再如"婚姻状况"取值范围是"未婚、已婚、离异、丧偶",也是离散型。

一个数据元素是离散的还是连续的,要视具体需要而定。例如在一般情况下,我们用岁数表示一个人的年龄,是连续的。但有时只要用"幼年、少年、青年、壮年、老年"表示,或者区分为"成年、未成年"即可,这时年龄便是离散型的。

(5) 长度。指出该数据元素由几个数字或字母组成。如学号,按某校现在的编法由 7 个数字组成,其长度就是 7 字节。

除以上内容外,数据元素的条目还包括对该元素的简要说明、与它有关的数据结构等。表 6.2 是数据元素条目清单。

表 6.2 数据元素条目

编号	名称	别名	数据类型	长度	备注	相关数据流/数据存储
101	学号	学生编号	字符	8	前四位代表入校年度，后四位流水号	D3、D4
102	姓名		字符	10		
⋮	⋮	⋮	⋮	⋮	⋮	⋮
204	职称		字符	10	取值范围：助教、讲师、副教授、教授	D4

2) 数据结构

表 6.3 是数据结构条目的一个例子。

表 6.3 数据结构条目

名称	学生信息
总编号	2-03
编号	008
说明	新生入学时填写的信息
结构	学号 姓名 [曾用名] 入学日期 出生日期 性别 民族 家庭地址 本人简历* 　开始时间 　终止时间 　学校名称 　证明人
有关的数据流	新生名单 毕业生登记表
有关的数据存储	D1 学籍表

数据结构的描述重点是数据之间的组合关系，即说明这个数据结构包括哪些成分。一个数据结构可以包括若干个数据元素或（和）数据结构。这些成分中有三种特殊情况。

(1) 任选项。这是可以出现，也可以省略的项，用"[ ]"表示，如表 6.3 中的[曾用名]是任选项，可以有，也可以没有。

(2) 必选项。在两个或多个数据项中，必须出现其中的一个称为必选项。例如，任何一门课程是必修课，或选修课，二者必居其一。必选项的表示办法，是将候选的多个数据项用"{ }"括起来。

(3) 重复项。即可以多次出现的数据项。例如一张处方单可以开出多种药品,每种药品有品名、规格、数量,这些属性用"处方明细项"表示。在处方单中,"处方明细项"可重复多次,表示成"处方明细项*"。表6.3中的"本人简历"也是这种情况。

3) 数据流

关于数据流,在数据字典中描述以下属性。

(1) 数据流的来源。数据流可以来自某个外部实体、数据存储或某个处理。

(2) 数据流的去处。数据流可以被发送给某个外部实体,或存储到某个数据存储,或作为某个处理的输入。某些数据流的去处可能不止一个。

(3) 数据流的组成。指数据流所包含的数据结构。一个数据流可包含一个或多个数据结构。若只含一个数据结构,应注意名称的统一,以免产生二义性。

(4) 数据流的流通量。指单位时间(每日、每小时等)里的数据传输次数。可以估计平均数或最高、最低流量各是多少。

(5) 高峰时的流通量。数据流的组成描述方式与数据结构相同,但数据流可以引用数据结构。

4) 数据存储

数据存储的条目,主要描写该数据存储的结构及有关的数据流和查询要求。数据存储的组成描述方式与数据结构相同,同理,数据存储可以引用数据结构。

有些数据存储的结构可能很复杂,如"学籍表",包括学生的基本情况、学生动态、奖惩记录、学习成绩、毕业论文成绩等,其中每一项又是数据结构。这些数据结构有各自的条目分别加以说明,因此在"学籍表"的条目中只需列出这些数据结构,而不要列出这些数据结构的内部构成。

数据流图是分层的,下层图是上层图的具体化。同一个数据存储可能在不同层次的图中出现。描述这样的数据存储,应列出最底层图中的数据流。

5) 处理过程

对于数据流图中的处理框,需要在数据字典中描述处理框的编号、名称、功能的简要说明,有关的输入输出。对功能进行描述,应使人能有一个较明确的概念,知道这一框的主要功能。详细的功能,还要用"小说明"进一步描述。表6.4是图6.1中P4.3.4"填写成绩单"的条目描述。

表6.4 处理过程条目

名称	注销预约记录
总编号	4-007
编号	P4.3.4
说明	借书登记时将读者相关预约记录注销
输入	P4.3.3→P4.3.4,D5 预约登记表→P4.3.4
输出	P4.3.4→D5 预约登记表(注销的预约)
处理	根据所借阅的图书查 D5 预约登记表,如果该读者有本书的预约记录,则显示预约信息并提示注销,将预约登记表的预约记录标记"已完成"。如果没有,则不做什么处理

6) 外部实体

外部实体是数据的来源和去向。因此,在数据字典中关于外部实体的条目,主要说明外部实体产生的数据流和传给该外部实体的数据流,以及该外部实体的数量。外部实体的数量对于估计本系统的业务量有参考作用,尤其是关系密切的主要外部实体。表 6.5 是描述"学生"这个外部实体的条目。"学生"这个外部实体与学籍管理系统有很多联系,如入学时要填写各种登记表,若要休学、复学等则要提出申请。在我们的例子中,未画出整个系统的数据流图,因此条目的数据流比较少。

表 6.5　外部实体条目

名称	学生
总编号	6-01
编号	001
说明	
数量	每年新增 3000 个
输出数据流	P4.4→学生(选课成绩) P4.5→学生(留退通知)
输入数据流	学生→P3(免修课程、选修课程)

2. 数据字典的作用

数据字典实际上是"关于数据流图的字典",数据流图只有加上数据字典的补充描述,才能充分完备地表达系统的需求,因此在整个系统开发过程以及系统运行后的维护阶段,数据字典是必不可少的工具。数据字典是所有人员工作的依据,统一的标准。它可以确保数据在系统中的完整性和一致性。具体讲,数据字典有以下作用。

1)按各种要求列表

可以根据数据字典,把所有数据元素、数据结构、数据流、数据存储、处理逻辑和外部实体按一定的顺序全部列出,保证系统设计时不会遗漏。

如果系统分析师要对某个数据存储的结构进行深入分析,需要了解有关的细节,了解数据结构的组成乃至每个数据元素的属性,数据字典也可提供相应的内容。

2)相互参照,便于系统修改

根据初步的数据流图,建立相应的数据字典。在系统分析过程中,常会发现原来的数据流图及各种数据定义中有错误或遗漏,需要修改或补充。有了数据字典,这种修改就变得容易多了。

3)由描述内容检索名称

在一个稍微复杂的系统中,系统分析师可能没有把握断定某个数据项在数据字典中是否已经定义,或者记不清楚其确切名字时,可以由内容查找其名称,就像根据书的内容询问图书的名字。

4)一致性检验和完整性检验

根据各类条目的规定格式,可以发现以下问题。

(1)是否存在没有指明来源或去向的数据流。

(2)是否存在没有指明数据存储或所属数据流的数据元素。

(3)处理逻辑与输入的数据元素是否匹配。

(4) 是否存在没有输入或输出的数据存储。

6.2.6 新系统逻辑模型的提出

数据流分析可以明确系统功能。通过对现行系统的调查分析,抽象出现行系统的逻辑模型,分析其存在的问题,如某些数据流向不合理,某些数据存储有不必要的冗余,某些处理原则不合理,等等。产生这些问题有各种各样的原因,有的可能是习惯遗留下来的问题,有的可能是以前的技术落后造成的,还有些可能是某种体制不合理造成的,等等。调查分析中,要抓住系统运行的"瓶颈",即影响系统的关键之处。抓住这一点很重要,只有抓住主要矛盾,投入人力物力,才能见到成效。

从形式上讲,新系统的逻辑模型相比旧系统的逻辑模型变化不大,可能只是在一个或几个处理中引进新技术,改变几处数据的流程,或者改变某些数据存储的组织方式。但是,这是经过周密调查和分析的结果,其影响可能不是局部的。对这种影响必须要有充分的估计。

新系统来自原系统,比原系统更合理,效率更高。但对原系统的变动要切实可行,能较快带来效率,要尽可能循序渐进,不要企图一下子做过多的变更,形成不必要的社会和心理上的阻力。

6.3 业务规则的表示

在流程分析时还有一项工作不容忽视,甚至是至关重要的,那就是业务规则的识别和表示。业务规则(business rule)指所有与业务相关的操作规范、管理章程、规章制度、行业标准等。从信息系统的角度看,业务规则是描述和约束业务的语句,用来刻画业务的结构,控制和影响业务的行为。业务规则常常与流程中的某项活动或处理操作有关,例如计算折扣价格中的规则、生成留级退学名单的规则;或者对流程进行控制,例如根据审核结论决定下一步要执行何种操作的规则。通常的做法是将业务规则写进程序代码,以实现特定的业务处理逻辑。分析阶段要完成信息系统的需求定义,可以在业务流模型和数据流模型中加入对业务规则的描述。

业务规则的描述工具有结构化语言(structured language)、判定树(decision tree)和判定表(decision table)。规则的定义和维护可以是人工的,也可以采用专门的可视化软件工具或平台。

6.3.1 结构化语言

结构化语言是受结构化程序设计思想启发而扩展出来的。结构化程序设计只允许三种基本结构。结构化语言也只允许三种基本语句,即简单的祈使语句、判断语句、循环语句。与程序设计语言的差别在于结构化语言没有严格的语法规定。与自然语言的不同在于它只有极其有限的词汇和语句。结构化语言使用三类词汇:祈使句中的动词、数据字典中定义的名词以及某些逻辑表达式中的保留字。

1. 祈使语句

祈使语句指出要做什么事情,包括一个动词和一个宾语。动词指出要执行的功能,宾语表示动作的对象,例如:计算工资、发补考通知。

使用祈使语句,应注意以下几点。

(1) 力求精练,不应太长。

(2) 不使用形容词和副词。

(3) 动词要能明确表达执行的动作,不用"做""处理"这类意义太泛的动词,意义相同的动词,只确定使用其中之一。

(4) 名词必须在数据字典中有定义。

2. 判断语句

判断语句类似结构化程序设计中的判断结构,其一般形式是:

```
如果      条件
则        动作 A
否则      (条件不成立)
          动作 B
```

判断语句中的"如果""否则"要成对出现,以避免多重判断嵌套时产生二义性。另外,书写时每层要对齐,以便阅读。

【例 6.9】 某公司给购货在 5 万元以上的顾客以不同的折扣率。如果这样的顾客最近 3 个月无欠款,则折扣率为 15%;虽然有欠款但与公司已经有 10 年以上的贸易关系,则折扣率为 10%,否则折扣率为 5%。

上述案例描述的公司折扣政策用判断语句表达如下:

```
如果      购货额在 5 万元以上
则        如果      最近 3 个月无欠款
                    则   折扣率为 15%
                    否则 如果   与公司交易 10 年以上
                                则   折扣率为 10%
                                否则 折扣率为 5%
否则      无折扣
```

3. 循环语句

循环语句表达在某种条件下,重复执行相同的动作,直到这个条件不成立为止。例如图 6.16 中的处理 P4.5"统计成绩"要计算每个学生的学分绩点,可用循环语句写成:

```
对每一个学生
    计算总学分
    计算绩点 GPA
```

6.3.2 判定树

若一个动作的执行不只是依赖一个条件,而是与多个条件有关,那么这项策略的表达就比较复杂。如果用前面介绍的判断语句,就有多重嵌套。层次一多,可读性就下降。用判定树来表示,可以更直观一些。前面提到某公司关于折扣率的规定就涉及三个条件:购货额、最近 3 个月有无欠款、贸易时间是否超过 10 年。这个规定用判定树可表示为图 6.19。

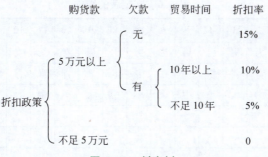

图 6.19 判定树

由于这个例子比较简单,与例 6.9 用判定语句表达的方法相比,判定树的优点不太明显。但读者不难想象,如果将有关折扣的规定做些改变,例如将购货额 A 分几个等级:A≥5 万元、3 万元≤A<5 万元、1 万元≤A<3 万元、A<1 万元,交易时间也类似分若干等级,根据不同的组合给予不同的折扣率,这时,若用判断语句表达,则可读性将大为下降。但用判定树表达时,树的高度还是三层,只是相应的节点多分几个叉,其直观性没有降低多少。这类问题往往用判定树表示,如果需要的话,可根据判定树写出相应的判断语句。

6.3.3 判定表

一些条件较多、在每个条件下取值也较多的判定问题,可以用判定表表示。其优点是能把各种组合情况一个不漏地表示出来,有时还能帮助发现遗漏和矛盾的情况。我们通过下面这个例子说明判定表的应用与有关问题。

【例 6.10】 某厂对一部分职工重新分配工作,分配原则如下。

(1) 年龄不满 20 岁,文化程度是小学者脱产学习,文化程度是中学者当电工。

(2) 年龄满 20 岁但不足 50 岁,文化程度是小学或中学者,男性当钳工,女性当车工;文化程度是大学者当技术员。

(3) 年龄满 50 岁及 50 岁以上,文化程度是小学或中学者当材料员,文化程度是大学者当技术员。

对上述案例进行分析,工作分配实际上考虑了三个因素:性别、年龄、文化程度,取值范围分别是:

性别:{男,女}
年龄:{青年(小于 20 岁),中年(满 20 岁而不足 50 岁),老年(满 50 岁及以上)}
文化程度:{小学,中学,大学}

根据这三个条件的取值范围,可以组合成 2×3×3=18 种情况。

这个规则共提供六种不同的工作:脱产学习、当电工、当钳工、当车工、当技术员、当材料员。我们称这是六种行动。不同的条件组合,采取不同的行动。

把条件说明、条件可能的组合、可能采取的行动列在一张表上,得到有条件组合的判定表,如表 6.6 所示。

表 6.6 判定表的结构

条件和行动	1	2	3	4	5	6	7	8	9	10	11	12	13	14	15	16	17	18
C1：性别	男	男	男	男	男	男	男	男	男	女	女	女	女	女	女	女	女	女
C2：年龄	青	青	青	中	中	中	老	老	老	青	青	青	中	中	中	老	老	老
C3：文化程度	小	中	大	小	中	大	小	中	大	小	中	大	小	中	大	小	中	大
A1：脱产学习																		
A2：当电工																		
A3：当钳工																		
A4：当车工																		
A5：当技术员																		
A6：当材料员																		

表的左上部是条件说明(C1～C3)，左下部是行动说明(A1～A6)，右上部是条件的组合，右下部是条件组合相对应的行动。例如，根据分配原则，第 1 列表示男性，年龄不满 20 岁，小学文化程度，应脱产学习，在第 1 列 A1 行的位置记"×"。同样，第 2 列表示男性，青年，中学文化程度，根据分配原则应该当电工，在第 2 列 A2 行位置记"×"，依此类推，最后得到表 6.7。

表 6.7 判定表

条件和行动	1	2	3	4	5	6	7	8	9	10	11	12	13	14	15	16	17	18
C1：性别	男	男	男	男	男	男	男	男	男	女	女	女	女	女	女	女	女	女
C2：年龄	青	青	青	中	中	中	老	老	老	青	青	青	中	中	中	老	老	老
C3：文化程度	小	中	大	小	中	大	小	中	大	小	中	大	小	中	大	小	中	大
A1：脱产学习	×									×								
A2：当电工		×									×							
A3：当钳工			×	×								×						
A4：当车工													×	×				
A5：当技术员					×			×							×			
A6：当材料员						×	×									×	×	

这是一张完整的判定表。表中列出了三个条件所有可能的组合情况，因此不会有遗漏。

这张表可以简化，办法是合并。合并的原则是在相同的行动下，检查它所对应的各列条件组合中是否存在无须判断的条件。例如第 1 列与第 10 列，对应的行动是 A1：脱产学习，对应的 C2：年龄取值相同，C3：文化程度取值也相同，仅条件 C1：性别取值不同，第 1 列取值"男"，第 10 列取值"女"。换句话说，只要年龄取值"青"，文化程度取值"小学"，则不论性别是男是女，都分配同样的工作 A1：脱产学习。同理，第 2 与第 11 列可以合并，第 3 列与第 12 列、第 6 列与第 15 列、第 9 列与第 18 列、第 7 列与第 16 例、第 8 列与第 17 列，可以分别合并。由此得到表 6.8。

表 6.8　判定表的合并

条件和行动	1, 10	2, 11	3, 12	4	5	6, 15	7, 16	8, 17	9, 18	13	14
C1：性别	/	/	/	男	男	/	/	/	/	女	女
C2：年龄	青	青	青	中	中	中	老	老	老	中	中
C3：文化程度	小	中	大	小	中	大	小	中	大	小	中
A1：脱产学习	×										
A2：当电工		×									
A3：当钳工				×	×						
A4：当车工	×	×									
A5：当技术员			×			×			×		
A6：当材料员							×	×			

表 6.8 还可以合并。考查 A5：当技术员对应的三列，条件 C1：性别取值相同（均不论性别），C3：文化程度取值都是"大学"，而条件 C2：年龄取值分别为青年、中年、老年，这正是条件 C2 取值的整个范围。换言之，采取这一行动，可以不考虑"年龄"这个条件。这三列合并后得到表 6.9。

表 6.9　化简后的判定表

条件和行动	1	2	3	4	5	6	7	8	9
C1：性别	/	/	/	男	男	/	/	女	女
C2：年龄	青	青	/	中	中	老	老	中	中
C3：文化程度	小	中	大	小	中	小	中	小	中
A1：脱产学习	×								
A2：当电工		×							
A3：当钳工				×	×				
A4：当车工								×	×
A5：当技术员			×						
A6：当材料员	×	×				×	×		

由此，归纳出合并的原则：取相同行动的 n 列，若有某个条件在此 n 列的取值正好是该条件取值的全集，而其他条件在此 n 列都取相同的值，则此 n 列可以合并。

按此原则考查表 6.8，不可能再合并。这个决策问题的判定表的化简也到此为止。

用判定表来描述决策问题，通常经过以下几个步骤。

（1）分析决策问题涉及几个条件；

（2）分析每个条件取值的集合；

（3）列出条件的各种可能组合；

（4）分析决策问题涉及几个可能的行动；

（5）做出有条件组合的判定表；

（6）决定各种条件组合的行动；

(7) 按合并规则化简判定表。

用判定表来表达一个复杂的问题,优点之一是不会遗漏某些可能的情况。从前面的例子中可以看出,只要各个条件的各种情况都列举出来,就可以用形式化的方法开始,用形式化方法化简。这种方法的另一个好处是各个条件地位是"平等"的,不用考虑条件的先后顺序。

根据判定表容易画出等价的判定树。此时,条件的先后顺序不同,树的复杂程度有所不同。试比较图 6.20 和图 6.21,这两幅图表示的判定树都与表 6.9 等价。

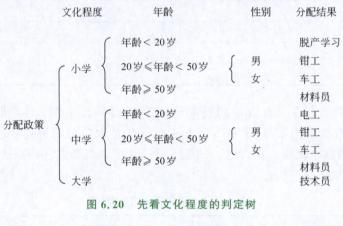

图 6.20 先看文化程度的判定树

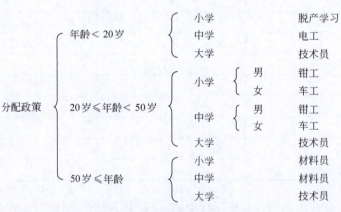

图 6.21 先看年龄的判定树

从判定表或判定树不难写出等价的结构化判断语句。在用判断语句表达时,条件的先后顺序对表达的繁简和可读性同样有影响。作为练习,读者不妨自己写出与图 6.20 和图 6.21 等价的判断语句加以比较。

6.3.4 三种表达工具的比较

这三种表达逻辑的工具各有千秋,除我们谈到的几个方面外,从直观性、可修改性等方面的比较如表 6.10 所示。

表 6.10　表达逻辑工具的比较

性　　能	结构化语言	判定树	判定表
直观性	一般	很好	一般
用户检查	不便	方便	不便
可修改性	好	一般	差
逻辑检查	好	一般	很好
机器可读性	很好	差	很好
机器可编程	一般	不好	很好

这三种工具的适用范围可概括比较如下。

(1) 决策树适用于 10～15 种行动的一般复杂程度的决策。有时可将决策表转换成决策树，便于用户检查。

(2) 判定表适合于多个条件的复杂组合。虽然判定表也适用于很多数目的行动或条件组合，但数目庞大时使用也不方便。

(3) 如果一个判断包含了一般顺序执行的动作或循环执行的动作，则最好用结构化语言表达。

6.3.5　业务规则管理系统

企业面临日益严峻的竞争压力，商业策略和规则需要及时变化，传统的将业务规则处理逻辑固化在程序中的做法让规则的维护和升级很困难。如果能将业务规则像数据一样从程序中剥离出来，业务规则快速应变的难题就能迎刃而解，这种理念在于"用管理数据的方式来管理业务规则"。业务规则管理技术的出现彻底改变了以过程形式处理业务逻辑的方式，它将业务规则的实现从具体的程序代码中抽取出来，以结构化的业务规则数据来表示企业的业务行为，使得业务规则与企业的数据信息一样成为企业的重要资产。

与数据库的出现相对应，把业务逻辑从程序代码中分离出来也将对软件的开发方式、软件的体系结构甚至软件开发的组织结构产生深远的影响。业务规则管理技术将业务逻辑当作结构化的对象进行处理，使复杂的业务逻辑变成一条条简单的业务规则，而将业务规则之间的复杂逻辑关系交给规则引擎去处理，因此产生了业务规则引擎、业务规则库、业务规则开发方法学、业务规则管理系统等新概念，与之相应出现了业务规则系统分析师、业务规则开发人员、业务规则系统管理员等新角色。

业务规则管理系统(business rule management system，BRMS)既是规则管理的平台，又是规则集成开发平台，能为业务规则从创建到归档提供一站式的服务。利用 BRMS 业务人员可以对业务规则进行查询、添加、更新、统计、提交，而不必关心数据模型、程序处理模型和对象模型。这意味着，在 BRMS 平台中可以使用行业术语和友好的可视化工具编写规则，不仅减轻了分析人员的工作强度，还能推动业务人员更深入地参与到系统的需求分析、设计与实现中，提高业务逻辑处理的准确性。

业务规则一旦建立，规则引擎就可以对它们进行解释运行。规则引擎好比一种高性能的专用解释程序，其中包含 if-then 命令，可根据预先定义的规则对传入的数据进行分析，然后返回修改后的数据,或根据流程定义执行特定操作。

业务规则管理系统的引入,使应用系统结构及其维护方式发生了巨大的改变。业务规则存储在规则库中,意味着业务逻辑的定义独立于数据和程序,应用系统因此能灵活适应业务逻辑的变化,帮助企业实现敏捷业务;开发者可以直接使用业务规则技术和组件而无须了解过多的实现细节,使开发者更加关注系统本身的业务需求;基于业务规则技术的系统开发比起从零开始的定制开发更能节省费用,缩短开发周期,同时能满足用户的个性化需求。

目前业务规划管理系统的使用多数局限在系统实施阶段和运行维护阶段,但随着工具的不断成熟和普及,未来关于业务规则的需求分析、设计、实施和维护的界限将逐渐模糊。

习题 6

6.1 用业务流程图表示学生上课请假的流程(可与考勤流程合并)。

6.2 什么是 BPR?请举一个身边的实例说明 IT 技术在 BPR 中的作用。

6.3 什么是数字化转型?与企业信息化的区别在哪里?

6.4 识别习题 6.1 中的数据流,采用数据流图描述整个请假和考勤的过程。

6.5 结合本校学籍管理的实际情况,画出"奖惩管理"的数据流图。

6.6 某校学籍管理制度规定:

(1) 经补考仍有两门考试课不及格者留级;

(2) 经补考,考查课和考试课共计仍有三门不及格者留级;

(3) 经补考,仍有不及格课程但未达到留级标准者可升级,但不及格课目要重修。

试用判断语句、判定树、判定表分别表示上述规则。

6.7 一个游戏:主持人对 A、B、C 三人说:"我这里有三顶红帽子,两顶白帽子。现在用布蒙上你们的眼睛,我给你们每个人戴上一顶帽子,然后请你们依次睁开眼睛,能正确说出自己所戴帽子的颜色者有奖。"戴完帽子后,A 拿下布后看了其他两人的帽子说:"我不知道。"然后,B 解开布看了其他两人的帽子后说:"我也不知道。"轮到 C 时,他没有拿下布就正确地说出了自己所戴帽子的颜色。试问:C 戴的是什么颜色帽子?他是怎样得出结论的?

第7章 用例建模

在面向对象方法和技术出现之前，分析人员采用结构化方法来构建信息系统的逻辑模型，系统需求规格说明书的核心内容就是 DFD 及数据字典。该模型不仅对系统应实现的软件功能（包括输入输出）进行了明确界定，而且对数据的来龙去脉以及完整的处理流程也有清晰描述。但该模型较为复杂，绘制和复核也很困难，与后期系统设计有些脱节。更为简易的用例模型以及用户故事逐渐受到欢迎，而成为需求建模的首选工具。

用例模型由用例图和用例规约组成，本章介绍如何识别用例、绘制用例图和书写用例规约。在此基础上，介绍更为简洁的用户故事的表示方法，并与用例进行对比。

7.1 基于用例的需求分析

用例总是和面向对象方法放在一起讨论。在面向对象标准建模语言(UML)中，用例具有中心地位。

用例分析从最终用户的角度看待系统及其特性。模型简单直接，尤其受到软件开发人员的青睐。在一定程度上，可以将用例理解为软件开发人员所关心的系统功能需求列表。只是功能列表采用自由叙述，无任何规范，随意性大，仅适合于描述需求梗概；用例作为需求模型则详尽而规范。

需求来源于用户，但并不是所有用户都能清晰地表达出全部需求。系统分析人员需要从用户那里获得第一手的需求清单，结合多种手段发现并捕获未能列出的其他需求，整理成完整、正确、一致的需求文档。

在大多数情况下，基于用例的需求分析可采用以下步骤。

(1) 列举出候选需求。在系统的生命周期中，项目客户、最终用户、分析人员、开发人员等相关人员都会从各自观点出发提出很多想法，这些想法可以保留下来作为一系列候选需求。候选需求可能被选择立即实现或将来实现。候选需求一旦进行定义并成为正式需求，就从清单中移除。

(2) 理解系统的语境。系统分析人员需要了解用户业务模型。业务模型详细说明了系统将支持哪些业务过程，通过业务过程可以确定完成该过程需要哪些工作人员、他们的职责以及他们要执行的操作。这些信息对于确定功能性需求是至关重要的。

(3) 捕获功能性需求。使用用例来确定功能性需求，信息系统的每个用户都希望系统为其提供某种服务，也就是执行某个具体的用例。在理解系统语境之后，收集所有人员和系统可能的交互，就能提取系统功能性需求。

(4) 捕获非功能性需求。非功能性需求为功能性需求增加了一些条件。大多数非功能性需求是和具体功能相关的,因此可以在用例中进行说明。一些通用的非功能性需求,不与特定用例关联,例如安全性的需求,它们可以单独作为补充需求来说明。

7.1.1 用例的概念

在面向对象方法中,通过用例(use case)描述系统需求。关于用例有两个权威性的解释。

用例创始人雅各布森(Ivar Jacobson)认为:用例是对于一组动作序列的描述,系统执行这些动作会对特定的参与者(actor)产生可观测的、有价值的结果。

另一代表人物阿里斯代尔·科克伯恩(Alistair Cockburn)对上述用例概念进行了扩展,强调用例是各种系统受益人(stakeholder)之间的一种行为契约(contract)。行为包括对象的活动、动作和对象之间的交互等。建立契约的目的是达成某种目标,因此每一个用例实际上都应代表一个用户目标,根据三个目标层次(概要层、用户目标层、子功能层)将用例进行分层,从而有效把握用例的粒度。

全部的用例构成系统的用例模型。用例模型完整描述了系统对外可见的行为。对于面向对象分析与设计,用例和用例模型有以下突出意义。

(1) 用例是对系统需求(主要是功能需求)的规范化的描述,用例模型是面向对象分析的关键输入。

(2) 用例图及用例的事件流描述集中体现了系统责任。人们期望系统对外部世界所呈现的行为就是可观察的系统责任,而 OOA/OOD 要考虑的重点也就是系统职责和对象职责。通过用例来理解系统责任,将对 OOA 活动提供比较准确的依据。

(3) 通过用例建立交互图。交互图就是用例的具体实现,其实现是以对象和对象间协作为基础的,因此通过交互图可以严格地对照检查系统的每一项功能需求是否都得到满足,这些需求都落实到哪些对象,以及这些对象是如何来解决的。整个过程是连贯的,从用例模型到分析模型和设计模型之间有一致性和可追踪性。

7.1.2 识别参与者

1. 确定谁是参与者

用例向一个或多个参与者提供可观察的有价值的结果。参与者是系统之外与系统进行交互的任何事物,在 UML 中采用小人符号表示。参与者可以是使用系统的用户,可以是其他外部系统、外部设备等外部实体。有时为了说明参与者是系统之外的事物,通常在绘图时使用矩形来标出系统边界,组成系统的那些部分被置于矩形框内,而参与者置于矩形之外和系统进行交互,如图 7.1 所示。

用例建模的第一步就是识别出参与者。

在系统环境中,哪些人或事物会成为系统的参与者? 要正确地回答这个问题,最有效的方法是分析系统与外界的交互,可以从三个方面来考虑。

(1) 考虑使用系统的个人。
- 谁负责提供、使用或删除信息?
- 谁将使用某项功能?

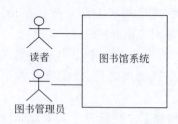

图 7.1 参与者与系统边界

- 谁对某个特定功能感兴趣？
- 在组织中的什么地方使用系统？
- 谁负责支持和维护系统？

(2) 考虑系统所连接的外部硬件。例如，控制建筑物中温度的通风系统不断地从传感器获取温度信息，因此传感器就是一个参与者。

(3) 考虑与该系统进行通信的其他信息系统。例如，一个自动柜员机系统必须和保存账户信息的中央系统进行通信。为自动柜员机系统建模时，中央系统就是它的一个参与者。

参与者大多数是以人物角色出现的，这时参与者代表的是使用者在与系统交互时所扮演的角色，而不是某个具体的用户。一个系统中可以有多个用户担任同一角色的情况（例如所有学生都是读者），也可能出现一个用户担任多个角色的情况（例如某个在图书馆做志愿者的人，是读者也是图书管理员）。

"参与者"这个中文名称容易造成误解，这里要澄清一点，参与者不是指所有与功能相关的人员，只有在执行系统功能时与信息系统进行实时交互的人员才能被当作参与者。此外，也要将参与者和数据流图中的外部实体区分开来。外部实体是指数据的来源和去向，提供数据的人员不一定会执行系统功能，所以外部实体和参与者没有对应关系。举个简单的例子，新生入学时需要登记个人信息，若相关表格由学生自行填写，然后由教务人员统一将数据录入到学籍管理系统中，则教务人员才是参与者。但是如果学生直接通过 Web 方式提交个人信息，则认为学生是参与者。

2. 主要参与者和次要参与者

执行系统某项功能的参与者，可能有多个。但多个参与者在使用系统时会有不同的职责划分。在与系统交互的过程中，一些参与者负责接收用例提供的价值，另一些负责为用例提供必要的服务，还有一些负责触发或初始化用例。根据职责的重要程度，参与者可划分为两类：主要参与者和次要参与者。

主要参与者（primary actor）是从系统中直接获得可度量价值的用户。次要参与者（secondary actor）的需求驱动了用例所表示的行为或功能，在用例中起支持作用，帮助主要参与者完成他们的工作，所以不能脱离主要参与者而存在。

开发用例的重点是要找到主要参与者。例如，在图书馆的借还书用例中，首先要考虑谁直接使用这一功能，谁频繁地和系统进行交互？图书管理人员是直接操作者，他们的需求和变化对于用例的影响最大。因此，图书管理员是主要参与者。

3. 参与者的泛化

在某些情况下，参与者的角色可以共享，也就是说，一种角色可以拥有另一种角色的全部行为。

【例7.1】 超市系统中，值班经理完全可以充当收银员这一角色，此外，值班经理还可以有退货、更改事务等权利。

上述两个参与者在系统功能中有明确的区分，所以不能合并成为一个参与者，它们之间构成的关系称为参与者的泛化（generalization）。收银员是"父角色"（superrole），值班经理是"子角色"（subrole），子角色可以继承父角色和系统之间的所有交互行为。UML用例图表示如图 7.2 所示。椭圆表示用例,小人表示参与者,箭头表示参与者与用例的交互关系。泛化关系采用三角形箭头表示。

7.1.3 识别用例

用例就是需求,通过用例名称可以表达系统要完成的工作。为了理解如何确定用例,我们从一个公众图书馆系统的用例开始。在第一个步骤中已经将有关的参与者识别出来了,现在开始在系统边界内添加用例,以便对系统的功能建模。

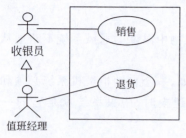

图 7.2 参与者的泛化关系

图书馆管理系统中包含书籍的采购、编目、流通、查询等功能,以及读者信息的管理。以下简化整个系统,保留与流通相关的最核心的功能。

【例 7.2】 图书馆管理系统的用例。

为了提高服务效果,图书馆实行开架阅览,并为读者提供了客户端,读者可以查询到馆藏书目和本人在借的图书,对目前已借出无馆藏的图书可以进行预约,也可以取消预约。这项功能可以通过互联网实现。图书管理员通过系统记录图书的出借和归还进行书目、读者信息和借书卡的维护。用例如图 7.3 所示,一共有 8 个用例。

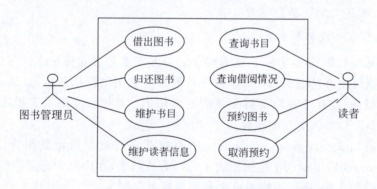

图 7.3 图书馆管理系统的用例图

在实际系统中可能还会有其他一些候选的功能需求,例如读者登录、逾期提醒、预约自动提示、借书卡挂失,等等。这些可以作为下一个开发周期要实现的内容,本书读者也可将其作为练习。

在确定用例的过程中,有一些常犯的错误要提醒读者注意。第一,不能混淆用例和用例所包含的步骤。例如,"借出图书"功能要经过验证读者信息、检查超出可借数量、保存借书记录、修改图书库存等步骤才能完成,在系统中这些步骤通常不能作为单独的功能对外提供,它们只是一个用例所包含的事件流或者是用例的子功能。第二,注意区分业务用例和系统用例。当针对整个业务领域建模时,需要使用业务用例,其中会涉及大量的人工活动,例如图书馆系统有一项重要工作就是"整理书架",图书都要放在固定的位置上,读者才能按照目录搜索,这就是业务用例。信息系统作为整个业务系统的一部分,只负责实现系统的部分功能,因而信息系统建模只需要识别出系统用例,而无须考虑业务用例。当然,这个过程要建立在对业务领域充分了解的基础之上。

下面请看某公司关于人力资源管理原始需求描述的一个片段。

【例7.3】 某集团公司在全国多个地区有分公司,集团内部招聘岗位发布流程如下:不论何时,某一分公司只要有职位空缺,该分公司的人力资源领导(后简称 HRD)就会通知本公司的所有员工,并给其他分公司的 HRD 发送消息,邀请员工们提出申请。其他分公司 HRD 收到消息后将招聘信息贴在公告板上,所有对此感兴趣的员工都可以向职位空缺分公司的 HRD 发送申请。请识别该集团公司人力资源管理系统的用例。

根据以上描述可以得知,该系统有两类使用者:一类是 HRD,另一类是员工。为了满足业务需要,该系统应该有空缺职位发布、空缺职位查看和空缺职位申请的功能。因此初步确定了图 7.4 所示的三个用例。

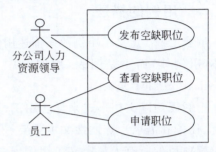

图 7.4 人力资源管理系统的用例图(部分)

HRD 作为公司员工同样可以申请职位,那么图 7.4 可以如何修改呢?请读者思考。

【例7.4】 服务公司内部维修服务管理系统的用例。参照第 6 章图 6.2 所示的业务流程图。

图 7.5 所示的用例方案可满足基本需求。如果公司希望开发一套基于 Web 的维修服务系统,实现端到端的服务流程,那么图 7.6 所示的用例方案可供参考。

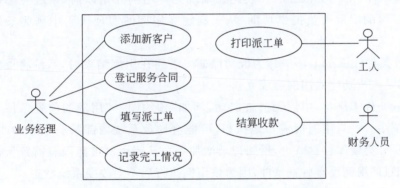

图 7.5 维修服务管理系统的用例图(公司内部)

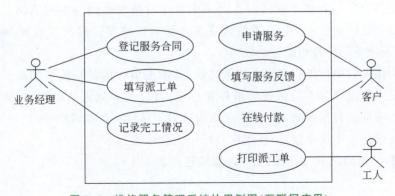

图 7.6 维修服务管理系统的用例图(互联网应用)

以上示例的主要用意是说明用例及其概念,并不是唯一方案。实际项目的用例模型和系统需求应考虑用户预算、开发成本以及系统实用性,与用户深入沟通达成一致后,才能落实为最终的用例模型。如上例在填写派工单时需要安排材料,由此可能引出公司在材料采购、入库和出库管理方面的需求,那么库房人员就可以作为系统的参与者添加到图 7.5 中,同时添加库房人员的相关用例。

7.2 用例的描述

虽然 UML 定义了用例图来描述用例、参与者及它们间的关系,但用例最主要的内容是文本(用例体)而不是图表(用例图)。用例建模的主要工作是书写用例规约(use case specification)而不是画图。

用例规约以文档形式来详述用例,更多展示用例"做什么"的细节,有助于深入理解目标、任务和需求。陈述性文本需要一种易于理解的结构化的用例格式。用例模板为一个给定项目的所有人员定义了用例规约的结构。虽然目前没有一个标准化的用例模板,但大多数情况下至少应包含以下内容:用例名、参与者、目标、前置条件、事件流、后置条件。

1. 前置条件和后置条件

前置条件和后置条件分别描述了用例执行前后系统的状态。

(1) 前置条件(pre-condition)。表述在系统允许用例开始以前,系统应确保为真的条件。这可为后续的编程人员提供帮助,从而确定在用例的实现代码中哪些条件无须再次检验。

(2) 后置条件(guarantee)或称为成功保证。表述在用例结束时,系统将要保证的限定条件,一般都是在成功完成用例后成立。

如果前置条件不满足,用例无法被启动,例如"预约图书"用例的前置条件是读者已正确登录到系统中。一旦用例被成功地执行,可能会导致系统内部某些状态的改变,例如成功地"借出图书"会使库存量减少,借阅记录增加等。某些用例可能没有前置条件或后置条件,如"查询书目"用例没有后置条件,因为该用例执行后不会改变系统状态。

2. 主事件流

事件流是指当参与者和系统试图达到一个目标时所发生的一系列活动。这些活动包括系统与参与者之间的交互,也可能包括系统为了响应或支持这些交互所执行的内部事务,为交互进行准备的一些初始化活动。

执行一个用例的事件流有多种可能的路线,其中主事件流是指能够满足目标的典型的成功路径。主事件流通常不包括任何条件和分支,符合大多数人员的期望,从而更容易理解和扩展。主事件流有很多同义词:主成功场景、开心路径、基本路径等。

事件流的描述采用文本叙述,使用序号标记活动步骤。

【例 7.5】 "借出图书"用例的主事件流描述见表 7.1。

表 7.1 用例规约

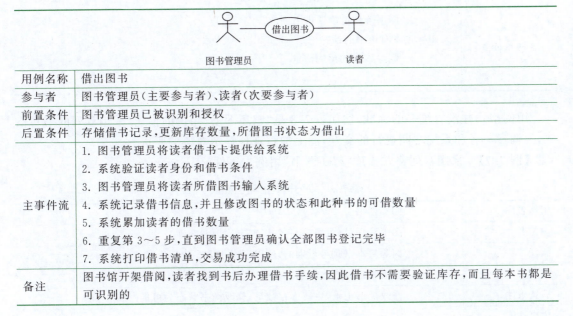

用例名称	借出图书
参与者	图书管理员（主要参与者）、读者（次要参与者）
前置条件	图书管理员已被识别和授权
后置条件	存储借书记录，更新库存数量，所借图书状态为借出
主事件流	1. 图书管理员将读者借书卡提供给系统 2. 系统验证读者身份和借书条件 3. 图书管理员将读者所借图书输入系统 4. 系统记录借书信息，并且修改图书的状态和此种书的可借数量 5. 系统累加读者的借书数量 6. 重复第 3~5 步，直到图书管理员确认全部图书登记完毕 7. 系统打印借书清单，交易成功完成
备注	图书馆开架借阅，读者找到书后办理借书手续，因此借书不需要验证库存，而且每本书都是可识别的

3. 备选事件流

完成一个用例除通常的主事件流之外，还会有多种可能出现失败的情况、分支路径或扩展路径，为了不影响用例活动清晰的主线，将这些分支处理全部抽取出来作为备选事件流描述，或称备选路径。为了区分得更细致，备选事件流还可以分为正常可选事件流和错误异常事件流。

例如在"借出图书"用例执行的过程中，如果读者此前对该书进行了预约，则要撤销预约，这是可选事件流。在"归还图书"用例中，如果图书有损毁要赔付，也是可选事件流。异常事件流可以理解为用例出现错误或没有成功完成的情况，如借书数量超出最大限额时，用例未达到期望目标而终止。

备选事件流的书写要遵从主事件流的步骤标号方式。例如在上述主事件流中的第 2 步，可能出现多个分支情况，则在备选事件流中顺序标记每一种分支为"2a""2b""2c"等，各分支的处理可能又包含多个活动步骤，按照缩进格式依次标记为 1，2，3 等。

【例 7.6】"借出图书"用例的备选事件流如表 7.2 所示。

表 7.2 "借出图书"用例的备选事件流

(略)	
主事件流	（略）

备选事件流	2a. 非法读者
	    1. 系统提示错误并拒绝接受输入
	2b. 读者借书数已达限额
	    1. 系统提示错误并拒绝接受输入
	5a. 读者借书数已达限额
	    1. 系统提示，并要求结束输入

续表

备选事件流	2. 图书管理员确认借书完成
	5b. 读者有该书的预约记录
	    1. 删除该书的预约信息
	    ⋮

用例格式并没有统一的标准,例如表7.3是"归还图书"用例的描述,采用双列的书写格式,强调参与者和系统之间进行的交互,能更加直观地显示对象的职责。

【例7.7】 采用双列格式描述"归还图书"用例主事件流。

表7.3 双列格式的用例模板

用例名称	归还图书
参与者	图书管理员(主要参与者),读者(次要参与者)
假设	因为每本书是可识别的,所以还书不需要验证读者
前置条件	图书管理员已被识别和授权
后置条件	修改借书记录,更新库存数量,修改图书状态为可借
主事件流	

参与者动作	系统行为
1. 图书管理员将图书提供给系统 5. 图书管理员重复第1步,直到退出	2. 系统根据借书记录验证图书信息 3. 系统提供借阅该书的读者信息 4. 系统修改借书记录,更新该书的状态及此种书的可借数量

4. 事件流的书写准则

系统分析人员需要多次和用户交流,对用例进行反复迭代,并依据反馈进行精炼和改编。即使按照模板格式书写完成,描述部分中不规范的写作方式和语言风格还会造成理解的困难和不一致。

需求分析的关键任务就是完成对用例的描述,以下一些准则可为编写有效用例提供指导。

(1) 使用简单的语法,主语明确,语义易于理解。

(2) 使用主动语态,也就是在事件流描述中,主语是参与者或系统,读者能直观地了解究竟是谁在施行这一步骤。

(3) 从第三者的角度来编写,指出参与者的动作,以及系统的响应。

(4) 描述用户意图和系统职责,而不叙述具体的行为和技术细节,特别是有关用户界面的细节。例如这样的书写是不合理的:读者按下"查询"按钮,系统在借书列表框中显示已借的图书名称。

(5) 主事件流使用"确认""验证"等积极词汇,而不是"检查是否……""如果……那么……否则……"等条件语句,这些分支情况利用备选事件流来说明。

5．非功能性需求

如果有一些与此用例有关的非功能性需求,例如质量属性或约束条件,那么可以将它们和用例记录在一起。质量属性有性能、可靠性、易用性等要求；设计约束通常是对于 I/O 设备的要求。

【例 7.8】 在"借出图书"用例描述中体现非功能性需求,见表 7.4。

表 7.4 "借出图书"用例的非功能性需求

（略）	
非功能性需求	1．图书使用条码识别技术进行登记 2．支持多种语言显示(外文书籍包括德文、日文、西班牙文) ⋮

【例 7.9】 在"填写派工单"用例描述中体现详细的业务规则。

此外,为了保证事件流的简洁性和流畅性,用例规约中可以对业务规则单独描述,例如表 7.5 是图 7.6"填写派工单"用例的描述。

表 7.5 "填写派工单"用例规约

用例名称	填写派工单
参与者	业务经理
前置条件	业务经理登录到系统
后置条件	产生新的派工单并存储
主事件流	
参与者动作	系统行为
	1．系统列出该业务经理签订维修合同的所有客户名称
2．业务经理选择需要派工的客户	3．系统显示该客户的基本信息和维修内容
4．业务经理指定维修日期	5．系统列出指定日期未派工的维修人员
6．业务经理选择维修人员	
7．业务经理填写维修所需材料和数量	8．系统确认所有材料都有库存
9．业务经理确认派工单填写完毕,进行保存	10．系统保存派工单,用例结束
备选事件流	
1a．没有待派工的维修合同 　　1．系统提示无合同,用例结束 5a．无空闲维修人员	

	续表
备选事件流	
	1. 系统提示所选日期没有可分配的维修人员,重选日期转第 4 步
8a.	材料库存不足
	1. 系统提示库存材料不足,重填材料转第 7 步
9a.	业务经理选择重填
	1. 系统清空所有输入,转第 2 步
业务规则	
	1. 一个维修合同可以有多次派工,每次派工最小时长按照半天计算(上午、下午)
	2. 每个派工单可以分配的维修人员最少 1 名,最多 3 名
	3. 每个派工单可以有多种材料,材料有名称、规格、包装类型和使用数量,应能支持选择输入材料名称、规格、包装类型

7.3 建立用例的关系

当试图捕获系统完整的功能并进行描述时,往往会有冗余的情况出现,也就是说,多个用例会共享一些子功能。扩展和包含关系就是用例模型中消除冗余的一种手段。但忌讳使用结构化的功能分解将用例分解成一些子用例、子子用例,这样的方法只会增加用例模型的复杂度。

经过分解后,我们称使用了包含用例或扩展用例的用例为基本用例。基本用例是包含常规会发生的最基本功能的用例,它是具有普遍性的,对于任何执行该功能的参与者来讲都是适合的。

1. 包含关系

经过封装后可以在各种不同的基本用例中复用的行为称为包含用例。基本用例可以控制包含用例,并要使用包含用例所得到的结果,如果缺少了包含用例,基本用例的功能就是不完整的。

【例 7.10】 "填写派工单"用例的包含用例。

通过表 7.5 的描述可以得知"填写派工单"用例比较复杂,需求进一步细化后发现可以将事件流第 7 步中分离出一个相对独立的用例"选择材料",从而减少基本用例描述的复杂度。那么可以如图 7.7 绘制。可以这样理解:业务经理要填写派工单,必须要执行材料的选择。使用包含用例后,基本用例的主事件流在描述时可以直接引用包含用例。

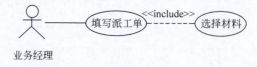

图 7.7 用例的包含关系

使用包含用例需要注意的是,切忌对用例进行过度的模块化分解,让用例变成一个层次化模型。划分包含用例的一个简单规则就是:如果包含用例比较复杂,而且可以使用一个独立的用户界面来执行,那么就有必要保留,否则宁可不要。

2．扩展关系

表达某些可选或只在特定条件下才执行的系统行为的用例，称为扩展用例。基本用例是单独存在的，但在一定的条件下，它的行为可以被扩展用例进行延伸，即扩展用例以隐含的方式修改了基本用例。基本用例定义了一个可以在其中添加扩展用例的模块化框架，扩展用例可以在适当的扩展点插入到基本用例中。

【例 7.11】"归还图书"用例的扩展用例。

在还书的事件流中，如果发现读者之前有未缴费的违规罚款记录，或者本次有逾期或损坏的情况，图书管理员可以要求读者立即赔偿，读者也可以暂缓赔偿。那么登记赔偿就是基本用例的一个扩展情况。用例图如图 7.8 所示。

图 7.8　用例的扩展关系

扩展用例是可选的。基本用例本身就具有意义，是可独立执行的，不需要阅读扩展用例的说明就可理解其主要目的，所以扩展用例的缺失不影响基本用例的完整性。

同理，如果识别了扩展用例，基本用例的扩展事件流中可以直接引用扩展用例，而不需要重复描述。

包含关系和扩展关系存在差别，但实际操作中容易混淆。从完整性上考虑，图书馆的图书目录清单和书籍数量的管理是必不可少的功能，即认为"维护书目"用例应包含"增加图书标题""添加新书""淘汰旧书"等用例。从实现的角度，用户可以要求在浏览书目的过程中执行上述功能，这时"浏览书目"成为基本用例，其他用例是扩展用例。遇到这种不易区分的情况，通常采用更容易理解的包含关系来处理较好。

总之，对用例模型进行分解重构的目的是使模型更加清晰干净，易于理解，要防止用例关系的过度建模。一般认为如果符合下面的条件，使用包含关系或扩展关系才会有意义：包含用例和扩展用例本身具有较为复杂的功能，并且与参与者间存在交互。

3．泛化关系

如果两个或更多用例在行为、结构和目的方面存在共性（大部分事件流的重复），可以使用泛化关系。在这种情况下，可以用一个新的、通常也是抽象的父用例来描述这些共有部分，该用例随后被子用例特殊化，子用例继承父用例的所有结构、行为和关系。

泛化关系与包含关系、扩展关系都不同。虽然都是行为的分解，但包含用例和扩展用例只是完成整个用例的局部功能，名称中反映不出基本用例的总体意图。而泛化关系中的公共部分指的是整体的结构或行为的复用，是一种高层次的功能抽象。

用例的泛化关系在用例模型中较少使用，本书仅作为概念列出，具体建模时可以暂不考虑。

4．用例的分组

一个较为复杂的系统会有较多的用例，为便于理解，可以为它们建立多张用例图。更为复杂的情况将导致所有用例难以维持一种平面结构,这时可以对用例进行分组。UML2.0 中按用例主题(subject)划分用例组,一组用例放置在以主题命名的方框中,类似于系统边界。每个主题中可以含多个用例。

一般的建模工具软件提供用例分组的机制,例如附录 C 中介绍的 Rose 建模软件,利用包的概念进行分组。包的外观和用法类似于 Windows 的文件夹,一个包对应一个文件夹,包里又可以包含多张用例图,采用层次组织的方式来表示用例模型。

常见的分包方式有:
- 按参与者分包,如读者包、图书管理员包;
- 按主题分包,如毕业设计的题目管理包、成绩管理包;
- 按开发团队分包,如 A 小组、B 小组;
- 按发布情况分包,如第 1 次迭代包、第 2 次迭代包……

总之分包就是更好地对用例进行组织,以便于管理和修改。

7.4 用户故事

用例模型通常在瀑布开发过程中用于需求定义,明确并细化,在设计和编程之前需求应当是必需的、完备的、描述足够清晰。但在敏捷开发过程如 Scrum 实践中,系统的开发过程被划分为多个较短的迭代周期(sprint),不存在一个严格的分析阶段将需求规格说明书一次性写就,需求细节是在每个周期内由产品负责人和团队通过不断的对话商讨逐步明确的。

因此在敏捷方法中,不需要一开始就拟定详尽的需求文档,而是先列出产品需求列表,然后对于每项产品需求,采用用户故事来表述。

1. 什么是用户故事

用户故事(user story)是从用户的角度来描述用户渴望得到的功能。用户故事的制作方式旨在帮助业务人员与技术人员双方都能理解需求。

用户故事的结构比较简单,一个好的用户故事包括三个要素。

(1) 角色(role)。谁要使用这个功能。

(2) 活动(activity)。需要完成什么样的功能。

(3) 商业价值(business value)。这个功能带来什么价值或实现什么目标。

用户故事通常按照如下的格式模板来书写:

作为一个<角色>,我想要<活动>,以便于<商业价值>

图 7.9(a)是一个典型的用户故事。

用户故事的粒度没有固定要求,通常比用例的粒度小,例如用例中的每个备选事件流都可以制作为一个用户故事。例如"发朋友圈"是微信的一个重要用例,但该用例的备选事件流较多较复杂,可以单独作为用户故事,如图 7.9(b)。

此外,非功能性需求也可以写成用户故事,如图 7.9(c)。

用户故事可以很小,但如果一下子整理出几百个用户故事,需求管理就会骤然复杂。回顾图 3.12 的 Scrum 冲刺计划会议你就会发现,要给这几百个细小的产品待办列表条目

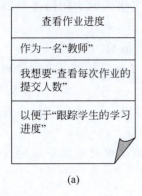 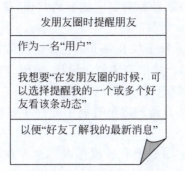 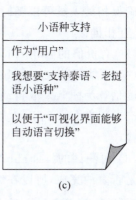

图 7.9　用户故事举例

进行优先级排序,从中挑出一次冲刺的待办项,没有一个宏观视图,就会陷入细节不可自拔。因此,对于一个规模较大的系统,以下的方法更为可取。在项目初始阶段使用抽象的大粒度故事放入产品待办项中,好比一个占位符,后续被选中进入冲刺计划后再分解细化为小粒度故事,或者在待办项数量变得可控的时候进行拆分。表 7.6 列出可选用的不同抽象层级的需求。一般情况所说的用户故事是指在单个冲刺内能完成的需求,表中的史诗、特性等需求的开发周期跨越多个冲刺,也可以采用用户故事模板进行描述。

表 7.6　不同抽象层级的需求

别　　名	开发耗时（单位）	开发周期	说　　明
史诗	月	跨越 1 至多个版本	某项需求太复杂,需要两个月以上的开发时间,因此可以在进行产品规划的时候使用,暂时不需要展开细节
特性	周	跨越 1 至多个冲刺	难以在单个冲刺内完成的需求
用户故事/冲刺故事	天	单个冲刺内	最小的用户故事,可以在一个冲刺内实现
任务	小时	单个冲刺(单人)	任务是分配给开发人员的可独立完成的工作,需要更为具体的设计方案,例如怎么做。任务并不是用户故事

史诗级别的需求举例如下。

【例 7.12】　作为"读者",我想"让系统根据我的行为数据训练以了解我的阅读偏好",这样"可以让我进入系统时推荐符合我口味的图书"。

2. 用户故事的原则

用户故事写得是否合理,可以使用 INVEST 原则进行指导。

(1) 独立的(independent)。用户故事之间尽量保持独立,即松耦合。相互依赖程度高的故事会造成估算、优先度排序和规划变得复杂。该原则不是要消除所有依赖,而是尽量降低依赖。

(2) 可商讨的(negotiable)。故事不是一开始就完整而详尽,而是可以协商细节的。该原则确保相关人员可以随时对话获得对需求细节的共识,避免当事人因为闭门造车而缺乏沟通,互相推诿。

(3) 有价值的(valuable)。每个故事对于角色来说都是有价值的。

(4) 可估算的(estimable)。故事应该便于设计、编码、测试工作量估算。工作量和成本的准确估算为团队采取行动和项目管理提供了依据。

(5) 足够小(small)。大小合适的故事有利于进行冲刺规划和估算,太大的故事容易带来风险。

(6) 可测试的(testable)。故事要有验收标准。这样在冲刺结束时就能根据标准测试故事是否真的完成,所以在编写用户故事时可以附加测试标准。

3. 用例与用户故事对比

(1) 粒度不同。标准的用户故事大小合适,通常应该在一次迭代周期内完成。而用例的粒度通常要比故事大。

(2) 完整性不同。一个用户故事加上它的验收测试,基本上等价于一个用例。用户故事是不完整的需求,而用例是完备的。

(3) 生命期不同。用例通常是一种"永久"工件,其生命期几乎与一个产品的开发期或维护期一样长,会作为重要的文档保存并维护。用户故事通常用于一次冲刺,故事的功能实现后无须维护。

(4) 用途不同。用户故事主要用于启发需求讨论、发布和迭代计划。用例是客户与开发团队之间达成的一种正式需求契约,是交付清单的重要组成部分。

总之,数据流图、用例图、用户故事都可以表达系统的功能性需求,项目团队可以根据实际情况选择适合的需求表达工具。

习题 7

7.1 如何理解用例和参与者?业务流程图中的活动是否都可以理解为系统用例?

7.2 根据第 6 章学籍管理系统的数据流图,结合学校教务管理实际规定,绘制成绩管理的用例图。

7.3 选择习题 7.2 用例图的某一用例,书写其用例规约。

7.4 请举例说明包含用例和扩展用例的用法。

7.5 用例图和数据流图有什么相同与不同?

7.6 在医院放射科接待员、护士和医生使用预约和病历记录系统。当病人第一次看病时,接待员使用系统来输入病人信息,并负责安排所有的预约。病人根据预约来放射科进行检查,护士使用系统来跟踪病人每次看病的结果并输入病人的诊断信息和治疗情况。护士也访问这些信息以打印病人报表或就诊历史。医生主要用该系统来查看病人的病史,医生偶尔也输入病人医疗信息,但通常由护士输入这些信息。根据以上描述,绘制该系统的用例图。

7.7 大学教务管理对于学生自主选课作了以下规定。

(1) 教务部门根据各专业培养计划编制学期选课目录(包括课程编号、学分、主讲教师编号、主讲教师、授课时间、授课地点等),并上网发布。

（2）学生选课应充分了解各专业的培养计划和选课目录，凡有先后修读关系的课程，应先获得先修课程成绩，才能选读后修课程。

（3）第一次选课结束，教务部门按选课情况进行处理。如果某门课程的选修人数超过规定的容量，选课中心采用随机抽取的方法，确定入选名单。如果某门课程无人选读或未达到开班规定人数则取消。在规定的第一次选课时间内，学生可以调整选课方案。

（4）第二次选课时，教务部门再提供名额未满的各门课程信息。学生根据自己第一次选课的结果进行调整。

（5）选课结束后，教务部门正式公布《课程表》后不准退选或改选。教师从网上下载课程编班名单，并按名单评定成绩。学生可从网上查询自己的选课结果。请识别该系统中的用例，并书写选课用例的用例规约。

7.8 选择习题7.7的选课用例，以用户故事的方式描述需求。

第8章 领域对象建模

用例模型明确定义了系统功能性需求,但这并不意味着分析的结束。因为用例建模是将系统看作一个黑盒子分析参与者和系统之间的交互,还未揭示出系统内部的构造,只有进一步分析并打开这个黑盒子,得到能体现问题域本质内容的对象模型,才能建立对系统基本逻辑结构的认识。换句话说,用例模型解决了问题空间业务管理功能到解空间信息系统功能的映射,对象模型则解决问题空间管理对象到解空间信息系统逻辑结构(程序和数据)的映射,二者在分析阶段缺一不可。

找到问题域中的对象并建立模型简称为领域对象建模。这个过程需要使用面向对象的方法和技术,因此本章首先简要介绍面向对象方法。

8.1 面向对象方法概述

本节主要介绍面向对象方法的由来、基本概念和特点。

8.1.1 引例

先来看一个现实生活中的小例子。设想一个餐馆对外提供顾客就餐的服务。业务流程可以简要描述如下:顾客提出就餐请求,点菜产生菜单,厨房根据传入的菜单准备饭菜,服务员上菜,最后结算金额,顾客付款并获取收据。这里顾客是外部实体,餐馆菜单和顾客点菜单是数据存储,整个模型是面向过程的。然后根据这样的分析模型导出设计模型。设计模型的主模块是"提供就餐服务",该模块调用四个子模块"点菜""做菜""上菜""结账",而子模块又可以由更小的功能模块组成,如"做菜"包含"备菜"和"炒菜"两个子功能。这种方法就是典型的自上而下基于功能分解的结构化设计方法。该方法得到的模型有着严格的上级模块调用下级模块的控制层次,如图8.1所示。

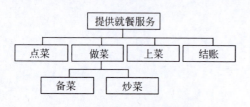

图8.1 就餐服务的模块结构图

【例8.1】 餐馆的领域对象建模。

若用面向对象方法处理这个例子,则要考虑的是:完成顾客就餐服务通常会需要涉及哪些人或事(即对象)呢?每个对象有哪些职责呢?常识告诉我们,除顾客外必须有服务员、厨师,可能还有帮厨、面点师等服务人员,每个对象各司其职,完成自己分内的操作,或者发送消息请求其他对象的服务,通过一定的协调控制共同完成任务。通过简单分析,得到系统的静态模型如图8.2所示,动态模型如图8.3所示。

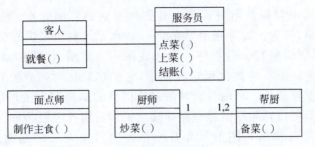

图 8.2　餐馆业务静态模型(类图)

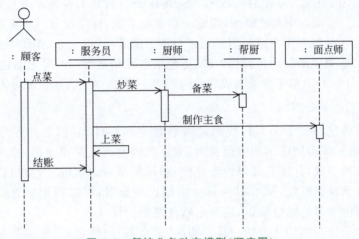

图 8.3　餐馆业务动态模型(顺序图)

从上述例子可以看出,在理解基本需求之后,面向对象方法把分析设计焦点放在执行操作的对象以及对象间的协作上。当然这个例子还不是太严格。例子里只分析了人物对象,缺少菜单等物品对象,只分析了对象的动态行为,而没有涉及对象静态属性,即只有操作没有数据。信息系统的开发是要将各种商业领域的问题空间(业务问题)映射到计算机的解空间(软件系统)。现实生活中讨论的主要对象都是有自主行为的人,容易理解而且不存在从业务领域到计算机领域的概念转换,而信息系统处理的主体是计算机能够处理的信息,要分析的对象是任何可承载信息的实体,它们是数据和操作的结合体,多数情况下并不对应于各类人物对象,例如餐馆信息系统中"桌台""菜单""点菜单"会是最主要的对象。发现信息系统中的对象是一项具有挑战性的任务,把它们设计成为计算机世界中的包含数据和行为的软件对象,更需要长期经验的积累才能熟练掌握。这些内容正是本章的学习重点,也为后续系统设计奠定基础。

8.1.2　面向对象方法的发展

大体上讲,面向对象方法的发展经历了以下三个阶段。

1. 面向对象编程(OOP)

从问题空间到解空间的映射引出了一个难题:现实世界的对象是能够描述的客观存在;计算机中的对象却看不见摸不着,它们究竟是什么? 这就要先从面向对象程序设计谈起。有 Windows 下可视化程序设计经验的读者都知道,不论使用哪一种程序设计语言,应用程序通常有图形用户界面。用户界面中有各种不同的界面元素,例如窗口、按钮、列表框、文本输入框、菜单,等等。如果利用 Windows 操作系统底层提供的绘图函数来实现这些界面将会相当复杂,需要编写大量程序才能完成图形的显示、位置移动、颜色或图案设置、数据输入输出等功能。但在可视化程序设计中,它们都简化封装成为各种软件对象,从而可以独立地存在和重复使用。利用界面对象对外提供的属性和方法来控制其外观和行为,复杂的人机交互界面可以轻松地由这些能够独立工作的组件组装起来。

实际上采用面向对象编写图形界面并不是面向对象方法的起源。面向对象(object oriented,OO)的概念始于 1966 年的一种高级抽象语言 Simula。为仿真一个实际问题,引入了数据抽象和类的概念。几年后出现的 Smalltalk 语言被认为是第一个真正面向对象的编程语言。它吸取了 Simula 中类的概念,规定一切都是对象,程序设计以尽可能自动化的单元来进行,并开始用于实现基于对象的图形用户界面。随着 20 世纪 80 年代中期一些面向对象语言如 C++ 的出现,对象不仅与名词相关联,还包括事件和过程。可视化编程语言(如 VB)是面向对象程序设计(OOP)最早也最为成功的应用之一,面向对象方法由此进入普及阶段。

2. 面向对象设计(OOD)

一个软件系统包含成千上万行代码以及各种类和组件,它们是和程序设计语言相关的,大量的细节展示使得问题的理解很费力,变更代码及其跟踪更复杂,难以控制。因此对于复杂软件抽取出主线,并事先加以设计建模,利用模型对问题域进行有目的的简化,既能避免被事物的复杂性所淹没,又可以为具体实现提供蓝图,快速而相对简单地帮助开发人员获取对实际解决方案的感性认识,这就是软件系统的设计。

面向对象的设计与结构化设计一样要解决"怎么做"的问题,关注的都是解空间的解决方案。不同的是面向对象的设计过程强调的是定义软件对象(类)和这些软件对象如何协作来满足需求,设计模型用类的属性和操作(operation)来描述对象的数据结构和功能,对象之间通过消息进行交互,在设计模型的基础上直接进行面向对象编程。面向对象设计也需要考虑所有与实现有关的问题,例如选用的编程语言、图形用户界面、数据库等,要考虑它们对于面向对象的支持。

在 OOD 中对重用性十分关注。研究人员和软件开发人员广泛使用架构模式(architecture pattern)和设计模式(design pattern)这一概念。针对软件开发中总是有一些不断变换面孔重复出现、但特征和解决方案在本质上却十分类似的设计问题,对此进行总结归纳,提炼出一些具有代表性的模式。这些模式是经过反复验证的成熟的解决方案和设计思想,它们展示了某种对象结构在系统整体结构或局部特定问题中的巧妙应用,值得在不同问题域中反复重用。每种模式有固定的名称,就如同"三十六计"中的战术一样,为设计人员之间的交流提供了一套特定词汇。有关架构模式的详细内容见 10.1.3 节,设计模式的详细内容见 12.5 节。

3. 面向对象分析(OOA)

按照面向对象设计思想,从设计模型到编程语言都要以软件对象为基础构造系统。软件系统越能直接反映客观世界的本来面目,转换代价就越小,发生偏差的可能性也就越小,因此软件对象和问题域中的各种事物应具有一致性。面向对象分析就是直接将问题域中客观存在的事物或概念识别为对象,建立分析模型,用对象的属性和服务(service)分别描述事物的静态特征和行为,保留问题域中事物之间关系的原貌。

分析模型独立于具体实现,即不考虑与系统具体实现有关的因素。这也是 OOA 和 OOD 的区别所在,它们的任务分别是"做什么"与"怎么做",或者说"做正确的事"与"正确地做事"。

以上按照发展历程介绍了面向对象方法在软件工程重要领域的运用。合理的软件开发过程是 OOA→OOD→OOP,在 OOA 和 OOD 阶段对系统需要设立的每个对象类及其内部构成与相互关系都达到透彻的认识,并建立清晰的模型;OOP 只是在选定的语言环境下使用具体的数据结构来定义对象的属性,编写具体的语句来实现有关算法。实现后的程序能够紧密地对应设计模型,设计模型中的一部分对象类对应分析模型,分析模型中全部类及对象都对应问题域中的事物或概念。这样的映射关系不仅提高了开发工作的效率和质量,有利于将来的维护工作,而且为软件工程中提出的正向工程和逆向工程的实现奠定了基础。

8.1.3 面向对象方法的主要概念

什么是面向对象的观点?什么是对象?对象是怎么工作的?为什么一种方法会被认为是面向对象的?要回答这些最基本的问题,需要理解面向对象的几个最主要的概念。本小节由浅入深介绍对象、类、封装、消息、继承和多态性、关系概念。

1. 对象

《现代汉语词典(第 7 版)》(商务印书馆,2016)的解释是:对象(object)是行动或思考时作为目标的人或事物。广义地讲,对象可以是任何人或事物。

在 OO 方法中,对象同样有上述的含义。不过,可以定义得更精确一些:对象是一些属性及专用服务的封装体,它是问题空间中一些事物的抽象。

由以上定义可知,对象就是我们在问题空间中要考虑的那些人或事物,它具有一组属性和一组操作。这些属性的值刻画了一个对象的状态;这些操作是对象的行为(即服务),通过它们改变对象的状态(即属性值)。

对象自然而又灵活地模拟现实世界,这使我们能更准确地描述世界。数据和操作不再是分离的,而是封装于统一体中。这样,对象就具有较强的独立性和自治性,不仅符合客观事物的本质,而且在软件设计中有很好的模块整体独立性,为软件重用奠定了坚实的基础。例如一棵桃树作为一个对象,它有高度、直径、果实数等静态特征(属性),有光合作用、发芽抽枝、开花、结果、落叶等动态特征(操作)。这些操作是对象响应外界消息后的自主行为。对象属性实现了自我管理,由操作引发属性变化。

系统中的对象,在生命周期的不同阶段有不同的表示形式。OOA 提供的对象概念是比较接近现实世界的客观事物,模型较为粗略;OOD 进行细化并转换为软件对象;OOP 则需要写出具体的程序代码。

【例 8.2】 设计一个简单的对象——计数器。

OOA 过程发现计数器有一个属性用以保存计数值,计数器可以提供递增或递减服务。OOD 则根据分析模型提供如图 8.4 所示的设计模型。它提供一个属性 value 和四个操作:init()置 value 为 0,dec()使 value 减 1,inc()使 value 增 1,getValue 获得当前计数值。程序设计时计数器对象将定义为类,根据具体语言的语法定义数据结构并书

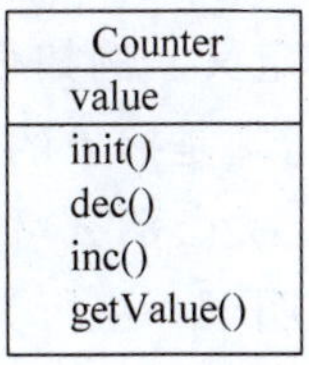

Counter
value
init()
dec()
inc()
getValue()

图 8.4 计数器对象的设计模型

写代码，其他程序可以创建并使用一个或多个 Counter 实例。

描述对象行为的几个概念：服务(service)、操作(operation)和方法(method)，在 OO 方法中它们是同义词，使用时存在细微的差别。从对象外部看，对象可以接受其他对象提出的服务请求，执行某些行为为外界提供某项服务。操作是指为实现某些行为的算法抽象，这些算法对外以函数接口的方式提供。而方法通常侧重于算法的实现，一般结合具体编程技术使用。

2. 类

与对象相关的两个概念是对象类(object class)和实例(instance)。

把众多的事物归纳、划分成一些类是人类在认识客观世界常用的思维方法。分类所依据的原则是抽象，它是对象世界的简明表示。它强调与我们的目标相关的方面，找出事物的本质共性。具有共同性质的事物划分为一类，从而得出一个抽象的概念。例如，对象"客车""货车""拖车"等，它们属于一个共同的类——"车辆"；对象"桃树""橡树""松树"等属于"树"类。

在 OO 方法中，类的定义是：具有相同属性和服务的一组对象的集合，它为属于该类的全部对象提供了统一的抽象描述，包括对所有属性和操作的声明。类也称为对象类。

类是用来创造对象的模板。一个对象是该对象所在类的一个实例，或者说实例是以类为模板创建的一个特定对象。类是抽象虚无的，实例是具体实在的。在 OOP 中类是静态的，类的存在、语义和关系在程序执行前就已经定义好了；而对象是动态的，在程序运行过程中根据类的定义来创建或删除对象实例。每个对象实例有自己独立的存储空间，保存自己特有的属性。

面向对象程序设计语言还支持两种特殊的类：抽象类和接口。

在面向对象的概念中，所有的对象都是通过类来描绘的，但是反过来却不是这样。并不是所有的类都是用来描绘对象的，如果一个类中没有包含足够的信息来描绘一个具体的对象，这样的类就是抽象类(abstract class)。抽象类往往用来表征我们在对问题领域进行分析、设计中得出的抽象概念，是对一系列看上去不同，但是本质上相同的具体概念的高层抽象。例如，如果我们进行一个图形编辑软件的开发，就会发现问题领域存在着圆、三角形这样一些具体概念，它们是不同的，但是它们又都属于"形状"这样一个概念。形状这个概念在问题领域不是具体存在的，它就是一个抽象概念。抽象的概念在问题领域没有对应的具体对象，所以抽象类是不能够被实例化的，一般利用继承机制来使用抽象类。

接口(interface)是抽象类的变体，为了区别于一般意义上两个不同部件的连接接口，后面将这种编程语言中的接口称为接口类。接口类是一些方法的集合，但所有方法都是抽象的，只有声明而没有程序体。只有当类实现某个接口类时，该类才对这个接口的所有方法进行定义。例如很多物体都有"开"和"关"的操作，这两种操作具有性质相同或相似的行为特征，却是抽象的，因为对于不同的对象类，它们的实现可能完全不同，如电灯的开、关和门的开、关。那么可以定义一个包含开和关方法的接口类，电灯和门分别实现开和关。接口类声明了一组行为契约，对象类中对该接口类进行实现，即遵守了这一组行为契约。

3. 封装

封装(encapsulation)是软件模块化思想的体现，也是面向对象方法的一个重要原则。

封装实现了信息隐藏。它保证软件部件具有较好的模块性,可以说封装是所有主流信息系统方法学的共同特征,它对于提高软件清晰度和可维护性,以及软件的分工有重要的意义。以下从两个方面来理解封装的含义。

首先,当设计一个系统的总体结构时,系统的每个成分应该封装或隐蔽为一个独立的模块。定义每个模块时应主要考虑其实现的功能,仅提供有限的函数接口与外界发生联系,而尽可能少地显露其内部处理逻辑和数据结构。结构化方法和面向对象方法中都体现了这一点。

其次,封装表现在对象概念上。对象是一个很好的封装体,它把数据和服务封装于一个内在的整体。对象向外提供某种界面(接口),可能包括一组数据(属性)和一组操作(服务),而把内部的实现细节(如函数体、私有数据)隐蔽起来。这样,对象以外的部分无法随意访问对象内部数据,而仅靠调用对象接口获得所需要的服务,调用者不需要关心被调用对象的内部数据和处理逻辑,从而简化软件组件之间的关系,降低系统耦合度。

例 8.1 中的 Counter 对象,外部可以调用 init()、inc()、dec()方法对计数器的值进行初始化、加一计数、减一计数,但不能随心所欲地给 value 设置新值,因为这会破坏 Counter 递增递减的计数功能。

封装遵循了人们使用对象的一般心理,因此在信息系统的开发中能贴切地反映事物的真实面貌,对于软件维护和分工管理非常有利。第一,开发人员一旦设计好对象的界面(接口)后,不需要等待该对象全部完成就可以进行后续开发,实现并行工作;第二,只要对象接口不变,对象内部逻辑的修改就不会影响其他部件,便于复用,也减少了因修改引起的"水波效应";第三,严密的接口保护,使对象的属性或服务不会随意地被使用,对象的状况易于控制,可靠性随之增强。

4. 消息

对象通过对外提供的服务在系统中发挥作用。当需要请求对象执行某种服务时,就需要向该对象发送消息(message)。在 OO 方法中,消息是指向对象发出的服务请求,它应该含有下述信息:提供服务的对象标识、服务类型、输入信息和回答信息。要求服务的消息具有特定的格式和输入参数,这种规定也称为消息协议。因为两个对象是各自独立运行的,对象 A 如果在某个时刻需要对象 B 的某项服务,就可以依据消息协议向对象 B 发送一个消息,对象 A 在消息发送后可以等待返回信息,也可以不要求回答就执行其他的事务。

在现实世界中,消息是对象与对象之间通信和合作的手段。图 8.3 中,顾客需要服务员提供结账服务,就向服务员发送结账消息(图中以箭头表示);服务员收到该消息后执行结账,最后顾客得到收据。

在计算机世界中,消息分为狭义和广义两种。狭义的消息在 OOP 发展的早期经常使用,比较容易理解,例如 Windows 操作系统中提供的 SendMessage()函数,当窗口对象 A 请求窗口对象 B 的服务,就可以调用该函数,函数中包含所需的参数(窗口对象 B 的标识、消息名、消息参数),窗口 B 中定义消息接受机制和操作,根据所接收到的消息名执行不同的代码。计算机网络编程中也常使用消息,如客户端向服务器发起的 http 请求消息,服务器响应请求,返回消息。

消息概念被泛化后,通常指一个对象使用了其他对象的服务。

在同一个进程内,当对象 A 请求对象 B 的某个服务 x 时,就可以直接调用对象 B 提供的函数接口 x(),代码形式上与模块调用相类似,但描述为对象 A 向对象 B 发送了一个请求 x 服务的消息。

在面向对象设计和实现中,消息的一般形式就是上述的函数调用。采用消息(而不是函数调用)这个术语的好处在于:第一,更接近人们日常所采用的术语,对象间可通过消息实现交互,体现了对象的自治性和独立性,更真实地模拟现实世界;第二,其含义更具有一般性,如在分布式环境中,对象可以在不同的物理网络节点上、不同进程之间实现并且相互提供服务。在这种情况下,消息术语具有更强的适应性。

5. 继承和多态性

继承(inheritance)是指特殊类的对象拥有其一般类的全部属性与服务。特殊类在继承一个一般类的语义性质外,还有自己特有的属性和操作。

我们身边处处都有继承的影子。汉语在词组表达上就充分表达了继承的含义:"树"——"松树"——"雪松树",我们在认识"雪松树"时就已经包含了它作为树和作为松树的特征。在软件开发中使用继承可以明显带来两个方面的好处。

(1) 可以简化系统的描述和实现。

(2) 直接实现了软件重用,提高软件开发效率。

一个类继承另一个类,其关系有如父子,因此也把继承者称为子类,被继承者称为父类。继承可以使得子类具有父类的各种属性和方法,而不需要再次编写相同的代码。在令子类继承父类的同时,可以重新定义某些属性,并重写某些方法,即覆盖(override)父类的原有属性和方法,使其获得与父类不同的功能。另外,为子类追加新的属性和方法也是常见的做法。

继承一个单一的父类叫单继承;如果有两个及两个以上的父类则是多继承。有些编程语言支持多重继承,如 C++;而有些编程语言,一个子类只能继承自一个父类,如 Java,这时可以采用接口来达到多重继承效果。多重继承会带来管理困难等副作用,使用上存在争议。

多态性(polymorphism)又叫多形性,指相同的操作(函数或过程)可作用于多种类型的对象并获得不同的结果。在 OOP 中多态的实现有以下两种方法。

(1) 由覆盖(override)实现动态多态,子类对父类的方法进行重写,称为运行时多态,是父类和多个子类的多态性。

(2) 由重载(overload)实现的静态多态,即利用重载技术在一个类中定义多个名称相同、参数类型不同的方法,称为编译时多态,是一个类中多态性的表现。

由覆盖实现动态多态,采用向上映射的技术可以将父对象置换为某个子对象,置换后父对象可以根据当前赋值给它的子对象的特性以不同的方式运作,即可以执行子对象中重写的方法。多态性是一种依赖于抽象的设计,需要建立在继承机制之上,可参见 9.3.2 节的例 9.5 了解细节。

6. 关系

一个问题域中会出现多种对象,它们相互之间不是孤立的,而是存在某种联系,即关系(relationship)。考虑关系中的主体,分为类之间的关系和对象之间的关系两种。

类关系存在于两个类之间,或者类和接口之间,前者是继承关系,后者是实现关系。

(1) 继承/泛化(generalization)。类之间的关系是指对象分类的层次关系。继承关系对于类中的所有对象都成立,而不特指某个具体对象。

(2) 实现(realization),即描述和实现。一个接口可以提供某些操作的描述,另一些类需要具体来完成这些操作,即对接口进行实现。

对象关系则是存在于两个或两个以上对象之间的联系,这种联系分为静态联系和动态联系。静态联系称为关联,动态联系称为依赖。

(1) 关联(association)。表达对象与对象的静态联系,是一种长期关系。例如学生和课程的选修关系,客户和合同的签订关系,这些关系可以通过对象(类的实例)中的某些属性来反映,如学生甲选修了课程 A、课程 C 和课程 D,在学生类中设立选修课程的属性,也称关联对象属性,即一个对象中含有其他对象。对象关联中的一个特例是整体和部分关系,一个对象是另一个对象的组成部分,它表达对象的组成结构关系。

(2) 依赖(dependency)。表达对象与对象的动态联系,是一种短期关系。如果一个对象 A 在执行事务过程中向另一个对象 B 发送消息,请求某种服务,那么就说对象 A 依赖于对象 B,因为 B 如果发生变化可能会影响 A。这些关系一般通过函数(消息)参数、函数(消息)返回值、函数内部对象等来反映,函数执行完后关系就告结束。现实世界也有类似依赖关系,例如学生在食堂窗口买饭需要食堂员工提供相应服务,但学生并没有和食堂员工有密切关联。

以上四种联系方式在具体编程时都有使用,如果能在分析和设计时就考虑清楚,并表达出来,那么后续工作会更清晰而又具有连贯性。

8.1.4 面向对象方法的优势

面向对象方法与结构化方法相比,其突出优势体现在以下几个方面。

1. 对问题空间的理解更直接,更符合人们认识客观事物的思维规律

系统分析面临的最大的挑战是对问题空间的理解,理解的难点在于我们对用户业务是外行。我们需要把握和深入理解问题空间,而且必须尽可能快地做到这一点。在面向对象分析中,可以将问题空间直接映射到模型。例如将问题空间中的客户、订单等直接映射为"客户""订单"等对象,而不是功能和数据流的间接映射。这使得我们对问题空间的理解更直接、更准确、更快和更容易,减少了语义差异和转换,而且相似的项目可以重用以前的分析结果,重用以前的一些类和对象。

2. 系统分析和系统设计使用同一模型,不存在过渡困难

结构化分析过渡到结构化设计虽然自顶向下、逐层分解的思想是一脉相承的,但数据流图和模块结构图差异性较大。这种分析和设计之间的差距是有害的,需求方面的持续变化较难转换映射到设计中。而在面向对象方法中,从分析到设计使用相同的模型,现代信息系统多数是基于面向对象的开发平台来实现的,因此对象模型是整个开发过程中的一个统一的表示工具。好处不仅是减少了各个阶段模型之间的转换,较好地支持模型到代码的

正向工程及代码到模型的逆向工程,而且需求的变化较为容易地同步到模型和代码中。

3. 开发出来的信息系统从本质上具有更强的生命力

需求的不断变化是我们不得不接受的事实。结构化方法基于功能分析与功能分解,而用户的需求变化往往是功能或流程的变化,因此面向过程的模型是不稳定的,由此构造的系统结构也不稳定。和功能相比,问题空间的对象较为稳定,它们对潜在变化最不敏感。面向对象方法使代表共性的对象稳定下来,而把不稳定的东西隐藏起来,这样可避免增加复杂性,系统对环境的适应和应变能力也随之增强。

4. 易于扩充和维护

随着计算机应用的日益普及,软件数量急剧膨胀,软件规模也日趋庞大,结构也越来越复杂。采用结构化方法开发出来的系统是模块层次结构的,而模块的划分具有随意性,不同的开发人员可能分解成不同的软件结构。这样的系统维护工作相当困难,其一是理解的难度,其二是针对需求变化的一个局部修改可能造成水波效应,影响到分散在各个地方的多个软件模块,具有不可预见的危险。

面向对象方法中的类是更理想的模块机制,其封装性好,类对外的接口设计好之后,内部的修改不会影响到其他类,可重用性高;而且在有较大的修改或扩充时,利用多态性的优势,可以在原有类的基础上通过继承机制派生出新类来实现,大大降低了工作量,提高了系统的可维护性和可扩充性。

5. 与数据模型一致

信息系统逻辑模型还包括数据模型。传统的数据建模工具是 ER 图(entity relationship diagram,实体关系图),其核心思想是寻找业务领域中的实体及其关系,这个实体的含义就是领域中的事物即对象。实体最终转换为关系数据库中的表,实体属性就对应表的字段。虽然代表程序结构的对象模型和代表数据库静态数据的 ER 模型在用途和性质上有很大区别,但针对领域对象或实体的识别和建模思想异曲同工。本质上领域对象模型几乎可以替换 ER 图作为数据建模的工具。此外,程序要处理的数据来自数据库,处理后的结果也要存储到数据库,因此对象模型和数据模型本身就存在千丝万缕的联系,采用统一的领域对象模型可以保证程序和数据的完美统一。

8.2 识别领域对象

8.2.1 什么是领域对象

领域对象(domain object)被广泛用作设计软件对象的启发来源。这里所说的领域是指所研究的问题领域(problem domain)或业务领域(business domain)。

领域对象是问题域里有意义的概念类。这些概念类直接来源于问题域中所有需要管理的业务对象。领域模型是这些对象可视化的表示,也称为概念模型或分析对象模型。

一个概念类就是现实环境中存在的事物或发生的事件。读者、图书就是图书馆系统中最重要的事物,借书和还书是最重要的事件。领域模型利用 UML 的类图将它们进行可视化的表达,包括领域对象或概念类、概念类之间的关系以及概念类的属性。对象可能的操作则推迟到设计模型中考虑。

规模适度的领域模型通常需要几十个概念类。小的业务领域,从业务的术语表中就可以提取到所需的概念类。术语表和领域模型有助于用户、客户、开发人员和项目相关人员使用统一的词汇,避免了语义转换和信息失真,而且领域专家也能参与分析建模,使最终的分析模型更接近于需求。

建立领域对象模型包括以下基本活动。
(1) 发现领域对象,定义概念类。
(2) 识别对象的属性。
(3) 识别对象的关系,包括建立类的泛化关系、对象的关联关系,绘制类图。
(4) 识别对象状态及状态的转换,绘制状态机图。

8.2.2 识别领域对象的方法

OOA 的中心任务就是要找到系统中的业务对象或概念类。识别出的这些对象或类在系统设计阶段将会转换为软件类,最终系统编程实现成某个面向对象语言(如 Java、C++、Python)的一个类。例如在领域模型中,读者的某次借书是一个事件。该事件记录某个读者和某本书在一定时期内的责任关系,表达的是领域概念,在设计模型中借书记录就是一个软件类。虽然它们是不同的事物,但领域模型中的命名启发了后者的命名和定义,从而缩小了表示的差距。在整个开发过程中,总是尽量使这些对象或类在不同阶段保持相同的名称。

实体对象代表了信息系统的核心概念。如何才能发现系统中的所有对象?下面提供两种识别概念类的技巧。

1. 名词短语策略

名词短语策略先识别有关问题域文本描述中的名词或名词短语,然后将它们作为候选的概念类或属性,其具体步骤是:
(1) 阅读理解需求文档(或用例规约);
(2) 反复阅读,筛选出名词或名词短语,建立初始对象清单(候选对象);
(3) 将候选对象分成三类,即显而易见的对象、明显无意义的对象和不确定类别的对象;
(4) 舍弃明显无意义的名词或短语;
(5) 小组讨论不确定类别的对象,直到将它们都合并或调整到其他两类。

【例8.3】 根据用例事件流的描述,采用名词短语策略识别概念类。
以下是"借出图书"用例的主事件流,由此可以获得候选概念类清单(见表8.1)。
(1) 图书管理员将读者借书卡提供给系统;
(2) 系统验证读者身份和借书条件;
(3) 图书管理员将读者所借图书输入系统;
(4) 系统记录借书信息,并且修改图书的状态和此种书的可借数量;
(5) 系统修改读者的可用限额;
(6) 重复步骤(3)~步骤(5),直到图书管理员确认全部图书登记完毕;
(7) 系统打印借书清单,交易成功完成。

表 8.1 候选概念类清单

名词类别	概念类列表
显而易见的对象	读者、借书卡、图书、借书信息、借书清单
明显无意义的对象	读者身份
不确定类别的对象	借书条件、图书状态、可借数量、可用限额

对于不确定类别的对象要进行讨论：图书状态表示某本书是否在馆内，它总是和具体的图书联系在一起，不是一个独立的对象，而是图书对象的一个属性，因此舍弃。同理，借书数量作为读者的一个属性也应舍弃。

"可借数量"的情况则不同。它表示某一种书的可外借数量。它不是对象，也不能当作具体概念的某本书的属性。虽然在表 8.1 中找不到它所对应的对象，但可确定它是某个对象的属性。通过对系统其他用例的理解，发现书目记录了图书馆对外提供的所有图书品种，每个图书品种可能有多本馆藏图书，于是可以这样认为："图书品种"是问题域中的一个抽象概念，该概念类包含很多特征，如书名、出版社、价格等，可借数量也是其特征之一，即属性之一。

经过分析，我们会得到最终的对象清单，所有被舍弃的对象应该记录下舍弃原因，以利于将来的审核。

名词短语策略是一种简单而行之有效的方法，但需要有良好的需求文档或用例规约为前提。自然语言具有二义性或不精确性，常会造成概念的重复记载或隐含对象的遗漏，因此可以结合概念类别列表的方法一起使用。

2. 使用概念类别列表

可以根据概念类别来发现问题域中的候选概念。概念类可以按照下述七种类别来划分。

（1）人员。系统需要保存或管理其信息的人员，如图书馆的读者，学校中的学生、教师，或在系统中扮演一定角色的人员，如图书管理员。

（2）组织。在系统中发挥一定作用的组织机构，如学校中的系部。

（3）物品。需要由系统管理的各种物品。如图书馆系统中的图书，企业信息系统中的产品、材料等。还包括无形事物，如学校的一门课程，图书馆的书目。

（4）设备。在系统中被使用或由系统进行监控的设备、仪器、运输工具等，当然系统运行中的硬件设备（如服务器、显示器、普通打印机等）不在此范畴。

（5）事件。需要由系统长期记忆的事件或交易，如在自动柜员机上的每次取款事件、图书馆系统中每次借书事件、一次重要的会议等。这类对象在文档中一般都是隐含地提到。

（6）规格说明。系统中关于对象的规格信息的描述。

规格描述的含义，可以产品规格为例说明：音像商店采购并销售电视机这类产品，每件产品有一个唯一的序列号，同时该产品还包含一些描述信息，如产品代号、价格、生产厂家等。每卖掉一件产品，该产品从商店中消失，相应地作为软件中的一个对象实例也就应该删除。现在假设该产品销售一空，那么意味着商店中关于此产品的所有信息不复存在，很显然这不合常理。实际上商店会长期保存销售产品的规格描述，它们是抽象的概念，应该识别为概念类,用来描述具体的产品。在图书馆系统中,"图书品种"概念类也可以认为是图书对象的描述类。

（7）业务规则或政策。系统中经常使用的业务规则或政策的文字描述。

业务规则通常会在用例文档之外以其他条款说明,或由用户指南等方式提供。例如图书馆系统中,对不同违规行为指定不同的罚款金额,商店对不同顾客或产品有不同的折扣策略等。这些规则很灵活,一类规则通常会作为整体来讨论。从面向对象的角度看,这些规则也是业务领域的概念,是否值得定义为概念类需要进一步推敲。具体做法是先分析已有的概念类,检查规则的具体内容是否能够在其他概念类中描述(比如增加一些属性),如果能,则可以考虑舍弃,否则先保留。规则作为概念类比较特殊,有时可能是只有属性没有操作,或者相反,例如折扣策略可能是一个纯粹的计算类,规则在类的操作中体现。

利用这种分类搜集的方法,我们得到图书馆系统中的概念类列表(见表 8.2)。

表 8.2　图书馆系统的概念类列表

所属类目	概念类举例
人员	读者、图书管理员
组织	暂无
物品	图书、借书卡、书目、借书清单
设备	暂无
事件	借书、还书、逾期
规格说明	图书品种
政策或规则	罚款细则

对列表中的概念类还可以进一步检查,例如借书事件和还书事件可以合并为一个概念类"借书记录"。借书卡和读者也可以合并,因为借书卡只是读者拥有的身份,该身份通过卡上的借书卡号来唯一识别,因此可以将借书卡号当作读者的一个属性。此外借书清单只是借书记录的纸质资料,清单上的所有内容完全可以从其他概念类导出,对读者只作留存查询用,并没有其他用途,所以系统中可以不保留清单,可以舍弃该概念类。

3. 业务表格分析法

业务表格也是识别领域对象的最好来源。企业管理活动中的各种表格单据记录了业务中需要管理的详细数据,表单中的每个数据项可直接对应于某个对象的属性。具体识别过程就是将表格中的数据项进行归类聚合,得出想要的概念。

【例 8.4】　根据图 8.5 所示的图书借阅登记表,结合概念类的类别,识别概念类。

××图书馆图书借阅登记表

序号	书名	书号	单价	借阅时间	归还时间	班级	学号	学生签名	备注	经办人
1										
2										
3										

图 8.5　借阅登记表

根据表中的数据项,结合前述概念类别分类方法,将书名、书号、单价等聚合到物品"图书"概念类中。将班级、学号、学生签名(学生姓名)聚合到人员"学生"概念类中。对于借阅时间、归还时间、备注,与前面两组数据项分别聚合都不恰当,三者归类形成事件"借阅"才是合理的。

这种方法比起前两种方法的优点是直接简便,而且能把对象及其属性放在一起识别,这样更自然、更符合习惯。如果能够收集到多种不同业务表格,互相参照、综合分析,识别结果会更准确。

通过以上三种方法综合,一个最原始的领域模型被构建出来了,见图 8.6。

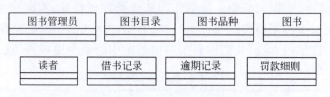

图 8.6　图书馆系统中的概念类

8.3　识别对象属性

我们可以这样定义属性:属性是描述对象静态特征的一个数据项。

1. 发现属性的策略

可以与用户进行交谈,提出问题来帮助寻找对象的属性,下面列出一些几乎在任何情况下都能提出的一般性问题。

(1) 如何为对象做一般性的描述?也就是该类对象的一般特征。例如图书,一般的描述信息有书名、国际书号、作者、出版日期、价格等。

(2) 在当前的问题域中对象还具备哪些特定描述项?例如图书馆中的图书,除基本特征之外还会有可借状态。

(3) 对象在系统中的责任是什么?在系统中对象还需要了解或提供哪些信息?例如图书馆要实现催还功能,与该责任相关的就需要定义借书日期和借阅期限。

(4) 对象需要长期保存哪些信息?随着时间推移,对象的特性一直在变化,旧的特性会被新特性所替代,但从历史来看还有其用途。

(5) 对象可能处于什么状态?对象的状态不同,则可能执行的操作也不同。例如出租物品就有在库、出租、维修三个状态。

2. 保持属性的简单性

属性是概念类自身拥有的特性。从概念建模的角度看属性越简单越好,要保持属性的简单性,应该做到以下四个方面。

(1) 仅定义与系统责任和系统目标有关的属性。对象的特征可能是方方面面的,但只有在问题域中有意义的那些才有价值留下来,例如人的基本属性有身高、体重,但在图书馆系统中为读者设置这些属性显然没有价值。

(2) 使用简单数据类型来定义属性。简单数据类型就是指数字、字符串、日期、布尔、文本等。对于非简单性的属性需要仔细分析,根据其作用有可能作为一个单独的对象。例如商品条码可能还包括其他的属性项,如制造者、商品类别等,此外可能经常要对它进行验证检查。如果需要强调这些内容,商品条码可以是独立的对象,有自己的属性和服务。

(3) 不使用可导出的属性。可导出的属性属于冗余属性,例如年龄可以由出生日期导出。除非导出算法很复杂或有特别的需要,否则应舍弃可导出的属性。

(4) 不为对象关联定义属性。不同对象之间可能存在静态的联系,例如一次借书记录应该记录的简单属性是借书日期,但该对象不是孤立存在的,对它的完整描述还应该包含读者对象及其借出的图书对象,即借书记录和读者、图书有关联关系(见 8.4 节)。要实现关联可能会为对象增加关联属性,但关联属性是一种复杂属性,应该推迟到设计时考虑。遇到这种情况,草率的做法是仿照关系数据库中的外键模式将"书号""读者号"都作为借书记录的属性,这样做完全违反了面向对象的原则。因为"书号""读者号"在本质上是其他对象的属性,借书记录所关心的是整个图书对象和读者对象,而不是它们的某一个属性。

按照以上的规则,结合搜集到的各种业务表格和单据,就能识别出图书馆系统中概念类的属性,新的领域模型产生了(见图 8.7)。

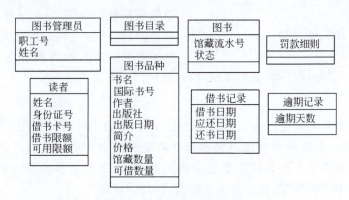

图 8.7 定义了属性的概念类

3. 属性的说明

对于每一个属性应进行适当说明,包括以下内容。

(1) 属性的名称和解释。有些属性只适用于该问题域,是专业术语,晦涩难懂;有些常用词语在特定环境下字面的含义有所修改。为了提高清晰度,需要对这些属性进行定义。

(2) 属性的数据类型。分析时使用简单类型,如整数、实数、字符串、日期、数组、布尔等,分析阶段因为不考虑技术实现,所以不需要考虑具体语言能支持的数据类型。

(3) 其他要求。如取值范围、默认值等。

8.4 识别对象的关联

图 8.7 所示的概念类处于一种零散孤立的状态,给人的感觉有些杂乱无章、不易理解。事实上,组成系统的事物之间是相互制约、相互依赖的,对象间有一定的关联结构。数据库理论的实体关系图(ER 图)就基本表达了这种关联。面向对象分析与设计将这种关联的概念加以扩充和丰富,形成了明确的定义和表示法。

8.4.1 什么是关联

关联(association)表示不同类的对象之间的结构关系,它在一段时间内将多个类的实例连接在一起。关联体现的是对象实例之间的关系,而不表示两个分类之间的关系。例如教师与课程存在关系,该关系通过教师对象实例(A 教师)承担课程对象实例(课程 X、课程 Y)的教学来实现。

人们使用关联名称、角色、多重性和导向性来说明关联。

1. 关联名称

多数关联是二元的,即只存在于两个类的实例之间,在图中表示为连接两个类符号的实线路径。关联名称应该反映该关系的目的,并且应该是一个动词词组。关联名称应放置在关联路径上或其附近,如图 8.8 所示。

【例 8.5】 读者和图书的关联。

图 8.8 关联

例如读者和图书的关联名称是"借阅",教师和课程的关联名称就是"讲授",医生和处方单的关系是"书写",应避免使用"有"和"包含"之类的词,因为它们的概念太笼统,不能提供有关对象间关系的明确信息。如果某种关联的含义对于开发人员和用户都是非常明确的,则可以省略关联名称。

2. 角色

关联路径的两端为角色(role)。角色规定了类在关联中所起的作用。每个角色都必须有名称,而且对应一个类的所有角色名称都必须是唯一的。角色名称应该是一个名词,能够表达被关联对象的角色与关联对象之间的关系,角色名称紧邻关联线的末端。例如,在与"讲授"的关联中,"教师"的合适角色名称就可以是"讲师"。

【例 8.6】 在银行贷款中,贷款和客户之间存在这种关联:某客户申请贷款,该贷款的担保人是另一客户,客户在其中担任了两种角色:贷款人、担保人,关联如图 8.9 所示。

在描述关联时为了保持清晰,一般只使用关联名称,只有在关联名称不能明确表述时才使用角色名称。如果既没有好的角色名称也没有合适的关联名称,就意味着模型不完善或构建不合理。

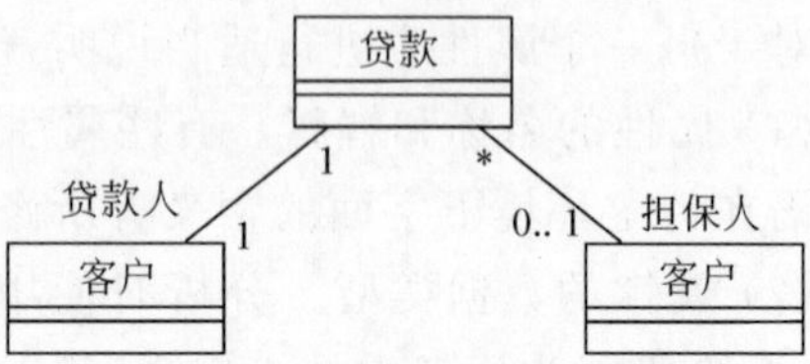

图 8.9 对象担任两种角色

3. 多重性

对于每个角色,多重性(multiplicity)指定所在类可以实例化的对象数量(重数),即该类的多少个对象在一段特定的时间内可以与另一个类的一个对象相关联。多重性由角色上的数字表达式指出其重数,该数字表达式由一个或多个整数范围组成,它们之间用逗号隔开。一个整数范围由一个整数下限、两个圆点和一个整数上限来表示,单个整数也是有效的范围,其中符号"*"等价于"0..*",含义是指包括零在内的任何数,即对象的数量不受限制。例如图 8.9 中,一个客户只能有一项贷款,一项贷款账户只能对应一个客户;一项贷款可能有 0 或 1 个担保人,一个客户可以为 0 个或多个贷款做担保。

图 8.10 是一些重数表达式的例子。

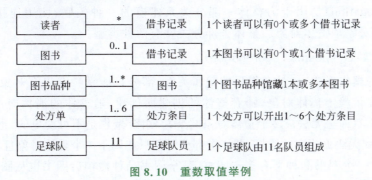

图 8.10　重数取值举例

4. 导向性

角色的导向性(navigation)特征表示可以从源类通过关联导向到目标类,也就是说给定关联一端的对象就能够容易并直接得到另一端的对象。这可通过任意一种允许一个对象引用另一个对象的技术来实施,如在源类中直接引用目标类对象、目标类对象数组或其他方式。

导向性用一个箭头表示,该箭头置于关联连接的目标端,紧靠目标类(即所导向的类)。如果没有箭头,就认为是双向导航(bi-directional navigation)或是一个未定义的导向。

【例 8.7】　通过订单可以访问到所订购的产品。

图 8.11 所示的是一个单向关联,订单了解并访问所订购的产品,但产品无法访问订单。在贷款系统中,贷款必须知道其担保人是哪位客户,客户也必须知道担保了哪些贷款,这就是一种双向关联。导向性直接影响到类的设计,尤其是属性设计,单向关联中只需要在源类中增加一个能访问目标类的属性,而目标类则不需要了解源类;双向关联中源类和目标类都需要增加属性以支持对对方的访问。尽量使用单向连接,双向连接在程序实现时需要增加额外的控制工作(如使用引用访问技术,要考虑双方引用的完整性和一致性)。

通常情况下,关联的导向可以推迟到设计阶段再详细考虑,在分析阶段可以没有导向表示,仅声明实体概念间的关系,到系统设计细节阶段考虑到关联的实现时,就会很自然地加入导向。

图 8.11　带导航箭头的关联

那时,对类的属性和服务也就需要做进一步的细化,完整地表达出对象之间的关联特性。

8.4.2　整体—部分关联

如果对象 a 是对象 b 的一个组成部分,则称 b 为 a 的整体对象,a 为 b 的部分对象,二者对应的关联形式称为整体—部分关联。这种结构可以用 b"has a/many"a 进行验证。

整体—部分关联是关联中使用较频繁的一种模式,用于对模型元素之间的组装关系进行建模。组成关系在现实生活中可以表现为以下几种形式。

- 客观上或逻辑上的整体事物和它的组成部分(机器和零件、人体和器官、书和章节、图和元素);

- 组织机构和它的下级组织及部分(公司和子公司、医院和科室);
- 团体(组织)和成员(科室和医生、班级和学生);
- 空间上的容器事物和其包容物(车间和机器/工人、教室和设备)。

聚集(aggregation)是用于为整体—部分关系建模的一种关联,使用连接线和菱形表达,菱形一端的对象是整体对象。整体—部分关联有两种类型。

1. 组合聚集(composition aggregation)

组合是一种聚集形式,它具有很强的归属关系,部分只能是一个组合对象的成员,而且部分对象的存在依赖于整体对象,随着整体的创建而创建,随整体的消亡而消亡。整体端的重数不会超过1(即它无法被多个整体对象共享)。组合聚集是不可变更的,也就是说,一旦建立组装关系,就无法更改它的连接,即一个部分对象只能属于一个整体对象且不可改变。

【例8.8】 一个图书品种下有多本图书,某个图书品种撤销后图书也从图书馆中剔除。图书品种与图书的关联如图8.12(a)所示,关联路径的末端有一个实心菱形。

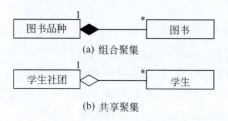

图 8.12 整体—部分关联

2. 共享聚集(shared aggregation)

描述具有共享特性的整体—部分的关系,其含义是部分可能同时属于多个整体对象。

【例8.9】 学生可以参加0个或多个社团,社团由多名学生组成。

如图8.12(b)所示,关联路径的末端有一个空心菱形,用来表示共享聚集。

识别和说明聚集仅仅是为了使模型更加明确,并不是领域模型的必要成分,对建模工作的成败也不具有决定性的意义。但这种对象关系对于软件类对象的创建和删除以及数据库引用完整性和级联删除约束等有一定影响。在分析阶段对于概念模糊的聚集,使用普通关联关系即可。

8.4.3 关联的类型

对象之间的各种关联如表8.3所示。该表大致上是按照考虑的优先级和应用的广泛性从高到低排列的,分析和设计人员在分析问题空间中的对象或概念的关系时,可以对照该表获得启发。

表 8.3 通用关联分类表

分 类	举 例
A 在物理上是 B 的一部分	零件—产品
A 在逻辑上是 B 的一部分	订单项—订单
A 在物理上包含在 B 中/依赖于 B	产品—仓库
A 在逻辑上包含于 B 中	图书品种—图书
A 是对 B 的描述	产品规格—产品
A 是事务 B 或报告 B 的一个记录项	购物—购物项
A 为 B 所知/为 B 所记录/录入到 B 中	借书记录—读者
A 是 B 的一个成员	职工—部门

续表

分 类	举 例
A 是 B 的一个组织单元	分公司—集团
A 使用或管理 B	医生—病案；医生—挂号单
A 与 B 相互通信	图书管理员—读者
A 与一个事务 B 有关联	图书—借书记录
A 是一个事务，B 也是一个事务，二者有关联	借书记录—逾期记录

关联十分重要，识别关联有时需要花费大量的心血，但要记住不能本末倒置。首先，是因为问题空间的主体是对象，因此识别对象比识别关联重要得多；其次，太复杂的关联不仅不能清晰地表达问题，反而会使模型变得更为混乱。总之，要识别出对解决问题有关键作用的关联，而不是现实中的全部关联。例如可以发现表 8.3 中举例的一些关联在图 8.13 中并没有采纳。

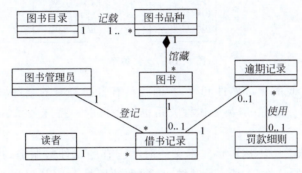

图 8.13　带关联的领域模型

8.5　识别泛化关系

在图书馆系统中，经过第一轮分析得到了初始的领域模型，但通过进一步了解业务，发现图书馆目前还收藏了其他资源，例如影碟（VCD/DVD）、音乐 CD、电子书等品种，它们和图书一样可以被任何读者借出，每个对象都有馆藏流水号和状态。但它们在系统中是有区别的，例如属性项不同，借阅期限不同，逾期惩罚不同，必须区别对待。按照面向对象的原则，图书、影碟和电子书等是馆藏资源的分类。为了表现出这种类属关系，可以采用泛化关系。

8.5.1　什么是泛化

泛化（generalization）是在多个概念之间识别共性，定义超类（一般概念）和子类（特定概念）关系的活动。在领域模型中识别超类和子类具有很重要的价值，可以利用更普遍更抽象的方式来理解概念，从而使概念的表达简约，帮助理解并减少概念信息的重复。与泛化相逆的就是特化（specialization），指不同对象在共性基础上能互相区分的特殊性，从而得到更具体的概念。这种将概念划分层次的方式是和人们认识问题的思维方式一致的。

【例 8.10】　在图书馆中，借阅的资源除了图书之外，也有各类数字碟片，出借规则略有不同。下面为这些概念进行建模。

充分理解业务后采用馆藏资源为概念类就能兼顾图书和碟片,抽象出共性定义一个馆藏资源品种的抽象概念类,派生出图书品种和碟片品种。为了使原来的图书概念更具有通用性,将其更名为资源项。为保持一致,用例模型需要维护,如用例"借出图书"应更名为"借出资源"。UML 表示法见图 8.14。

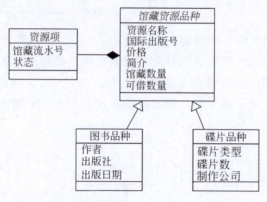

图 8.14　泛化关系

如果类 A 具有类 B 的全部属性和行为,而且具有自己特有的某些属性或服务,则 A 叫作 B 的特殊类,B 叫作 A 的一般类。这种关系也称为一般—特殊关系、泛化—特化关系、继承关系。

继承关系中,特殊类中不用再重复定义一般类已有的属性或服务,这样可以简化模型,有效地反映问题空间的分类层次。通过继承,父类的属性和服务可以为子类所用,子类也可以把本来在父类定义的服务重新定义(即多态性),并建立其特有的新属性和服务。但使用继承时,必须确认子类一定是父类的一个特殊类型,即可以用 is a kind of 进行验证,如果存在语义上的不相符,就会产生误解和难以预测的错误。

8.5.2　泛化的用法

1. 什么时候需要泛化

什么时候有必要对类进行抽象,划分一般—特殊结构呢?这主要看问题域的具体情况。现实生活中几乎所有事物都是可以进行抽象分类的,但必须考虑这种分类在信息系统中是否有存在的价值,是否每种子类型都具有不同于其他子类型的重要的属性或关联,或以不同于其他子类型的方式被操作和处理。如果是,则需要划分子类型,否则即使现实中存在分类层次,也没有必要进行类型划分。例如在图书馆系统中,如果所有馆藏资源的出借条款相同,保存的属性项也是统一的,那么系统会对图书和影碟同等看待,就不需要进行泛化处理(只需要增加一个"种类"属性来区分)。

以上举例是通过经验来寻找问题域中比较显而易见的分类,为了确保正确形成领域概念的抽象层次,还可以从两个方面来检查所有概念类。

(1) 类的属性或行为不适合该类的全部对象。

如果定义"学生"类有"导师"属性,有"教学实践"行为的话,则该类的对象对于本科生不适合,只适于研究生对象,采用一般—特殊结构重新分类,建立"学生"和"研究生"之间的一般—特殊结构,研究生可以继承所有学生的特性。

(2) 属性和行为相似的类。

将这些类的共性抽象出来作为超类,各自特性仍旧保留而作为超类的子类。

泛化是提高软件重用性的一种机制,但不能为了重用而滥用泛化。有这样的例子:所有鸟因为有翅膀都能飞翔,飞机也有翅膀,抽象出翅膀作为独立的类,从而使鸟和飞机能重用翅膀类的所有特性和行为,建模如图 8.15 所示。

这是一种病态的泛化关系,只要采用前面提到的"是一种"(is a kind of)就能将这类非法的情况检测出来,很显然"鸟不是一种翅膀"。在领域建模中这类情况较少发生,这是因为在现实概念中很容易识别出这是一种整体—部分的关联关系。但有些经验不足的开发人员容易提早考虑编程实现,而轻易地将继承作为最好的重用机制而到处使用。

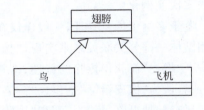

图 8.15 病态的泛化关系

解决这类重用问题一般采用 8.4.2 节所介绍的聚集,因为部分属于整体,整体对象有权力支配部分对象,就像翅膀是鸟或飞机的一部分,鸟或飞机可以随意使用翅膀一样,通过被多个不同整体对象组装和使用就可获得部分对象的重用。

另外,一般情况下不要为对象状态建立泛化结构。例如图书馆的资源项可能有两种状态"馆内"或"馆外",分别建立"馆内资源项"和"馆外资源项"两个类继承于"资源项"就有点多此一举。这个视具体情形而定,例如在职或退休是职工的一种状态,但人事及财务系统中针对"在职职工"和"退休职工"的事务处理有共同点,但差异也很明显,这时建立两个概念类更合理,二者泛化后得到"职工"类。

2. 使用抽象概念类

如果一个类 A 的每一个成员必须同时是其子类的成员,那么称类 A 为抽象概念类。

例如,每一个"馆藏资源"实例必须是更具体的某个子类"图书品种"或"碟片品种"的实例,即任何一项资源必须是图书或者碟片。在 UML 中抽象类的类名采用斜体字表示。如果不符合该规则,则不是抽象类,如前面所提到的"学生"类。

3. 多继承及替换方案

泛化关系有单继承和多继承两种。多继承是指一个子类继承了两个父类的属性和行为。

【例 8.11】 "铅笔"和"橡皮"分别代表不同的事物,实现不同的功能。现在生产了一种"橡皮铅笔",既能写字,也能擦除。试为此建模。

这种"橡皮铅笔"可以认为它是"铅笔"和"橡皮"的子类,如图 8.16(a)所示。

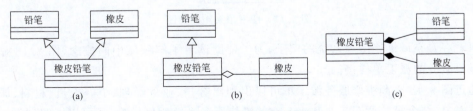

图 8.16 多继承及其替换模型

多继承在有些程序设计语言中(如 Java)是不支持的。使用多继承有两个潜在的问题。

(1) 如果某个类从若干个类中进行继承,就必须检查祖先中关系、操作和属性的命名方式。如果在若干个祖先中出现了同一个名称,则必须说明这对于特定的继承所得类来说意味着什么,例如,通过限定名称来声明属性的来源,这就增加了额外的检查负担。

(2) 如果使用多继承,同一祖先类就可能会被一个后代继承多次。如类 A 有两个子类——类 B 和类 C,而类 D 继承于类 B 和类 C 两个父类,这种情况下,继承分层结构将表现为"菱形"。在程序运行时类 D 实例化过程中,只有增加更多额外的控制才能防止其祖先类 A 被多次实例化。

鉴于多继承的复杂性,一般建议在信息系统的分析与设计中避免使用。替代的方法是使用整体—部分关联关系来实现,"橡皮铅笔"就是一种类型的"铅笔",通过组装一个新部件——"橡皮"而获得擦除的特性,即橡皮是"橡皮铅笔"的一个组成成分,如图 8.16(b)所示,或者认为"橡皮铅笔"是包含"铅笔"和"橡皮"两个对象的组装体,如图 8.16(c)所示。

还有一种思路,将"写字"和"擦除"行为特征封装为一个或两个接口类,依据此接口类可以生产实现出各种可写又可擦的具体产品,留给读者自行思考。

8.6 类图的画法

识别出全部概念类后,通过添加属性、添加关联,以及泛化处理后形成领域模型,采用 UML 类图来表示,它们是构成用例实现的基础条件。这是分析过程中最重要的模型。

图 8.17 是图书馆系统的完整领域类图。

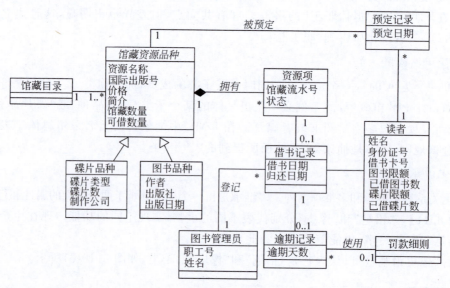

图 8.17 图书馆系统的类图

再看一看空调维修服务系统的例子,为了帮助读者了解领域中的概念,图 8.18 显示了空调维修服务的派工单样例。

通过图 8.18 空调维修服务派工单可以识别出客户、业务经理、维修人员、材料、派工单等领域对象,结合第 7 章图 7.6 和表 7.5 的维修服务系统用例模型,还可以了解到派工单是

新科中央空调服务公司派工单

单号：P021018
日期：2013-06-10 13:00

维修人员：李明；徐飞

客　户	上地华联商场			
联系方式	010-62990999 宋山	地址	北京市海淀区信息路3号	
任　务	维修中央空调	业务经理	张三丰	
更换材料	材料名称	数量	单价	金额
	冷凝器	1	1500	1500.00
	高压阀门	2	500	1000.00
	冷冻油	1	4000	4000.00
			材料小计	6500.00
工时费	2000		总计	8500.00
建议跟进工作		定期清洗保养		
客户信息反馈	满意	完工时间客户签字	2013-06-10 17:50	

地址：北京市清河西路22号京能大厦23号　　　电话：62420111　　　传真：62425650
电子邮箱：supports@xinke.com.cn http://www.xinke.com.cn　　　邮编：100192

图 8.18　空调维修服务派工单

根据维修合同产生的。因此可以得到图 8.19 所示的类图。图中对象的属性主要来自于派工单表格，此外根据需要补充了一些常见属性。

在为业务经理和维修人员建模时考虑到二者具有相同的属性，将共性抽取后得到员工对象，即业务经理、维修人员和员工之间建立了泛化关系。

其他对象之间是关联关系，具体含义如下。

(1) 一个客户可能与公司签订了零份或多份维修合同，每份合同只同一个客户签订。

(2) 每份合同只由业务经理负责，每个业务经理可以负责多份合同。

(3) 每份维修合同可以有多次派工单，每次派工只针对一份合同。

(4) 每次派工服务有一名或多名维修人员，每名维修人员一次只能服务于一次派工任务。

(5) 每次派工可以使用一种或多种材料，使用的材料只用于一次派工。

如果参照 8.2.2 节介绍的概念类别来讨论，材料作为物品可以识别为对象，对图 8.19 进行改进可以得到图 8.20 的类图，即维修使用的材料可以通过材料规格说明来描述。

绘制类图应注意以下几点。

(1) 某个对象在整个系统中只有一个实例，通常不需要建模，例如图 8.19 中不应出现"服务公司"。

(2) 实体的属性应该是实体与生俱有的特性，而不是相关联的其他业务数据，例如"派工单"的属性有派工单号、派工日期、完工日期等仅和一次派工服务有关的特性，而不应该含有客户名称、客户地址等属性，它们只能是"客户对象"的属性。

(3) 泛化关系在语义上能够使用 is a kind of 验证通过，例如"业务经理"是一种类型"员

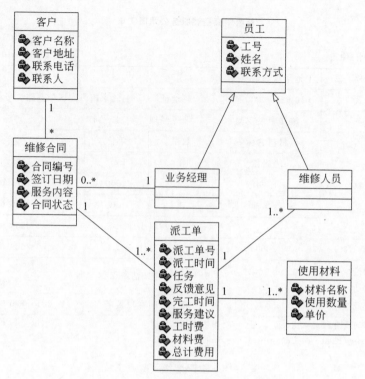

图 8.19　空调维修服务系统的领域类图

图 8.20　空调维修服务系统的领域类图(部分改进)

工","维修人员"也是特定类型的"员工"。绘制类图时尽量让一般类放在特殊类的上方。

（4）类图中关联尽量不要出现回路，例如"维修合同"和"业务经理"关联，"业务经理"和"派工单"关联，"派工单"又和"维修合同"关联。这种冗余关联没有错误，但过多的话会造成模型不易阅读。

（5）类图中的对象关联应使用存在量词验证通过，例如一个派工单使用"有些"材料或一种材料在"有些"派工单中使用，派工单"至少有一个"维修人员等。必须使用全称量词时则不推荐建立关联关系，这意味着一个类的某个对象实例与另一个类的全体对象都存在关联，为这种关联建模意义不大。例如某业务经理负责"所有"维修合同，某图书管理员可以管理"每一本"图书，事实上，这往往是把用例模型中参与者与用例的通信关系误用到了对象模型中，只要记住对象模型的主要用途是反映事物静态结构关系，就不难分辨。

在很多场合,使用类图可以精确地定义一个结构,但当结构太抽象而难以理解时,如果补充对象图会有很大改观。UML 对象图是在某个时刻系统中各个对象的一个快照,对象图的成分是类的实例而不是类,有时也称实例图,例如图 8.7 中的图书馆系统的部分概念类使用对象图表示,可得到图 8.21。对象间的关系参照图 8.13。

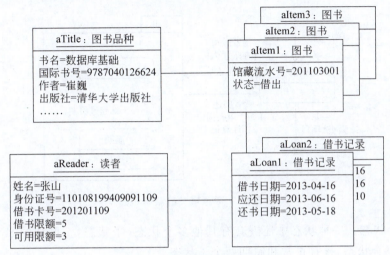

图 8.21　图书馆类图的局部对象图

8.7　对象状态建模

1. 对象状态建模的意义

通过领域对象的分析和类图的绘制,我们建立了领域的静态模型,为信息系统软件结构设计和数据库建模打下了基础,但对于系统动态行为方面的分析还未涉及。如果不对系统的动态行为进行分析和建模,就无法明确信息的处理过程并加以实现。

动态模型包括对象在其生命周期中的行为和状态变化以及多个不同对象之间的交互协作过程,本章我们先针对领域对象状态进行建模。

对象在其生命周期中可能存在多种状态,特定时刻只能持有一种状态。通过状态分析和建模可以研究对象状态变化与动态行为之间的关系,状态模型不仅能描述一个对象的所有可能状态,还能显示该对象在某个状态下基于特定事件做出响应的动态行为。

状态模型还可以与流程模型、用例模型进行相互补充和参照。不同模型的特点和描述能力不同,多种模型在一起才能获得更详尽具体的系统全貌。不同模型还可以进行对照检查,查漏补缺,发现问题。例如检查对象状态变换过程是否与流程模型的控制逻辑一致,检查用例模型定义的功能需求是否能覆盖对象全周期内的各种状态变化。

2. 状态机图

状态机图(state machine diagram)是表述系统行为的一种技术。在面向对象方法中,对单一的类绘制一个状态机图以表示该对象的生命期行为和状态转换。例如图书馆中的"资源项"类,其对象生命周期中存在比较明显的几种状态,而且这些状态影响到对象的业务行为,所以可以为其绘制状态机图,见图 8.22。

如图 8.22 所示,资源项可以有三种状态。

(1) 初态。是状态机图的起始点,表示对象的初始状态,初态只有一个,用实心圆表示。

(2) 终态。是状态机图的终点,表示一个对象完成必要操作后的最终状态,终态不能是复合状态。用实心圆外加一个圆圈来表示终态。

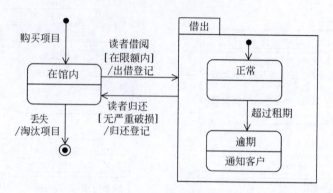

图 8.22　资源项类的状态机图

(3) 复合状态。一种状态中还嵌套有其他多个状态(子状态)。例如图 8.22 资源的借出状态就是复合状态,含有正常和逾期两个子状态。

转换(transition)指出由一种状态到另一种状态的运动,使用带箭头的线来表示。每个转换上有可选标记,标记含有三部分内容:

事件[监护条件]/活动(event[guard]/activity)

这表示只有发生指定的事件后才有可能引发状态的改变,但需要监护条件为真时转换才会生效,活动是在转换执行中的行为,执行该活动完成状态转换。

对象在某个状态内部,在不改变状态的情况下对事件做出反应,执行一些操作,遵照转换标记的语法在状态框内书写内部活动。

状态机图可以帮助分析人员、设计人员和编程人员理解系统中对象的行为,但如果为了追求模型的大而全而对系统中每一个类都绘制状态机图,不仅达不到帮助理解的目的,而且实在是浪费精力。

习题 8

8.1　面向对象方法的基本思想是什么?

8.2　解释继承、封装、消息和多态性的概念。它们分别带来什么好处?

8.3　面向对象方法中的关系是指哪些关系?试举例说明。

8.4　如何识别领域中的对象?

8.5　对象的简单属性和复杂属性有什么区别?

8.6　对象关联如何确定?类图中如何表示对象关联?

8.7　什么是对象关联的多重性?给出一个例子,并进行说明。

8.8　泛化关系如何确定?类图中如何表示泛化关系?

8.9　多继承有什么替代方案?

8.10 对于习题7.6所描述的医院放射科预约的背景资料,可以识别出哪些概念类?各自有哪些属性?存在哪些对象关联?请绘制领域类图。

8.11 搜集更详细的大学教务管理的有关文档,识别出大学教务管理系统中的概念类,并绘制领域类图。

8.12 根据学生手册中对于异动管理的规定,识别出大学生在校期间的几种状态,绘制状态机图,包含必要的事件、监护条件和活动。

第9章 MIS

系统设计概述

系统设计是根据需求规格为新系统制定技术实现方案,即提出系统的物理模型。本章对系统设计阶段的任务、目标、内容和方法进行概述。首先介绍系统设计的任务要求,对什么是良好设计进行讨论。然后对设计阶段应完成的工作内容和设计方法进行说明。最后介绍系统设计文档的撰写。

9.1 系统设计的任务要求

系统分析阶段要回答的中心问题是系统"做什么",即明确系统功能,这个阶段的成果是系统的逻辑模型。系统设计要回答的中心问题是系统"怎么做",即如何实现系统说明书规定的系统功能。在这一阶段,要根据实际的技术条件、经济条件和社会条件,确定系统的实施方案,即系统的物理模型。

9.1.1 系统设计的目标

俗话说:"条条道路通罗马。"根据一个逻辑模型,可以提出多个物理模型。我们怎样评价、选择物理模型呢?为此,我们有必要先简要讨论评价信息系统的标准。

面向管理的信息系统,其优劣程度取决于它为管理工作提供信息服务的质量。具体可以从六个方面来衡量。

1. 信息系统的功能

这当然是最根本的一条。包括系统是否解决了用户希望解决的问题,是否有较强的数据校验功能,能否进行所需要的运算,能否提供符合用户需要的信息输出,等等。保证拟建的系统满足用户需要的功能,正是系统分析阶段的中心任务。

2. 系统的性能

性能(performance)代表了系统的处理能力和效率,一般采用与时间有关的指标,如响应时间、系统吞吐率和资源利用率等。响应时间是指从发出要求到得到应答信号的时间,吞吐率指单位时间内处理的事务个数、单位时间内最大能处理的数据量。资源利用率是系统CPU、内存、外存、网络等各种资源在一个评价期间内的实际使用率。

影响系统性能的因素很多,包括系统的硬件及其组织结构、人机接口设计的合理性、计算机处理过程的设计质量,等等。这里强调的是整个系统的效率,而不是某一部分的效率。例如,商场的收款系统,衡量其效率的是顾客等待时间的长短。这包括人的操作时间,计算机的运算时间。一般来讲,计算机运算时间比人操作的时间要少得多。因此,人机界面设计是否便于操作,操作人员是否熟练,对这类系统是至关重要的。

3. 系统的可靠性

系统的可靠性是指系统在运行过程中抵御各种干扰、保证系统正常工作的能力,包括检查错误、纠正错误的能力,系统一旦发生故障后重新恢复、重新启动的能力。

系统在运行过程中难免遇到各种干扰。这些干扰有人为的,如病毒、无意的错误操作;有自然的,如地震、火灾、突然停电等。提高系统的可靠性也有种种途径,例如选择可靠性较高的设备,采用硬件结构冗余设计(如双机结构),部署服务器集群,设置故障检测、恢复处理、各种安全措施,等等。

4. 系统的工作质量

系统的工作质量指系统提供信息的准确程度、使用的方便性、输入数据的便利性、输出数据的实用性和清晰性等。很明显,系统的工作质量直接影响用户的体验和系统的使用效果,因此,必须引起注意。同样,这里讲的工作质量是整个系统的工作质量,而不是某个部分的质量。信息系统是一个人机系统,除了程序正确之外,还要保证输入计算机的数据是正确无误的。即使输入和计算都是正确的,最后的结果从内容上也是正确的,但人还可能看错,如把"3"看成"8"之类,不合理的屏幕布局、图表样式、提示文字可能让使用者摸不着头脑。这就要求设计人员在各个环节都要精心设计,设计时既要考虑应用的要求,还要考虑用户的能力与心理的反应,让用户感觉使用过程是流畅的、合乎心意的。而不是强迫用户理解设计者的意愿,用户感觉被系统操控,使用起来有挫败感。

5. 系统的可变更性

系统的可变更性是指修改和维护系统的难易程度。系统在实施过程中,需要测试、修改。系统交付使用之后,也会发现有某些错误或不足之处。另外,随着系统环境的变化,用户会对系统提出某些新的要求。因此,系统的修改是否方便直接关系到系统的生命周期。一个可变更性好的系统,维护相对容易,生命周期较长。

6. 系统的经济性

系统的经济性是指系统收益与支出之比。这是确定设计方案的一个重要因素。

系统的效率、服务质量、可靠性、可变更性、经济性等指标是既相互联系又彼此制约的,在一定程度上是相互矛盾的。例如,为了提高系统的可靠性,就要采取一些冗余设计,显然系统成本要大幅度增加,经济性下降,同时资源利用率可能不够高。但从另一个角度看,由于系统可靠性的提高,抗干扰能力强了,系统能不间断运行,中断时间的减少又提高了系统性能。再如,为了增强系统的可变更性,采用一些具有可扩展的结构,造成系统复杂度提高,影响效率。这种彼此制约的关系说明,在系统设计时,应根据系统的具体情况有所侧重。对于可靠性要求高的系统,如涉及资金及某些高度机密信息的系统,首先要保证系统可靠,不惜增加成本,在一定程度上降低性能。对于实时性要求高的系统,如飞机订票系统,为了保证性能,不妨增加一些服务器和存储空间的开销。

总之,就像算法里提到的"时间换空间"或"空间换时间",设计是一种权衡艺术。

但是,从系统开发的角度看,系统的可变更性是首先应考虑的因素。这是因为,无论对系统研制过程还是对今后的运行,它都有直接的影响。

据统计,在系统的整体生命周期中,经费开销的比例为:研制占20%,其中分析与设计占 35%，编写程序占 15%，调试占 50%；而维护占 80%。维护包括排除开发阶段的错误，及为了适应环境变化增加新的功能。由此可见，修改系统的经费开销占了整个经费的 90%(＝20%×50%＋80%)。如果系统的可变更性好，就可以大大节约人力、财力，延长系统生命周期。事实上，对一个信息系统，不管事先怎样精心设计，在投入运行后，总会提出某些修改或补充。这可能是经过一段时间后，发现某些地方效率还可以提高，或者还要增加某些可靠性措施，也可能还要增加某些新的功能，或者对工作质量提出新的要求，等等。如果可变更性好，就比较容易满足这些要求。

总而言之，可变更性好的系统，性能不高可以提高性能，质量不好可以改进质量，可靠性差可以加强可靠性。反之，可变更性差，修改不如重做，系统寿命自然就短，投资打了水漂。

9.1.2 良好的结构设计

从上面的分析可以看出，系统设计必须从保证系统的变更性入手，设计出一个易于理解、容易维护的系统。

为了分析具备什么特点的系统易于修改，必须先找出修改一个系统的困难来自何处。系统是由多个组成元素(子系统)相互制约相互联系构成的整体，对系统进行的修改，往往是某个元素或某一子系统细节的局部变动，或者是子系统接口和联系的某些变动，在信息系统中更常见的是某一局部的数据结构或程序算法的修改。这种修改的本身并不困难，困难在于找出需要修改的地方和这一修改对其他部分的影响，牵一发而动全身。我们知道，信息系统各个部分之间存在控制、消息发送和返回、数据交换等种种联系。对某一局部的修改，可能直接或间接地影响到系统的其他部分。对元素 A 的修改波及元素 B，而对元素 B 的修改又可以影响到元素 C、E、……。人们把这种影响形象地称为"水波效应"。因此要进行系统某一个局部的修改，必须十分小心地追踪这一修改所波及的各个部分。这是系统难以修改的主要原因，系统结构设计的质量决定了修改的难度。

1. 低劣设计带来的问题

设计低劣的系统不仅会增大修改的困难，还会导致以下缺陷。

(1) 僵化性(rigidity)。系统很难改变，即使一个简单的改动也会导致大量有耦合关联的其他部分的连锁反应。

(2) 脆弱性(fragility)。改变系统的某个部分，会破坏许多无关的其他部分。

(3) 固化性(immobility)。系统各部分紧密连接无法分开，很难将系统分解成可供其他系统重用的部件。

(4) 黏滞性(viscosity)。当软件需要改动时，设计不容易保持稳定，逐渐脱离最初的设计思路而走样，造成软件不同版本之间存在较大差异。

(5) 不必要的复杂性(needless complexity)。过度设计，很多非常聪明的超前的结构目前还不需要，什么时候需要不得而知。

(6) 不必要的重复性(needless repetition)。因为忽视抽象而使很多代码看上去是重复的，将来修改一处时，导致多处修改。

(7) 晦涩性(opacity)。很难阅读、理解，不能很好地表现出设计者的意图，难以与需求规格描述进行对照。

以上缺陷主要是由不良的系统结构造成的,而不是程序员的错误和责任。就像一个低水平的建筑设计方案,再高超的工匠也无法把它造成精品。

2. 基本设计方法

如何做到系统容易变更,努力排除上述缺陷和问题,关键是在系统的结构设计上。良好的结构设计应该遵循以下思路:首先要使系统的结构简单,系统各组成元素分工明确,易于理解,元素之间的关系清晰简洁。然后为了减少软件维护中的"水波效应",应使系统各组成元素内部的改变容易实现,改动对其他部分的影响尽量减少,这就需要对元素进行"解耦",即尽可能解除有依赖联系的元素之间的紧密耦合,设计出松耦合的结构。最后,在结构设计时留出可扩展的余地。

为了设计出结构良好的系统,不管是早期结构化设计方法,还是后来的面向对象设计方法,以及最近的微服务架构,它们有着一些共同的做法,归纳为以下四点。

(1) 把系统划分为一些部分,其中每一部分的功能简单明确,内容简明易懂,易于修改。这样的组成单元可以是模块、类、组件、服务和子系统。

(2) 系统组成单元应合理划分。划分的方法五花八门,在软件工程的实践中积累很多经验。站在业务的角度,根据业务边界和业务功能来划分,这样有助于获得对领域的理解和支持,例如图书馆系统可以划分采购、编目、流通等功能,流通又包含借书、还书、预约等子功能。站在技术的角度,根据程序代码逻辑相似性来划分,则便于技术人员的分工协作,如图书馆系统可以划分前端交互界面、后端业务逻辑处理以及数据访问等程序模块。架构师站在不同立场,出于不同的利益考虑会选择不同的划分策略,或者进行多种划分策略的组合。不管哪种划分,都应保证划分出来的单元清晰易于理解,降低整体复杂度,方便后续系统的实施和使用。

(3) 每一个功能单元应尽可能封装为独立的元素,对外提供必要的使用接口,隐藏内部的数据、算法等实现细节,并尽可能减少各单元间的控制关系和数据交换,使系统各部分之间是松耦合的状态。当然,系统中的组成单元不可能与其他部分没有联系,只是要求这种联系尽可能少。

(4) 各功能单元对外的接口,以及相互间的控制和依赖等关系要阐明。这样,在修改时可以追踪和控制。

总之,一个易于修改的系统应该由一些相对独立、功能单一的功能模块按照简单清晰的结构组合而成,这是系统设计的总体指导思想。随着系统复杂度的不断增大,构成系统的单元复杂度和粒度也随之增大,系统体系架构和结构设计的不同方法也应运而生,9.3节将详细介绍设计方法的基本思想和用法。

3. 系统设计师的素质要求

首先与分析过程强调理解和抽象不同,设计的本质是创造,这就要求系统设计师应具有创造性设计思维。系统设计师应当对系统架构和软件结构所使用的开发技术非常熟悉,深入了解从结构模型对应到软件实现的各种问题和困难,所以系统设计师自身应有丰富的编程经验和很强的逻辑思维能力。设计师还应具备将复杂问题分解成简单问题的能力,设计易于使用和维护的软件结构,并保证较好的重用性。设计是艺术创作,信息系统设计师也应对系统结构尤其是软件结构具有较强美感,善于运用巧妙优雅的设计模式。一个优秀的系统设计师好比IT界的"鲁班"。此外,在一个开发团队里,设计师承担把握项目全局的责任,应有大局观,懂得平衡各种开发局限的制约,权衡时间、进度成本与系统质量、性能等因素,提出最佳方案。

9.1.3 从分析过渡到设计

如果说分析的目标是做正确的事(do the right thing),理解问题域的重点目标、对象和相关规则,那么设计工作就是正确地做事(do the thing right),即从构建一个新系统的角度灵活地选择和设计技术方案。在分析阶段,建立了大量文档和模型,明确了系统应实现的功能需求和数据需求,这些分析模型是设计的基本输入,满足这些需求而选择或确定的技术方案及其模型描述是设计的输出。

和分析一样,设计也是一个建立模型的过程,设计产生的是系统物理模型。根据分析阶段提出的逻辑模型,可以设计出多个不同的物理模型,换句话说就是基于相同的需求可以有不同的技术解决方案。例如人机交互建模既可以基于C/S窗口的PC客户端完成,也可以采用B/S浏览器页面,或者是手机移动界面。数据持久化存储可以从关系型数据库、非关系型数据库、文件、Excel表格等多种方案中选择。设计出来的物理模型是系统"蓝图",根据这一"蓝图"实施和构造,才能得到最终的实际系统。要理解信息系统分析、设计和实施的这一过程,可以用建筑工程形象地比喻:分析就是摸清用户对于某个建筑的需求,包括建筑的功能用途、容量、格局、设施、外观等方面的要求;设计就是绘制建筑图纸,包括效果图、平面图、施工图等;实施就是建筑施工单位进场完成施工建造。

要注意的是,信息系统建设过程中分析、设计和实施无法像技术工程那样做到严格的阶段划分,分析和设计虽然完成的任务和目标不同,但工作内容或模型有较强关联,从分析到设计的建模过程可以是一个从粗到精、从抽象到具体的过程。例如分析阶段建立了领域对象模型,完成了对领域对象最本质和核心的分析和抽象,但在设计阶段在此基础上还会使用该对象模型,结合具体开发环境和语言进行精化和完善。

9.2 系统设计的内容

系统设计一般划分为概要设计和详细设计。

概要设计也称总体设计,强调高层的体系结构设计,以及系统的分解和结构设计,主要是构造系统的骨架;详细设计则针对与功能实现相关的技术细节,尤其是应用逻辑中较为细节的程序算法设计。但由于软件开发工具越来越强大,开发效率显著提高,加上敏捷迭代方法的流行,现代软件开发过程总体设计与详细设计的界定不再明显,部分详细设计的工作由程序员负责。因此本书对概要设计和详细设计不进行严格的阶段划分和任务划分,而是按照技术分工将信息系统设计的内容划分为五大部分,如图9.1所示。在设计各个章节中包含必要的详细设计内容,读者可以领会。

下面针对图9.1中的各个部分的设计内容做简要介绍,详细阐述见第10~14章。

1. 应用架构设计

应用架构(application architecture)是指应用软件架构。是对软件系统划分和组成成

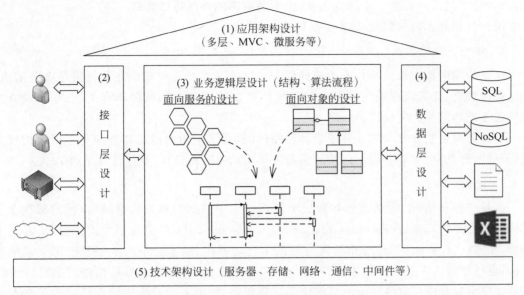

图 9.1 系统设计的总体框架

分最抽象的规定,例如明确系统的分布式计算模式、多层逻辑架构。应用架构方案由系统架构师给出,所有的具体设计都应确保与架构方案一致。

架构方案不是千篇一律的,但有一定的共性。例如目前大部分软件架构是服务器/客户端的架构,但这种划分基于系统架构层级,过于粗略。本书从信息系统这类应用软件的特点出发,认为数据的处理过程是从外部开始的,即系统首先与外界(人或其他系统)打交道,获取数据,然后数据进入内部,执行相关业务逻辑算法对数据进行处理,最后将处理结果进行持久化存储。外界需要使用系统数据时,访问过程则是反过来的顺序。这一过程总结为图 9.1 所示的三部分。

(1) 接口层设计;
(2) 业务逻辑层设计;
(3) 数据层设计。

当然每一部分还可以进一步划分。应用架构设计详见第 10 章。

2. 接口层设计

一个信息系统不是孤立封闭的系统,它与外界存在信息交换。

最主要的信息交换发生在人与计算机系统之间,即人机交互,这部分的设计通常称为用户界面(user interface,UI)设计。

另外根据数据流图和用例图的建模可知,信息交换也可能发生在计算机系统与其他计算机系统或设备之间。这种信息交换有两种情况。

(1) 本系统提供服务接口给其他系统;
(2) 本系统要请求其他系统的服务。

前一种就需要进行系统接口设计,确定系统对外提供的服务,服务包含哪些操作,每个操作的输入参数和回答消息;后一种的接口设计和提供由其他系统负责,本系统只需直接调用有关接口即可。但如果系统有多处需要调用外部系统接口,为了便于统一控制和管理，通常会专门设计封装一个类或组件，作为系统调用外部接口的统一入口。

用户界面和系统接口设计详见第 11 章。

3．业务逻辑层设计

这是应用架构中最体现核心价值的部分。它的关注点主要集中在如何满足业务需求，包括业务规则、业务流程的实现。它与系统所要解决的业务领域逻辑有关，一些开发方法也将业务逻辑层称为领域层。

业务逻辑层包含复杂的计算逻辑和程序代码，通常采用面向对象方法和多层架构模式进行设计，详见第 12 章。也可以按照微服务架构风格进行设计，具体设计见第 13 章。

4．数据层设计

在系统分析阶段，数据流图和领域类图都提出了数据的原始信息结构，他们都独立于具体的数据库管理系统（database management system，DBMS）。在系统设计阶段，需要考虑数据的持久化方案，需要选择具体的数据库管理系统，除了必不可少需要使用关系型数据库，也可能引入非关系型数据库（NoSQL，如文档数据库系统）。然后根据需求设计出物理数据模型以及应用软件层面不易解决的计算逻辑，如关系型数据库服务器端的复杂存储过程设计等。

数据层设计详见第 14 章。

5．技术架构设计

技术架构设计为应用程序、网络连接组件、系统基础设施平台等开发和部署提供物理实现方案。包含硬件基础设施、数据库、中间件、网络、通信、技术路线选型、信息安全体系等，确保信息系统的高可用、高性能、可扩展和安全性。

技术架构设计主要是为了满足非功能性需求，详见本书附录 A。

9.3 软件设计方法

通过 3.5.1 节介绍已得知，信息系统复杂度最高的是软件部分，而决定软件系统品质高下的关键点在于是否有良好的结构设计。软件结构设计是系统设计阶段最重要也最具挑战性的任务。

软件结构设计是对软件程序的具体组成元素及其关系的设计，其本质仍然是对软件功能的划分。虽然有一些方法和经验可以指导这种划分，但成功经验可以模仿却无法完全复制，因为面对的问题领域是千变万化的。

随着软件系统规模的增长和程序设计技术的不断发展，软件结构设计一直处于变化之中。构建软件系统的可复用元素从最初的子过程或函数发展到类，再到服务，进而到事件和业务流程，软件元素封装的颗粒度越来越大，与实际业务活动的映射越来越好，图 9.2 显示了这种变化。但是粗粒度的元素及其功能归根结底还是依靠更细粒度的元素来实现，只要计算机指令系统和体系结构不发生质的改变，目前阶段信息系统开发仍难以脱离现有编程技术而直接使用业务模型或业务语言构建系统，因此在一个具体信息系统项目中，软件逻辑结构设计往往包括从粗粒度的服务到中等粒度的类，再到细粒度的函数等各个粒度级别的元素及其关系的设计。

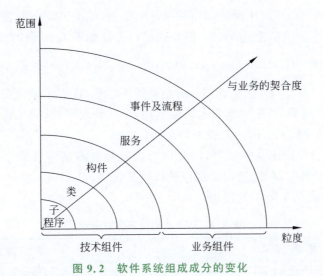

图 9.2 软件系统组成成分的变化

下面从简至繁分别介绍软件结构设计的几种方法。

9.3.1 面向过程的设计方法

面向过程的设计方法是将软件功能采取自顶向下逐步求精进行划分,首先把整个系统看成一个大功能单元,然后分解成许多具体一些的功能单元,具体功能单元再进一步分解为更小的子功能,然后将这些功能按照层次调用的关系组合起来构成整个系统,这种设计思想和我们日常的工作任务分解做法如出一辙。

面向过程的设计方法也称为结构化方法。在系统分析阶段表达系统功能需求的 DFD 模型也是采用结构化方法进行构建的。结构化方法是解决复杂问题的永恒之道,因此到目前为止,该方法仍然行之有效。

面向过程的设计方法的核心概念包括模块、模块结构图、模块的联系。

1. 模块

模块(module)一词使用很广泛,在计算机领域通常是指一个具有独立执行某种功能的程序单元,其他程序使用名字就可以调用它。上述软件系统功能及子功能就是靠模块来具体实现的,本章中理解为"子程序"的概念,例如 C 或 Java 程序设计中的函数、过程。

模块具有输入和输出、逻辑功能、运行程序、内部数据四种属性。模块的输入、输出是模块与外部的信息交换。一个模块从它的调用者那里获得输入,把产生的结果再传递给调用者。模块的逻辑功能是指它能做什么事,它是如何把输入转换成输出的。输入、逻辑功能、输出构成一个模块的外部特性。内部数据和程序代码则是模块的内部特性。模块用程序代码完成它的逻辑功能。内部数据是仅供该模块本身引用的数据。概要设计时重点设计模块的外部接口,即输入和输出、逻辑功能。详细设计则需要完成内部特性的设计,包括内部数据结构和算法。

【例 9.1】 信息系统用户登录需要进行验证,请为此设计一个模块。

模块用长方形表示。模块的名字写在长方形内,如图 9.3 所示。模块的名字由一个动词和一个作为宾语的名词表示。模块的名字应恰如其分地表达这个模块的功能。

验证用户身份

图 9.3　模块的图形表示方法

在设计师和程序员的眼里,模块更常用的表示方式是子程序接口,上述例 9.1 模块的接口设计如下 Java 代码。

boolean verifyUser(String userName, String password)

① verifyUser 是子程序名称,代表了模块功能,应见名知义。
② 返回值是布尔类型,返回真表示验证成功,返回假表示验证失败。
③ 模块接收两个输入:用户名和密码。

【例 9.2】　读者要借走某本图书,需要检查读者是否满足借书条件,登记借阅记录,修改图书状态,修改图书库存等,请为此进行模块概要设计。

初始设计了如表 9.1 所示的模块。

表 9.1　例 9.2 初始的模块设计

模块接口	模块说明
String getResult(String bookID)	根据馆藏流水号(唯一条码)查图书 ISBN 号
int getNumber(String readerID)	根据读者编号查询该读者的借书数量
void updateQuantity(String strISBN)	将某种书的库存数量减 1
void updateOutState(String bookID)	修改某本书为借出状态
void insert(String bookID, String readerID)	保存一次借书记录

以上模块虽然能够满足业务功能实现,但存在以下问题:

① 模块名难以理解。如 getResult 从字面上并未体现该模块特定查询功能的含义,getNumber 同理。

② 模块名与功能不能完全匹配。例如 updateQuantity 字面意思是更新数量,但更新的数量并没有明确指出,实际模块功能是数量减一。

③ 模块重用度较低,修改图书状态为借出设计模块 updateOutState,那么图书归还后是不是还需要设计一个 updateInState 模块?

经过重新修改后,得到表 9.2 的设计。

表 9.2　例 9.2 的模块设计

模块接口	模块说明
String getBookISBN(String bookID)	根据馆藏流水号(唯一条码)查图书 ISBN 号
int getBorringAmount(String readerID)	根据读者编号查询该读者的借书数量
void updateQuantity(String strISBN, int newQuantity)	将某种书的库存数量修改为一个新数量
void updateBookState(String bookID, String state)	修改某本书的图书状态

2. 模块结构图

模块结构图(module structured chart)是结构化设计方法最主要的表达和交流工具,它描述软件系统的功能模块及模块间的联系。图 9.4 是结构图的一个例子。从图中看出结构图具有层次性,简明易懂。

模块结构图默认上层模块通过过程调用的方式使用下层模块,上层模块是控制(调用)模块,下层模块是被调用模块。控制台程序、Windows 窗口应用程序都是这种结构模式。

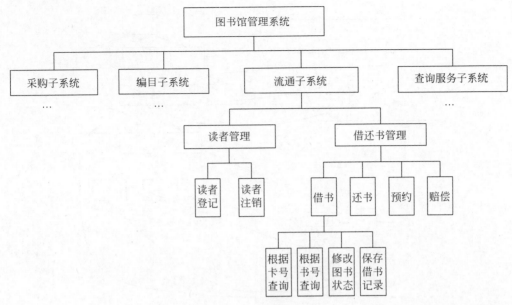

图 9.4 模块结构图示例

在这里需要特别说明的是：Web 应用和分布式架构场景下，结构化设计所体现的"分而治之"思想仍然有效，结构图也仍然用作表达系统的划分，但各个模块之间的连接方式非常多样，不仅限于传统的过程调用方式，需要结合具体技术进行设计。

模块结构图和数据流图的建模都体现了结构化思想，二者有密切联系，因此结构图可以由数据流图转换而来。但是，结构图与数据流图有着本质的差别：数据流图着眼于数据流，反映数据的逻辑处理功能及线性的前后次序；结构图着眼于控制层次，反映模块的调用关系。模块的分解起源于 DFD 中的处理框，如图 9.5 所示，如果处理框 P1.4 对应模块 M32，则 P1.4 进一步分解的处理框可能转换成 M32 的下层模块。

模块结构图的层数称为深度。一个层次上的模块总数称为宽度。深度和宽度反映了系统的大小和复杂程度。

模块结构图描述各模块的"责任"(responsibility)，是静态结构模型。要描述某个功能模块的程序处理过程则需要借助动态模型，如程序流程图(program flow chart)。

3. 模块的联系

结构化设计的基本思想，就是把系统设计成由相对独立、功能单一的模块组成的层次结构。为了衡量模块的相对独立性，提出了模块间的耦合(coupling)与模块的内聚(cohesion)两个概念。这两个概念从不同侧面反映了模块的独立性。耦合反映模块之间连接的紧密程度，而内聚指一个模块内各元素彼此结合的紧密程度。如果所有模块的内聚都很强，模块之间的耦合自然就低，模块的独立性就强，反之亦然。

耦合是影响系统复杂程度的一个重要因素。若为了理解模块 A，需要对模块 B 有所了解，则 A,B 之间有联系。如果需要对 B 的理解越多，则 A,B 的联系就越紧密，我们就说它们耦合越紧。若程序员要修改紧耦合中的一个模块，很可能不得不修改另一个模块。因此，模块间的耦合程度对系统的可维护性、可靠性有强烈的影响。

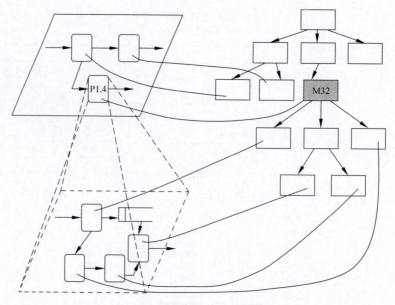

图 9.5　数据流图与模块结构图

模块的内聚反映模块内部联系的紧密程度。如果一个模块内部相关性很高,而且都是为了同一个功能,我们就说它的内聚程度高。按照模块内部代码之间的关联可划分七种内聚类型:功能内聚、顺序内聚、通信内聚、步骤内聚、时间内聚、逻辑内聚、偶然内聚。最好的是功能内聚,它指的是模块中的所有代码元素协同合作,提供某种明确的行为。最糟糕的是偶然内聚,只是随意偶然地将一段代码封装为一个模块,而无法明确其功能。

模块设计的原则是低耦合、高内聚,这样设计出来的软件系统可读性和可维护性高。

9.3.2　面向对象的设计方法

传统的面向过程的设计方法主张将程序看作一系列函数和子过程的集合,而面向对象的设计方法则将程序看作一个个对象,每一个对象都能够接收数据、管理数据、处理数据并将数据传达给其他对象。对象不仅包含函数或子过程(操作),还包含数据(属性),对象是属性和操作的封装体。

在第 8 章采用面向对象分析方法对领域对象建模时,已经介绍了对象、类、封装、消息、继承和多态、关系等重要概念。本节就不再一一赘述,而是通过案例进行对比说明。

1. 类

下面通过具体例子来对比面向过程和面向对象的设计。

【例 9.3】　对例 9.2 的借书逻辑采取面向对象方法重新设计。

例 9.2 中的一组子程序功能仍然会保留,但它们会被封装到不同的类中。同时由于数据也封装在类中可以方便地访问,子程序接口会适当调整。例如修改图书状态可以不需要传入图书编号,因为图书对象中已包含图书编号这一属性。设计结果如表 9.3 所示。

表 9.3　例 9.2 的类设计

类　名	数据（属性）	子程序（操作）
Reader	cardID、readerName…	int getBorrowedAmount()，获取读者借书数量 Reader(String cardID)，构造方法，根据卡号构造读者对象
BookTitle	titleID、ISBN、titleName、author…	void updateQuantity(int newQuantity)，更新图书数量 BookTitle(String ISBN)，构造方法，根据 ISBN 构造图书品种对象
BookItem	itemID、state…	BookTitle getBookTitle (StringitemID)，根据图书条码查询图书品种，返回图书品种对象 void updateBookState(String state)，修改图书状态

2．类的关系

软件划分为类，多个类通过各种连接关系拼装组成了系统。下面举例说明类是如何协同工作的。

【例 9.4】　租赁店对外出租影片，影片租赁程序记录顾客的租赁情况，并根据租赁天数计算费用和消费积分，打印报告。顾客可以租赁多个影片，每个影片的租期可不同。

根据面向对象的分析方法，能确定顾客、租赁记录、影片这三种对象，并识别出各自的属性，同时将有关计算操作封装到对象中，三者之间存在关联关系，经过设计得到如图 9.6 所示的类图。

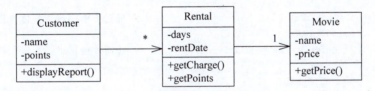

图 9.6　影片租赁程序的类图

上述类图含有两个关联关系：①一个 Customer 对象含有多个 Rental 对象实例；②一个 Rental 对象含有一个 Movie 对象。关联关系在程序语言中的实现方法通过如下示例代码可以得知。

```
public class Customer {
    private String name;
    private List < Rental > rentals;        //Rental 对象集合
    ⋮
}
public class Rental {
    private int days;
    private Movie movie;                    //Movie 对象
    ⋮
}
```

【例 9.5】　影片根据类型划分三种不同的定价策略，分为普通片、新片和儿童片，按照租借天数计算影片租金，未来价格类型可能会发生变化。请针对租金问题进行设计。

图 9.6 的类图没有反映出上述需求，重新对 Movie 设计后，得到如图 9.7 所示的软件

结构。设计一个抽象 Price 类,派生出 RegularPrice、ChildrenPrice 和 NewReleasePrice 等子类,通过子类覆盖父类中的 getCharge 方法实现不同的计价算法。对于 Movie 对象,它只需要调用 Price 的租金方法就可以得到计算结果,Price 对象会根据具体价格子类型,执行对应子类中的方法(如子类的计算租金),而不会发生混淆。

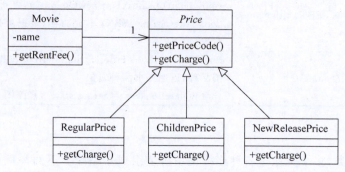

图 9.7 影片价格计算的类图

图 9.7 采用 Java 语言简化编写如下:

```java
public class Movie {
    private Price price;                                //有一个价格对象
    ⋮
    public Movie(String name, int priceCode) {          //构造方法,同时创建 Price 实例
        ⋮
        switch(priceCode) {                             //根据价格码创建具体价格对象
            case REGULAR:
                price = new RegularPrice();             //普通片价格
                break;
            case CHILDRENS:
                price = new ChildrensPrice();           //儿童片价格
                break;
            case NEW_RELEASE:
                price = new NewReleasePrice();          //新片价格
                break;
            default:
        }
    }
    public double getRentFee(int daysRented) {          //根据租用天数返回电影租金
        return price.getCharge(daysRented);             //使用抽象价格对象计算租金
    }
    ⋮                                                   //其他代码
}
//抽象价格类的定义
public abstract class Price {
    public abstract double getPriceCode();
    public abstract double getCharge(int daysRented);   //根据租用天数计算租金
}
//具体价格子类型的定义
public class ChildrensPrice extends Price {
    public int getPriceCode() {
```

```
            return Movie.CHILDRENS;
    }
    public double getCharge(int daysRented) {        //根据租用天数计算租金,重写父类方法
        double result = 1.5;
        if ( daysRented > 3 )
            result += (daysRented - 3) * 1.5;
        return result;
    }
}
```

主程序在创建了影片实例并计算租片费用时,使用如下代码:

```
Movie m1 = new Movie("拆弹专家.2",Movie.NEW_RELEASE);
Movie m2 = new Movie("我和我的祖国",Movie.REGULAR);
Movie m3 = new Movie("花木兰",Movie.CHILDRENS);
System.out.println(m1.getRentFee(4));
System.out.println(m2.getRentFee(3));
System.out.println(m3.getRentFee(1));
```

以上设计利用继承和多态简化了接口,实现了灵活的扩展。它有两个显著的优点:首先,当给不同子类型的对象发送相同的消息时,消息的发送者可以不用关心具体的对象类型,而由对象自身做出不同的响应处理;其次,需要扩充一种新类型时,只需要从父类中再派生出一个子类,覆盖父类的某些服务,而不需要改动其他外部程序。例如上例中要增加一种新价格既不影响 getRentFee 函数,也不影响那些使用了 getRentFee 函数的代码。

9.3.3 面向服务的设计方法

在面向对象设计方法中,软件元素封装的粒度级别是类,从业务功能和流程建模的角度来看,这样的抽象级别还是太低,类之间的耦合度比较高,一个类的变化较容易影响到和它相关联的其他类。随着组件技术、SOA 架构、微服务的出现,面向服务的设计方法开始被广泛应用。

面向服务的设计将软件功能按照业务功能进行拆分,进行组件化和服务化的封装,每个服务可以独立设计、开发和部署,整个系统通过服务完成交互和集成。面向服务的设计方法主要概念是服务。

1. 服务

服务定义了一个与业务功能或业务数据相关的接口,以及约束这个接口的契约,如业务规则、安全性要求、质量要求等。接口和契约采用中立的、基于标准的方式进行定义,它与实现服务的硬件平台、操作系统和编程语言无关,使得服务能以统一的方式在异构系统之间互相理解和交互。即服务的使用者可以直接使用某个服务,而无须关心服务的提供者在技术上是如何实现该服务的。服务具有相对独立、自包含、可重用等特性。

通过将业务领域和业务流程中的业务功能封装为服务,多个服务组合构成软件系统。

【例 9.6】 为图书馆管理系统的业务多个功能封装服务。

图书馆应用程序的业务逻辑拆分为多个后端服务,每个后端服务都有自己的私有数据库,并对外提供接口,接口包含两类操作:命令和查询。服务设计见表 9.4。

表 9.4　图书馆系统的服务设计

服　　务	主数据库	服务接口举例
Order Service	图书采购、供应商等数据	createOrder()：创建采购订单 findOrdersBySupplier()：根据供应商查询订单
Inventory Service	图书分类、馆藏书目数据	catalogBook()：为图书编目 updateInventory()：更新库存
Lend Service	读者、借阅记录等数据	createReaderAccount()：创建读者账户 checkout()：图书借出 checkin()：图书归还
Search Service	馆藏书目、借阅记录等数据库副本	findByName()：查询书目 findTopNByCatalog()：查询借阅最多的图书

划分服务从逻辑上看起来和面向过程的方法类似，但服务是自治的、可独立开发和部署的，而且和业务功能对齐。服务之间的耦合度比模块间耦合度低得多，因为服务从时间、物理空间上都可以解耦。

2．服务接口

服务接口操作的内部实现仍然借助于面向对象方法完成，例如 Order Service 服务的内部还会使用 Order 类、Supplier 类、Payment 类等领域对象，但内部对象如何分工协作实现接口操作对于服务请求程序来说是隐藏的。

为了便于理解服务封装和服务调用，下面以查询服务的 findTopNByCatalog 为例进行说明。服务采用 RESTful API 接口规范，外部访问通过 URL 发送请求，请求由服务端对象接收并响应。有关 RESTful 接口技术参见 11.2.1 节。

【例 9.7】　获取某类图书借阅排名 findTopNByCatalog 的接口设计与使用。

（1）服务请求的 URL(注：http://examples.myLibrary.net 是虚拟域名)。

http://examples.myLibrary.net/bookTopN/科幻小说/3

请求含义：获取科幻小说中最受欢迎的前 3 名图书数据。

（2）响应结果(json 数据)。

```
{
  data: [{
    ISBN: '102122035',
    title: '三体',
    author: '刘慈欣'
  }, {
    ISBN: '9787539983295',
    title: '银河帝国',
    author: '艾萨克·阿西莫夫'
  }, {
    ISBN: '9787532170814',
    title: '太空漫步',
    author: '阿瑟·克拉克'
  }]
}
```

（3）前端 html 页面使用 jQuery、Ajax 访问服务，获取数据。

```
<script>
    function ajaxRequest() {
        $.ajax({
            url: " http://examples.myLibrary.net/bookTopN/科幻小说/3",
            type: "GET",
            dataType: "json",
            async: false,
            success: function(data) {
              alert("success");
              $.each(data, function(index, element) {
                alert(element.ISBN + "; " + element.titleName + "; " + element.author);
              });
            },
            error: function() {
              alert("error");
            }
        });
    }
</script>
```

服务的提出使得业务与 IT 之间的差距进一步缩小。虽然面向对象方法相对之前的方法具有突出优势，但采用该方法构建信息系统，系统和业务的模型和语言仍然存在映射障碍。此外，业务快速变化的特点对 IT 敏捷性提出了更高的要求，采用旧的开发方法和架构常常导致软件难以快速响应业务的改变。想实现业务系统与 IT 系统的对齐，需要在 IT 系统中有更高层的抽象元素，在这个更高的抽象层面上，业务领域的元素和软件元素具有高度一致性，从而使业务的变化能更容易、更快捷地传递到 IT 系统中。

SOA 中的服务和微服务中的服务解决的问题背景不同，前者的背景是为了黏合多个不同的异构系统，后者目的在于解决单个业务系统的复杂性和可扩展性，因此微服务的服务粒度更小。服务粒度（service granularity）用于衡量一个服务封装的功能大小，如同模块封装一样，服务应具有多大粒度并没有严格标准。举个例子，对于空调维修的派工来说，新建派工单就是一个典型的粗粒度的服务，而实现这个服务的一系列操作步骤，如获取客户服务合同、分配维修工人、记录维修材料等可能成为一系列细粒度的服务。粗粒度的服务是在一个抽象的接口中封装了大块的业务功能，内部处理较为复杂；细粒度的服务提供相对目标较小的功能单元，或交换少量的数据。

限于篇幅，本书以介绍微服务及相关技术为主，详见 10.4 节和第 13 章，本节不再详述。

9.3.4 事件驱动的设计方法

1. 事件

事件（event）就是业务状态的显著变化。

传统的软件程序是一系列预先定义好的操作序列的组合，按照顺序执行。后来事件驱动的 Windows 界面编程改变了这种模式。当打开一个 Windows 应用程序窗口后，如果用户不做任何操作，系统中没有事件发生，这时程序不会有任何反应。当用户按下按钮，就会触发按钮的 click 事件,那么预先为按钮 click 事件写下的代码才会被运行,这就是事件驱动的编程。首先明确系统有哪些事件,然后选择对某些特定事件书写程序代码,系统运行后一直会监听事件,一旦发生这些特定事件,系统就会立刻响应并执行程序。

企业经营过程发生的事情或状态变化称为领域事件(domain event)。一个领域事件往往会导致进一步的业务操作,或者说业务操作是由某个事件触发的响应。

系统分析时通过捕捉业务人员、需求分析人员以及业务专家表达事务顺序的关键词,可以识别领域事件。这些关键词包括:"如果发生,则……""当作完……时,请通知……""发生……时,则……"等。在表述某些业务场景中,当发生某个事件后,会触发进一步的业务操作,那么这个事件很可能就是领域事件。例如,读者预约的图书一旦归还,通过短信平台给读者发送相关通知。

2. 事件驱动的架构

事件驱动架构(event driven architecture,EDA)是一种软件架构和应用设计方法,使用事件来实现跨多个服务的业务逻辑。一个事件驱动系统典型地由事件消费者和事件生产者组成。事件消费者向事件管理器订阅事件,事件生产者向事件管理器发布事件。当事件管理器从事件生产者那接收到一个事件时,事件管理者把这个事件转送给相应的事件消费者。如果这个事件消费者是不可用的,事件管理者将保留这个事件,一段间隔之后再次转送该事件消费者。

服务通过与事件驱动架构的集成,一个事件可以触发一个或多个服务被调用,这样就把这些静态的功能动态地串联起来。另外服务除了完成自身特定的功能外,也可以根据需要发布某个事件。这样所有的服务组件都具备自触发的能力后,整个系统就具备了自感知能力和快速响应业务事件的能力,从而以尽可能少的人工干预,实现业务流程的自动化。

事件驱动架构除了在业务层面上事件实现了服务之间的解耦,推动业务流程或者数据在不同子系统或服务之间流转。从技术上,通过解耦也可以减少服务同步调用其他服务的情况,以避免当某个关键服务无法提供服务时,出现雪崩效应造成整个系统的不可用。

实现事件驱动架构最简单、直观的方式就是使用消息。严格意义上来说,事件和消息是不同的概念。事件代表显著的状态变化,可以把事件看作消息的组成成分。因为消息往往同时包含事件和数据的内容。例如系统接收客户的订单后,它会发布一条消息:其中既包括事件(新增客户订单),又包括新订单的具体数据。

下面以 Java 消息服务(Java message service,JMS)为例,说明消息是如何工作的。JMS 是 Java 平台中关于面向消息中间件的应用编程接口,用于在两个应用程序之间,或分布式系统中发送消息,进行异步通信。在 JMS 的体系架构里,我们很容易实现事件驱动的一些基础元素:事件的生产者、消费者和通道。

JMS 具有两种通信模式:

(1) 点对点模型;

(2) 发布/订阅模型。

点对点模型中每个消息都被发送到一个特定的队列(message queue,MQ),有且仅有一个接收者从队列中获取消息。队列保留着消息,直到它们被消费或超时(如图9.8所示)。

图 9.8　点对点模型的消息通信

发布/订阅消息模型中,发布者发布一个消息,该消息通过主题(topic)传递给所有的客户端应用程序,订阅者可以订阅某个主题。该模式下,发布者与订阅者都是匿名的,互相都不知道对方是谁。主题可以动态地发布与订阅(如图9.9所示)。

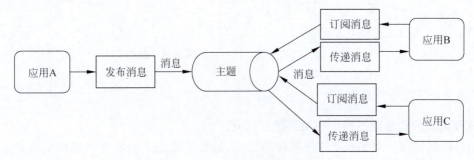

图 9.9　发布/订阅模型的消息通信

【例 9.8】　一个订单的退货事件。订单退货事件一旦发生,会触发一个或多个连锁反应,包括系统自动完成退款,客户积分扣减,物流公司获知上门取件的通知,商家对订单进行售后处理,等等。对订单退货处理流程进行设计。

事件起点:客户选择退货,选择原因、时间、地点并确定,启动退货操作。

(1) 订单服务生成退货申请单,发布第一个事件"退货申请已提交"。将退货申请单事件数据发布到消息中间件。物流服务已订阅退货申请单事件,收到消息后启动物流取件操作。

(2) 物流服务取件完成后,发布第二个领域事件"退货已取件"。将订单返回事件数据发布到消息中间件。原来的事件订阅方物流服务这时则变成了事件发布方,将快递单信息传递给订单服务;原来的发布方订单服务这时转换为"退货已取件"事件的订阅方。

(3) 订单服务确认退货已收件后,发布第三个领域事件"订单待退款",支付服务已订阅了该事件,启动退款操作。

(4) 支付服务在完成退款操作后,发布第四个领域事件"退款已支付"。将事件数据发布到消息中间件。订单服务接收到退款数据后,完成退货申请单和订单的更新操作。

(5) 订单服务完成退货并更新状态后,后面还会发生一系列的领域事件,如"订单退货已完成",将驱动积分扣减、商家商品库存修改、平台财务冲销等后续所有业务流程。

根据上述领域事件设计服务并进行集成,如图9.10所示。

事件驱动的设计方法适用于异步响应、对实时性要求不是很高的场景。使用事件驱动架构,增减事件的生产者和消费者非常容易,因此系统更具弹性,适合那些业务量波动较大的分布式系统。限于篇幅,本书不再作详细讨论,请读者自行查阅了解。

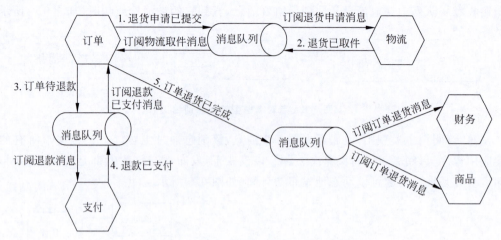

图 9.10　订单退货过程中的领域事件及服务

9.3.5　软件系统的模型

软件设计模型由静态模型和动态模型组成。

（1）静态模型。主要描述软件系统的结构，包括开发态下的源代码逻辑结构和运行态下的可执行程序的物理结构。

结构化设计方法的静态模型是模块结构图，其他方法可以使用 UML 的类图、构件图、部署图、包图等模型。

（2）动态模型。描述软件执行动作的步骤和控制流程，系统每个功能需求就是由系统若干元素按照既定程序流程来完成对数据的处理。

动态模型有程序流程图，UML 的顺序图、通信图等。

9.4　系统设计说明书

系统设计阶段的任务是提出实施方案。该方案是这个阶段工作成果的体现，这个方案以书面的正式文件——系统设计说明书——提出，批准后将成为系统实施阶段的工作依据。

根据项目规模和复杂度不同，系统设计说明书可以采用以下两种形式之一进行书写。

（1）单册文档。所有设计内容整合为一份设计文档，文档按照架构设计、对外接口层设计、人机交互界面设计、业务逻辑层设计、数据库设计、计算机系统及网络设计等分章节组织。

（2）多册文档。为了文档书写和修改的便利，将上述各部分的设计可以独立成册，如架构设计说明书、接口设计说明书、数据库设计说明书等。

习题 9

9.1　怎样理解系统分析和系统设计的区别？

9.2　对系统设计的评价包括哪些方面？

9.3 优良的系统结构具有什么特点？可以举例说明。
9.4 信息系统设计的内容包括哪些方面？
9.5 软件设计方法有哪些？各自的主要设计思想是什么？
9.6 耦合和内聚分别指什么？
9.7 系统设计阶段的成果如何体现？

第10章 系统应用架构设计

信息系统的需求分为功能性需求和技术性需求。一般认为,前者可以通过任意的架构来实现,与架构关系不大,但系统的质量及一些整体特性基本上是由架构决定的,架构对系统的可扩展性、可靠性、可变更性等有着重要的影响。还有诸如可用性、安全性以及一些海量业务场景下的高并发访问性等技术性需求,都会对系统的设计带来一定的挑战。如同建筑设计一样,这时候往往需要通过一些特殊的构造设计,尤其是应用软件架构层面的设计,以应对这些挑战。应用架构的重要性还体现在经济性上,合理的架构能降低系统的创建成本和系统变更成本。

10.1 信息系统架构概述

10.1.1 架构的概念

建筑、机械、电子、计算机硬件等领域都有"架构"(architecture)的概念。在这些学科中,架构提供了最高层次的设计方案,确保建筑、设备、计算机系统等满足期望的特性。例如,一幢好的建筑应该坚固、实用、美观,一个好的计算机系统应该实用、安全、可靠、便于维护、性价比高。任何一个复杂系统,都需要它的架构师发现这个系统的最重要的关注点,然后设计一套折中的总体方案以充分满足这些关注点。

综合各门学科对于架构的理解和使用,可以得出架构的核心观点:架构包含系统的一组基本结构(structure),每种结构都由不同类型的部件按照一定关系构成,架构描述了这些部件的组合、相互调用参照、通信以及其他动态交互。这其中,部件可以是建筑中的支架横梁、软件中的组件和层次结构等。面对不断增长的复杂性,架构师通常需要采用多种结构或设计新的结构来化解系统的复杂性。

下面以桥梁为例来说明架构设计。桥梁架构设计是为了满足桥梁的各方面需求所进行的最抽象最全局的设计,可以使用草图来描述,如图10.1的四种架构设计方案,分别代表了常见的四种桥梁架构:梁式桥、拱桥、斜拉桥、悬索桥。架构方案指明了桥梁的基本组成结构体系,不论最终桥梁长宽、使用材质、具体形态如何千变万化,但其架构万变不离其宗。所以说,架构是系统设计中最稳定的部分,系统的架构一旦确定并实施,之后如果想变更架构几乎等于对系统推翻重建。

世界上可能没有完全相同的两座桥梁,因为它们的结构不可能完全相同,即构成桥梁的组件千差万别,但许多桥梁具有相同的架构模式。比如梁式桥主要由主梁、横隔梁、桥面行车道板、人行道、栏杆等桥面系和支座等组成,斜拉桥一定会包含索塔、主梁、斜拉索等基本组件。

图 10.1 桥梁架构示例
(a) 梁式桥；(b) 拱桥；(c) 斜拉桥；(d) 悬索桥

由此可知，架构是抽象的、无形的，体现高层全局的决策，就像文章的中心思想。那么，架构师如何交流和讨论抽象的系统架构呢？答案是通过"架构描述"。图 10.2 是一个斜拉桥的架构描述，它是一套描述性的文字、图形、模型的集合，刻画了系统规划和建设的蓝图，帮助利益相关者理解、分析和评估架构。图 10.3 是建筑物的物理呈现，建筑师从中能够"看出"它的架构。

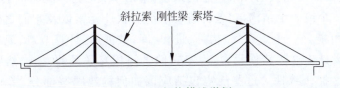

图 10.2 架构描述举例

图 10.3 架构实施出来的实例（非洲最长斜拉桥，摩洛哥）

架构描述是对系统中的要素以及要素之间关系的抽象描述。架构描述的对象是直接构成系统的抽象组件,以及各个组件之间的连接。在实现阶段,这些抽象组件被细化为实际的组件。实际工作中,架构师需要从系统所处的业务和技术环境中抽象出一组假设,根据这些假设和约束条件开展架构设计,在可能的利益冲突间做出权衡,并评估此架构下的系统实例是否适用于当前环境和需求。

10.1.2 应用架构

一个组织的数字化建设的 IT 架构由以下几个方面组成。

(1) 业务架构。核心是解决业务带来的系统复杂性,包括项目定义、功能需求、进行问题域划分与领域建模等工作。

(2) 数据架构。统一数据定义规范,标准化数据表达,数据库选型和分布式结构,形成数据共享平台、数据权限管理平台等。

(3) 应用架构。根据业务场景的需要设计应用软件的总体划分,制定应用规范、定义接口和数据交互协议等,并尽量控制复杂度。

(4) 基础设施架构。专注于系统运行的软硬件基础,包括云平台、机房搭建、网络拓扑结构、网络分流器、代理服务器、Web 服务器、应用服务器、存储服务器等。

相对于软件系统的复杂性和多样性,硬件和网络系统在架构设计中的比重和复杂度低得多,因此本章主要针对应用架构展开详细讨论。

应用架构是信息系统在软件方面的最高层次分解,是一种关键要素的安排和组织方式。它通常不会囊括所有的结构和行为的定义,它只关注那些被认为是重要的元素。重要的元素是那些有持久影响的,例如结构的主要部分,与核心行为相关的元素,以及与可靠性、可测量性等重要品质相关的元素。总的来说,架构不关心这些元素的具体细节。

应用架构是一个或一组结构,它包含组成系统的软件元素以及它们之间的关系。软件的一个结构元素可能是一个子系统、构件、进程、库、数据库、计算节点、现成系统等。应用架构设计就是要设计出这些软件元素,规定它们之间相互联系的方式,然后在整个系统的详细设计中维护这种一致性。这些规定包括应该如何构建哪些部分,哪些事情一定不能做,并形成设计原则和约束。这些联系和约束将一并成为开发过程中应遵循的指导原则。换言之,架构设计就是制定一系列的规范,包括组件模块、包结构、命名规则等。架构通过规范和约束来控制复杂性,将规则性的东西固化下来,尽量减少随机性带来的复杂度,通过一致性来降低系统复杂度。从这个意义上说,架构设计的实质也可以说是约束设计。经过一番精心设计,这些结构或结构体会对外展现一些特定的性质,包括系统能够提供的服务、性能特征、错误处理、共享资源的用法等。破坏这个约束,也就破坏了架构设计。

对于一个复杂的信息系统,应用架构设计通常包括两方面的任务。

(1) 根据系统需求说明书,完成子系统或模块的划分以及它们之间相互联系的具体规定。这包括确定各个系统与模块的边界,规定每个模块的功能要求、各部分的作用方式及信息交换的标准等。不管采用面向过程、面向对象、还是面向服务等哪种开发方法,对系统进行有效分解都是克服复杂性的有效手段。

(2) 为那些可能导致系统性能瓶颈的非功能性需求进行有针对性的设计,合理选用技术手段,提出满足系统需求的技术解决方案。例如,对于一个业务访问量很大的互联网或者物联网应用,可考虑架设服务器集群来应对高并发等业务场景。

应用架构设计中,考虑系统的多方面特性进行综合权衡取舍是非常重要的。很多决策都需要在一定的资源和约束等条件下做出,这时很可能没有最优的技术,只有最优的选择。此外,在保证架构稳定、有前瞻性的同时,又要防止过度设计。

10.1.3 应用架构模式

大部分的架构来源于具有相似关注点的系统的总结和抽象,这些相似性被描述成某种特殊模式的架构风格,也就是架构模式。一种架构模式犹如一个"经验秘籍",架构师在设计不同系统时可以重复使用这些优秀经验。图10.1就是桥梁的四种常用架构模式。再比如中国建筑有一种攒尖模式,建筑物的屋面在顶部交汇为一点,形成尖顶,该模式被广泛应用在古典园林中,多种不同形式的亭子,如三角、四角、五角、八角、圆亭等都属攒尖建筑,在宫殿、坛庙中也有大量的攒尖建筑。

在应用架构设计中,架构模式是指可重复使用的软件结构风格。实际上,大多数系统架构并不是灵光突现、一蹴而就的,它们是在系统开发过程中应对各种问题演化而形成的。大量实践经验的积累形成了特定场景及问题下的可重用的系统架构解决方案,包括分布式模式、分层模式、模型-视图-控制器模式、六边形架构、洋葱架构、命令查询责任分离(CQRS)架构等。因此架构设计也包括架构选型。

一个软件系统可以采用一个或多个架构模式。经典的应用架构模式一定是在满足某些关注点上具有优秀的品质,并且在众多案例中得到验证。它们无一不是构思巧妙、结构简洁、经济实用,通过对架构模式的总结归纳和重用,架构师的工作难度降低了,工作效率得到提高,系统质量也得到保证。在这些成熟的架构模式中,应用最广泛的就是分层模式和MVC模式。下面介绍信息系统开发中常见的这两种架构模式。

10.2 分层应用架构

自从信息系统诞生以来,业务需求与规模持续扩大,各种非功能需求不断提出,代码量日益增加,项目管理难度也随之加大。如何有效控制这些来源于业务、技术和项目管理上的复杂度,成为系统设计与开发的一项关键任务。

在分解复杂的软件系统时,系统设计者用得最多的架构技术就是分层。分层架构是一种经典的架构安排,其设计初衷是代码的可维护性。它的基本组织方式是分层。层(layer)是具有相同职责的一类软件类(代码)的集合,每个层次都有明确定义的职责,各层职责边界清晰。用分层来隔离不同职责的代码,能够有效分离业务逻辑、数据访问逻辑、界面处理逻辑,有利于各层逻辑的复用。

分层架构的原则是必须坚持层间的松耦合关系。设计程序时,应先划分出可能的层次,以及此层次提供的接口和需要的接口。设计某层时,应尽量保持层间的隔离,仅使用下层提供的接口。这样,分层架构限制了层之间的单向依赖关系。每层只能依赖于紧邻其下方的层(如果严格分层)或其下面的任何层,而不能反向调用。

分层架构使得程序结构清晰,更改某一层的代码,只要本层的接口保持稳定,其他层可以不必修改。即使本层的接口发生变化,也只影响相邻的上层,修改工作量小且错误可以控制,不会带来意外的风险。由于层间松散的耦合关系,使开发人员可以专注于本层的设计,而不必关心其他层的设计,也不必担心自己的设计会影响其他层,对提高系统质量大有裨益。

10.2.1　基本的三层架构模式

在信息系统领域,最常用的分层模型是三层架构。这一架构在20世纪70年代就出现了,但直到20世纪90年代随着面向对象和分布式技术的广泛使用才流行起来。

三层架构按照代码的技术职责,将代码在逻辑上横向地分成三层,并将软件类组织到各自的层次中。三层架构中每个层次的描述如下。

(1) 表现层。既可以是简单的命令行窗口,也可以是功能完善的图形用户界面(胖客户端程序),如基于HTML的浏览器界面(瘦客户端程序)或者是Java、C#、C++等编写的客户端图形界面。主要负责提供用户访问的入口,包括向用户显示信息,处理用户和信息系统之间的交互,并把从用户那里获取的信息或请求解释成业务逻辑层或数据访问层上的动作。

(2) 业务逻辑层。包含业务概念类、业务服务类等。负责信息系统所有和业务相关的功能和业务逻辑处理,包括根据输入数据或已有数据进行计算,对从表现层输入的数据进行验证,以及根据从表现层接受的命令确定应该调用哪些数据访问层逻辑。

(3) 数据访问层。一般指与数据库的交互。主要责任是实现与数据库交互的逻辑。

【例10.1】　图10.4所示的是一个典型的三层应用架构。

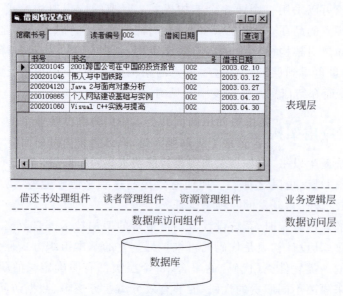

图 10.4　信息系统的三层架构模型

表现层代码示例:

```
public class BorrowedBooksView {
    public void displayBorrowedBooks (int readerId){
        List <> result = LibraryCirculation.getBorrowedBooks(readerId);
        //此处省略视图渲染代码
```

```
        return;
    }
}
```

业务逻辑层代码示例：

```
public class LibraryCirculation {
    public static List <> getBorrowedBooks(int readerId){
        //此处省略业务逻辑处理的代码,例如验证读者号等
        return BookDao.getBorrowedBooks(readerId);
    }
}
```

数据访问层代码示例：

```
public class BookDao {
    public static List <> getBorrowedBookList (int readerId) {
        //从数据库中通过 readerId 查询该用户借阅过的图书,代码省略
        return borrowedBookList;
    }
}
```

可以看出，代码按照职责的不同分成了三个包来组织：表现层、业务逻辑层、数据访问层。纵向来看，下层组件负责对上层组件提供服务，上层组件可以使用下层组件定义的服务，但下层组件对上层组件一无所知。层与层之间通常是不透明的，每一层都具有独立的职责。

伴随着职责的分离，必须遵守一条关于层间依赖的普遍原则：业务逻辑层和数据访问层绝对不要依赖于表现层。简单地说，在业务逻辑层和数据访问层的代码中，不要出现调用表现层组件或服务的情况。高层可以使用低层的服务，但高层对低层是不可见的。这条规则将降低在相同的基础上替换表现层的代价（如可以很轻松地将 Windows 窗口界面替换成浏览器中的 Web 页面），也使得表现层的修改所带来的连锁反应尽可能小。

对每个信息系统应用，以上三层是基本的层次结构，具体如何分离取决于问题的复杂程度。一个简单的窗口界面可能只要编写一个过程就将三层结构简化为两层：表现层和业务逻辑层合并为一层，直接在界面中调用数据访问层提供的数据访问操作。复杂一些的系统可以将三层的行为分别封装在不同的类中，如窗口类和领域对象类。窗口类请求领域对象类的服务，领域对象实现数据的持久存储。如果复杂度继续增加，则把这些类分配到不同的包中。

在开发实践中，以三层模型为代表的分层架构由于其简单性得到了普遍应用，很多开发人员从一开始就使用分层架构模式进行开发。三层应用架构解决了系统内调用复杂、职责不清的问题，是应用软件的经典模式之一。

10.2.2 扩展的五层

当业务逻辑变得越来越复杂时，可以进一步分解，基本的三层结构可以扩展为四层、五层或更多，统称为多层（n-layer）。公认比较完善的是表 10.1 显示的五层架构。

表 10.1　信息系统的五层架构模型

层　　名	职　　责
表现层	等同于三层中的表现层
控制层/中介层	表现层和领域层的中介层,也称应用控制器。主要表示业务逻辑中的工作流,一般针对用例的事件流控制,此外还负责会话状态、数据的合成或分解等事务
领域层	业务逻辑中的领域类的集合,不包含复杂工作流
数据映射层	负责将基于对象表达的领域层数据映射到数据库关系表中的记录,也称为数据持久层,可以自行开发,也可以采用企业级的持久化解决方案来实现(对象持久化的详细内容 14.2 节将介绍)
数据访问层	等同于三层中的数据访问层

【例 10.2】 领域驱动设计(domain-driven design,DDD)就是一种典型的五层架构,如图 10.5 所示。

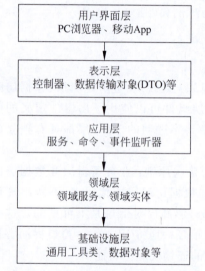

图 10.5　领域驱动设计的五层架构模型

(1) 用户界面层。负责向用户展示信息或者接收来自用户的请求,向表示层转发用户的请求。

(2) 表示层。负责接收 Web 请求,然后将请求路由给应用层执行,并返回视图模型,其载体通常是数据传输对象(data transfer object,DTO)。

(3) 应用层。主要负责获取输入,组装上下文,做输入校验,调用领域层做业务处理,如果需要的话,发送消息通知。当然,层次是开放的,若有需要,应用层也可以直接访问基础设施层。

(4) 领域层。主要是封装了核心业务逻辑,并通过领域服务和领域对象的函数对外部提供业务逻辑的计算和处理。

(5) 基础设施层。主要包含数据通道、应用配置和通用的工具类等。数据来源可以是数据库、搜索引擎、文件系统、也可以是 SOA 服务等。

10.2.3　各层的物理配置

以上讨论的主要是软件结构,使用逻辑层次将软件各部分分离,以降低不同部分之间的耦合程度。分层后的软件部件可以部署在同一台计算机上,也可以分布在不同的服务器或客户机上。对于一个信息系统来说,分布的方式有如下几种方案。

(1) 物理一层。所有层次的软件部件都运行在一台服务器上。在这种情况下,客户端通常采用一个使用 Web 浏览器(如微软的 Edge)。使用该方法不需要在客户机上安装任何程序,最大的好处是所有的东西都集中在一起(数据库和所有应用程序),很容易修改、维护和部署,不需要考虑应用程序在多个客户机环境中的兼容性问题和多个客户端与服务器的同步问题。

(2) 物理两层。采用胖客户端的方式,表现层和业务逻辑层配置在客户机,数据库位于服务器中,即 C/S 结构。对于单位内部的信息系统可以采用这种部署方案,缺点是客户端程序需要在每台客户机上安装和维护。或者使用 B/S 结构,界面采用客户端的浏览器软件,应用系统的表现层和业务逻辑层可部署于专门的 Web 服务器中,由于表现层通过 IE 等浏览器程序在客户机器上运行,所以另一种观点认为这种 B/S 结构在物理上是三层(浏览器/Web 服务器/数据服务器)的。

(3) 物理三层。例如可以仍然使用胖客户端,但对于复杂的业务逻辑,分解后可以将领域层运行于专门的应用服务器中,数据库则运行在数据库服务器,即两台服务器的方式,这是分布式结构的一种形式。

总之,当采用多层逻辑结构,软件组件的打包及物理部署可以更加灵活。多层体系结构可以带来以下优势:客户对数据的访问通过中间层进行了隔离,数据库的安全性提高了;应用程序被部署在多个物理节点上,从而增强了处理大量的用户负载或计算任务的能力,系统可靠性和响应速度得到了提高;业务逻辑处于不同的中间服务器,当业务规则变化后,客户端程序基本不改动,而且某一层的改动不会影响其他层,这也意味着更好的重用和可维护性。

10.3 MVC 应用架构

10.3.1 MVC 架构模式

MVC 架构模式与 10.2 节讲到的三层架构模式有相似的地方,但不完全遵守层的基本规则,其出发点也是实现业务逻辑、数据和表示的代码分离。它的基本结构部件有三个。

(1) 模型(Model)。代表数据,就是业务领域的对象,及其属性和操作。

(2) 控制器(Controller)。是模型与视图的联系纽带。客户的请求由控制器处理,它根据客户的请求调用模型的方法,完成数据更新,然后调用视图的方法将响应结果展示给客户。相应地,模型的更新与修改将通过控制器通知视图,保持视图与模型的一致性。

(3) 视图(View)。是模型的外在表现形式,视图可以直接访问模型,查询数据信息,当模型中数据发生变化时,它会通知视图刷新界面,显示更新后的数据。

模型、控制器和视图之间的关系如图 10.6 所示。

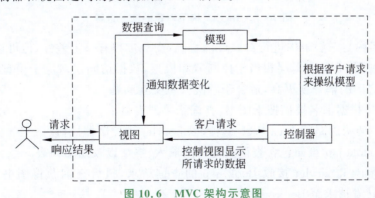

图 10.6 MVC 架构示意图

MVC 架构模式最早是 20 世纪 80 年代程序设计语言 Smalltalk 为编写用户界面程序时发明的一种架构模式。最初的目的是将数据(即模型)与数据显示(即视图)的代码实现分离,从而使一个程序中的同一组数据可以使用不同的视图进行数据展现。例如一批统计数据可以分别用柱状图、饼图来表示。控制器的存在则是确保模型和视图实现同步,一旦模型数据改变,视图应该同步更新。

在信息系统开发中,视图是用户看到并与之交互的界面,可以是 Windows 窗口、Web 页面或移动端桌面。视图只接受用户输入数据和简单数据验证以及数据的输出展现,视图的输入和输出数据由封装好的模型对象提供和管理。模型表示企业数据和业务规则,模型可以和数据库进行交互。当一个模型的代码写好后,就能为多个视图提供数据,模型的重用减少了界面代码的重复。控制器是视图和模型之间的中介,例如当单击 Web 页面中的超链接或按钮时,Web 页面只是将请求发送给控制器对象,控制器对象根据接受的 Web 页面表单中的数据,调用模型和视图响应用户的需求,控制器本身不输出任何数据也不做具体业务数据处理,但它需要根据请求决定调用哪个模型对象去处理请求,并且确定用哪个视图来显示返回的数据。

基于 MVC 架构的 Web 应用具有如图 10.7 所示的典型的对象交互过程。

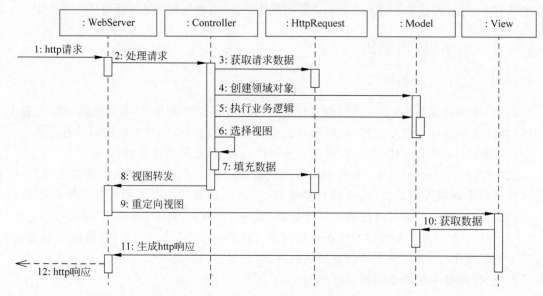

图 10.7 MVC 架构下对象的交互过程

将 MVC 架构与三层架构进行对照可以看到,交互过程有一定差异,但可以粗略地认为表现层对应于视图,业务逻辑层相当于控制器和模型,数据访问层对应于模型。只是 MVC 控制器与视图之间的耦合度更高,适合于解决人机交互问题。

【例 10.3】 根据书名模糊搜索图书,查询结果列表显示。

基于 MVC 架构思路的 Java Web 编程,以 Servlet 为控制器,有以下三部分源代码。

(1) 视图 Book.jsp 页面包含查询关键词的输入、提交以及图书列表。

(2) 控制器 BookServlet 接收 Book.jsp 的查询请求,执行查询获得图书数据,填充到 Book.jsp 中并转发请求至 Book.jsp。

(3) 模型 Book 和 BookDao 分别封装图书数据及其数据库访问操作。

Book.jsp 采用 HTML 的样式表和各种标签对数据的展现进行渲染,主干代码如下:

```
< html >
    < body >
        < form id = "search" action = "BookServlet" method = "post">
```

```html
            <input type = "text" name = "bookName">
            <input type = "submit" value = "查询">
        </form>
        <table border = "1" align = "center" cellspacing = "0" >
            <tr>
                <th> ISBN </th>
                <th>书名</th>
                <th>作者</th>
            </tr>
            <c:forEach items = " ${bookList}" var = "book">
                <tr>
                    <td>${book.ISBN}</td>
                    <td>${book.titleName}</td>
                    <td>${book.author}</td>
                </tr>
            </c:forEach>
        </table>
    </body>
</html>
```

BookServlet.java 接收来自视图的请求,根据请求类型对数据进行验证或处理,实现页面跳转,并将数据传递给页面。主干代码如下:

```java
public class BookServlet extends HttpServlet {
    protected void doGet(HttpServletRequest request, HttpServletResponse response) {
        //获取请求参数,即页面中输入的图书关键词
        String bookName = request.getParameter("bookName");
        BookDao bd = new BookDao();
        List<Book> books = bd.findByName(bookName);
        //响应(向 View 中填充 Model,并将请求转向 View)
        request.setAttribute("bookList", books);
        request.getRequestDispatcher("book.jsp").forward(request, response);
    }
}
```

Book.java 和 BookDao.java 包含图书属性和数据库访问,主干代码如下:

```java
public class Book {
    private Long titleID;
    private String titleName;
    private String author; ……
    /*** setter and getter 方法略 ***/
}
public class BookDao {
    public List<Book> findByName(String bookName) {
        //连接数据库,并执行查询
        Connection conn = DriverManager.getConnection("jdbc:mysql://localhost:3306/library", "root", "root");
        String sql = "SELECT * FROM books WHERE titleName LIKE ?";
        Statement st = conn.prepareStatement(sql);
        st.setString(1, "%" + bookName + "%");
```

```
ResultSet rs = st.executeQuery();
List<Book> bookList = new List<>();
while (rs.next()) {
    Book book = new Book();
    book.setISBN(rs.getString("ISBN"));
    book.setTitleName(rs.getString("titleName"));
    book.setAuthor(rs.getString("author"));……
    bookList.add(book);
}                                              //关闭数据源代码略
return(bookList);
    }
}
```

10.3.2 前后端分离的 MVC 架构

在一个 Web 应用中，通常将浏览器视为前端，将服务器视为后端。

早期 Web 应用采用传统 MVC 架构模式，模型、控制器、视图的程序由后端开发人员开发，并统一部署在服务器上。程序运行过程中，根据浏览器客户端的请求，由应用服务器生成 HTML（视图）并传回客户端，浏览器解析并呈现页面给用户。在这种架构安排下，位于前端的浏览器负责接收数据、展示数据、用户交互和发送请求；位于后端的应用服务器承担了包括业务逻辑、数据二次处理（排序、筛选等）、页面跳转和渲染逻辑等职责。这种前后端的交互过程如图 10.8 所示。

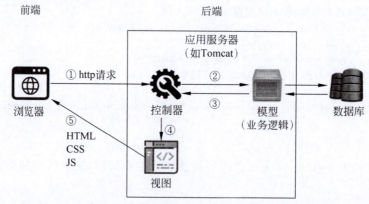

图 10.8　传统 MVC 架构模式的 Web 应用前后端交互过程

其中，应用服务器的工作顺序依次为：①控制器接收请求；②控制器处理请求，获取数据（例如，访问数据库查询用户信息）；③模型根据控制器需要，返回业务数据；④控制器生成视图，将第③步的数据填充到页面中（数据被渲染）；⑤返回完整的 HTML 页面。不难看出，后端承担了前端的部分职能，这些前端职能部署在后端应用服务器上，增加了应用服务器的压力，导致前后端高度耦合，开发和运行效率都会受到影响。

随着多端应用需求的增加，这种由后端生成 HTML 页面的方式显然不适用于 App、小程序等前端应用开发。后者一般只需要由后端提供数据，并不需要完整的 HTML 代码。

图 10.9 所示是一种前后端分离的架构模式和部署模式。由于前端界面渲染逻辑越来越复杂，渲染技术逐渐增强，视图生成和渲染等职责得以从原来的应用服务器剥离出来，单

独部署。简单的做法是将数据异步请求（Ajax 技术）和渲染的脚本代码嵌在 HTML 中，由浏览器负责解析呈现。封装更彻底一些的，是在后端服务器与浏览器的中间增加一个前端服务器（例如 Node.js），专门用于处理页面渲染和跳转等工作。前端工程师将开发、编译产生的静态文件（尚未填充数据的模板）单独部署到前端服务器上。前后端职责分离后，后端工程师只负责模型与业务逻辑，无须关心视图和前端逻辑。

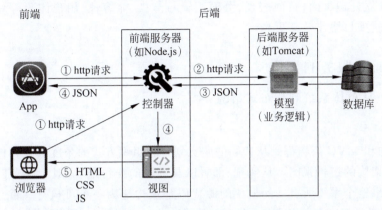

图 10.9　前后端分离后的 MVC 架构模式及交互过程

前端服务器的工作顺序依次为：①接收浏览器请求；②转发请求，并获取后端服务器的返回数据；③如果是 App 请求，则直接返回数据。④如果是 Web 请求，则生成视图，将第②步的数据填充到页面中，并返回页面。

后端服务器的工作顺序依次为：①接收请求；②处理请求，完成计算，获取结果数据；③返回数据。

前后端可以使用某种约定好的协议或接口进行数据通信。前端业务的修改不影响后端的逻辑，后端业务的修改也不影响前端的展现。后端专注于具体业务逻辑，仅返回前端所需的数据，不再渲染 HTML 页面，也不再控制前端的效果。至于前端用户看到的界面效果，后端数据如何加载到前端中，都由前端自己决定，网页有网页的处理方式，App 有 App 的处理方式，但无论哪种前端，所需的数据和计算基本相同，后端仅需开发一套逻辑代码并对外提供访问接口即可。

通过对前后端职责进行有效分离和解耦，会为以后的多端化服务（如浏览器、车载终端、安卓、iOS 等多种客户端）、大型分布式架构、微服务架构等带来灵活的适配性。例如，在一些需要共享数据的多终端项目中，PC Web 端、移动 App 端、H5 小程序端等前端有各自的视图层，但大部分后端业务逻辑是一样的，可以共享一套后端业务代码和服务器部署，架构示意图如图 10.10 所示。

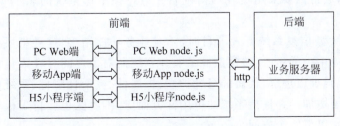

图 10.10　多前端系统的部署架构示意图

在这种部署架构下,同一个服务器接口可用于多个终端,每种前端的界面展示逻辑由各前端团队独立开发与维护。典型地,原生手机 App 从开发到部署就是采取前后端完全分离的工程组织方式,如苹果手机 App 采用 Objective-C 语言开发,发布在苹果应用商店,上线和维护都是由 iOS 前端开发团队负责,和服务端是完全不同的两个工程项目。这样,后端就可以解放出来处理纯业务逻辑和提供更好的服务(高并发、高可用、高性能、安全等),前端也可以独立处理页面(页面表现、页面逻辑与渲染、兼容性、用户体验等),从而使技术分工更为明确,项目协作效率更高。

10.4 面向服务的架构

10.4.1 从单体系统到分布式系统

1. 单体应用

分层架构和 MVC 架构都是从代码的职责划分和组织方式的角度展开软件类和包的设计,这又称为架构的逻辑视图。从实现、部署以及进程的视角来看,对于一套已建成实施的信息系统,如果整个系统所有功能模块的源代码都被构建为一个可执行文件(如.war 文件或.jar 文件)部署在一台服务器上,在该服务器以单一进程运行的话,则会被称为单体应用(monolith)。

【例 10.4】 一个单体应用的部署情况。这些代码所编译成的组件,包括面向用户的 Web 组件、封装业务逻辑的服务(Service)组件和完成数据访问的数据访问对象(DAO)组件,都作为一个整体进行统一地开发、部署、运行和维护(见图 10.11)。

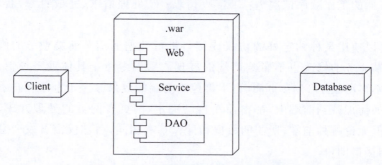

图 10.11 一个单体应用的部署示意图

单体应用适用于规模较小且业务不太复杂的项目。这类情况下,一个应用往往由一个团队独立进行开发和维护,团队成员能够快速学习、理解和修改代码。同时,因为单体系统的表现形式就是一个独立的 war 包或 jar 包,想要对它进行集成、部署以及实现无状态集群相对也比较简单,通常只要采用负载均衡机制并运行该单体系统的多个实例,就能达到系统伸缩性的要求。

当面临一个大型信息系统开发项目时,随着业务功能增多,这种将所有业务代码都集中在同一个单体应用中的做法,慢慢造成了业务系统的对象之间存在大量的循环依赖和紧密耦合,使业务代码难以理解,代码的可维护性、扩展性、灵活性降低,系统的修改、测试、构建及部署成本显著增加。在保持系统的可用性方面,运维团队也会付出极大的人力和时间成本。具体表现在以下六个方面。

（1）维护难。业务结构不断变化和业务量的增加，所有的业务代码交织在一起，单体系统的代码结构日益复杂，功能耦合在一起，在开发人员对全局功能缺乏深度理解的情况下，不知道从何下手，修复一个缺陷的同时可能引入其他的缺陷。

（2）缺陷修复困难。由于缺乏合理的业务边界，当出现缺陷时，可能引起缺陷的原因组合就会比较多，这会导致分析、定位和修复缺陷的成本相应增高，也就意味着缺陷的平均修复周期可能会花费更长时间，从而影响到系统的正常迭代和演进。

（3）扩展性不够。单体应用的集中管理方式使得系统内部的技术体系和开发方式很难得到扩展，无法满足高并发下的业务需求。随着应用程序的复杂性逐渐增加，以及功能越来越多，如果团队希望引入新的框架和技术，或者对现有技术再升级，通常会面临不小的风险，初始的技术选型严重限制了单体应用将来采用不同开发语言和框架的能力。

（4）变更的稳定性差。如果应用因某个部分出现了微小的问题或者需要更新，则整个应用都要下线，系统的可用性降低，很多业务无法承受停机所带来的影响。

（5）开发效率降低。所有开发人员都在同一个项目改代码，所有的变更必须一起上线，哪怕要对现有应用做很小的改动，也需要对整个版本及其质量保证周期进行批量式更新，这造成更新发布的相互等待，会影响研发团队的开发速度。

（6）不灵活。构建时间长，任何小修改都要重构整个项目，耗时费力。

不难看出，单体应用的工作方式是为整个系统建立一个总的系统逻辑模型。然而，随着信息系统所支撑业务领域的不断扩展，一个信息系统往往跨越多个业务领域，这种沿袭自小规模系统的建模方式意味着引入一种不良的紧耦合。因此，有必要对这种大一统的系统逻辑模型进行适当拆解，为每个领域建立单独的业务模型，明确每个领域模型的范围，从而减小领域模型变更的影响。

最后，随着移动应用等多种客户端(iOS、Android、小程序……)技术的发展普及，原来 MVC 中的视图(Web 页面)渲染工作逐渐从后端开发脱离，形成专门的前端设计团队。面对这种情况，仍将前端的视图与后端的业务逻辑绑定在一处来设计变得不再合乎时宜。

2．分布式应用系统

当系统规模较大时，单体应用这种软件形态不再适合了，会考虑将单体拆分成多个组件，进而部署和运行在多台服务器上。这时的信息系统是一种分布式系统。分布式系统是指硬件或者软件组件分布在不同的网络计算机上，彼此之间仅仅通过消息传递进行通信和协调的系统。

【例 10.5】 图 10.12 所示的一个典型的分布式系统的部署图，包含了分布式服务、消息中间件和分布式缓存等常见的用于构建分布式系统的技术实现方式。这些工具位于一个网络环境中，相互之间通过服务的注册和发现、消息传递、数据缓存共享等机制完成协作。

10.4.2 面向服务的架构模式

到目前为止，当人们提到"面向服务的架构"时，一般会指具有相同思想渊源但产生背景和应用场合迥异的两种架构方法论。一种是用于解决异构系统的集成整合和互联互操作问题的架构方法；另一种则是微服务架构，它包含架构风格、编程模型、运行环境和相关

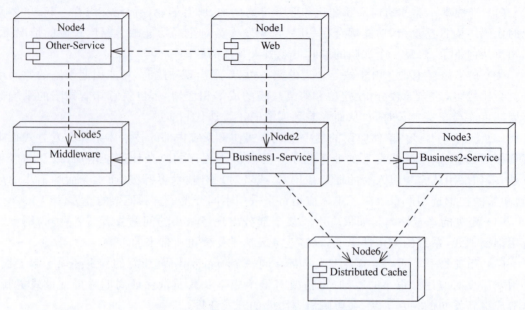

图 10.12 分布式系统的部署示意图

方法论等在内、涵盖分析、设计、开发、部署、运行和管理等整个信息系统建设生命周期的一整套应用系统构造方法,适用于从头开始构建一套全新的系统。无论哪一种,它们都是分布式系统的架构方法论。

1. 面向异构系统集成的 SOA 架构

Gartner Group 公司于 1996 年最早提出"面向服务的架构"(SOA)概念时是这样描述的:"客户-服务器的软件设计方法,一个应用系统由软件服务和软件服务使用者组成……SOA 与大多数通用的客户-服务器模型的不同之处在于它着重强调软件构件的松散耦合,并使用独立的标准接口。"

图 10.13 显示了 SOA 的技术架构,主体部分为五个层次,从最底层向上分别是:现有应用资产层、服务构件层、服务层、业务流程层、用户表示层。

(1) 现有应用资产层。这一层包括所有已开发、定制或打包的应用软件或数据库等资产,它们在目前 IT 环境下运行以支持业务活动。例如定制开发的 J2EE、.NET 等应用软件,历史遗留的应用程序与系统,购买的 ERP 或 CRM 等应用系统。需要使用 SOA 技术,将它们集成起来。

(2) 服务构件层。包含软件构件,提供服务的实现。这些构件包含业务功能和技术组件,它们能确保服务质量和遵守服务等级协议(service level agreement,SLA)。本层使用基于容器的技术,如应用服务器。除实现构件管理之外,还可以实现高可用性、负载均衡和任务管理等。

服务构件层通过包装和支持松耦合实现 IT 灵活性,服务提供者保证所有构件都符合某种合约(如 Web Service 标准),服务消费者对于合约达成默契,构件实现的细节对于消费者来说无关紧要,当提供者使用一个有相同描述的构件替换已有构件时,不会影响服务的消费者。

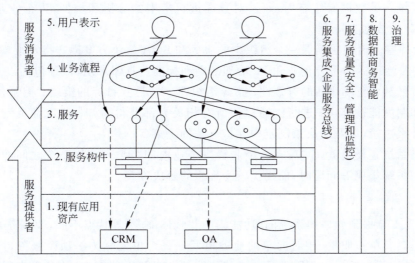

图 10.13　SOA 的技术架构示意图

(3) 服务层。服务层由所有在 SOA 中定义的逻辑服务构成。该层包含在设计过程中使用/创建的服务、业务功能和 IT 表现形式的描述，以及在运行时使用的契约和描述，如 Web 服务描述语言（web service description language，WSDL）。该层的服务可被发现、调用、编排进而形成组合服务，也可以直接被业务流程层和用户表示层使用。

(4) 业务流程层。该层定义服务层中这些服务的组合和编排，将一组服务组合或编排成一个流程。业务流程层包含流程表示、组合方法和构建块，还包含业务流程的多个参与者（个人、部门、机构等）之间的信息交互（数据流）和控制序列（控制流）。

SOA 技术架构中的业务流程层在连接业务能力要求和 IT 级解决方案中充当一个中央协调角色，该层需要与服务集成层、服务质量层、信息架构层和服务层进行协作，处理的内容最复杂。

(5) 用户表示层。也称消费者层，基于服务提供软件功能和数据给最终用户，并具备建立不同应用的连接能力。通过信息门户、客户端（HTML、Ajax、Android）等技术，为业务流程和组合应用提供快速创建客户前端的能力，以响应市场变化。

此外，以上所有层次共同关注的还有安全架构、数据架构、服务集成架构和质量管理等，它们作为公用设施提取出来，形成图 10.13 所示的纵切面的四层架构。

(6) 服务集成层。集成层支持和提供调节能力，确保服务发起者能够向正确的服务提供者传输服务请求，包括路由、协议支持和转换、消息传递/交互风格、异构环境支持、适配器、服务交互、服务实现、服务虚拟化、服务消息传递、信息处理和转换等。

在一个企业内部，已使用的服务数量可能是巨大的，而且可以预计会持续增长，必须提供一种手段，能够将多方提供的服务集成在一起，并构造一种通用的服务基础设施来管理它们。企业服务总线就是一个可灵活整合和连接不同应用和服务的基础设施，广泛用于企业构建和部署 SOA。

(7) 服务质量层。支持 SOA 各层非功能性需求，提供了监视、管理和维护诸如安全、性能和可用性等 QoS（quality of service）的能力。

(8) 数据和商务智能层。这一层包括信息架构、业务分析和商务智能、企业元数据管理等。提供了统一的数据操作能力,通过对数据进行集中的分析和挖掘,为企业业务决策提供及时、准确的数据支持。

(9)治理层。治理层确保一个组织中的服务和 SOA 解决方案遵守指定策略、指导方针和标准,SOA 治理活动符合企业和 IT 治理准则和标准。具体来说,治理包括以下方面:建立授权的责任链;度量评估的有效性;指导组织建立满足其目标的策略;控制机制以确保各种策略和制度能被遵从;进行沟通以使所有相关方都获得通知;确定谁负责制定决策,需要制定什么决策,以及使决策制定中保持一致的决策。

从信息系统建设角度,SOA 在为企业解决企业内部跨平台应用系统之间的集成,以及企业间应用系统集成等问题时,能提供较为理想的解决方案。

2. 微服务架构

与 10.4.1 节提到的单体系统的"功能集中""整体部署"等特点不同,微服务架构将系统构建为一组具有单一职责、相对简单的业务单元。每个单元称为一项微服务,可以独立地开发、部署和运行。这样也就降低了业务代码间的非必要功能耦合,让开发变得更为灵活,更能适应业务快速变化。不难看出,微服务架构解决了单体系统的缺陷,适用于规模较大的业务系统。

就其实质来说,微服务也是一种架构模式。不过本书还是遵从一般的讲法,将其简称为"微服务架构"。

微服务架构的基本元素是服务。总体上来看,它们是一些能够互相协作且自治的服务体系,每个微服务都相对简单,仅关注于完成一项任务,每项任务代表着一个基础业务能力(或技术能力)。在设计微服务时,一般会根据业务概念来确定服务的边界,而非出自于技术上的考量。尽量保证每个服务都是相对独立的业务单元。这样一来,某项业务相关的内容都集中在服务内部,实现服务的高内聚性。

微服务架构的一个关键约束是服务之间只能通过消息传递来完成通信与协作,开发人员无法直接访问服务内部的方法或数据。这也就意味着,不能直接访问另一个服务的数据库,不能共享内存,也不允许有任何其他的直接通信方式(如代码后门等)存在。

【例 10.6】 一个微服务架构的电子商务系统。

如图 10.14 所示,该系统由多个独立的服务组成,服务专为业务功能而构建,例如商品配送。而且每项服务只负责自己的一项功能。这些服务的进程单独运行,并由对应的一支开发团队负责管理,因此我们可以对各服务进行独立更新、部署与扩展,最终满足对应用程序特定功能的需求。举例来说,当出现用户购买峰值时,可以单纯扩容订单服务以强化承载能力。

在这样的系统中,服务的接口设计非常重要。只要接口不改变,不管内部发生什么变化,也不会影响到依赖于该服务的其他服务。通过这种封装机制,服务得以处理"可能变化的"与"恒定不变的"两者之间的关系:容易发生变化的部分,即功能的具体实现,隐藏到恒定不变的服务接口之后。

从实现、部署和进程视图来看,整个系统部署在单台或多台服务器上。系统由多个组件(可执行文件或.war 文件等)构成,这些组件都单独部署、独立运行于一个或多个进程之上,承载着一项项具体的业务功能,例如订单管理和商户管理。每个服务都有自己的领域

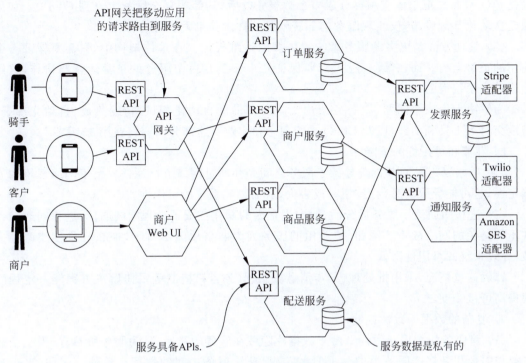

图 10.14　电商应用的微服务架构

模型和逻辑架构，包括实现领域模型的代码集合。这些单独的服务可能用三层架构实现，也可能用其他架构实现；可能使用一种编程语言开发，也可能使用不同的编程语言开发。这些进程通过网络通信协议实现跨进程通信。

微服务架构将大型信息系统分解成小型服务，设计、开发、测试一个仅有少量业务逻辑的小型服务比整个应用程序要容易很多，同时由拆分会带来如下好处。

开发人员能够更加容易理解、维护和改良这些服务，还可以自由选择开发语言，不受限于单一开发语言或者框架，开发人员可以更快和更容易地更新系统的单个组件。

拆分之后，各项服务可以独立地构建、测试和部署。升级一个服务对于复杂系统来说是一个局部可控的任务，无须重新部署整个系统，也简化了维护和管理的程序，不再受限于系统整体的开发周期，给系统带来了更高的可测试性、可部署性和可维护性，允许业务的持续更新迭代。

从进程的观点，业务代码分散运行在多个进程上，只要隔离得当，一个进程出现故障不会拖累整个应用下线，运行于其上的独立服务也就不会彼此影响。

可以跨多个服务器和基础架构部署，有针对性地为系统的性能瓶颈位置部署计算资源，节省出资源可以提供给其他任务，能有效利用计算资源。

微服务架构虽然解决了旧问题，也引入了新的问题。

1）服务数量多，测试、部署、管理的工作量增大

（1）测试方面。服务拆分后，几乎所有功能都会涉及多个服务。原本单个程序的测试变为服务间调用的测试。定位故障点变得困难，测试变得更加复杂。

（2）部署方面。在单体应用中，一个应用部署到一台主机或者主机机群上，部署的复杂

度是 $O(n)$，而当把单体应用拆分成多个微服务以后，其部署复杂度就上升到 $O(n^2)$。如果缺乏自动化基础设施，仅实现服务的部署就是一件工作量大、风险高的工作。

（3）管理方面。更多的服务意味着更多的运维投入。在单体架构中，只需要保证一个应用的正常运行。而在微服务中，需要保证几十甚至几百个服务的正常运行与协作，这给运维带来了很大的挑战。

为解决上面三个问题，微服务架构实施需要借助自动化测试、持续集成、自动化部署、持续交付等工具和实践，以及 DevOps 的理念和实践。这部分内容将在第 15 章探讨。

2) 性能和可用性的下降

（1）网络延迟。服务拆分导致了服务之间必须通过网络进行通信。由于网络环境的不确定性，这可能导致消息延迟、超时或丢失，从而影响系统的可用性。

（2）进程间通信。服务拆分后，原本进程内的操作变成了进程间的通信，进程间通信存在不可避免的网络故障。例如，被调用的服务因为网络故障不可用，那么订单创建就会失败，导致系统的可用性降低。

针对这些情况，采用批处理、异步消息机制、服务容错机制等妥协解决方案能一定程度地提高可接受度。

3) 复杂的数据一致性控制

（1）跨服务的数据一致性。由于数据库隐藏在服务的背后，且为服务所私有，当一项业务操作需要更新多个服务中的数据时，需要保证跨服务之间的数据一致性。例如，当买家下订单以后，必须调用订单服务、支付服务和库存服务，修改库存状态，然后安排配送服务。这些更新都必须以原子化的事务方式完成。

（2）跨多个数据库一致的数据视图。单体应用可以依赖关系数据库的 ACID 事务性来保证查询返回一致的视图。但是微服务架构中，即使每个服务的数据库是一致的，仍然也无法获得全局一致的数据视图。

数据一致性问题有 Saga 的长活事务方案，目前也是技术研究的热点。

总之，微服务架构没有消除大型系统固有的复杂性。微服务架构其实是将复杂度从单体应用内转移到了微服务之间。随着分布式应用规模的进一步增大，所涉开发和运维人员增长到一定程度时，效率问题再一次变得像单体应用那样不可小视。这次所面临的问题域和规模比彼时大了很多，要解决微服务架构所带来的新问题，需要探索更加体系化、规范化和全局性的解决方案。

10.5 软件框架

10.5.1 软件框架的概念

视频讲解

"不要重复发明轮子"，这是软件从业者的座右铭。为了促进软件复用，软件开发者和专家们一直在努力寻找科学的方法。可复用的软件部件从代码角度看有子过程、函数、类等，从物理运行角度看有类库、Web 服务等二进制可执行组件、中间件和平台，软件复用的部件越来越大、越来越抽象。架构模式同样可以复用，这种复用不仅仅停留在逻辑层面上，当架构以物理的二进制组件的方式提供重用时，就产生了框架。

软件框架（software framework）是对整个或部分系统可重用的设计和实现，是架构模式的落地。框架可以选择对某种架构模式的基本结构和接口机制进行编程实现，框架包含了架构模式基本元素的类库(library)，可被使用该框架的应用程序直接调用，框架还包含了公用的流程控制逻辑，从而直接为应用程序提供最初的骨架甚至主程序。框架就是一个半成品软件平台，开发人员使用框架开发应用系统时，只需要根据框架的规范来编写具体业务处理逻辑和界面的代码，而不需要操心架构的各种构成部件之间的交互和控制，各部件的交互流程和程序整体运行交给框架处理。简单地比喻：使用框架开发应用系统就像写八股文甚至是某种特定体例(梨花体、元芳体)的文章，基本结构和规范已经明确，只需要在特定位置填写特定内容即可。

框架的一个重要特征是，那些在框架骨架基础上按照预留位置让程序员扩展编写的方法，常常由框架负责调用，应用程序中无须显式调用。换句话说在一个应用程序中，框架扮演着主程序的角色，协调和控制着整个应用程序流程。框架体现了软件设计中的好莱坞法则："别找我们，我们找你(don't call us, we'll call you)"。

对于团队开发项目来说，基于框架开发生产出来的软件代码都遵守同样的规范和结构，团队成员步调一致，代码的理解和维护会容易很多。此外，由于框架通常都是在实践中经过反复使用和检验的一种软件产品，所以质量有一定的保证，这使得我们用更少的时间、更少的编码来实现一个更稳定的系统成为可能。

然而框架也有其局限型。因为通常当我们确定采用了某一个框架之后，我们就囿于框架所限定的"框框"之内构建我们的应用，比较死板，缺乏灵活性。

市场上有各种软件框架，例如基于J2EE平台的Spring框架，基于Python的Web开发框架Django，微软的ASP.NET Core MVC框架可以用于构建Web应用和API。越来越多的开发团队倾向于使用开源框架提高工作效率和规范性。

10.5.2　Spring框架

1. Spring概况

Spring是最受欢迎的企业级Java应用程序开发框架，最初是由Rod Johnson编写的，于2003年6月发布。Spring框架的核心特性不仅可以用于服务器端的开发，使J2EE开发变得更容易使用，也可以应用于任何Java应用的开发中。

Spring框架的主要特点，也是优点，总结如下。

(1) 对象解耦，简化开发。提供了对象容器，应用程序中的对象创建和依赖关系可以交给Spring管理和维护。

(2) 方便集成各种优秀框架。Spring不是单一化框架，不排斥其他优秀的开源框架，内部提供了对各种优秀框架(如Struts2、Hibernate、MyBatis等)的直接集成机制。

(3) 降低Java EE API的使用难度。为Java EE开发中非常难用的一些API(如远程调用、JDBC、JavaMail等)提供了二次封装，使这些API应用的难度大大降低。

(4) 方便程序的测试。支持JUnit，可以通过注解方式方便地测试代码。

(5) AOP编程的支持。提供面向切面的编程(aspect oriented programming, AOP)，可以方便地实现对程序进行权限拦截和运行监控等功能。

(6) 声明式事务的支持。通过配置就可以完成对事务的管理，无须手动编程。

Spring 框架分为多个模块,应用程序可以选择所需的模块。核心是容器模块,包括配置模型和依赖项注入机制。除此之外,Spring 框架还为不同的应用程序体系结构提供了基础支持,包括消息传递、事务性数据和持久化、基于 Servlet 的 Spring MVC Web 框架,以及并行的 Spring WebFlux 反应式 Web 框架等。

2. Spring 的主要原理

1) 控制反转(inversion of control,IoC)

控制反转就是指一个对象 A 依赖的其他对象会通过被动的方式传递给 A,而不是对象 A 自己创建或者查找依赖对象。IoC 模式通过引入 IoC 容器来管理对象的生命周期、依赖关系等,从而使应用程序的配置和分层的依赖规范(框架负责)与处理业务逻辑的核心代码(程序员负责)分离,得到松耦合、更具规范性的程序。

Spring 容器是 Spring 框架中的核心模块,应用程序将创建对象的控制权交给容器,容器通过读取配置文件或注解获得对象的依赖关系。Spring 的 IoC 过程如下:对象 A 需要用到对象 B 的时候,A 告诉容器需要对象 B,IoC 容器会自动找到这个对象,注入对象 A 中,而 A 的源代码中无须使用 new 关键字去创建所依赖的对象 B。

上述的"依赖注入(dependency injection,DI)"就是 IoC 最常见的实现方式。被依赖的对象需要创建的时候,由一个调控系统内所有对象的第三方容器将该对象的引用传递给依赖对象,或者说依赖是被注入对象中的。在这个过程中,需要使用反射(reflection)编程技术。所谓反射就是不使用 new 关键字创建对象实例,而是根据给出的类名字符串来动态地生成对象实例。这种编程方式可以让程序在运行时动态决定生成哪一种对象,而不是将对象的类名硬编码到程序中,因此灵活度高。

2) 面向切面的编程(AOP)

AOP 是指一种将某个切面关注点从应用程序中分离出来的编程思想,将切面单独封装实现模块化,同时切面功能又能非常容易地植入应用系统中。所谓切面通常是指那些与业务逻辑无关,却在每个业务功能模块中需要共同调用的逻辑或责任,例如事务处理、日志记录、权限控制等。切面模块内聚性较高,极大地减少了系统各处重复的代码,程序员将更专心于业务逻辑的实现上,提高了可操作性和可维护性。

3. Spring Web MVC

Spring Web MVC 简称 Spring MVC,是基于 Servlet API 构建的原始 Web 框架,从一开始就包含在 Spring 框架中,是一个典型的教科书式的 MVC 规范。

早期 MVC 使用原生的 Java EE 技术,将 Servlet 作为应用程序中的控制器,用于接收用户的请求,并给予响应结果,见例 10.3 代码。这种做法最大的问题在于:常规设计中,每个 Servlet 对应一个请求路径,例如 BookServlet 处理图书查询请求,AddServlet 处理添加图书的请求,DetailServlet 处理查看图书详情的请求……因此,会导致 Servlet 数量太多,不便于管理。而 Spring MVC 框架简化了视图与控制器的交互问题,通过配置将 URL 映射到用户编写的控制类方法上,大大减少了 Servlet 数量。

Spring MVC 框架的核心组件如图 10.15 所示,各组件功能简介如下。

(1) DispatcherServlet 请求分发器。主要职责是接收所有符合配置规则的前端请求,并将请求转发给对应的控制器,并接收控制器的处理结果,确定最终由哪个视图完成响应。

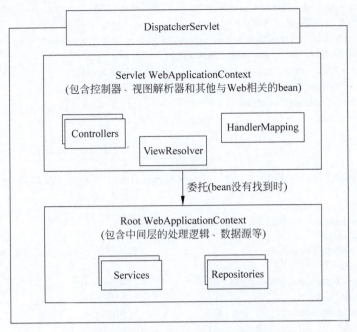

图 10.15　Spring MVC 的主要组件

（2）HandlerMapping 映射器。处理 URL 请求路径与控制器的映射关系（一些框架称为路由控制）。

（3）Controller 控制器。实际处理请求的组件。例如接收请求参数，根据参数完成一定的处理逻辑，最终采用转发或重定向的方式实现对请求的响应。

（4）ModelAndView 控制器的处理结果。其中的 Model 表示转发的数据（如果是直接的页面重定向，则 Model 没有意义），View 表示最终负责响应的视图组件的名称。

（5）ViewResolver 视图解析器。将从处理程序返回的视图名称字符串解析为实际的视图对象，以将其呈现给响应。

各组件工作原理细节较为复杂，部分流程可参考图 10.7，本书不详细阐述。此外与 Spring MVC 类似的框架还有 Django、ASP.NET core MVC 等，读者可举一反三。

下面以一个简单案例演示在 Spring MVC 框架下如何编写用户代码。

【例 10.7】　根据图书名称模糊搜索图书，查询结果列表显示。

视图部分仍然采用例 10.3 Book.jsp 不变，只需要将 form 表单中提交请求的 URL 替换，即 action="BookServlet" 修改为 action="books/search"。另外通过 BookService 执行业务逻辑，图书数据及 CRUD 操作分别封装在 Book 和 BookDao 中，与例 10.3 相同。通过使用大量的注解（以@开头的修饰）配置映射关系和对象依赖。

控制器代码改写如下：

```
@Controller
@RequestMapping("/books")            //URL 映射，路径/books 映射到 BookServlet
public class BookServlet {
    @Autowired
    private BookService bookService;  //注入一个 BookService 对象
```

```
    @RequestMapping("/search")                    //URL 映射,路径/books/search 映射到方法
    //按书名查询图书,请求参数为 bookName
    public ModelAndView findByName(@RequestParam(value = "bookName")String name){
        ModelAndView mv = new ModelAndView();
        List < Book > bookList = bookService.findByName(name);
        mv.addObject("bookList", bookList);
        mv.setViewName("Book.jsp");
        return mv;
    }
}
```

添加一个 BookService 接口类,编写 BookServiceImpl 实现该接口,部分代码如下:

```
@Service("BookService")
public class BookServiceImpl implements BookService {
    @Autowired
    private BookDao bookDao;                           //注入一个 BookDao 对象,访问数据库
    @Override
    public void save(Book book) {略}                   //添加图书
    @Override
    public void deleteById(int id) {略}                //删除图书
    @Override
    public void update(Book book) {略}                 //修改图书
    @Override
    public List < Book > findByName(String name) {     //按书名查询图书
        List < Book > bookList = bookDao.findByName(name);
        return booksList;
    }
}
```

上述 Spring MVC 架构还应用了分层架构模式,即 Servlet 控制器依赖 Service 业务层,Service 业务层依赖 Dao 数据访问层,层之间使用 Model 对象传送数据,即 DTO 数据传输对象。其中 Model 类用于封装领域对象数据,除了属性存取器(setter/getter 方法)外,没有任何业务方法,业务方法全部抽取放入 Service 对象,数据和操作处于分离的状态,未能充分利用面向对象设计思想及其带来的好处。当业务逻辑复杂,需要编写更多业务层的类,类的方法也会增多,类之间的依赖变得复杂,整个业务层边界扩大,会陷入臃肿庞大、复用性差、管理困难的境地。解决方法是尽量遵循面向对象思想,尽量构造业务数据和业务操作相融合的面向领域的模型,如近年来流行的领域驱动的设计方法(domain-driven design,DDD)。但信息系统复杂本质不会改变,没有一个放之四海而皆准的方案。对于初学者和不成熟的团队,学习 Spring 这类优秀框架、套用框架设计和编程能够快速、高效、规范地构建系统,是切实可行的工程化实践之路。

10.5.3 组合软件框架

如上 Spring 框架的特点(2)所述,多个软件框架通过集成实现优势互补,构成组合框架。Web 框架五花八门,各自用途不一,常用的组合框架有 SSH(Structs + Spring + Hibernate),Struts 实现 MVC,Hibernate 负责数据映射;SSM(Spring + Spring MVC + MyBatis),Spring MVC 实现 MVC,MyBatis 负责数据映射。有关数据映射框架见 14.2 节。

要将多个框架集成起来,有一定的难度,主要体现在以下三方面。

(1) 组件的依赖太多了,而且要注意版本兼容;

(2) 每个框架需要配置,框架之间的依赖需要配置;

(3) 部署和运行麻烦,配置过程有太多重复。

因此,出现一些框架能够简化集成框架的开发环境搭建以及开发过程,如 Spring Boot。Spring Boot 默认配置了版本兼容的多个软件框架,开发人员不需要手工进行任何配置,就能直接采用默认配置开始编程。

虽然软件框架给设计和编程带来了极大的便利性,但考虑到框架产品一直在快速更新迭代,因此本书讲解案例时尽量与具体软件框架脱钩,围绕最基础、最泛化的设计方法展开后续章节,以便相关理论知识能适应于更广泛的场景。

习题 10

10.1 架构和结构的联系和区别是什么?

10.2 什么是应用架构?什么是应用架构模式?

10.3 解释多层软件架构模式和 MVC 架构模式。

10.4 单体应用和分布式应用各自的优缺点是什么?

10.5 什么是 SOA?应用在哪些场景?

10.6 微服务架构带来哪些好处?

10.7 如何理解软件框架?

10.8 Spring 框架的 IoC 和 AOP 有什么作用?

第11章 接口层设计

所谓接口泛指事物与外界之间的一种可交互的边界,外界可以利用接口与事物沟通,而不需要了解事物内部操作。在计算机系统中,接口是计算机系统中两个独立的部件进行信息交换的共享边界。这种交换可以发生在计算机软、硬件、外部设备或进行操作的人之间,也可以是它们的结合。本章主要讨论软件接口。

信息系统在设计软件时,主要有两种接口:软件系统与软件系统之间的接口;软件系统与人的接口。人机接口设计是接口设计的核心内容,友好的人机接口是信息系统成功的关键因素之一。而随着软件不同系统、子系统之间通过接口实现有机关联,在消除信息孤岛,节能减耗,提升社会整体效率方面也发挥越来越重要的作用。

11.1 人机接口设计

11.1.1 人机接口技术

信息系统是一个人机系统,主要对外的接口就是人机接口(user interface,UI),常常被翻译为用户界面。人机接口设计本质上就是设计人机对话,即人机交互(human computer interaction,HCI),所以也被称作人机交互设计。

多数情况下 UI 和 HCI 被混用,但二者是有区别的。UI 更侧重于画面感,例如 Web 程序的网页、手机 App 的屏幕效果。人机交互则更侧重于为了达成目的而需要的整个交互过程,交互的形式多种多样,并形成了计算机科学的一个研究方向。将英文单词 interface 翻译为"界面"容易引发误解,通常所说的"用户界面设计"比较狭义,局限了人机接口设计内容,"人机交互设计"则更具有普适性,但又过于宽泛、偏学术。读者可以根据实际场景选用不同说法。

人机接口的设计富于创新与想象。随着各种智能终端和物联网设备的普及,越来越多的设备参与到与人的交互中,例如智能手表的使用场景不再拘泥于手腕,而泛化为人们移动通行的各种场景,汽车智能也不仅单纯覆盖车内空间,它与外界交通环境一同重构了驾驶场景。在现有智能终端普及使用习惯后,将激发出人们在更多、更细分的场景下存在对智能终端的应用需求和人机交互场景。

人机交互技术经过几十年的发展,取得了长足的进步。在基于传统的硬件设备如鼠标、键盘、手柄等交互工具基础上,还出现了很多不借助外在设备操控的更自然的交互体验技术。分别列举如下。

1. 传统人机交互技术

目前的信息系统应用多数是基于鼠标、键盘、屏幕等传统输入输出设备实现人机交互，需要硬件的支持，同时软件上也衍生了各种交互模式。

（1）菜单式。屏幕显示各种可供选择的功能菜单，通过鼠标单击菜单下达命令让计算机运行相应功能。常用的方式有下拉式菜单、弹出式菜单、级联式菜单、平铺式菜单等。设计菜单时要防止菜单的层次过深，也要避免菜单项太多。

（2）表单式。将要输入输出的内容以表单方式显示在屏幕上，类似于业务系统的表格和单据。设计时尽量让屏幕上的表格与实际业务数据表格能够对应，同时减少操作难度。

（3）对话式。程序运行到一定阶段，屏幕上显示问题，等待用户回答。一般使用弹窗或命令行进行回答。

2. 基于触控的交互技术

基于触控的交互技术是一种以人手为主的输入方式，它较传统的键盘鼠标输入更为人性化。智能移动设备的普及使得基于触控的交互技术发展迅速，同时更容易被用户认可。近年来，基于触控的交互技术从单点触控发展到多点触控，实现了从单一手指点击到多点或多用户的交互的转变，用户可以使用双手进行单点触控，也可以通过识别不同的手势实现单击、双击等操作。

3. 基于语音识别的交互技术

语言是人类最直接的沟通交流方式。语言交互信息量大，效率高。因此，语音识别也成为增强现实系统中重要的人机交互方式之一。近年来，人工智能的发展及计算机处理能力的增强，使得语音识别技术日趋成熟并被广泛应用于智能终端上，利用语音识别获取指令，完成数据的输入与输出，实现自然的人机交互，很大程度上提升了用户的工作效率和体验。

4. 基于动作识别的交互技术

基于动作识别的交互技术通过对动作捕获系统获得的关键部位的位置进行计算、处理，分析出用户的手势、身体姿势等并将其转化为输入指令，实现用户与计算机之间的交互。用户动作的获取可以利用摄像头或可穿戴设备追踪技术。这类交互方式不但降低人机交互的成本，而且更符合人类的自然习惯，较传统的交互方式更为自然、直观，是目前人机交互领域关注的热点。

5. 基于头部或眼动追踪的交互技术

头部跟踪主要利用电磁、超声波等方法，通过对头部的运动进行定位交互。眼动追踪是基于眼睛运动过程进行定位的交互方式，跟踪过程中无须手动输入。

动作、视觉等交互技术目前的精度和速度还有待提高，眼睛虹膜、掌纹、笔迹、步态、语音、唇读、人脸、DNA 等各种人类特征的研发应用也正受到关注。不久的将来，通过与大数据、边缘计算、虚拟现实、人工智能等相关技术的融合与促进，将显著提升人机交互体验。

11.1.2 人机交互设计的原则

人机交互设计的基本原则是以人为本，为用户操作着想，而不应从设计人员设计方便来考虑。因此，对话设计应注意以下几点。

（1）交互过程要清楚、简单，用词、用图、交互方式等要符合用户观点和习惯。

（2）交互要适应不同操作水平和习惯的用户，便于维护和修改。这是衡量交互设计好坏的重要标准。比如有些操作岗位适合使用键盘，就可以设置各种快捷键。

（3）错误信息设计要有建议性。使用者判断用户界面是否友好，其第一个印象往往来自当错误发生时系统有什么样的反应。一个好的错误信息设计，用词应当友善，简洁清楚，并要有建议性，即尽可能告知使用者产生错误的原因。

（4）关键操作要有强调和警告。对某些要害操作，无论操作人员是否有误操作，系统应进一步确认，进行强制发问，甚至警告，而不能一接到命令立即处理，以致造成严重的后果。这种警告，由于能预防错误，更具有积极意义。

（5）输入最小化，数据验证越早越好。在保证满足处理要求的前提下使输入量最小。输入量越小，出错机会越少，花费时间越少。对输入数据的检验尽量接近原数据发生点，使错误能及时发现并改正。可以利用各种自动化识别技术减少人工输入及错误。

11.1.3 图形用户界面设计

作为人机交互的主流技术，目前的人机接口设计重点仍然集中在图形用户界面的设计上。图形用户界面（graphical user interface，GUI）已成为常识。但早期的计算机显示器是基于字符（character）的，即用户界面以字符为单位（80列和25行），用户只能通过键盘操作，以字符方式发送指令控制计算机运行，同样，输入和输出的内容都以字符方式呈现。图形用户界面以显示器像素为单位，能显示任何字符、图形或图像，可以通过键盘、鼠标、光笔、触摸屏操作界面进行人机交互。

1. 图形用户界面设计原则

图形用户界面的基本界面元素有窗口、菜单、按钮、下拉列表框、单选钮、复选框、文本输入框、滚动条以及各种创新图标按钮。在输入输出数据时根据数据特点选择不同的界面元素。

图形用户界面容易学习使用，鼠标代替键盘减少了人工压力，具有高度的图形功能，直观生动，屏幕布局丰富，信息量大。

图形用户界面设计，应注意以下几条原则。

（1）用户界面的各个画面设计在整体上应保持相同或相似的外观。例如，按钮和选择项的位置与安排尽可能安排在同样的地方，便于用户熟练掌握屏幕上的信息。

（2）用户界面使用的词汇、图示、颜色、选取方式、交流顺序，其意义与效果应前后一致。

（3）允许纯键盘输入方式，输入的移动顺序应从左至右，然后从上至下。这样熟练用户可以方便地使用快捷的键盘方式录入。

（4）要正确使用图形的表达能力。图形适合用来表达整体性、印象感和关联性的信息，而文字适用于表达单一的、精确的、不具关联性的一般资料。滥用图形表示有时会造成画面混乱，反而使用户不易了解。

（5）由于图形对象占用资源较多，在响应速度高而处理器、网络条件不太好的环境中，要适当考虑替代方案。例如处理能力弱的移动终端可以采用字符方式，浏览器加载图片导致网页加载慢时，一个页面的图片对象不要太密集，或者使用低精度或小尺寸的图片。

2. 图形用户界面的建模

用户界面设计是界面原型的建模,其依据是系统需求。分析阶段的用例规约已经明确了参与者与系统之间的交互过程,即用例主事件流和备选事件流,根据用例描述和领域类图中的对象及其属性,就可以开始用户界面建模了。

1) 界面原型应包含的内容

(1) 界面窗口的整体布局和界面元素。

(2) 需要由系统执行的操作按钮及响应。

(3) 需要由用户输入到系统中的数据项,数据项的输入方式和格式要求,以及需要由系统执行的数据校验。

(4) 对界面事件系统需要及时做出回应的说明。

(5) 需要由系统输出给用户的数据窗口或消息。

2) 界面模型

(1) 线框图(wireframe)。线框图只用线条和方块来绘制用户界面,专注在功能和操作上,而去除了其他各种视觉影响元素,如颜色、图案样式等。线框图可以使用简单的绘图工具,也可以手绘。此外,可以使用连接线标识相关界面之间的逻辑关系。

(2) 视觉稿(mockup)。视觉稿是高保真的静态效果图,应当表达信息框架、静态演示内容和功能。更倾向于体现最终成品或界面原型的视觉效果,但是不能交互和点击。

(3) 原型(prototype)。原型是利用工具制作,能够模拟用户操作流程并且测试用户交互效果的界面模型。原型与成品的形态相差无几,但并没有真实数据。

用户界面从构思到成稿,一般会经历 3~4 个不同的设计阶段。首先会绘制草图,用于落实想法和初步方案;然后绘制线框图,规划信息的层次结构,将内容分组,突出核心功能;接着绘制包含细节的视觉稿;最后将真实的交互和视觉汇集到一起构建成原型。

早期的用户界面设计采用平面设计工具居多,例如 Photoshop,目前市面上有很多专用工具,如 Axure Pro、墨刀等,一些工具可以支持在线多人编辑,非常适合团队工作。

3. 客户端窗口界面设计实例

【例 11.1】 借还书的管理员 Windows 客户端程序界面设计。

图 11.1 和图 11.2 展示了图书馆系统中的"借出资源"和"归还资源"用例的界面原型。它们完全没有美观性可言,但实现了用例最关键的交互。这种窗口式界面是采用 VB 为工具设计的,也可以使用 Axure、墨刀、Sketch 等 UI 设计工具来制作。

图 11.1 LendWindow 界面原型

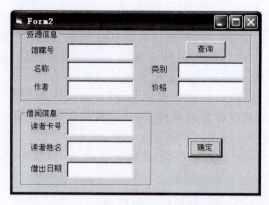

图 11.2 ReturnWindow 界面原型

界面原型展现了用例的静态可视化效果,其中的数据来源、输入方式、格式等最好能明确说明,如表 11.1 所示。用户界面是人机交互的主要手段,在用例事件流中描述的用户活动需要映射为界面操作,而操作又体现为各种界面元素的触发事件,比如单击 XX 按钮、下拉菜单选择选项,因此还需要描述各种事件及其响应,如表 11.2 所示,用以指导事件驱动编程。

表 11.1 图 11.1 用户界面中的数据说明

数据项名称	输入方式	长度	必输/可选	备 注
读者卡号	手工输入或自动读取 IC 卡	8	必输	人工录入必须为 8 位数字
读者姓名	系统提取	20	必输	系统通过读者卡号从数据库中获取
联系电话	系统提取	20	必输	系统通过读者卡号从数据库中获取
联系地址	系统提取	30	必输	系统通过读者卡号从数据库中获取
馆藏号	自动条码识别	10	必输	人工录入必须为 10 位数字
资源类别	系统提取	2	必输	系统通过图书馆藏号从数据库中提取
名称	系统提取	30	必输	系统通过图书馆藏号从数据库中提取
本次借书列表	自动加入		必输	表格,3 列(图书馆藏号、书名、当前日期)

表 11.2 图 11.1 用户界面的事件说明

事 件	响 应
单击"查询"按钮	系统根据输入的读者卡号查询数据库获取读者信息并显示,当读者卡号为空时提示用户输入
完成图书条码阅读	系统根据图书条码查询数据库获取图书信息并显示
单击"增加"按钮	将当前显示的图书加入借书列表,如果读者额度已满,系统弹出提示框
单击"完成"按钮	弹出借书单打印窗口

【例 11.2】 维修公司内部员工使用 Windows 窗口界面来填写派工单。

图 11.3 是为第 7 章表 7.5 "填写派工单"用例规约设计的用户界面。同样,该界面的数据项输入方式、数据长度和校验要求,数据项之间的操控约束以及界面事件和响应也应列表进行说明。

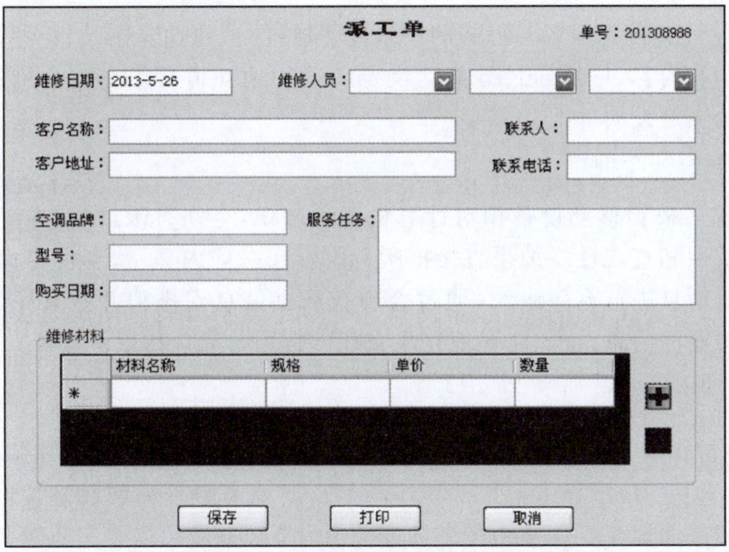

图 11.3　填写派工单的用户界面

4．Web 界面设计实例

【例 11.3】　读者登录后预约图书馆资源的网页界面。

如果系统要采用 B/S 结构，界面设计就需要考虑 Web 操作特点。"预约资源"用例可以实现读者上网查看图书馆资源并进行预约，其 Web 界面如图 11.4 所示。

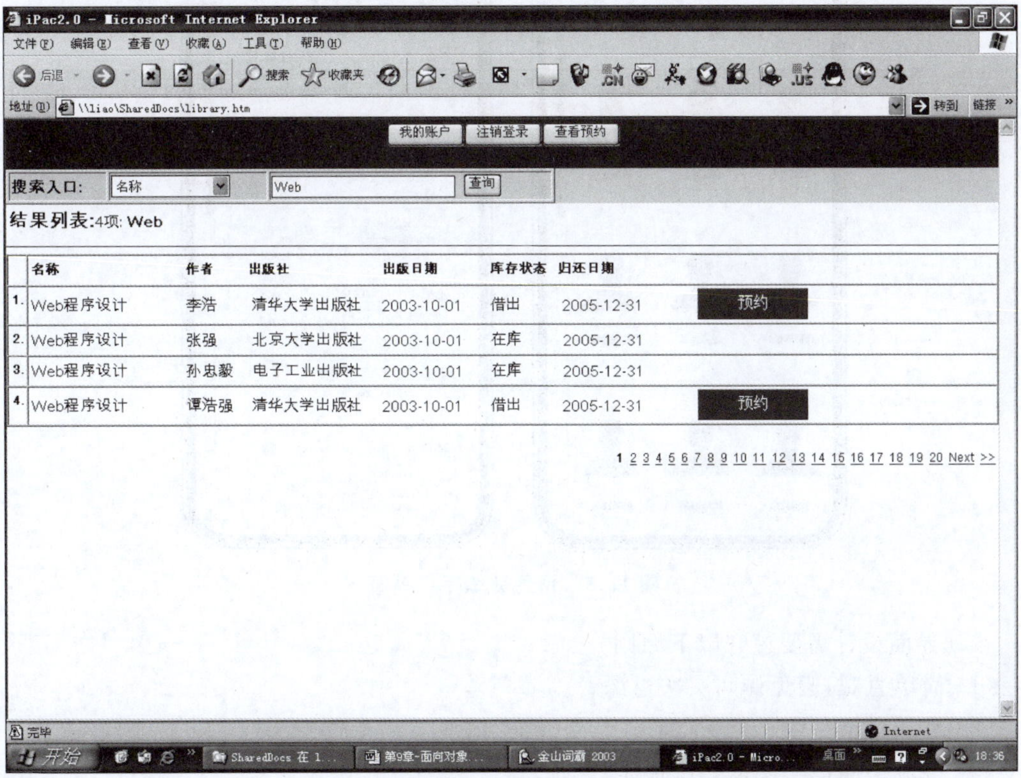

图 11.4　ReservationWindow 的 Web 界面原型

Web 界面设计要考虑内容与形式的一致性、风格的一致性。网站首页导航应尽量展现整个网站的架构和内容,尽量通过导航让浏览者确切地知道自己在整个网站中的位置,以便确定下一步的浏览去向。

5. 移动界面设计实例

手机终端或平板等移动设备相对计算机屏幕来说,空间有限,因此在界面布局方面需要更加强调简洁性和直观性。如果直接把所有内容在一屏内显示,会使界面混乱且不易使用。因此需要对信息进行有效组织,通过合理布局把信息安排得井然有序,用户能很容易地访问到自己想要的信息,也能流畅地完成交互。常用布局包括以下五种。

(1) 竖排列表式。
(2) 横排方块式。
(3) 九宫格式。
(4) Tab 卡片式。
(5) 分栏式。

【例 11.4】 学员使用手机客户端浏览健身教练并进行预约。

图 11.5 所示的是一个健身 App 的教练预约界面,其中左边教练列表就是采用九宫格布局。如果希望显示更多教练个人信息,可以采用列表式,按行排列教练。

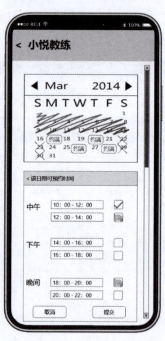

图 11.5 预约教练手机界面

移动界面设计需要遵守以下原则。
(1) 简单直观,避免访问层次过深。
(2) 界面风格一致。
(3) 考虑不同移动设备的兼容性。

(4) 根据用户习惯实现个性化定制。

(5) 减少文本输入。

11.1.4 输入数据的校验

1. 数据的错误

"输入的是垃圾,输出也是垃圾"。数据是系统的核心资产,一旦出错将引起业务工作的混乱。因此对这些数据要重点进行校验。

数据出错有以下三种情况。

(1) 数据内容错。这是由于原始单据有错或录入时发生错误。

(2) 数据多余或不足。这是收集数据时的错误,如原始单据丢失或重复。

(3) 数据的延误。由于输入数据迟缓导致处理推迟,不仅影响业务工作,还可能使输出结果变得无价值。

2. 数据校验方法

数据的校验有多种方法,可根据需要和条件选用。表 11.3 列出了常用的数据校验方法。

表 11.3 数据校验方法

数据校验方法	方法说明
重复校验	将相同的内容重复执行多次,比较其结果。例如,由两个或更多操作员录入相同的数据文件,比较后找出不同之处予以纠正
视觉校验	一般在原始数据转换到介质以后执行。例如,从终端上键入数据,在屏幕上校验之后再送到计算机处理。视觉校验一般查错率可达到 75%~85%
控制总数校验	分批汇总校验是对部分重要数据进行的,控制总数校验则是对所有数据项的值求和进行校验,其出错位置的确定比分批汇总校验精确
数据类型校验	校验数据是数字型还是字符型,还可组合运用界限检查、逻辑检查等方法进行合理性校验
格式校验	校验各数据项位数和位置是否合乎事先的定义。例如,若规定姓名最大位数是 30 位,那么第 31 位应为空格,否则认为数据错位。例如月份应是 1~12,日期应是 1~31。逻辑校验检查数值是否合乎业务上的要求,也称合理性校验正则表达式
界限校验	界限校验指检查某项数据是否在预先指定的范围之内。分范围校验、上限校验、下限校验三种。例如某商品单价为 50 元~1000 元,在此范围之外属错误
平衡校验	校验相关数据项之间是否平衡。例如,检查会计的借方与贷方、报表的小计与总计是否相符
数据库匹配校验	指核对业务文件的重要代码与主文件的代码。例如,销售业务文件中的顾客账号若在顾客主文件中找不到,这就是问题
代码自身校验	校验码是根据事先规定好的数学方法及代码本体计算出来的。当自检码输入计算机后,计算机按照同样的数学方法,根据代码本体进行计算,将结果与校验位比较,检验输入的代码是否正确

11.1.5 自动识别技术

自动识别技术是将信息数据自动识读、自动输入计算机的重要方法和手段,极大地提高了数据采集和输入的效率和准确性。

1. 条码及阅读器

条码系统是由条码符号设计、制作及扫描阅读组成的自动识别系统。条码由宽度不同、反射率不同的条和空,按照一定的编码规则(码制)编制成图形来表示数字和符号信息,标识和存储事物的相关信息。条码由专用的条码打印机打印出来。

条码分一维条码和二维条码。一维条码的条和空都在一个方向上,例如超市商品条码、图书条码等。由于一维条码受信息容量的限制,通常只能充当物品的标识符而不能包含太多物品的描述信息。二维条码在水平和垂直方向可以都进行编码,使用若干个与二进制相对应的几何形体来表示文字数值信息,通过图像输入设备或光电扫描设备自动识读以实现信息自动处理。二维条码可容纳多达1850个大写字母或2710个数字或1108字节,或500多个汉字,比普通条码信息容量约高几十倍。图片、声音、文字、签字、指纹等电子化数据都可以编码用二维条码来表示。手机二维码也是二维码的一种,手机二维码不但可以印刷在报纸、杂志、广告、图书、包装以及个人名片上,用户还可以通过手机扫描二维码,快速获取到二维条码中存储的信息,进行上网、发送短信、拨号、资料交换、自动文字输入等操作。

二维条码具有储存量大、保密性高、追踪性高、抗损性强、造价便宜等特性,特别适用于表单、安全保密数据、物品追踪、证照数据等的存储和传递。从而减少人工录入,避免人为错误,降低人力成本。

2. 磁卡及读卡器

磁卡是利用磁性载体记录一些信息,用来标识身份或其他用途的卡片,与各种读卡器配合作用。一个单独的磁条可以存储几道信息,总存储容量大约在200个数字字符,通常用于标识身份。

磁卡使用方便,成本低,用途广泛,但磁卡技术难以满足越来越多的对安全性要求较高的应用需求,有容易复制、容易受损等弊端。

3. IC卡及读(写)卡器

IC卡是指集成电路卡(integrated circuit card)。它是在大小和普通信用卡相同的塑料卡片上嵌置一个或多个集成电路构成的。集成电路芯片可以是存储器或处理器。带有存储器的IC卡又称为记忆卡或存储卡,带有微处理器的IC卡又称为智能卡或智慧卡。记忆卡可以存储大量信息,智能卡则不仅具有记忆能力,而且还具有处理信息的功能。

IC卡分接触式IC卡和非接触式IC卡。接触式IC卡通过IC卡读写设备的触点与IC卡的触点接触后进行数据的读写,非接触式IC卡与IC卡设备无电路接触,而是通过非接触式的读写技术进行读写(例如光或无线技术),其内嵌芯片除了CPU、逻辑单元、存储单元外,增加了射频收发电路。

IC卡存储容量大,根据型号不同,容量从几百个字符到上百万个字符。在与读卡器进行数据交换时,可对数据进行加密、解密,以确保交换数据的准确可靠,安全保密性好,不容易被复制。具有防磁、防静电、防机械损坏和防化学破坏等能力,信息保存年限长,读写次数在数万次以上。常见的公交卡、水电燃气卡、社保卡等都是 IC 卡。

4. RFID 标签及读写器

RFID(radio frequency identification)电子标签是射频识别的通俗叫法,由标签、解读器、数据传输和处理系统组成。RFID 是一种非接触式的自动识别技术,它通过射频信号自动识别目标对象并获取相关数据。

RFID 的基本工作原理是:当标签进入磁场后,接收解读器发出的射频信号,凭借感应电流所获得的能量发送出存储在芯片中的产品信息,或者主动发送某一频率的信号;解读器读取信息并解码后,送至中央信息系统进行有关数据处理。采用 RFID 标签技术可以透过外部材料读取数据,还可同时对多个物体进行识读。RFID 标签存储的信息量也非常大,最大存储容量有数兆字节之多,并且随着记忆载体技术的发展,未来携带的信息会越来越多。

RFID 有三大类:无源 RFID、有源 RFID、半有源 RFID。

前面介绍的非接触式 IC 卡,如公交卡、门禁卡、二代身份证等采用的就是无源 RFID 技术,属于近距离自动识别。无源标签都是只读的。

有源 RFID 技术具有远距离自动识别的特性,标签自带电源,按照预设的规则周期性地进行信号发射,当 RFID 标签进入读写器的作用区域,阅读器获取到标签发射出来的信息,即完成了对标签的识别过程。有源 RFID 技术在智能医院、智能停车场、智能交通及物联网等领域有重大应用,属于远距离自动识别。

半有源 RFID 电子标签集成了有源 RFID 电子标签和无源 RFID 电子标签的优势。在平时情况标签处于休眠状态不工作,不向外界发出 RFID 信号,只有在其进入低频激活器的激活信号范围时,标签被激活后才开始工作。

RFID 标签具有防水、防磁、耐高温、使用寿命长、读取距离大、标签数据可加密、存储数据容量大、存储信息更改自如、可识别高速运动物体、可同时识别多个标签等优点,广泛应用在生产制造、交通运输、流通零售、物流与供应链、安全防伪、人员和动物跟踪以及监管等方面。

5. 其他技术

光学标记阅读机(optical mark reader,OMR)是一种集光、机、电于一体的计算机外设录入设备。它是一种专用计算机输入设备,它能快速识别信息卡上的涂写标记,并传入计算机中处理,例如标准化考试中的机读卡、人口普查表、彩票投注单、选票、订货单等。使用光标阅读机录入信息,比手工键盘录入速度提高数百倍,但使用 OMR 要求单据格式固定,不够灵活。

光学字符识别(optical character recognition,OCR)技术是指电子设备(例如扫描仪或数码相机)检查纸上打印的字符,通过检测暗、亮的模式确定其形状,然后用字符识别方法将形状翻译成计算机文字的过程。例如对纸质单据、报表和文件进行扫描,然后对图像文件进行分析处理,获取文字及表格数据,比 OMR 灵活,但识别率难以达到100%。

自动语音识别(automatic speech recognition,ASR)可以运用计算机系统对语音所承载的内容和声音特征进行自动识别,为实现数据采集和人机对话提供了新手段。

生物识别技术通过计算机与光学、声学、生物传感器和生物统计学原理等高科技手段密切结合,利用人体固有的生理特性(如指纹、脸相、虹膜等)和行为特征(如笔迹、声音、步态等)来进行个人身份的鉴定。

11.2 系统及构件接口设计

软件系统除了提供人机接口之外,往往还需要和其他软件系统打交道,软件系统内部为了需要又会划分子系统或封装特定功能的软件构件,这些子系统和构件通过软件接口让使用者能够使用它们所提供的服务,而不暴露内部结构。接口的内部实现是依靠软件系统或构件内部的组成部分(类、模块)的协作来达成。本章仅对接口及接口依赖关系建模,接口内部软件结构设计在第12、13章中讨论。

11.2.1 软件接口技术

不同系统之间可以通过程序调用的方式实现交互,调用入口就是系统接口,例如各种零售系统,不论是线上电商平台,还是线下超市的交易都需要完成付款,可以通过支付宝接口或银联接口完成。

本节先对目前常用的几种接口技术进行介绍,包括 RPC、Thrift、RMI、Web Service、RESTful API、消息中间件等,然后再根据技术选型进行接口设计。

1. 狭义 RPC

RPC 是远程过程调用(remote procedure call)的缩写形式。两个应用系统要连接,需要实现两个不同进程间的通信,而目前大多数的系统是部署在不同机器上,因此进程间通信不是基于本地的过程调用技术,而是基于网络的远程过程调用。简单地说,就是有两台计算机 A 和 B,二者可以进行网络通信,计算机 A 中的程序 X 可以调用计算机 B 中的程序 Y,这就是远程过程调用。利用 RPC 技术,应用程序可以调用运行在另一台计算机上的程序,由此获得计算结果而不需要关心远程程序的实现细节。

广义上的 RPC 有很多形式,例如本节后续的 Java RMI、RESTful API 等都是 RPC 范畴。而狭义的 RPC 就是上述程序 X 可以直接像调用本地过程一样去调用远程程序 Y。RPC 采用客户机/服务器模式实现这个过程。提供接口功能的程序就是一个服务端,请求接口的程序就是一个客户端。一个完整的 RPC 技术框架包含以下四个核心组件(见图 11.6)。

(1) 客户端(client)。远程过程的调用方,以本地调用的方式发起一个调用。

(2) 客户端存根(client stub)。可以理解为客户端代理助手。存放远程过程服务端的地址消息,将被调用的方法名、参数等打包编码成特定格式的网络消息,然后通过网络远程发送给服务方。同时接收服务端返回的消息,进行拆包解码,将结果交给客户端。

(3) 服务端(server)。真正的远程过程提供者。

(4) 服务端存根(server stub,可以理解为代理助手)。接收客户端发送过来的消息,将消息解包,解析方法名和参数,然后调用本地的方法,获得结果后,将结果打包编码成消息,通过网络发送给客户端存根。

RPC 是一种编程范式,没有要求调用双方的编程语言必须相同,但最早为人所知并接

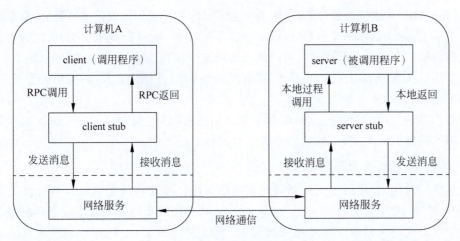

图 11.6　RPC 执行流程

受的 RPC 规范是由 Sun 提供的 Sun ONC 系统,使用在 UNIX 平台的网络文件系统中,支持 C 语言编译。早期 RPC 采用面向过程的编程范式,随着技术变化,跨语言、跨操作系统、面向对象的多种 RPC 逐步得到开发和应用。

2. CORBA 与 Thrift

CORBA(common object request broker architecture,公共对象请求代理体系结构)是解决分布式处理环境中,硬件和软件系统互连的一种解决方案,用于实现远程调用、跨语言的对象通信。CORBA 从概念上扩展了 RPC,用 RPC 开发的分布式应用是面向过程的,而 CORBA 是完全面向对象的。

在不同的程序设计语言中,远程调用、对象的引入、方法签名有各自不同的定义,为了能让不同语言的程序通信,必须在各种编程语言之外独立设计一种仅仅用于描述远程接口的语言,这就是所谓的接口描述语言(interface description language,IDL)。CORBA 采用了非常通用的 IDL 标准,开发人员需要学习并使用这一新的接口描述语言来定义接口,从编程实现上有一定难度。

Thrift 是一个包含了接口描述语言和二进制通信协议的,可以用来定义和创建跨语言远程服务的编程框架。它是由 Facebook 公司为大规模跨语言服务而开发的,利用一套完整的技术框架来帮助开发人员快速创建客户端和服务端程序。开发人员不需要关心远程通信细节,只要通过 Thrift 的 IDL 来描述接口函数及数据类型,Thrift 的多语言编译功能就能将这个 IDL 文件自动编译生成 C、Java、Python 等特定语言的接口文件,开发人员只需直接开发客户端和服务器端的应用代码,极大地降低了编程难度。而且开发过程中只要接口不变,客户端和服务器端的开发可以独立进行。

3. Java RMI

Java RMI(remote method invocation,远程方法调用)是 Java 虚拟机自带的一个远程调用方案,能够让一个 Java 虚拟机上的对象调用另一个 Java 虚拟机中的某个对象的方法。由于 RMI 标准的客户端和服务端都是 Java 环境,因此对 Java 的开发者相当透明而且易于实现。

它使用 URL 来定位远程对象，使用 Java 自带的序列化编码协议传递参数值（见表 11.4）。在接口描述上，由于这是一个仅限于 Java 环境下的方案，所以直接用 Java 语言的 Interface 接口类作为接口定义语言（IDL）。用户通过实现这个接口类来提供远程服务，同时 Java 会根据这个接口文件自动生成客户端的调用代码供调用者使用。RMI 底层通信还是采用 TCP 实现。

RMI 仅能在 Java 环境下运行，限制了其适用的范围，这和 CORBA/Thrift 追求最大范围的适用性有很大的差别，也导致了两者在易用性上的不同。

4. Web Service & RESTful API

在互联网时代，程序需要通过互联网来互相调用。而互联网上最流行的协议是 HTTP 和 WWW 服务，因此使用 HTTP 的 Web Service 就顺理成章地成为跨系统调用的最流行方案。因为可以使用大多数互联网的基础设施，所以 Web Service 的开发和实现几乎是毫无难度的。一般来说，它都会使用 URL 来定位远程对象，而参数则通过一系列预定义的类型以及对象序列化方式来传递。接口生成方面，可以自己直接对 HTTP 做解析，也可以使用诸如 WSDL 或者 SOAP 这样的规范。

在 RESTful 方案中，则限定了只有 PUT/GET/DELETE/POST 四种操作函数，每种操作可以传递参数。例 9.7 的服务就是一个 RESTful API 接口方案。

5. Windows & .NET 平台

Windows RPC 是提出比较早和比较完善的远程过程调用方案。它通过 GUID 来查询对象，然后使用 C 语言类型作为参数值的传递。因为 Windows 的 API 主要是 C 语言的，所以也限制了只能用于 Windows 程序之间做调用。后来.NET Remoting 引入了面向对象的封装，类似于 Java RMI，但只能应用于微软的.NET framework 之下，需要客户端安装.NET framework，编程模型较为复杂。ASP.NET Web Service 提供了更为简单的编程模型，使用 WDSL 标准来描述、发布、发现、协调和配置服务接口，它基于 SOAP 数据协议，支持 HTTP 网络传输协议，具有广泛的使用范围。

目前.NET 平台主要有两种接口技术。

（1）WCF；

（2）ASP.NET Web API。

WCF（Windows communication foundation）是基于 Windows 平台下开发和部署服务的软件开发包，支持 HTTP、TCP、Named Pipe、MSMQ、Peer-To-Peer TCP 等多种协议。WCF 最基本的数据传输是 SOAP 协议，保证了系统之间的互操作性，可以实现跨进程、跨机器甚至跨平台的通信，因此系统接口发布后，不论是 Windows 应用程序还是运行在 Linux 等其他操作系统上的程序都可以使用该接口。由于.NET 开发平台通过服务代理将底层通信完全封装，开发人员不用关注底层技术，而只需要把精力放在服务逻辑的开发上，因此开发 WCF 的应用程序与开发其他.NET 面向对象的应用程序没有分别。

ASP.NET Core Web API 是一个简单的构建 HTTP 服务的新框架，是.NET 平台上开源的、理想的、构建 RESTful 服务的技术，能够支持 MVC 的特征，响应消息可以转换成 JSON、XML 或者任何其他格式。但相对 WCF，Web API 支持的协议有限。

如果构建一个用于不同平台的服务，使用 WCF 更强大；如果构建基于互联网的服务，那么使用 Web API 更简单。

6. 其他技术

还有三种接口技术也会用到,但不是前述直接的程序调用方式,而是解决数据交换,是间接接口技术。

1) 共享中间数据库的方式

如果多个系统之间共享一套中间数据库和数据模式,完全可以实现不同系统之间的数据交换工作。例如系统 A 需要使用系统 B 的部分数据,系统 B 可以直接将自己的数据库开放给系统 A,但这种直接侵入的做法会带来极大安全风险,取而代之的是设计一个中间数据库,系统 B 将需要共享的数据同步到中间数据库。

这个方案看起来既简单快捷又能节约成本。但存在以下弊端。一是系统 A 和 B 的开发人员除了自身数据库之外,还需要了解和维护另一套数据库,需要投入更多精力进行沟通,增加了编程的工作量和复杂度;二是修改变更及错误排查较困难;三是数据的存取也会有时间延迟,使数据得不到及时验证和处理。

2) 中间文件的方式

顾名思义,数据交换是以文件为载体的。服务方将数据以文件方式写入到某个物理存储位置,使用服务的一方从约定的位置获取文件,然后进行处理。常用的文件交换格式有 XML 文件、JSON 文件、EDI 文件、Excel 文件、TXT 文件等。为了保证文件传输接口的统一管理,会设置一个专门的服务器,用于文件的存取。这在一定程度上解耦了系统之间因特定数据库而产生的紧密联系。但需要选择文件传输协议,考虑文件加密和文件传输的可靠性等,同样与数据库方式一样,也存在数据处理的滞后问题。

3) 消息队列的方式

消息队列(message queue,MQ)技术是分布式应用系统之间交换信息的一种技术。消息队列的具体应用,可参见 9.3.4 节。消息队列可驻留在内存或磁盘上,队列存储消息直到它们被应用程序读走。通过消息队列,生产消息的应用程序和消费消息的应用程序都可独立执行,它们不需要知道彼此的位置,或在继续执行前不需要等待接收程序接收此消息。消息队列有以下三大优势。

(1) 能够实现异步通信,解耦系统之间的接口调用关系。

(2) 具有多点广播特性。

(3) 能够实现流量削峰与流量控制。

总之,接口技术很多样,更新换代频繁,项目应根据需求特点和技术优缺点选择合适的设计。例如接口供组织内部调用还是外部使用,后者采用 URL 方式接口更佳,比较方便用户理解。如果系统接口要服务于浏览器、手机、iPhone 和平板电脑等多种应用时,选择基于 HTTP 的 Web API。考虑做面向过程的远程调用,定义并使用"函数"即可,如果用面向对象的编程方法,需要使用"对象"和方法。面向的是单一编程语言方案还是需要支持多种编程语言,以及性能方面的考量等。

11.2.2 软件接口设计

系统通过提供接口,隐藏内部的数据和算法等实现细节,可以降低系统之间的耦合。只要接口不改变,不管系统内部发生什么变化,也不会影响到依赖于该系统的其他系统。

1. 接口设计的技术问题

在一个系统中,应该基于标准化制定统一的规范和处理方式,从而降低接口的复杂度,减少各部分之间集成衔接的工作量,从而提升系统实施的速度和效率。

不同软件系统部署在不同的硬件和网络环境下,要实现互联就需要远程访问接口,接口可能是一个"远程过程或函数",或者是一个"远程对象的方法",接口需要解决以下难题。

1) 如何定位远程过程

首先,远程是指网络上另外一个位置,那么网络地址就是必须要输入的部分。在 TCP/IP 网络下,IP 地址和端口号代表了运行中程序的一个入口。所以指定 IP 地址和端口是发起远程调用所必需的。

其次,要能区分出网络地址上不同的接口功能。一个系统可能包含大量功能,可以对外提供多个远程调用接口,一个 IP 最多支持 65535 个端口,为每个接口分配一个独立的端口号作为远程调用的入口是不可行的,同时端口号也不便于理解记忆。于是产生了这样一种方案:以不同的对象来归纳不同的功能组合,先指定对象,再指定方法。那么就需要有一种指定远程对象的方法,能把对象的一些信息从被调用方(服务器端)传输给调用方(客户端),这就是面向对象的远程方法的接口方式。

2) 函数的接口形式应该如何表示

远程调用由于受到网络通信的约束,需要设计一种方式,把编程语言中的函数描述成一个远程调用的函数。例如可以采用配置文件的方式,或者直接在源代码中加特殊的注解,对函数进行标识。函数可以封装成独立的过程,也可以封装为对象方法。

3) 用什么方法来实现网络通信

远程调用最重要的实现细节,就是关于网络通信,即用什么编程技术和通信协议实现网络访问。应用程序之间可以直接对 TCP/IP 编程来实现通信,也可以委托一些其他软件。通信协议包含以下两个方面。

(1) 网络传输协议。如 TCP、UDP 或者 HTTP,或者自己定义的传输协议。

(2) 数据编码协议。就是如何把一个编程语言中的对象,通过序列化转换为二进制字节流进行网络传输,以及将接收到的二进制字节流反序列化为对象,很多开发语言有自己的序列化方案,也有专用框架可以选择。

2. 接口设计的内容

接口设计包含以下四个方面内容。

(1) 传输协议。指应用系统间传输数据所用的协议,例如 TCP、HTTP、RPC 等,是异步还是同步,安全性的要求等。

(2) 数据协议。指应用系统间传输的数据所采用的格式,例如 JSON、XML、私有协议等。

(3) 接口定义格式。包括函数或操作名称、参数数量、参数数据类型、返回值。

(4) 数据内容。指应用系统间传输的数据内容有统一的标准管理,例如 JSON 数据应该包含哪些字段,以及可能返回哪些错误信息。

具体的接口技术参见 11.2.1 节,目前有很多接口框架将底层的传输协议和数据协议进行了封装和实现,用户只需要技术选型即可。因此接口设计的重心在于根据功能性需求设计安全可靠的业务功能接口和数据标准,即上述(3)和(4)的设计。

3. 系统间接口设计

【例 11.5】 高校学籍管理系统与其他系统的接口。

高校学籍管理系统和学位管理系统的用例摘选如图 11.7 所示。其中学籍管理系统的新生名单不需要手工录入,而是通过与招生管理系统的联机交互获取。各种违纪处分记录则由学工管理系统执行相关流程后产生,这些违纪处分记录需要传送给学籍管理系统,并记录到学籍档案中。学位管理系统是学位授权审核、审批、发放的管理系统,原始数据来自于学籍管理系统中的学生课程成绩和绩点数据。

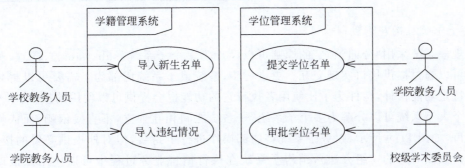

图 11.7 学籍管理系统与学位管理系统的用例

这几个系统通过独立设计开发或采购获得,各自有内部数据库,部署和运行也是分开的,但它们之间存在有机关联。根据上述需求描述,如果建立以上四个系统的有机关联,那么通过设计接口实现如图 11.8 所示的 UML 构件图(component diagram)。图中的方框代表可以运行的软件构件。向外伸出的棒棒糖符号代表构件对外提供的软件接口,而伸出半圆符号拥抱棒棒糖的构件需要使用该接口。

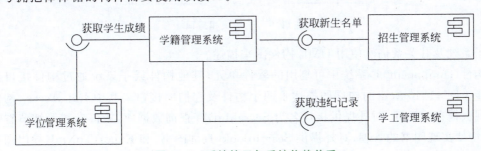

图 11.8 系统接口与系统依赖关系

以学籍管理系统为例,封装并对外提供的"获取学生成绩"接口设计见表 11.4。客户端程序(如学位管理系统的代码)通过 RMI 协议 1099 端口号,寻找到学籍管理系统所提供的接口 IScoreService,调用接口方法可获取成绩数据。

表 11.4 "获取学生成绩"接口设计

接口定义	定义远程接口类 IScoreService,提供接口方法如下: 　　public List < Score > getStudentScores(int graduateYear) 定义接口实现类 ScoreService,实现上述方法 定义 Score 类,封装数据,实现 Serializable 接口

数据内容	接口传入参数：int graduateYear 接口返回值：List < Score >,Score 属性包括： String studentID　　　//学号 String studentName　　//姓名 String courseName　　 //课程名 int credit　　　　　　//课程学分
传输协议	RMI,端口号 1099
数据协议	JDK Serializable

4. 子系统及构件的接口设计

大规模系统采用"分而治之"的原则可以设计为多个子系统(subsystem),同理,子系统之间也可以通过提供接口实现交互。更进一步,系统或子系统内部为了需要可以封装粒度更小的特定功能构件,构件为了让使用者执行它的功能也会提供可以使用的接口。

一个大型系统可以分解为多个子系统,子系统之间相互独立,不直接依赖,而依赖于彼此的接口,如图11.9所示,财务子系统将内部操作进行了封装,但对外提供必要的接口(例如一组函数或对象的一组方法),销售子系统在执行销售业务过程中可以使用该接口对销售数据执行某些财务操作。对于销售子系统而言,依赖的是财务子系统的接口,并不需要关心财务子系统的具体实现。因此,对财务子系统进行升级或替换时,只要保持其对外接口方式不变,变更不会波及销售子系统或其他子系统。

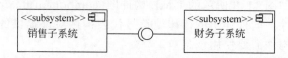

图 11.9　子系统和接口

子系统及其关系仍然使用 UML 构件图来描述。

构件(component)是系统中可复用的软件单元,其他构件或子系统通过构件接口使用其功能。图 11.10 所示的构件图描述了两个构件及它们的接口。其中 DataAccess 构件用于实现数据存取访问,对外提供接口名为 SearchInDB(查询数据库,接口参数等细节省略)。Book 构件实现图书的管理,对外提供 SearchBook(查询图书)和 ExportToXml(导出图书为 XML 文件)两个接口。Book 构件需要使用 DataAccess 构件提供的接口,这意味着构件 Book 依赖于 DataAccess 构件。DataAccess 构件不仅可以被 Book 构件使用,还可以被其他构件使用,同样 Book 构件也可以被其他程序使用。

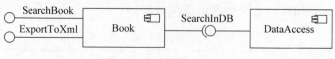

图 11.10　构件和接口

基于构件的软件开发具有变更灵活的优点。例如,DataAccess 目前支持访问 MySQL 数据库,如果将来更换为其他数据库,在接口不变的情况下,只需要实现一个新的

DataAccess 构件,然后将旧的构件文件替换即可,而不会影响使用该构件的其他程序。

11.2.3 软件接口设计注意事项

(1) 规范化。有统一的接口规范,接口遵循相应的标准规范,同时接口规范的管理也应该有专门的流程和制度。

(2) 简单性。尽量易于理解和使用。

(3) 安全性。接口的安全控制在逻辑上包括安全评估、访问控制、入侵检测、口令认证、安全审计、防恶意代码、加密等内容。

(4) 提供批量文件传送的方式。

(5) 接口的每个环节都要保留详细的日志,便于进行错误分析。

(6) 编写规范的接口文档,使用统一文档模板,用词准确,可读性,是否有遗漏等。

习题 11

11.1 系统对外接口的作用是什么?有哪几种情况?

11.2 请举例说明至少三种人机接口技术的使用。

11.3 人机交互设计应遵守哪些原则?

11.4 请举例说明你所接触的优秀的图形用户界面设计,搜集设计低劣的图形用户界面,并进行问题分析。

11.5 请为医院放射科护士设计预约功能用户界面。

11.6 什么是 RPC?系统间远程调用接口设计包含哪些内容?

11.7 构件图的组成符号有哪些?构件之间的关系如何描述?

第12章 面向对象的业务逻辑层设计

面向对象设计方法是信息系统开发中最主流的方法。在该方法中,类被认为是软件结构的基本组成元素。与结构化方法中的模块相比,类的封装粒度更大。一个类可以包含多个方法,类的方法就等同于结构化方法中的模块。结构化方法通过将功能模块一层一层分解,上层模块调用下层模块实现一个完整系统。这种分解的手段在面向对象方法中同样也有所体现。但不同的是,面向对象方法中分解的功能及子功能将归属于某个对象。其分解的含义是这样的:一个对象完成的某个任务太过复杂,就会将任务划分为子任务,子任务可以分配给其他对象,接收任务的对象还可以将任务再分配,以此类推,最终多个对象通过协作交互来实现某个系统功能或用例。

12.1 面向对象设计基础

如果选择采用面向对象编程语言编写软件,那么类就成为代码的基本构成部件,程序在运行时通过类创建一个个对象来执行具体的软件功能。那么就需要采用面向对象设计方法。

12.1.1 类

分析模型中的类通常是现实事物或概念的抽象。这些类要转换为软件世界中的类,为了完成用例所描述的功能,还必须添加一些计算机领域的软件对象和类,同时要完整地设计类的属性和方法。

类是由一组数据和子程序构成的集合,这些子程序共用类中的数据,提供一组内聚的服务。

12.1.2 类的属性

1. 属性类型和初值

属性的类型和默认的初始值应该在设计模型中表示出来。类型和属性名之间用冒号隔开,等号之后写初值。在设计的早期阶段,通常只显示属性的名称。

数据类型通常是简单类型,开发语言一般都能够支持大多数的简单类型,但为了成功产生代码,选择的数据类型最好是目标语言中可用的。

关联属性将在12.1.4节讨论。

2. 属性的可见性

类中的每个属性可以有可见性定义,指定该属性可以被其他类利用的程度,UML定义了四种属性可见性：公有(public)、受保护(protected)、私有(private)和包(package)。私有属性只能在该属性所在类中使用，受保护属性还可以在其所属子孙类中使用，公有属性则可以在任何类中访问到，具有包可见性的属性可以由所属类的同一个包中的其他类使用。

这四种可见性在 UML 中的符号分别是：公有"＋"、私有"－"、受保护"♯"和包"～"。当使用属性可见性时，依赖于工作所用的语言平台，不同的语言可能含义各异。

【例 12.1】 图书馆系统实体类的属性定义，如图 12.1 所示。

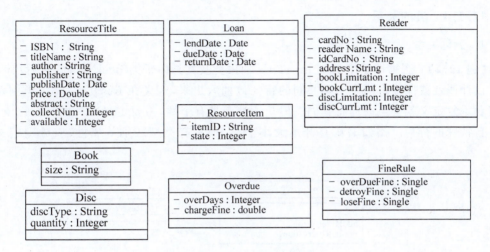

图 12.1　类的属性

12.1.3　类的方法

设计阶段最重要的任务是设计软件对象所要执行的操作，即类的方法。

类的方法就是一个对象应该执行的操作，有时也称它们是对象的职责或义务。面向对象方法强调任务通常是由多个对象协作完成的，使用职责一词更易于理解与讨论。职责是在对象设计过程中被分配给类的，对象职责的分配意味着类的方法设计，可以使用 12.3.2 节介绍的 CRC 卡片法或对象交互建模来帮助完成这一设计。

1. 对象的两种职责

职责有两种类型：行为型和了解型。

(1) 行为型。即对象需要对数据进行处理加工的方法。例如进行一项计算、被创建时的初始化、执行控制或协调的各项活动。

(2) 了解型。对象应掌握的信息。例如对象自身的数据和属性、相关联的对象以及能够派生或计算的对象，如 Loan 类需要了解借出和归还日期(属性)，或返回关联对象。关联的设计在 12.1.4 节介绍。

2. 方法的嵌套调用关系

在为对象分配职责时，有以下两种策略。

(1) 独立方法。职责独立地由某个对象的某个方法来承担，例如"一个 Loan 类负责计算超期天数"只需要一个方法就可以，方法返回 Loan 类的借出和归还日期相减的天数。

（2）嵌套方法。某个职责过于复杂,可以分解为更小的职责,即对象的方法里又调用了自身的方法或其他对象的方法。例如"一个 Loan 类负责计算罚金,罚金最高不要超过资源本身的定价",这样的职责首先分配给 Loan 类一个计算方法,但计算过程中 ResourceTitle 类应负责提供价格信息,即一项职责是由多个对象的方法协作完成的。

一个类的某个职责功能过于复杂时,即使不需要其他对象协作,也应该将复杂职责分解为多个子功能,然后封装为多个方法供自身调用,从而使单个方法更简单,更易于理解。

12.1.4 类的关系

1. 泛化关系

【例 12.2】 图书馆系统 ResourceTitle 抽象类及其具体子类 Book 和 Disc 的设计。

设计属性或操作时两个子类共同的特征被抽取出来,定义在 ResourceTitle 类中,子类不需要重复定义就会自动拥有它们。但是子类会具有个性,需要定义额外的特征以支持它们各自特殊的行为。例如书籍有开本大小信息,碟片有类型区别等属性,应分别定义,见图 12.2。

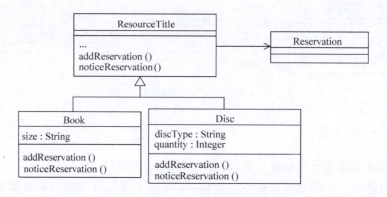

图 12.2 覆盖了父类操作的泛化关系

泛化在面向对象语言中使用继承来实现。继承机制实现了子类拥有父类特性的这一过程。除此之外,类图中所有和父类的对象关联隐含了其他对象与子类对象的关联,即子类也继承了父类的关联关系。例如在程序运行的任一时刻,ResourceItem 与 ResourceTitle 之间的关联实现为 ResourceItem 和 Book 或者 ResourceItem 和 Disc 之间的关联。

泛化设计还有一个更重要的目的在于实现多态性。简单地说,多态性就是对同一种行为不同类型的对象具有不同的实现。例如图书馆资源都提供预约和通知的功能,但不同品种执行不同的规则。图书预约是免费的,使用自动电子邮件来通知读者取书,碟片预约是收费的,采用电话和短信通知读者,以及可能出现的其他区别(例如不同的预约有效期等)。从图 12.2 中可以看到,父类定义了预约和通知两个操作,但子类修改了该操作以达到不同的处理结果。

为了方便理解,通过以下代码来说明多态是如何实现的。编写 makeReservation 函数完成预约操作,该函数的参数 x 是抽象类 ResrouceTitle 的实例。当在窗口中按下预约按钮后,都统一调用 makeReservation 函数,如果选择的是图书,则传入的是 Book 对象实例,否则传入 Disc 对象实例。而在函数内部,不需要进行判断,对象 x 能够自动执行属于自己的操作。

```
void makeReservation(ResourceTitle x) {
    x.addReservation();           //自动调用子类的方法
}
makeReservation(r1);              //r1 是 Book 类的实例,执行图书预约方法
makeReservation(r2);              //r2 是 Disc 类的实例,执行碟片预约方法
```

当有更多的可供借阅的资源类型出现时,如增加"杂志"类型,它与图书和碟片具有不同的特征,只要从 ResourceTitle 中派生一个子类 Magzine,添加有关属性,重写上述两个函数,系统功能就能很容易地被扩充。

2. 关联关系

在类图中,关联将类联系在一起。关联的作用是建立一条链接,顺着链接方向,一个对象能够访问到所关联的另一个对象。

实现对象关联的一个简单策略就是：在关联的源类中声明一个属性来保存对目标类的实例的引用,这种属性称为关联属性或引用属性。根据关联的导航性,有单向关联和双向关联；根据关联重数,有一对一关联、一对多关联和多对多关联；此外还有限定关联等多种形式。

【例 12.3】 资源品种可以被预订,每个资源品种有一个或多个资源项。

一个 ResourceTitle 在某一个时刻可以和零个或一个 Reservation 关联,是可选的关联；某种 ResourceTitle 可以和多个 ResourceItem 关联,这是一对多的关联。图 12.3 显示了上述两个单向关联。

图 12.3　图书馆系统中的单向关联

对于可选关联,源对象虽然定义了目标对象,但目标对象可能为空值(通常为 null 值),意味着没有关联对象,如某种书当前不存在预订记录。

关联属性的值可以在源对象的构造函数中被创建,也可能在运行过程中通过方法赋值,例如通过 setReservation 方法为 ResourceTitle 添加一个预订对象。

对于重数为多的关联,源对象应该能够管理多个目标对象,实现这种关联最简单的方法是使用开发语言提供的类库中的容器类来保存多个对象引用,如 Java 或 Python 中的 List、Map 等。如图 12.3 中一个 ResourceTitle 可以访问和维护多个 ResourceItem。示例代码如下：

```
public class ResourceTitle {
    private Reservation theReserve;           //关联属性
    private Map theItems = new HaspMap();     //集合关联属性
    public Reservation getReservation() {     //获取关联对象
        return theReserve;
    }
    public void setReservation(Reservationrs) {  //添加预订
        theReserve = rs;
```

```java
        }
        public void addItem(String itemID) {          //添加资源项
            ResourceItem aCopy = new ResourceItem(itemID);
            theItems.put(itemID,aCopy);
        }
        public void removeItem(String itemID) {       //移除资源项
            theItems.remove(itemID);
        }
    }
```

【例 12.4】 Loan 与 ResourceItem 的双向关联。

当关联双方需要相互都能访问到对方时，就是双向关联，例如 Loan 能知道所借的是哪一个 ResourceItem，并且 ResourceItem 能够访问到对应的 Loan。要实现双向访问，关联的两个类中都必须声明关联属性，并且要保证关联链接两端的引用一致（一个借阅记录保存的图书应该就是被借的那本图书）。以下示例代码说明双向关联，具体实现还有其他办法。

```java
    public class ResourceItem {
        private Loan theLoan;                         //关联属性
        public void addLoan(Loan loan) {              //建立和 Loan 的关联
            theLoan = new Loan(this);
        }
        …
    }
    public class Loan {
        private ResourceItem theItem;                 //关联属性
        public Loan(ResourceItemr){                   //Loan 的构造函数
            theItem = r;                              //建立和 ResourceItem 的关联
        }
        …
    }
```

在 UML 类图中，关联属性通常不在图中显式声明，而是采用关联的角色名称来标识。一些建模工具是这样规定的：如果在类图中表示了某个类在关联中的角色名称，可以在代码生成过程中（正向工程）将其作为引用属性的名称，在关联一方或双方的类中声明该属性。

关联可以在对象一产生就已经存在，也可以在运行期间动态建立。对于那些比较持久并且不会发生变化的关联，或者具有很强归属关系的聚集关联，一般在主对象的构造函数中创建关联对象或记录下关联对象的引用，这样关联在对象创建之初就已存在，如同对象与生俱来的特性一样。例如 ResourceTitle 和 ResourceItem 的关联关系，可以选择在 ResourceTitle 类的构造函数中对其 ResourceItem 关联属性进行初始化。

【例 12.5】 每辆车可以分配一位司机，设计车与司机之间的关联。

创建关联的另一种方法用于处理较为松散的关联，如图 12.4 所示的司机和车之间的关联。在一个运输系统中，司机和车可分别独立存在，汽车并不是生来就和某个司机建立联系，反之亦然。当某项业务逻辑发生时，例如为车分派司机，它们之间的关联才被确立，在 assignDriver 方法被调用时完成关联的建立。同样，它们之间的关联也可以被解除。

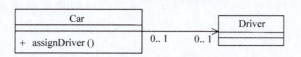

图 12.4　司机和车之间的单向关联

```
public class Car {
    private Driver theDriver;
    ⋮
    public void assignDriver(Driver dr) {        //建立和 Driver 的关联
        theDriver = dr;
    }
}
Car c1 = new Car("京 B58888","红旗");
Driver d1 = New Driver("Wang");
Driver d2 = New Driver("Zhao");
c1.assignDriver(d1);                             //建立 c1 和 d1 之间的关联
…
c1.assignDriver(d2);                             //建立 c1 和 d2 之间的关联,c1 和 d1 的关联被解除
```

3. 接口实现关系

图书馆系统中的实体类都需要完成数据库操作,需要将新建的对象数据插入到数据库中,或者将实体对象属性的变化及时反映到数据库中,更新有关记录。

【例 12.6】 所有的实体类都具有数据库操作行为,为此设计接口。

将数据库操作抽象出来封装到一个 IEntityOperate 接口中,所有实体类去实现该接口,图 12.5 显示了这种接口与实现类之间的关系,在 UML 中该关系命名为 realization,以下是接口类的代码示例:

```
public interface IEntityOperate {
    int InsertEntity();                //将对象数据插入到数据库中
    int UpdateEntity();                //将对象数据更新到数据库中
    int DeleteEntity();                //删除数据库中指定对象数据
}
```

再如,有些系统需要支持访问不同的数据源,同样可以设计一个底层公用数据源访问接口,该接口封装数据访问操作,然后由具体数据源类实现该接口。

遵循依赖倒置设计原则(12.4.5 节)可以将行为契约的定义和实现进行分离,客户程序只需要使用接口,而不需要关心实现接口的具体类,这种编程模式也称为"针对接口编程"。针对接口编程提高了系统的灵活性。客户程序依赖接口,当具体类的代码需要改变时,只要接口及接口功能不变,客户程序就不用做任何修改。

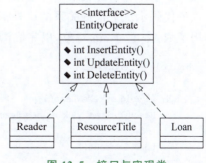

图 12.5　接口与实现类

此外,只要接口一致、设计合理,客户端程序和实现接口的各个具体类就完全可以并行开发,从而提高效率。

4. 依赖关系

依赖(dependency)是两个对象间的语义关系,其中一个对象(称为服务的提供者)发生变化,会影响到另一个对象(称为客户或服务的使用者),或向它(客户)提供所需信息。UML 对依赖关系的定义更宽泛,本书只取最常用的一种——使用关系,在类图中依赖关系通常指明在一个类的方法中使用了另一个类的对象。

【例 12.7】 分层架构中上层对象使用下层对象的服务,设计它们的依赖关系。

当我们采用分层架构时,界面层会创建并使用控制层对象,即界面对象依赖于控制层对象。控制层对象会创建并使用数据访问层对象,控制对象依赖于数据访问对象。图 12.6 的类图描述了这种依赖关系。

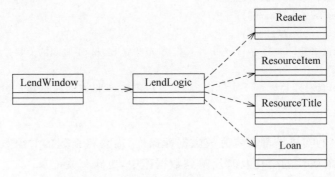

图 12.6 依赖关系

依赖关系和关联关系都是对象实例之间的关系,在运行时发生。但与关联关系表达软件静态结构不同,依赖关系描述的是软件对象的使用关系。依赖关系仅短期存在,如 A 对象某个方法内部使用了 B 对象,使用结束后关系就清除了。而关联是伴随着对象生存期长期存在的,如 A 对象创建之初就包含了 B 对象。

如果出现以下三种情况,都认为类 A 与类 B 存在依赖关系,A 对象依赖于 B 对象。

(1) B 对象作为 A 类中某个方法的返回值。

(2) B 对象作为 A 类中某个方法的输入参数。

(3) B 对象作为 A 类某个方法内部的局部变量。

以下代码示意了依赖关系的一种情形,在 LendLogic 类的 makeNewLoan 方法中,创建并使用了 ResourceItem 对象,以完成借出操作,仅在方法运行时两个对象间存在关系。

```
public class LendLogic {
    ⋮
    public void makeNewLoan() {
        ResourceItem book = new ResourceItem();
        ⋮
        book.lendout();
    }
}
```

依赖关系是软件结构中最多见的关系,从广义上讲,泛化、关联、实现都是依赖关系,因为只要一个对象变化就会影响到相关的对象。只要存在以上任意一种关系,就意味着系统具有某种程度的耦合性,从紧密程度上看,存在泛化和实现关系的元素之间耦合度高,有关联关系的对象间的耦合度次之,有依赖关系的对象间的耦合度最低。

12.2 根据应用架构设计类

依据 10.2 节所描述的软件分层模式,可直接从分析模型中导出设计阶段中的实体类,此外还需要增加边界类和业务控制类来完成程序的交互和控制。边界类、控制类和实体类的职责有不同的划分。有些书籍在分析阶段就对它们进行了识别和定义,考虑到这些概念和技术有很强的相关性,本书将它们推迟到设计阶段来讨论。

由于分层模式具有灵活性,不同的技术团队有自己的分层架构,或者选用了一些流行的软件框架所限定的分层架构,本书未能一一列举。本章案例讨论采用的是相对普适性的三层模式,读者可结合开发实践举一反三,延伸到四层、五层架构下的设计,或对应于 MVC 架构。

为了分辨出类的这三种不同类型,可以采用 UML 提供的扩展机制——构造型(stereotype)——及其表达符号来定义模型元素,表示方法见图 12.7。以下结合图书馆案例分别讨论这些类的设计,以及它们之间的交互设计。

图 12.7 类的不同构造型

12.2.1 边界类的设计

边界类的职责是完成系统与其参与者之间的交互,与 MVC 中的视图对应。这种交互通常包括接收来自用户和外部系统的信息与请求,以及将信息与请求提交给用户和外部系统。通常将用户界面或通信接口的变化封装在一个或多个边界类中。

边界类经常代表屏幕窗口、通信接口、打印机接口、传感器、终端以及专用 API(应用程序编程接口)等软件对象。通过用例图可以得知,每个边界类至少应该与一个参与者有关,反之亦然。

对于图书馆系统来说,目前所有的参与者都是系统的用户,因此边界类只有窗口界面这一种形式。边界类的主要职责是接收用户的触发事件,并通过对界面中的各种图形元素(如文本框、列表框、命令按钮等)进行编程来实现响应。假如考虑将来提供馆际互借业务,那么系统就会产生与其他外部合作的图书馆系统的交互,这时与外部系统间的通信接口也是一种边界类。

边界类的设计可以采用迭代过程来完成。最初在模型中增加新的边界类,并简要描述该类要达到的目标,然后进行详细设计,补充完整的属性和接口定义。如果是图形用户界面的边界类,在教材 11.1 节已经绘制出界面原型,根据界面原型有助于控制类和实体类的设计。

【例 12.8】 管理员"借出图书"用例的边界类设计。

图 12.8 显示"借书用户界面"边界类与参与者的交互以及相关描述,可结合用户界面设计理解。

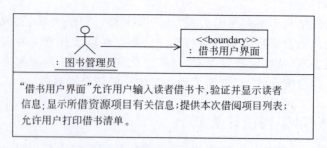

图12.8 "借书用户界面"边界类

12.2.2 实体类的设计

实体类来源于领域模型中的类与MVC中的模型对应。多数情况下直接对应于领域模型中的领域类,但它们所代表的观点是不同的:领域类表示在系统业务中存在的对象,这些对象通常是被动的,用于描述系统的语境。而实体类不一定是被动的,有时具有与它所表示的信息有关的复杂行为。实体类是应用软件的构成部分,其反映的信息需要在系统中进行处理,并常常需要有持久化存储的需要。

【例12.9】 实体类"读者"的设计。

图12.9显示"读者"实体类、"借书用户界面"边界类和参与者的协作关系。"借书用户界面"负责信息的显示,业务逻辑如"验证合法性""提供信息"等,是实体类"读者"的职责。

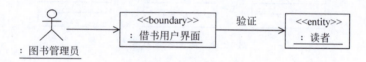

图12.9 实体类、边界类和参与者的协作

在一些编程框架中,出于数据传输的需要将实体类的属性和方法进行了分离,主要的做法是设计一组数据传输对象(data transfer object,DTO),或值对象(value object,VO),或简单的Java对象(plain ordinary java object,POJO),其中只包含实体对象的属性,以及属性的简单访问方法,如getter、setter方法。所有与业务实体相关的数据访问操作封装到业务对象(Business Object,BO)、数据访问对象(Data Access Object,DAO)中。这种数据与操作分离的设计也称为"贫血模式"。而本节实体类的设计是一种更能体现面向对象本质的"充血模式"。

12.2.3 控制类的设计

控制类代表协调、排序、事务处理以及对其他对象的控制,经常用于封装与某个具体用例有关的控制流。控制类还可用来表示复杂的派生与演算,如业务逻辑,但它们与系统需要存储的任何具体持久信息没有关系。

系统的动态特征通过控制类来建模,因为控制类处理和协调主要的动作和控制流,并将任务委派给其他对象。根据分层原则,控制类不封装与参与者交互有关的内容,也不封装与系统处理的长效持久数据有关的问题,这些问题分别由边界类和实体类进行封装。

【例12.10】 管理员"借出图书"用例的控制类设计。

根据用例描述,借书事件流中包含验证读者身份、修改图书状态、保存借书信息等步骤，包含较为复杂的业务控制和界面控制逻辑。图 12.10 显示了控制类与边界类和实体类的部分交互。

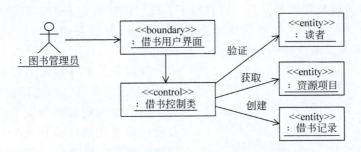

图 12.10　实体类、控制类、边界类和参与者的协作

根据用例图进行设计时，不论是基本用例、包含用例还是扩展用例，只要存在和参与者的交互，都应该建立一个用例界面类。然后根据架构分层来决定是否需要控制类，如果设计了控制层，则通常为每个基本用例建立一个用例控制类。但这并不是绝对的，有些简单的用例可以合并使用一个控制类，反之一个臃肿的控制类具备过多职责的话，亦可进行分解，例如包含太多扩展用例，可单独使用一个控制类。

12.2.4　划分包

1. 什么是包

复杂系统的基本组成部件可能成百上千，为了便于管理，通常会对部件进行分组以构成更大的部件。有经验的设计师会采用自顶向下的设计方法，首先会将系统分解为比较大的部件，设计它们之间的组合或依赖关系，然后逐层分解设计更小的部件。包就是这样一种分组的机制。

UML 模型中的包(package)用于逻辑分组，可以取 UML 模型中的任何一种事物，将相关成分聚在一起，以构成更高层的组织单元——包，以下是最常见的两种用途。

(1) 对语义上相关模型元素进行分组，例如对众多的用例和类以包为单位进行组织。

(2) 对架构和高层部件进行组织，例如对于多层架构或 MVC 架构，可以将每一层中的所有元素组成一个包。

包的使用不太严格，可以简单地将包理解为程序设计中的命名空间(namespace)或文件夹，可以按照系统组织层次将各种部件或模型归类，从而方便管理和理解。

一个包可以包含其他的包，这样就可以构造一种分层结构，高层包被分成若干子包，子包又可以再分成更小的包。通过这种分类组织方式，包如同文件系统中的一级级文件夹，可以将 UML 各种构造成分管理得井井有条，帮助建模者查找和理解系统中的各种对象。

如何对所有类进行分包呢，有两种原则可以解决这个问题。

(1) 共同封闭原则(common closure principle)。一个包中的各个类应该是由于相似的原则而改变，即将一组职责相似、但以不同方式实现的类归为一个包中。例如按照层来进行分包就是这种类型，所有处理人机交互界面的类放在界面包，所有处理领域业务的类放在业务逻辑包。

(2) 共同复用原则(common reuse principle)。一个包中的各个类应该一起被复用，即包中包含了一组不同类型的类，它们之间通过相互协作实现一个意义重大的责任。例如按照用例进行分包，包中可能包含一组界面类和领域类，它们相互之间需要进行通信协作，对一个类的修改会影响到包中的其他类,所以复用其中一个可能需要同时考虑同一个包中的其他协作类。

2. 包图

包图用来描述包及其依赖关系。当有用于表现层的界面包和用于领域层的包时,表现层包中的类因为要使用领域包中的领域类提供的服务,所以表现层包对领域包有依赖关系,图 12.11 是图书馆系统的一个包图例子。

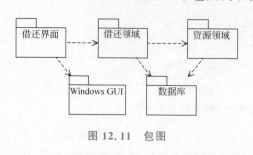

包依赖关系可以是直接的,也可以是间接的,依赖关系可以传递。例如图 12.11 中,如果图书馆的资源类发生变化,有可能要修改借还业务领域中的相关类,继而可能影响到借还界面的修改。

图 12.11 包图

通过包图,开发人员能够估算某个包中类的复杂度,估算出重用一个包的难易程度。此外,在绘制包图的过程中,可以检查不合理的依赖关系,例如要避免循环依赖,如果按照依赖路线构成一个环路的话就是循环依赖,如界面包依赖于领域包,领域包又反过来依赖界面包。循环依赖造成各个包之间缠绕交错,结果大大降低了系统的可扩展性和可重用性。

同一个层的类放入一个包中,并将层之间的依赖关系体现在包图中。如图 12.12 所示为图书馆系统的包图。

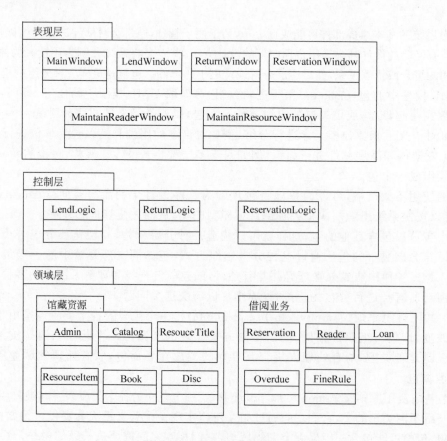

图 12.12 图书馆系统的包图

在有些开发环境中,包具有物理实现,例如 Java 中的包和.NET 中的名空间,每个包实现了一个命名空间,可以保证任何类在拥有它的包中有唯一的名称。但也可将包看作是模型元素的一种分组机制,只是帮助理解模型,而在实现时不具备任何实质上的意义。

12.3 用例的详细设计

前面两节介绍了采用面向对象设计方法并根据三层架构模式设计软件类,得到的是软件系统的静态结构,属于概要设计。

接下来需要对每个类的内部细节,主要是类的方法进行详细设计,特别是对每个用例的程序处理流程进行详细设计。采用面向对象方法时,详细设计的重点是进行类的职责分配,以及多个对象如何各司其职、协作交互以完成某个软件功能,本节将给出一些对象交互设计的方法和工具。

12.3.1 用例驱动的详细设计步骤

详细设计是一个求精的过程,应尽可能将流程中的所有细节都设计出来。

为了与需求建模一致,通常是采用用例驱动的详细设计。具体步骤如下。

(1) 挑选要设计的用例,例如还书用例,找出已设计好的用户界面,即边界类。

(2) 根据用例事件流的各项系统功能响应,挑出需要使用的控制类、实体类等,这样所有参与到该用例实现的类准备就位。

(3) 根据用例主事件流的描述,确定每个对象在事件流中需要承担的职责。可以使用 CRC 卡片法或交互建模工具(顺序图)完成这一过程,详细设计类的方法。

(4) 对扩展事件流的处理过程进行设计,方法同上。

12.3.2 CRC 卡片法分配职责

CRC 是类-职责-协作(class-responsibility-collaboration)的英文缩写。其过程简要描述如下:首先为每个类制作一张卡片,然后在分析一个用例的过程中,通过移动卡片来探讨用例如何由类来协作完成,最后将形成的职责概念记录在类所在的卡片上。CRC 不是 UML 的组成部分,但却是一种快捷有效的、一度颇为流行的 OO 设计技术。

表 12.1 是 CRC 卡片的具体示例。

表 12.1 CRC 卡片示例

Class 类名(LendLogic)	
职 责	协 作 类
获取读者信息	Reader
获取图书信息	ResourceItem、ResourceTitle
完成一次借书	Reader、ResourceItem、Loan

CRC 卡片法仅识别了某个类的协作类及其职责,并没有交互过程的细节,也不关注类自身的职责,是比较粗略的设计。

12.3.3 对象交互建模

处理过程设计的关键是用一种合适的模型来描述程序的动态执行过程。这种模型应该简明、精确,并由此能直接导出用编程语言表示的软件代码。根据处理过程的特点来选择有充分表达能力的模型,如果处理多个对象的协作流程,则使用 UML 顺序图表示;如果要表达一个独立函数或类的内部方法的算法,则可以使用传统的程序流程图。

1. 顺序图

多个对象的协作行为通常采用对象交互来表达,UML2.0 提供的交互图有顺序图、交互概览图、通信图和计时图。每种图出于不同视点对行为有不同的表现能力,其中最常用的是 UML 顺序图,几乎可以用在任何系统的任何场合。

顺序图(sequence diagram)描述涉及用例实现的多个对象实例以及对象交互时传递的消息,并以用例的执行步骤为顺序指明对象的交互顺序。用例描述中的事件流表现的是参与者与系统之间的交互,系统是一个"黑盒子"。现在则要将系统看作"白盒子",说明系统内部的结构和行为。每个用例实现的细节至少需要一张顺序图,用例规约中较简单的扩展事件流可以和主事件流合并绘制在一张图上,但如果扩展事件流较为复杂,应为其单独绘制一张顺序图。

顺序图的基本元素有对象、参与者、生命线、激活框、消息和消息路线,如图 12.13 所示。

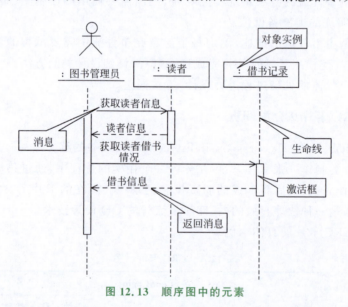

图 12.13 顺序图中的元素

1) 对象

对象就是类的一个实例,在顺序图中上方以和类相同的图形符号表示,并带有一条叫作"生命线"的垂直虚线。生命线上的矩形条表示对象在特定时间的生存期。对任何 UML 元素(如类或参与者)来说,一个实例使用和类相同的图形符号,但是在名称下面要加上下画线,采用图 12.14 的表示法。

2) 生命线和激活框

在对象下方的垂直虚线是生命线(lifeline),这些线说明了对象的生命周期。对象如果被销毁了,其生命线就会中断。从图 12.15 中可以看到,当接收到撤销预订消息后,预订记录对象被销毁(即符号×),该对象生命线就不再延续。生命线上的激活框(activation box)表明交互中对象何时起作用,激活框在顺序图中是可选的。

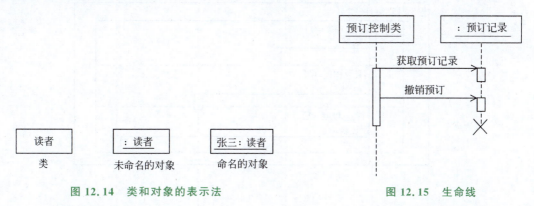

图 12.14　类和对象的表示法　　　　　图 12.15　生命线

3) 参与者

作为一个交互过程的发起者,参与者实例通常由顺序图中的第一条(最左侧)生命线来表示。如果在同一顺序图中有多个参与者实例,就应尽量使它们位于最左侧或最右侧的生命线。

4) 消息

消息是对象之间的通信,消息传递的同时对应活动随之发生。在顺序图中,消息被表示为从一个对象的生命线到另一个对象的生命线的水平箭头。如果消息从一个对象发向该对象自身,箭头的开始位置和结束位置就可能位于同一条生命线上。箭头通过消息名称及消息参数来标记,箭头自上至下的垂直位置表示时间的先后顺序。消息响应后可能会回送结果,采用反向的虚线和箭头表示,但为了模型的清晰,对显而易见的返回通常不必绘出。

5) 循环和条件

顺序图的一个常见问题是如何表示循环行为和条件行为,首先要指出顺序图并不擅长于表现控制流,具有复杂控制结构的行为采用活动图会更清晰,如果分支中的活动较多,也可单独为每个分支绘制一个顺序图。

顺序图中控制流可以利用交互框架来标示,它是一种标记顺序图区域的方法。框架可以将顺序图中的某个区域框起,并划分成若干片段。每个框架有一个操作符,每个片段有一个监护条件。对于循环操作,可以使用 loop 操作符,条件操作则使用 alt 操作符,并将条件置于每个片段上。

【例 12.11】　某公司根据发运紧急程度请求不同的对象来完成发运任务。

货物在发送时,需要根据要求执行不同的事件流分支。使用图 12.16 中的简单例子可以说明循环和条件的图示法。

以上是 UML2.0 顺序图的新成分,在 UML1.x 中循环在消息中使用迭代符号"＊"来表示,如果一个迭代中包含多条消息,在 UML1.x 图示中不容易明确迭代范围,而 UML2.0 的框架较好地解决了这一问题。

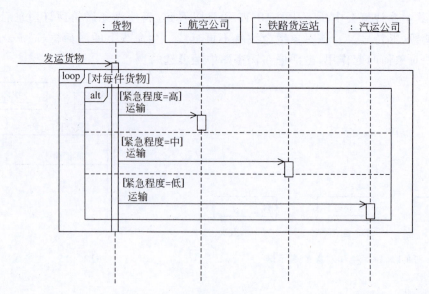

图 12.16 顺序图中的循环和分支

2. 对象职责的分配

画顺序图的关键是要厘清对象间的交互,也就是决定消息该发给哪个对象,换句话说,是要决定某项服务应该由哪个对象来完成。派发消息的一个简单原则就是消息的接收者应该拥有处理消息所需要的数据,例如要请求"验证读者身份"这项服务,就应该发送请求消息给"读者"对象,因为该对象的属性记录了读者的有关信息。

消息的接收者已经确定了,但消息最初由谁来派发呢?有两种解决方案:第一种是由一个担任总控角色的对象负责将所有消息分发给不同对象(如图 12.17 中服务员是总控对象),同时该对象也负责处理消息回送的数据;另一种是依据对象关联结构,由关联双方中占据控制地位的对象分发消息给受控的一方。通过比较图 12.17 和图 8.3 能帮助理解这种分布式控制方式,后者更符合对象思维,设计出来的系统耦合度相对较低,发生变化时影响范围也会局部化。

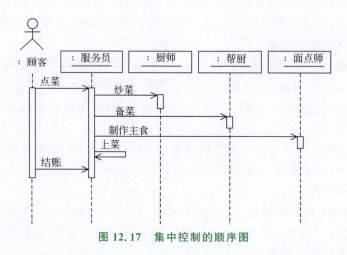

图 12.17 集中控制的顺序图

总之,消息是顺序图的灵魂,消息意味着对象职责,即类的方法。

图 12.18 和图 12.19 显示图书馆系统中部分用例的顺序图。为了简化模型,图中省略了边界类和控制类。

"借出资源"用例中还有一些扩展事件流没有在顺序图中画出,如图书超出限额,或验证读者身份非法等非正常用例结束的情况,以及有预定记录的特殊处理。"归还资源"的顺序图也未能完整实现用例的所有事件流,读者可以自行添加在图中。为了保持模型的清晰简洁,也可以另外为扩展情况单独绘制顺序图。

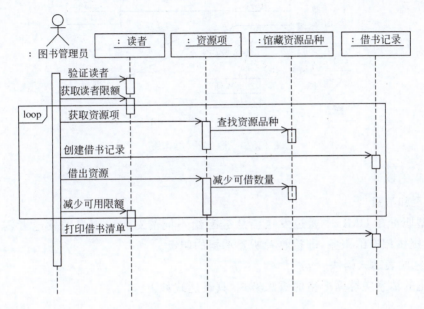

图 12.18 "借出资源"用例的顺序图

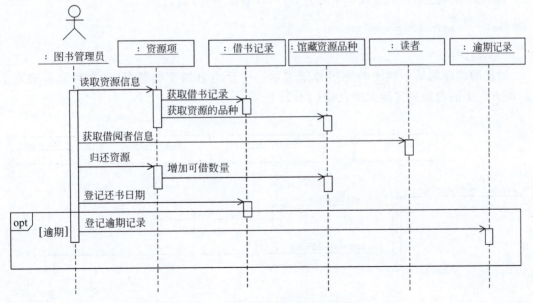

图 12.19 "归还资源"用例的顺序图

如果侧重于研究对象的合作,而不是活动顺序的话,可以采用 UML 通信图,例如图 12.17 对应的通信图为图 12.20。二者是同构的。

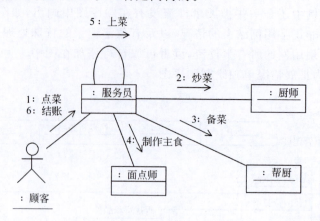

图 12.20　通信图(协作图)

3. 消息的设计

1) 职责和消息

行为型职责在 UML 中通过发送消息分配给不同的对象。消息的发送者需要某项服务,接收者提供相应的服务,即接收者所要承担的职责。

2) 消息的表达式语法

规范化的消息应遵循严格的语法格式,其表达式如下:

return: = message(parameter:parameterType):returnType

如果类型信息非常明显或不重要的话,可以省略书写,如:

reader: = getReader(cardNo:String)

3) 消息的序号

消息的次序用从小到大的顺序号来表示。按照消息的完成情况,消息可以有嵌套消息,即方法中嵌套调用其他方法,如图 12.21 所示。

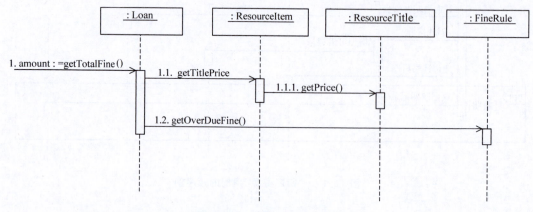

图 12.21　嵌套消息的表示

嵌套消息的使用情形是：消息接收者为了响应该消息，还需要发送子消息请求其他对象的有关服务，所有嵌套的子消息都服务于其上层消息。

【例 12.12】 计算一个借书记录的超期罚金，最高不超过原书价格，见图 12.21。

为了计算罚金，Loan 对象在返回罚金时还需要获取资源的价格和罚金标准，因此向 ResourceItem 发送请求价格的消息，向 FineRule 发送超期罚金标准，而 ResourceItem 对象并不记录价格，因此请求价格的消息还需要发送给 ResourceTitle 对象。嵌套消息的序号采用 1、1.1、1.2、1.1.1 进行层次编号。

为了方便读者理解，以下制作了代码样例来解释嵌套消息，其作用类似于结构化设计中的模块分解，父模块调用子模块，只是面向对象中的模块都必须有主人，因为所有模块功能都封装到某个类中。

```
public class Loan {
    private ResourceItem theItem;            //包含的 ResourceItem 关联对象
    public double getTotalFine() {
    titlePrice = theItem.getTitlePrice();
    finePerDay = fineObject.getOverDueFine();    //获取每日罚金
    if(finePerDay * (returnDate - dueDate)< titlePrice)
        return finePerDay * (returnDate - dueDate);
    else
        return titlePrice;
    }
}
public class ResourceItem {
    private ResourceTitle theTitle;          //包含的 ResourceTitle 关联对象
    public double getTitlePrice() {
        return theTitle.getPrice();
    }
}
```

4）返回消息

很多消息发送之后，消息的接收对象会在响应后产生一些结果回传给发送者，这就是返回消息。在 UML 交互图中，返回消息以虚线箭头线表示。返回消息不代表任何显式的消息发送，只起帮助阅读者理解的作用，如果消息中已经确定了消息的返回值，一般就不需要绘制返回消息了。

5）自身消息

有些消息是对象发给自己的，例如借书界面中在增加一个借阅项目时，不仅需要发送消息给控制类请求业务逻辑的处理（makeNewLoan 消息），而且还要在窗口的列表中将新的借阅记录添加进来（addListItem）以备浏览和打印，窗口内容管理是界面类的职责，所以消息是发给窗口对象自身的，如图 12.22 所示。

4．由消息创建类的方法

每个软件类的方法都可以通过交互图得到，例如，如果计算罚金的消息 getTotalFine 发送到一个 Loan 实例，那么 Loan 必须定义一个 getTotalFine 方法。遍历所有的交互图后，发送给某个类的所有消息的集合就表明了该类必须定义的大多数方法。

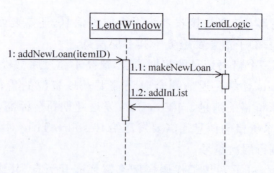

图 12.22　发给自身的消息

由顺序图的消息来确定类的方法,会忽略以下两种情况。

1) 创建方法

UML 中使用 create 消息表示对象实例化和初始化,当将设计转化为面向对象的编程语言时,它必须用语言中的实例化形式来表达,例如,在 C++ 和 Java 中,使用 new 操作符接构造函数的调用方式来实现实例的自动分配和初始化。

因为在面向对象程序设计中这种初始化的活动是必不可少的,所以通常在设计类图中忽略相关的方法(如构造函数)。但对于系统中新产生的对象,为了强调并引起重视,通常会在图中画出(例如在借书过程中新创建一个 Loan 对象)。

2) 存取方法

在某些语言中,所有属性都声明为私有的,因此对每一个属性提供存取方法是一个常见的做法。这些方法不包含业务逻辑,只是封装了属性,例如 ResourceTitle 的私有属性是 Price,存取方法是 getPrice 和 setPrice。为了减少干扰,它们有时可以不在顺序图和类图中描述。

和属性一样,类的方法也可以定义可见性,当然多数方法是公有的,它们代表了对象的职责,可供其他对象访问。对于顺序图中的自身消息,如果不需要对外暴露给其他对象来使用,那么可以定义为私有方法。

完成以上设计之后,图书馆系统的实体类如图 12.23 所示。

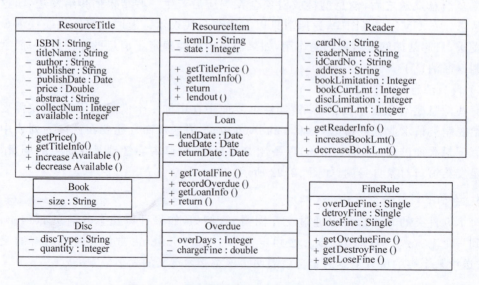

图 12.23　图书馆系统实体类的属性及方法

相对而言,进行职责分配和建立设计良好的交互图要比创建用例模型、领域模型和其他工件困难一些,这一活动中要使用很多设计技巧,包括设计模式、习惯用法和设计原则,但是要真正提高设计能力,关键是在实践中积累经验。

12.3.4 用例详细设计举例

1. 借书用例的详细设计

通过以上讨论可知:从大局来看,边界类、控制类和实体类各自有不同的职责范畴;从细节来看,采用消息的形式将特定职责分配给具体的类。根据前面的分析和设计,图书馆借出资源的交互图如图 12.24 所示。

图 12.24 对用例的主事件流进行了详细设计,LendLogic 类作为控制类,可以访问实体类提供的服务,并对整个借书流程实现控制。用例中的可选事件流在图中没有进行设计,其逻辑也可以包含在该控制类中。例如对于 makeNewLoan 消息,LendLogic 除了完成正常情况下的逻辑处理之外,也可以对超出限额的非法情况进行响应,即在响应代码中增加对 Reader 类 currentLimitation 属性的判断,从而给出不同的操作和返回消息。

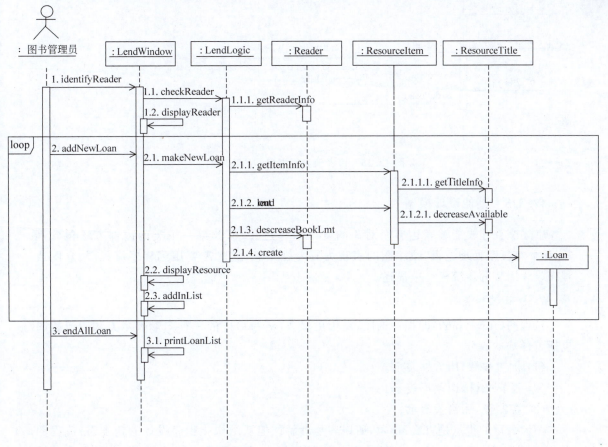

图 12.24 借书用例的完整顺序图

在本例中,所有关联属性都是私有的,获取关联对象信息需要发送消息,图中都采用了 getXXInfo 的消息名称,返回的是一个具体的实体对象。

2. 结合 Java EE 基本技术框架的详细设计

【例 12.13】 对预约图书用例进行设计,用户界面参考图 11.4。

图 12.25 是一种典型的 MVC 架构下的设计,其中 jsp 页面是视图(边界类),Servlet 类是控制器(控制类),Dao 类用于生成模型返回给控制器,Dao 类与实体类是一一对应的关系,负责访问数据库。部分代码参见例 10.3。

读者在图书列表页面 bookList.jsp 中输入书名进行查询,控制器 BookServlet 响应请求,调用 BookDao 的 findByName 查询方法获取图书列表;控制器将图书数据放入页面并返回,页面列表显示图书基本信息,并根据库存可用数决定显示效果,可用数为 0 的行末有预约按钮可用;用户单击预约按钮后,提交请求给控制器 ReserveServlet,控制器收到数据后,调用 ReservationDao 的 insert 方法向数据库插入一条新的预约记录。

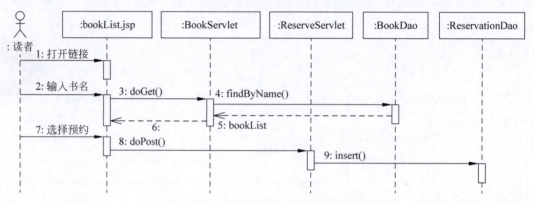

图 12.25 读者预约图书用例的顺序图

12.3.5 其他设计模型

上述交互建模能够表达多个对象的复杂协作过程,但如果一个类的内部方法包含判断、循环等复杂处理逻辑,顺序图的表现力则差强人意,这时需要用到程序流程图、盒图或程序设计语言等传统模型来描述。

1. 程序流程图

流程图(flow chart)即程序框图,是历史最久、流行最广的一种图形表示方法。流程图包括三种基本成分。

(1) 加工步骤,用方框表示。

(2) 逻辑条件,用菱形表示。

(3) 控制流,用箭头表示。

图形表示的优点是直观、形象,所以容易理解。但从结构化程序设计的角度看,流程图不是理想的表达工具。缺点之一是表示控制的箭头过于灵活。使用得当,流程图简单易懂;使用不当,流程图可能非常难懂,而且无法维护。流程图的另一个缺点是只描述执行过程而不能描述有关数据。

使用图 12.26 所示的几种标准结构(对应于结构化程序设计的三种标准结构)反复嵌套而绘制的流程图,称为结构化流程图(structured flow chart)。图 12.27 就是这样一个流程图。

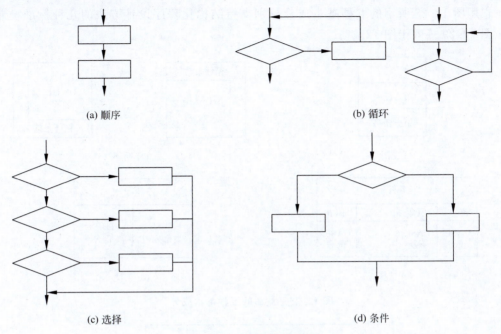

图 12.26　标准程序结构

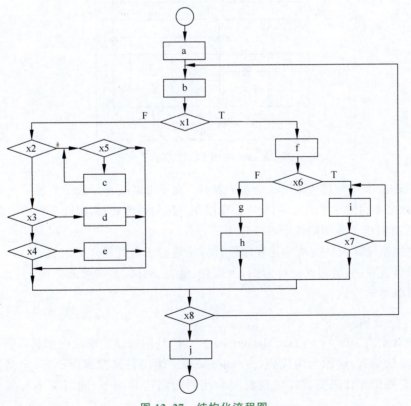

图 12.27　结构化流程图

2. 盒图

盒图(NS 图)是结构化程序设计出现之后,为支持这种设计方法而产生的一种描述工具。它用图 12.28 所示的五种基本成分分别支持结构化程序设计方法的几种标准控制结构。图 12.29 等效于图 12.27。

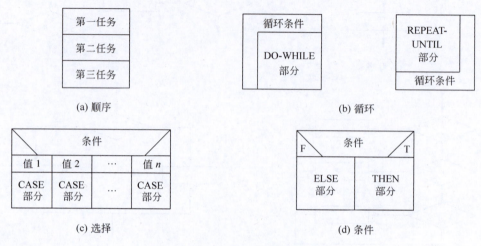

图 12.28　盒图的五种基本成分

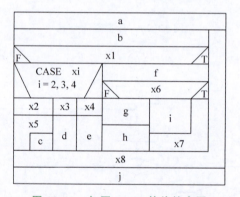

图 12.29　与图 12.27 等价的盒图

在 NS 图中,每个处理步骤用一个盒子表示。盒子可以嵌套。盒子只能从上头进入,从下头走出,除此之外别无其他出入口,所以盒图限制了随意控制转移,保证了程序的良好结构。

与流程图相比,NS 图的优点在于以下三点。

(1) 它强制设计人员按结构化程序设计方法进行思考并描述其方案。

(2) 图像直观,容易理解设计意图,为编程、复查、测试、维护带来方便。

(3) 简单易学。

3. 程序设计语言 PDL

程序设计语言 PDL(program design language)是用来描述模块内部具体算法的非正式的、比较灵活的语言,也称为伪代码(pseudocode)。伪代码很像编程语言,但又不是真正的编程语言,它提供了代码实现算法过程中会用到的结构和细节,同时又不与某种特定的编程语言联系在一起。描述控制结构的关键词一般使用编程语言的保留字,内部语法不确定,可以按系统的具体情况和不同层次灵活选用,实际上可用自然语言来描述具体操作。

图 12.27 描述的算法可用 PDL 表述如下:

```
BEGIN
    执行 a
    REPEAT
        执行 b
        IF 条件 x1 THEN
            执行 f
            IF 条件 x6 THEN
                REPEAT
                    执行 i
                UNTIL 条件 x7
            ELSE
                执行 g
                执行 h
            ENDIF
        ELSE
            CASE OF 条件 xi
                WHEN 条件 x2 SELECT
                    DO WHILE 条件 x5
                        执行 c
                    ENDDO
                WHEN 条件 x3 SELECT 执行 d
                WHEN 条件 x4 SELECT 执行 e
            ENDCASE
        ENDIF
    UNTIL 条件 x8
    执行 j
END
```

可以看出 PDL 同结构化语言的想法是一致的。PDL 的优点是接近自然语言(英语),所以易于理解。POL 还可以作为注释嵌套在程序中成为内部文档,提高程序的自我描述性。而且,因为是语言形式,易于被计算机处理,可用行编辑程序或字处理系统对 PDL 进行编辑修改。

12.4 设计原则

设计原则是指为了系统达到所规定目标和特性需要遵守的规则和指导方针,合理的原则可以让设计结构更优良,构建的系统易于维护,具有高可靠性和健壮性。而没有任何设计原则的建模和系统实现,得到的将是结构凌乱和低质量的系统。

以下讨论面向对象设计方法中的几个重要设计原则。

12.4.1 高内聚低耦合原则

与面向过程的设计原则相同,面向对象的设计同样强调抽象、复用、高内聚、松耦合等原则。OOD 应关注类的目标和内聚性,而不考虑无关的低层细节。类可以有更好的封装,能够隐藏内部信息和结构，仅对外提供公用接口。封装好的类可以通过继承、组合等方式被复用。通过分层模式可以实现界面、业务逻辑和数据存取的分离，明确的职责分配实现代码的解耦。没有了双向依赖的紧耦合关系，下层的部件独立于上层，从而使下层部件更易于复用。

1. 高内聚

从对象设计的角度看，内聚说明一个类的职责间相关联的紧密程度。如果一个类具有很多紧密相关的职责，而且只完成有限的功能，则这个类具有高内聚性。

一个低内聚的类会执行许多互不相关的事情，或者完成太多功能，导致理解和重用非常困难，系统变得非常脆弱。

【例 12.14】 如图书馆资源在归还时，归还处理谁负责？

归还首先访问的是资源对象，应请求资源项对象的归还服务，同时还要记录借书记录的归还日期，假设存在逾期情况，则要创建逾期记录。归还消息首先发送给 ResourceItem，由该对象负责请求 Loan 对象记录归还日期，并负责创建 Overdue 对象，如图 12.30 所示。由图得知，所有和资源项相关的操作如果都分配给 ResourceItem 对象的话，它将变为一个臃肿不堪、缺乏内聚性的对象。根据类图可知 Overdue 和 Loan 密切相关，创建 Overdue 对象的职责委托给 Loan 类更合适（见图 12.31），这样 ResourceItem 和 Loan 两个类都实现了高内聚性。

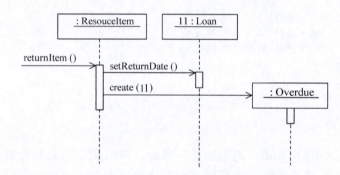

图 12.30 ResourceItem 对象创建 Overdue 对象

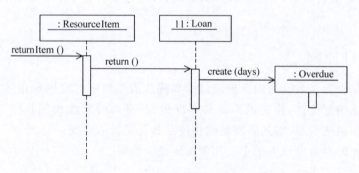

图 12.31 Loan 对象创建 Overdue 对象

在少数情况下接受低内聚是合理的。将一组变化不大的职责和代码划为一组封装到一个类或者组件中，可以简化系统维护。例如将所有执行 SQL 语句的功能放入一个数据库操作类中,这样 SQL 专家只需要维护这一个类。另一种情况是设计一些粗粒度的远程接口或远程对象,为了提高网络远程调用的性能,每次调用远程接口希望完成更多的操作可以降低开销,就会将一些操作合并到少量的服务器对象中。

2. 低耦合

耦合度用于度量系统中类之间关系的强弱程度。通过类图可以观察到耦合度:类之间的关系越多,说明系统耦合度越高;继承关系和接口关系具有最高的耦合度,关联关系次之,依赖关系较低。高耦合情况下,类会因为过分依赖其他元素,而导致使用时与所依赖的类不能分离,很难重用,而且相关类的变化会带来太多连锁反应。

【例 12.15】 仍然以上述创建逾期记录为例,讨论如何降低类之间的耦合。

如果由 ResourceItem 对象充当创建者,那么从图 12.30 中可看出,ResourceItem 依赖了 Overdue 对象和 Loan 对象,而 Overdue 对象又需要和 Loan 对象建立关联,三者之间都存在耦合。而图 12.31 的高内聚模式将耦合限制在 ResourceItem 和 Loan、Loan 和 Overdue 之间,因此支持了低耦合。

因为面向对象的系统通过对象协作来完成任务,对象间完全没有耦合是不可能达到的,所以保持合理和适度的耦合是正常和必需的。对于稳定和普遍的类而言,高耦合度不会带来问题描述中所提到的严重后果。低耦合度模式对于系统的实际不稳定或可演化的问题是适用的。

类之间联系松散,不受其他类或组件改变的影响,便于单独理解此重用。重用一个类,如果使用关联和使用继承效果相同,尽量使用关联,因为关联耦合度更小。面向接口编程、使用分层架构等都是降低耦合的做法。

12.4.2 单一职责原则

对一个类而言,应该仅有一个引起它变化的原因,即内聚性原则。在结构化设计中对模块的内聚性定义为:一个模块的组成元素之间的功能相关性,即一个模块的所有组成元素应该为一个原因(功能)而联系在一起。单一职责原则(single responsibility principle,SRP)将内聚性的含意引申到类和类的职责中。

如果一个类承担的职责过多,意味着这些职责耦合在一起,很有可能形成的是一个"杂凑类",任何一个职责的变化都可能会削弱或者抑制该类完成其他职责的能力,并影响到构建、测试和部署等活动。多个职责的耦合会导致脆弱的设计,当变化发生时,设计会遭到意想不到的破坏。

【例 12.16】 根据单一职责对职工类进行划分。

例如图 12.32 所示的职工类,它知道如何计算工资和个人所得税,如何将数据保存在磁盘中,如何进行 XML 格式的转换,以及如何将自己打印成各种报表。如果读取 XML 文件的技术需要由 SAX 转换到 DOM,必须修改类的方法,当数据库从 Access 移植到 Oracle 或者改变报表格式,都需要修改职工类。不同职责耦合在一个类中,类的内聚性显然就降低了。

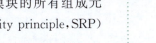

图 12.32 职责太多的类

实际设计时,这些不同的概念应该划分到各自不同的类中(见图12.33)。

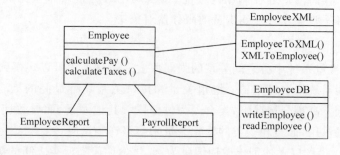

图 12.33　业务的分离

通过业务分离可以对概念进行解耦,从而得到目的单一的类,从数量上看,类是增多了,整体结构看起来复杂一些,但总体上重用和修改变得简单,系统也就不那么易碎了。

12.4.3　开放—封闭原则

软件实体(类、模块、函数等)应该是可以扩展的,但是不可修改。

"变化才是不变的真理",我们阻止不了需求的改变,但可以通过设计使系统既能够适应改变又能保持相对稳定。如果软件中的一处改动产生连锁反应,导致一系列相关模块的改动,那么这种设计是僵化的。开放—封闭原则(open close principle,OCP)的应用就是要在模块本身不变动的情况下,通过改变模块周围的环境达到修改目的。

遵循开放—封闭原则设计出的模块具有两个主要特征。

(1)"对于扩展是开放的"(open for extension)。这意味着模块的行为是可扩展的。当应用的需求改变时,在模块上进行扩展使其具有满足那些改变的新行为。

(2)"对于更改是封闭的"(closed for modification)。当对模块进行扩展时,不必改动模块的源代码或二进制代码(如 DLL 库文件)。

这两个特征看起来是自相矛盾的,如何能够在不改动模块源代码的情况下修改或扩展一些行为呢?图 12.34 所示的类图完成职工工资的计算,对于小时工可利用考勤卡来计算工资。

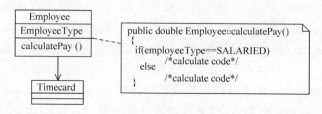

图 12.34　违反 OCP 的类

职工对象通过属性 EmployeeType 说明类型,计算工资需要根据类型不同采用不同的计算公式。当发生任何与工资计算相关的变化,都需要修改职工类,因此没有封闭;若要增加一种职工类型,不修改代码直接进行扩展也是不可能的。这样的设计不符合 OCP 原则。

【例 12.17】将变化(工资计算方法)分离到不同的职工子类中,实现 OCP。

改进办法是:将所有职工的共性抽取出来,将职工类设计成一个抽象类,并定义一个抽象方法 calculatePay，正式职工或临时工继承职工类，二者分别实现 calculatePay 方法。抽象的这一部分内容就是封闭的，因为扩充新的职工类型不需要更改 Employee 类，只需派生一个新类并实现 calculatePay 方法就达到了扩展的目的。图 12.35 展示了符合 OCP 的新模型。

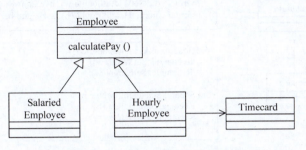

图 12.35　符合 OCP 的类模型

但是要做到百分之百的封闭是不可能的，而且遵循 OCP 也需要付出昂贵的代价。因此设计人员需要有策略地使用该原则，预测出最有可能发生的变化种类，针对这些最具价值的变化进行 OCP 应用。

12.4.4　Liskov 替换原则

实现 OCP 的主要机制是抽象和多态。在面向对象程序设计语言中，如 C++、Java，支持抽象和多态的关键机制之一是继承，怎样设计最佳的继承层次，使之不违反 OCP 原则呢，Liskov 替换原则(liscov substitution principle，LSP)可以解答这个问题。

LSP 是芭芭拉·利斯科夫(Barbara Liskov)在 1988 年首次提出来的，其主要思想可以解释为：子类型(subtype)必须能够替换掉它们的基类型(basetype)。

【例 12.18】　正方形不应该设计为长方形的一种特殊类。

先看一个经典的长方形类和正方形类的应用例子。考虑到正方形是一种长方形，因此图 12.36 的设计是合乎逻辑的，代码以 C++语法书写。

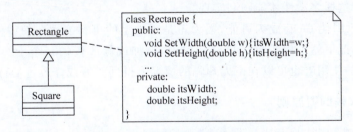

图 12.36　长方形是正方形的基类

现在看看如何使用模型中的类，可能遇到以下问题。

(1) Square 类并不同时需要 itsWidth 和 itsHeight，但是它还是从 Rectangle 继承了，这显然是一种浪费。

(2) Square 类同时有 setWidth 和 setHeight 函数也是不合适的，其行为对于正方形也不正确。因此不得不对二者进行修改才能达到正方形的长宽相等的特征。为了不影响基类对象(长方形)同样方法的使用，需要修改基类中这两个方法为虚函数，模型见图 12.37。

注意这里违反了OCP,因为设计模型时恐怕还不会预测到这一点而提前定义虚函数。

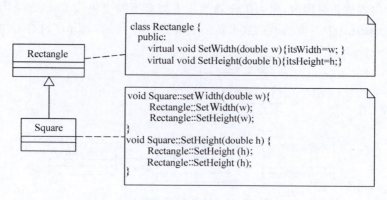

图 12.37　定义虚函数

（3）长方形的使用者按照长方形的特点来调用 SetWidth 和 SetHeight 两个函数,并测试面积,代码如下。

```
void testArea(Rectangle&r){
    r.SetWidth(5);
    r.SetHeight(4);
    assert(r.Area() == 20);
}
```

这个函数如果传递进来的是 Square 对象又会如何呢？显然会出现断言错误,测试失败。对于该函数来说,模型中的层次结构是脆弱的,其根本原因是违反了 LSP 替换原则,Square 对象和 Rectangle 对象的行为方式不相容,这样的抽象即使采用虚函数也无法实现父类对子类的替换。

LSP 原则指出：基类的使用者不必为了使用子类而做任何其他的事情,它们可以在根本不了解子类的特殊性,甚至不必知道是否存在子类,或存在哪些子类的情况下来调用基类的抽象方法。这样多态性才能顺利实现。

遵循 LSP 原则使 OCP 成为可能,因为正是子类型的可替换性才使得使用基类的模块在无须修改的情况下就可以扩展。更确切地说,增加或修改任何一个子类型,基类不用修改(封闭),基类的使用者也可以在毫无知觉的情况下得到扩展或修改过的行为(开放)。

12.4.5　依赖倒置原则

在多层架构中,同样也是上一层依赖于下一层提供的服务。形成自上而下的依赖关系,高层的策略设置模块往往无法重用,如果设法让高层模块依赖倒置原则(dependency inversion principle,DIP)的启发式建议是"依赖于抽象",具体做法是将高层需要低层提供的服务声明为抽象接口,高层使用这些接口,低层实现这些接口,使高层不再依赖于低层,而是依赖于抽象接口。而低层原来是被上层依赖的,现在反向依赖于抽象接口,相对于传统设计,看起来依赖方向"倒置"了。

因此,依赖倒置原则也称为面向接口的编程。具体描述如下。

（1）高层模块不应该依赖于低层模块,二者都应该依赖于抽象；

（2）抽象不应该依赖于细节，细节应该依赖于抽象。

以一个简单的例子来解释采用依赖倒置的效果。一个 Button 对象接收和判断外界的按钮事件，向一个 Lamp 对象发送"打开"或"关闭"消息，Lamp 对象根据接收到的消息显示或关闭灯光。对象模型和代码见图 12.38。

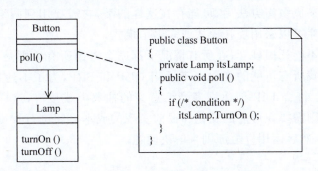

图 12.38　不成熟的模型

这个方案中，Button 与 Lamp 直接耦合，只能用于操控 Lamp 对象，而无法用来控制另外的某个对象（如 Television）。

【例 12.19】将直接的对象依赖关系进行切割，使它们都依赖于接口。

应用 DIP 以后模型如图 12.39 所示。通过倒置对 Lamp 对象的依赖关系，Button 现在和 ButtonServer 接口相关联，使用接口提供的抽象方法开启或关闭某些东西（可以是 Lamp 或任何其他对象），Lamp 则实现 ButtonServer 接口，任何其他对象也可以实现该接口，这样的结构具有极大的灵活性，Button 对象因为依赖于抽象，而不是具体细节，因此很容易被重用。这个例子很好地解释了细节依赖于抽象。

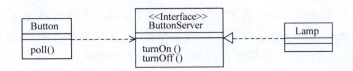

图 12.39　应用依赖倒置原则

依赖倒置原则是发挥许多面向对象技术优势的基本底层机制。它的正确运用对于创建可重用的软件框架来说是必需的。同时它对于构建适应变化的富有弹性的代码也是非常重要的。因为抽象和细节被彼此隔离，所以代码也非常容易维护。

12.4.6　接口隔离原则

接口隔离原则（interface segregation principle，ISP）用来解决"肥胖的"接口所具有的缺点。如果一个类（或接口类）不具备高内聚性，就表示该类具有"胖"的接口。通常这些接口被多个使用者使用，而每个使用者很少用到所有接口方法。但是一旦某个方法发生变化，即使使用者没有使用到这些方法，还是会受到影响，比如重新编译、重新部署等，因而增加了不必要的复杂性和重复，所带来的"臭味"称为接口污染，即和某个类关联的程序被一个它不需要的方法污染了。

接口污染还导致了所有使用接口的程序之间的耦合，要避免这些耦合，需要对接口进行分离，将"胖"的接口分解成多组方法，每一组方法服务于一组不同的客户程序，这样，为每个使用者提供只包含了要用到的方法的类（或接口），就可以保护使用者不被无用的方法影响。

一个接口被隔离成多组方法后，可能存在这样的类，它需要用到两组方法或者更多，要实现这样的客户程序可以采用委托模式或多继承模式。

所有这些原则不能死搬硬套，在所有情况下都完全遵循所有原则是不明智的。比如花费几倍的时间来寻找所有可能的变化点来运用 OCP 和 SRP，为了不违反 ISP 虚构几十个或上百个接口，为了符合 DIP 创建许多毫无意义的抽象类或接口，这样做可能适得其反。恰当地使用这些原则需要在可能的变化和提前实现的成本之间进行权衡，并且通过一次次迭代及早暴露问题，然后运用以上原则来解决问题。

12.5 设计模式

为模式给出权威性定义的是美国建筑设计大师克里斯托弗·亚历山大（Christopher Alexander），在他出版的一本关于城市规划和建筑设计的著作《建筑的永恒方法》中是这样描述模式的，"模式是一条由三部分组成的规则，它表示了一个特定环境、一个问题和一个解决方案之间的关系。每一个模式描述了一个在我们周围不断重复发生的问题以及该问题解决方案的核心。这样，你就能一次又一次地使用该方案而不必做重复劳动。"

尽管著作中谈论的是建筑模式，但其定义也能很好地适用于软件行业。设计模式有不同的抽象层次。第 10 章讨论的应用架构模式是高层次全局性的，例如 MVC 模式、多层模式，对于整个应用或子系统可以重用。而本章讨论的设计模式是面向局部问题的软件结构设计方案，指导如何进行低层次的抽象，比如如何利用类来封装一个链表或栈。举个简单的例子就是：攒尖风格建筑是一种架构模式，代表了抽象、整体解决方案，而其中宝顶、屋脊、檐、转角的形态和结构又有多种多样的设计模式，属于局部细小问题的解决方案。总之模式都是经过验证符合审美、极具优雅性和功能性的一种结构体。

对软件设计模式的影响最大的是"四人组"（gang of four，GoF，他们是 Erich Gamma，Richard Helm，Ralph Johnson，John Vlissides）的著作《设计模式》。本书对有关模式的概念和类型只作简要介绍，详细内容请参阅相关书籍。

12.5.1 什么是设计模式

《设计模式》的作者们对设计模式的描述是：每一个设计模式系统地命名、解释和评价了面向对象系统中一个重要的和重复出现的设计。我们的目标是将设计经验以人们能够有效利用的形式记录下来。

一个模式具有四个基本要素。

(1) 模式名(pattern name)。模式名是一个助记名，用来描述一类设计问题、对该类问题的解决方案和结果。通过对模式命名，扩大了设计词汇，容许我们在设计时采用更高一层的抽象。使用统一的模式名可以帮助我们思考和书写设计文档，相关人员之间的交流也更为简洁。

(2) 问题(problem)。问题描述何时使用模式。它解释了设计问题及其存在的前因后果,可能是针对特定设计问题讨论怎样用对象表示算法,也可能描述了导致僵化性的某种对象结构。问题部分有时包括使用模式必须满足的一系列先决条件。

(3) 解决方案(solution)。解决方案描述设计的组成元素、元素的职责及元素之间的协作方式。解决方案提供的是一个模板,不包括特定具体的设计和实现,仅提供解决某类设计问题时的类和对象组合的抽象描述,因此一个模式可以应用于不同的实现环境中。

(4) 效果(consequences)。效果描述模式应用的效果及使用模式应权衡的问题。实际上,它是对模式的评估,软件的设计通常关心时间和空间的耗费,模式的效果也是选择语言和具体实现的依据之一。因为重用是面向对象的目的之一,所以模式效果也包括模式在灵活性、可扩展性和可移植性方面的影响,显式地列出它们可帮助人们更好地理解和评估一个模式。

设计模式致力于识别参与的类和实例、它们的角色和协作关系,以及各自的职责。每一个设计模式关注着特定的面向对象设计问题。模式独立于具体实现语言,都可以采用 UML 进行图示表达。

12.5.2　GoF 设计模式

在《设计模式》一书中总结了 23 个模式,依据实现的目的被分为创建型模式(creational)、结构型模式(structural)和行为型模式(behavioral)三类,见表 12.2。创建型模式与对象实例的创建有关;结构型模式处理类或对象的结构关系;行为型模式对类或对象怎样交互和怎样分配职责进行描述。

表 12.2　GoF 设计模式

创建型模式		结构型模式		行为型模式	
单例模式	singleton	适配器模式	adapter	职责链模式	chain of responsibility
工厂方法	factory method	桥接模式	bridge	命令模式	command
抽象工厂	abstract factory	组合模式	composite	解释器模式	interpreter
生成器	builder	装饰模式	decorator	迭代器模式	iterator
原型	prototype	外观模式	façade	中介者模式	mediator
		享元模式	flyweight	备忘录模式	memento
		代理模式	proxy	观察者模式	observer
				状态模式	state
				策略模式	strategy
				模板方法	template
				访问者模式	visitor

对于每种模式本书不进行详细阐述,仅以单例模式为例,说明 GoF 设计模式的应用场景和结构模型。

【例 12.20】 一个类在整个系统中有且仅有一个实例可以访问,不可随意创建多个实例。

例如,在应用系统开发中,经常需要加载配置文件,而配置文件的读取和加载仅需一次,此后在应用系统的任意代码中直接使用而不需要再创建。这是单例模式的典型应用场景。具体做法是如图 12.40 所示将配置设计为单例类,包含 getInstance()方法。需要使用配置时调用 getInstance()方法就可以获得全局唯一的配置对象实例。

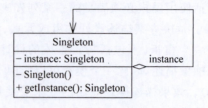

图 12.40 单例模式

示例代码如下:

```
public class Singleton {
    private static Singleton instance = null;
    private Singleton() { }
    public static Singleton getInstance() {
        if (instance == null) {
            instance = new Singleton();
        }
        return instance;
    }
}
```

习题 12

12.1 类的属性和方法的可见性包括哪几种?

12.2 什么是嵌套方法?

12.3 一对一、一对多的关联性如何实现?关联方向如何体现?

12.4 以一个用例为例,说明如何设计边界类、实体类和控制类。

12.5 顺序图包含哪些元素?它是如何表达对象之间的协作?

12.6 医院放射科预约系统中,当病人第一次看病时,护士使用系统来输入病人信息,并负责安排所有的预约。请根据 MVC 架构模式绘制顺序图。

12.7 顺序图与程序流程图的区别是什么?NS 图为什么比程序流程图更能保证良好的程序结构?

12.8 解释以下设计原则:单一职责原则,开放—封闭原则,Liskov 替换原则,依赖倒置原则。

12.9 什么是设计模式?设计模式与架构模式的区别是什么?

12.10 挑选一种 GoF 设计模式,理解其使用场景、结构和典型代码。

第13章 面向服务的业务逻辑层设计

做出采用"微服务架构"的决策,意味着已经接受了服务作为系统的基本单元、保持服务间的松耦合关系,以及遵守一系列微服务相关的架构约束。面向服务的设计就是以服务为基本单位,根据业务需求识别服务及其操作、定义服务接口及服务间的协作,面向服务设计的成果就是服务模型。

13.1 面向服务设计步骤

在建立对业务领域、业务流程、业务目标和现有系统的理解并进行分析后,我们可以按照三个步骤进行服务的分析与设计(见图13.1)。首先识别来自于系统外部(如用户、第三方系统)的请求,定义系统操作;然后定义一组服务,并将系统操作分配给不同的服务;最后,定义服务 API 和协作方式,落实服务规约。

为了便于系统地讲解,本书将三个步骤统一划归到系统设计阶段,但这并不代表这些任务在系统分析阶段完全不涉及。构建服务模型通常是一个迭代的过程,模型不断精化完善以接近业务,因此与其他方法论相比,面向服务分析与面向服务设计的界限相对模糊。

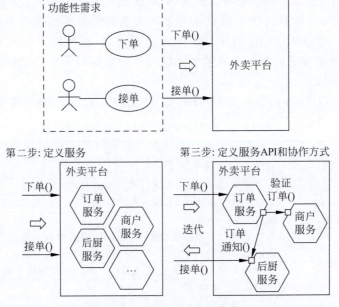

图 13.1 面向服务设计步骤

13.2 定义系统操作

如果是从需求分析开始构建面向服务的新系统,那么系统设计的起点是信息系统的需求。从用户场景提取出系统必须处理的用户请求,并将其进一步地转化为系统的操作。一个系统操作代表一个外部请求,是系统为完成某项任务而执行的一组动作。

根据需求分析的结果,可以从两处地方寻找和识别系统操作(见图13.2)。

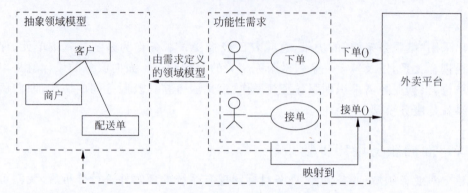

图 13.2 从需求到系统操作

1)用例模型中的系统用例

例如,"下单"用例表明系统必须提供一个创建订单的功能。所有用例都会直接对应为系统的操作。如果采用用户故事技术,识别系统操作的切入点是分析用户故事和业务场景中的动词词组。

2)领域模型

领域模型由关键领域类组成,这些关键领域类往往可以提供描述系统功能和行为的主体或客体词汇表。例如,组织可能需要创建、更新或删除领域对象,以及创建或撤销它们之间的关系。由此,可以根据这些关键领域对象或关系的生灭来提取出系统操作。此外,领域模型中的其他一些关联关系(同样是动词或动词词组)通常代表一些重要的业务活动。这些业务活动都是根据它们对一个或多个领域对象的影响以及它们之间的关系来描述的,也能够体现出系统操作。

【例13.1】 以在线外卖业务为例,领域类图如图13.3所示,类的描述见表13.1。

表 13.1 外卖领域模型中的关键类说明

类　　名	描　　述
客户(Consumer)	下订单的客户
订单(Order)	客户下的订单,用来描述订单并跟踪状态
订单项(OrderLineItem)	订单中的一项明细,对应一个客户购买的一个商品项目
配送单(DeliveryInfo)	送餐时间和地址
商户(Restaurant)	为客户的订单准备餐食的商家,同时也要发起送餐
菜品(MenuItem)	商户菜单上的一个条目,即出售的一种商品或餐食
骑手(Courier)	骑手负责把商品或餐食送到客户手里。可跟踪骑手的状态和他们的位置
地址(Address)	客户或商户的地址
位置(Location)	骑手当前的位置,用经纬度表示
支付单(Payment)	订单的支付信息

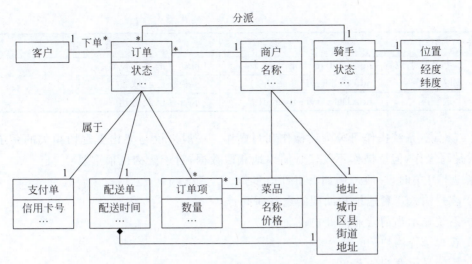

图 13.3　外卖领域模型中的关键类

在这个例子中，菜品维护（更新、下架）等隐性需求都有其相应的系统操作。

考虑到需求分析中得到的用例规约，可进一步定义系统操作的参数、返回值、前置条件和后置条件。

【例 13.2】　对于用例模型映射得到的下单操作是 createOrder()，该功能的规格说明见表 13.2。

表 13.2　createOrder()的规格说明

操作	createOrder(consumer id, payment method, delivery address, delivery time, restaurant id, order line items)
返回值	orderId，…
前置条件	存在一个可以下订单的客户；订单条目对应的菜单条目真实有效；送餐时间和地址均在商户的服务范围内
后置条件	得到客户的银行卡预授权；创建一个订单，并设置为"未接单"状态

前置条件和后置条件与之前用例规约中的描述相对应。前置条件对应着下单用户场景中的"如果"，即当这个功能发挥作用时必须满足的前提条件；后置条件对应着场景中的"那么"，即这个功能发挥作用后必须得到的结果。当执行该操作时，会首先检查前置条件，然后执行操作，并满足后置条件。

此外，一些关键的系统操作会对系统架构产生重要的影响，因此还需要在架构层面上识别和分析这些系统操作。

【例 13.3】　外卖平台重要的系统操作见表 13.3 所示。

表 13.3　外卖平台重要的系统操作

操作者	用例	功能	描述
客户	下单	createOrder()	创建一个订单
商户	接单	acceptOrder()	表示商户接受了订单，并承诺在规定的时间备餐
商户	等待送餐	noteOrderReadyForPickup()	表示订单已经备餐完成，骑手可以取餐

续表

操作者	用例	功能	描述
骑手	更新骑手位置	noteUpdatedLocation()	更新骑手的当前位置
	取餐	noteDeliveryPickedUp()	表示骑手已经取餐
	送餐	noteDeliveryDelivered()	表示餐食已经送达

笼统地说,系统操作可分为读操作和写操作。一般来说与架构更密切相关的系统操作大多数是写操作,但读操作不仅仅是简单地获取数据,对于架构也很重要。

客户下订单时,一般遵循如下事件流步骤。

① 客户输入送餐地址和期望的送餐时间;

② 系统显示当前营业的商户;

③ 客户选择商户;

④ 系统显示商户的菜单;

⑤ 客户点餐并结账;

⑥ 系统创建订单。

这个业务场景包含了以下两个读操作。

① findAvailableRestaurants(deliveryAddress,deliveryTime):获取所有能够送餐到客户地址并满足送餐时间要求的商户。

② findRestaurantMenu(id):返回商户信息和这家商户的菜单。

在这两项读操作中,需要考虑 findAvailableRestaurants()这个操作在架构层面的影响。它是一个包含了地理位置等信息的复杂查询,先由负责位置查询的组件搜寻该送餐地址周围的商户,同时还要过滤那些在备餐和送餐时间范围内没有营业的商户。因为执行这个读操作时客户很可能处于焦急等待状态,所以这个读操作的响应时间不宜过长,这使该操作的性能显得尤为重要。

13.3 确定候选服务

设计服务的主要任务是确定在一定范围内的候选服务列表。这个范围可以是企业关键业务流程范围,也可以是整个企业范围,甚至超越单个企业之外涵盖供应链上的多个企业。

那么如何确定应该有哪些服务呢?本书介绍两种识别策略。

① 按业务能力识别,定义与业务能力相对应的服务;

② 采用领域驱动设计的技术,通过划分子领域进行分解和设计服务。

这两种策略都是围绕业务来组织、划分和设计服务,这些服务面向具体业务结构,而非面向某项技术能力。

13.3.1 根据业务能力设计服务

业务能力是指一些能够为组织产生价值的业务活动。例如,保险公司的业务能力通常包括承保、理赔、合规性审查等。组织的业务能力一般是指这个组织的目标和主营业务,通常都是稳定的。而组织采用何种方式来实现这项业务能力则是随着时间不断变化的。例如，人们以前只能通过函授的形式接受远程教育，而如今可以使用慕课的方式来学习世界各地的课程。教育教学这个业务能力是稳定不变的，但是这个能力的实现方式正在发生巨大的变化。

业务能力规范包括多项元素，如输入和输出、服务等级协议。例如，保险承保能力的输入来自客户的系统，这个业务能力的输出是完成核保并报价。

1. 识别业务能力

一个组织有哪些业务能力，可以通过分析组织的目标、业务流程和业务对象而识别出来。每个业务能力都可以抽象成一个服务。有以下三种方法帮助我们识别业务能力。

（1）业务目标分解。业务目标建模将业务目标分解成子目标，然后分析哪些业务能力是用来实现这些子目标的。在这个过程中，为了度量这些业务能力的执行情况，一些关键业务指标、度量值和相关的业务事件也会逐步浮现出来。

（2）分析业务流程。选择端到端的业务流程进行逐层分解至业务活动，并对其间涉及的业务活动进行变化分析。每个业务活动可看作一项业务能力。因为流程可以包含子流程，所以业务能力也将形成一种层次化结构，即大粒度的能力包含下层更小粒度的能力。

（3）业务对象的状态变化。业务对象的变化可以帮助我们发现隐含候选服务。因为对象变化分析能够甄别出业务领域中易变的部分和稳定的部分，通过将造成变化的业务逻辑及相关的业务规则剥离出来，以保证未来的变化不会破坏现有设计，从而提升架构应对变化的能力。例如，一次理赔作为业务对象是理赔管理功能的重点，将稳定和变化分离得到子能力，具体包括理赔信息管理、理赔审核和理赔付款三个业务能力。

【例 13.4】 某外卖平台的业务能力（见表 13.4）。

表 13.4　某外卖平台的业务能力

顶层能力	子　能　力
供应商管理	骑手管理：骑手相关信息管理
	商户管理：商户的菜单和其他信息管理，例如营业地址和时间
客户管理	客户信息管理
订单管理	客户的订单管理：客户可以创建、查看、搜索和管理订单
	商户的订单管理：商户可以管理订单的生产过程
	送餐
	骑手状态管理：管理骑手的实时位置与状态
	送餐管理：把食物送到客户手中
支付管理	与客户相关的支付：包括计费、支付、开具票据等
	向商户支付餐食费用
	向骑手支付配送费用

2. 从业务能力到服务

一旦确定了业务能力，就可以为这些业务能力或相关能力组映射到服务，并按照业务范围划分为服务目录。

【例 13.5】 将上述外卖平台从能力映射到服务，如图 13.4 所示。

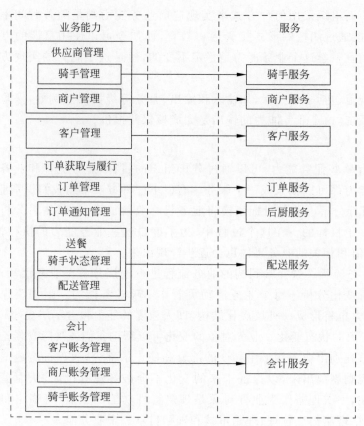

图 13.4 将业务能力映射到服务

其中,将一些顶层能力(如支付能力)直接映射到服务(如支付服务),同时将一些子能力定义为服务。两种做法皆可,决定将哪个级别的业务能力层次结构映射到服务是一个主观的判断与设计,需要根据具体情况分析。在本例中,这样做的理由如下。

(1) 鉴于商户和骑手是不同类型的服务提供方,将供应商管理的子能力映射到两种服务。

(2) 按照业务流程的阶段划分,将订单管理能力映射到三个服务上,分别是:订单服务、后厨服务、配送服务。出于骑手状态和送餐业务的紧密联系,这里将骑手状态管理和配送管理能力合并成一个服务,即配送服务。

(3) 不同类型的财务管理逻辑相似,将会计记账能力统一映射到会计服务。

能力层次结构中各个级别的能力皆可映射到服务。上述映射仅是服务定义的一次尝试。随着对业务领域的了解越来越多,它们可能会随着时间的推移而变化。例如,仔细分析之后,如果发现由于进程间通信过于频繁导致系统效率低下,则考虑将这些服务组合在一起,如前面提到的配送服务。反之亦然,一些服务在不断膨胀增长之后也可能有必要拆分为多个服务,例如,将针对商户和骑手的费用支付和针对客户的订单收款拆分成两个服务。

总体来说,组织的业务能力是相对稳定的,因此围绕组织能力搭建的服务架构也具有相对的稳定性。各项服务虽可随着业务的实现方式的变化而变化,但总体架构可保持大体稳定。业务架构与 IT 架构的关系可以用图 13.5 加以说明。

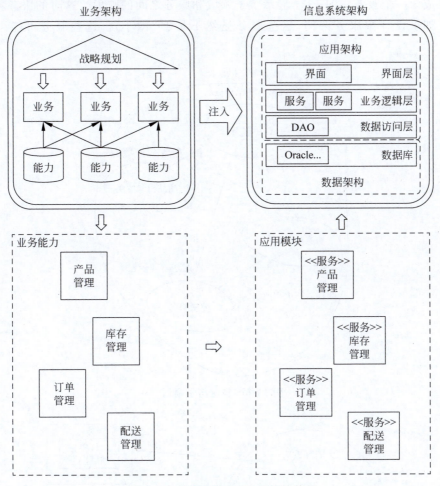

图 13.5　业务架构与 IT 架构的关系

13.3.2　根据业务领域设计服务

领域是对现实世界问题的一种统称,包含一个组织的业务方式和围绕此开展的一切活动。例如,我们在开发一个医院信息管理系统时,面对的就是医疗领域。领域可分解成多个子领域,每个子领域对应业务的不同部分。例如,电子商务领域的子领域则包括产品目录、库存管理、订单管理、配送管理等。

1. 识别子领域

识别子领域需要先了解业务。一般说来,可以通过不同专业领域来找出子领域,也可以通过组织结构来识别子领域,组织内的不同部门机构可能对应于子领域。此外,由于子领域通常具有关键领域对象,还可以通过关键领域对象的方式找出子领域。分析出的子领域定义结果跟业务能力很接近。

【例 13.6】 外卖领域的子领域包括:订单管理、商户管理、配送管理和支付管理。

图 13.6 为经过粗线条划分业务领域而得到的子领域。识别子领域以后,将这些子领域分别定义成为一个服务。图 13.7 展示了子领域和服务之间的映射。这时的服务粒度可能相当粗。如果设计微服务架构,这些服务显然不足够"微小"。这些服务可能可以继续细分。

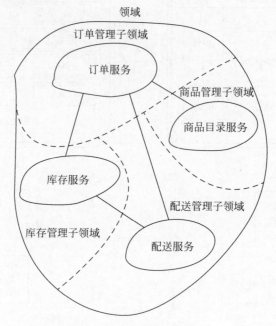

图 13.6 领域与子领域

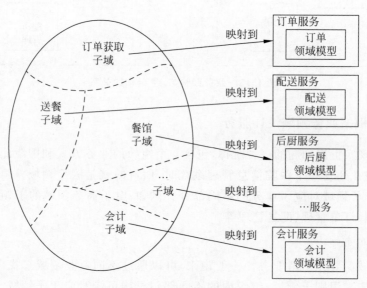

图 13.7 从子领域到服务

外卖领域的每个子领域都映射为一个服务,每个服务都可以有自己的领域模型。

2. 继续细化服务粒度

为了得到一个恰当粒度的服务,可遵循一些常见的设计原则。本节介绍其中的三种,包括单一职责原则、闭包原则以及"两张披萨原则"。

(1) 单一职责原则。该原则在 12.4.2 节已详细介绍,设计服务时应该遵循单一职责原则。这就要求每个微服务都具有相对完备的职责,同时职责也是最小化的。这意味着:一个服务只负责一件事;所有涉及这件事情的职责都应该由这个服务独自来承担(至少是核心部分)。如果不能做到单一职责,那么意味着一种不必要的职责耦合。遵循单一职责原则会缩小服务的大小并提升它的稳定性。以外卖平台架构为例,为客户获取餐食的每个方面(订单获取、订单准备、送餐等)都由一个单一的服务承载。

(2) 闭包原则。闭包原则要求出于同样原因而改变的类应该在同一个包中。架构团队还会根据系统中组件的稳定性与可变性分析、重用性、依赖性、技术选型等因素,从技术层面进一步拆分服务。如果由于某些原因,两个类的修改因为耦合而先后发生,那么就应该把它们放在同一个包内。这样做可以控制服务的数量,当需求发生变化时,变更和部署也更加容易。理想情况下,一个变更只会影响一个团队和一个服务。

(3) 两张披萨原则。亚马逊的"两张披萨原则"要求一个技术团队的人数不能多到两张披萨都不够吃的地步,这样的团队通常有 8 个或者更少的人,这是根据团队规模来划分服务,确定服务粒度(规模)。一个小团队负责的产品职责就自然会尽量单一聚焦,团队也不会轻易扩大自己的核心业务域。类似地,有些公司采用"三个火枪手"原则,即一个微服务由三个人负责开发。这种实践应用到服务设计时,如果一个服务大到不能由一个三人小分队进行开发和维护,那么会将其拆分成适合一个团队开发能力的规模。如果这个团队本身的规模已经达到需要进一步分工和协作,那么先把团队进行拆分,再根据团队拆分的结果进行服务拆分,也是一项最佳实践。

在工程实践中,一个重要的问题是如何确定服务的边界。一种做法是按照组织结构等来界定服务。例如,如果订单处理、库存管理及货物接收是由不同的团队维护,那么这些服务都可以视为独立的服务。从这可以看出,组织结构和软件架构会互相影响。如同康威定律所指出的那样:任何一个好的信息系统架构都将不可避免地复制这个组织内部的沟通结构。这就要求我们设计出业务和技术一致的服务。

服务的边界判定是一个迭代的过程。当考虑服务的边界时,首先考虑比较大的、粗粒度的那些领域,当发现合适的边界后,再进一步划分出那些嵌套的服务。在这个迭代过程中,要始终把单一职责(至少是核心领域的职责)当作第一原则,每次迭代都进一步判断这些服务是否自治完备,进而构建出一套符合当前领域的模型。当发现领域模型存在重复、错位或缺失时,再对已有模型进行重构,甚至重新界定服务。

一旦确立了服务的边界,系统设计(例如 10.2 节提到的分层架构)就不再针对整个软件系统,而仅仅针对粒度更小的服务。每项服务都可以有自己的架构,可以有自己的技术栈,并定义成一个独立的部署单元,这非常符合"微服务"的概念。它在一定程度上决定了系统的逻辑架构和集成方式,这样就完成了微服务架构的设计工作。只需要关心对外暴露的接口与集成方式,就能得到"高内聚、低耦合"的系统。

13.3.3 服务的粒度

在面向服务架构模式中,服务是系统最重要的组成部件。一个服务定义了一个与业务功能或业务数据相关的接口,以及约束这个接口的契约,如业务规则、安全性要求、质量要求等。

服务粒度用于衡量一个服务封装的功能大小,如同模块封装一样,服务应具有多大粒度并没有严格标准。粗粒度的服务是在一个抽象的接口中封装了大块的业务功能,内部处理较为复杂;细粒度的服务提供目标相对较小的功能单元,或交换少量的数据。

服务粒度不宜过大或过小,通常从重用性、灵活性和性能等角度来平衡考虑。细粒度的服务更容易被重用,同时也容易组装出多样化的大粒度服务和业务流程。随着粒度增加,越来越多的业务规则和业务逻辑嵌入到服务中,服务逐渐变得具有特定的业务意义。换句话说,就是粒度越粗,服务越少被重用或者越难以被重用,系统结构也越不灵活。但粗粒度的服务更有利于业务用户和IT人员直接对话,对理解和开发业务具有积极意义。如果仅片面地考虑重用性,设计大量粒度很小的功能单元,那么完成一项业务任务需要组装的服务个数就会增加,服务请求和响应次数也随之增加,这将对系统整体性能和容量带来负面影响,尤其是那些包含大量远程服务调用的分布式系统。

图 9.2 不仅显示了软件部件的粒度变化,还反映了服务、构件、类、模块逐层包含的关系。从技术角度看服务就是一种构件,但通常意义上的构件不一定是服务,构件是技术驱动的,而服务是业务驱动的,服务可以在构件的基础上或类的基础上开发。构件也是基于类开发并编译发布的,一个构件通常包含多个实现类。一个类通常包含多个方法,类的方法等同于模块。

13.4 定义服务接口

至此,我们已经得到一个系统操作的集合和一个候选服务目录。接下来要将这些系统操作分配给服务,并定义这些服务的应用程序接口(API)。

13.4.1 为服务分配系统操作

在获得系统操作列表之后,需要将这些系统操作按照一定的门类组织起来。基本的组织单元就是服务,即系统操作需要分配给服务来实现其功能。通常情况下,一个系统操作可能映射到某一个服务上,例如,在外卖平台中,createConsumer()操作由"客户服务"独立完成。系统操作和服务间的映射关系有时并不明显。例如,考虑使用 noteUpdatedLocation()操作来更新骑手的位置。一方面,因为其与骑手有关,将此操作分配给"骑手服务"似乎合适。另一方面,该操作分配给"配送服务"更妥当,因为送餐位置变化与"配送服务"的关系更紧密,即操作的分配还应该考虑哪个服务更需要操作提供的信息。

在某些情况下,一些系统操作也可能一时找不到可对应的服务。这时,映射不成功的需要设计新的服务。最终,系统操作都要映射到服务上,从而完成服务分配。分配好之后,将系统操作转化为服务的对外接口。表 13.5 显示了外卖平台的服务及其主要操作。

表 13.5　外卖平台的系统操作映射到服务

服　　务	系　统　操　作
客户服务	createConsumer()
订单服务	createOrder()
餐饮服务	findAvailableRestaurants()
后厨服务	acceptOrder() noteOrderReadyForPickup()
配送服务	noteUpdatedLocation() noteDeliveryPickedUp() noteDeliveryDelivered()

有些系统操作需要跨越多个服务,因为处理这些请求所需的数据可能分散在多个服务里。例如,为了实现createOrder()操作,"订单服务"需要协调以下服务以验证其前置条件并使后置条件成立。

(1) 客户服务。验证客户是否可以下订单并获取其付款信息。

(2) 餐饮服务。验证订单明细项,验证送货地址和时间是否在餐厅的服务区域内,验证订单最低要求并获得订单明细项的价格。

(3) 后厨服务。创建后厨工单。

(4) 支付服务。授权客户的银行卡。

同样,为了实现acceptOrder()这个操作,"后厨服务"必须调用"配送服务"来安排骑手交付订单。表 13.6 显示了服务及其协作者,服务协作与对象协作相似。

表 13.6　服务及协作者

服　　务	系统操作	协　作　者
客户服务	verifyConsumerDetails()	—
订单服务	createOrder()	客户服务 verifyConsumerDetails() 餐饮服务 verifyOrderDetails() 后厨服务 createTicket() 支付服务 authorizeCard()
餐饮服务	findAvailableRestaurants() verifyOrderDetails()	—
后厨服务	createTicket() acceptOrder() noteOrderReadyForPickup()	配送服务 scheduleDelivery()
配送服务	scheduleDelivery() noteUpdatedLocation() noteDeliveryPickedUp() noteDeliveryDelivered()	—
支付服务	authorizeCard()	—

对于需要多个服务协作实现的系统操作,需要定义服务间的协作方式,定义这些服务的应用程序接口,明确服务间的通信方式。

13.4.2 为服务设计接口

从实现结果来看,服务是一个可独立部署的应用程序,它实现了一些特定的功能。服务通过应用程序接口(API)为客户端提供对功能的访问。这些接口封装了其内部实现。API 由写操作、读操作和事件组成。

【例 13.7】 订单服务的外部视图(见图 13.8)。

写操作:如 createOrder() 执行操作并更新数据。

读操作:如 findOrderById() 查询数据。

事件:如 OrderCreated。

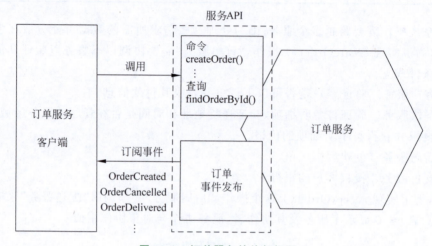

图 13.8　订单服务的外部视图

关于服务间的交互方式,也可以根据自身需求选择适合的协作方法,参见 11.2.1 节介绍的接口技术。既可以沿用 API 直接通信,也可以选择间接通信,在不同服务之间发送数据,例如使用流数据处理实时数据、使用事件触发机制来响应数据的变化、使用服务网格实现应用级通信及可见性等。

服务的功能实现和非功能需求的满足都需要服务基础设施的支持。根据具体的需求确定服务基础设施的能力,如服务网关、服务路由、服务监控、熔断器、配置中心等。

13.5　设计原则

除了前面提到的单一责任原则、闭包原则、两张披萨原则,服务设计还应遵循以下原则。

1) 领域驱动原则

服务的设计应该能反映出某个业务的领域模型,不仅能降低服务环境中通用语言的复杂度,还可以帮助团队搞清楚领域的范围,厘清上下文边界。一个领域或子领域的业务功能相关的全部开发任务应交给一个团队负责,这样能保证开发出的代码会更易于理解和维护。

2) 独立数据存储原则

根据服务的需要选择正确的数据库,定制化基础设施以及对应数据的存储,并且让服务独占它。理想情况下，任何需要访问该数据的其他服务只能通过调用拥有写权限的服务的 API 来访问。

3）使用轻量级通信原则

由于服务都是跨域进程，甚至是跨越主机的，组件只能通过 REST、Web 服务等轻量级协议或某些类似 RPC 的机制在网络上进行通信。此外通过异步通信方式降低调用服务之间的耦合，并且能在调用服务时提供缓冲，起到削峰作用。

习题 13

13.1 什么是服务？什么是 SOA 和微服务？

13.2 有哪些方法可以帮助我们识别业务能力？业务能力与服务如何映射？

13.3 领域和子领域的概念是什么？请为医院管理系统划分子领域。

13.4 请挑选百度提供的一种服务，了解服务操作和接口。

第14章 数据层设计

系统分析阶段通过对领域对象建模提出了数据的原始信息结构,即领域类图(或实体关系图),这个模型是独立于具体的数据库管理系统的。在系统设计中,首先需要考虑选择哪一种具体的数据库管理系统,然后根据所选择的数据库管理系统将领域对象模型或实体关系模型转换为对应的逻辑数据模型,进而设计出物理数据模型。

关系数据库管理系统(如 Oracle,MySQL,SQL Server 等)是信息系统建设中的主流数据库,本章主要介绍与关系模型有关的数据库设计问题,以及非关系型数据的特点和适用场景。

14.1 关系数据库设计

14.1.1 设计关系数据模型

通俗地讲,一个关系就是一张二维表。表中的一行称为行、元组或记录,表中的一列称为字段或属性。给每一列起一个名称即属性名。表中的一个单元就是一个字段值或属性值。用关系表示实体和实体之间联系的模型称为关系数据模型。

若表中某个属性(或属性组)的值能唯一地表示一个行组,则称为主键(primary key)。

对象和对象之间的联系使用泛化关系和关联关系来表示。泛化关系中的对象可以转换为一张表,也可以转换为多张表;关联关系则通过在表中增加外键实现。当一个字段或字段集不是所在表的主键,而是其他表的主键时,称为外键(foreign key)。例如读者、图书和借阅有关联,读者表含有借书卡号、姓名、身份证号、借书限额等属性字段,其中借书卡号是主键。借阅记录表有借书日期、应还日期等字段,设计一个自增 ID 作为主键,为了和读者关联,在借阅记录表中增加借书卡号字段,该字段就是外键。

从领域类图设计关系数据库模式,可以按照以下步骤来完成。

(1) 为每个对象创建一张二维表,泛化关系的对象可以共用一张表,增加类别字段以区分,也可单独创建。

(2) 为每张表选择一个主键。泛化关系中的对象如果使用多张表,则多张表使用同一个主键属性,即表之间是一对一的关系。

(3) 添加外键来表示对象间一对多的关联关系。

(4) 创建一张新表来表示尚未分解的多对多的关系(拆分为两个一对多关系)。

(5) 确定各个关系模式中属性的数据类型、约束、规则和默认值,考虑域完整性。

(6) 根据用户需要设计视图。

【例 14.1】 根据图 9.6 设计数据库表结构。

数据库的表都需要主键,如果找不到能够唯一标识对象的属性,那么在数据库设计时,可以为每张表设计一个自增 id 的列作为主键,结果如下,下画线为主键。

customers(<u>cid</u>、name)
rentals(<u>rid</u>、days、rentDate、cid、mid)
movies(<u>mid</u>、name、price)

rentals 表添加了 cid 和 mid 列,作为外键分别实现与 customers 和 movies 的关联。

14.1.2 规范化

要设计一个好的关系数据库模式,需要对以上步骤完成后的关系模式进行规范化处理。规范化的理论首先由 E. F. Codd 于 1971 年提出,根据关系模式满足的不同性质和规范化的程度,把关系模式分为第一范式、第二范式、第三范式、BC 范式和第四范式,范式越高、规范化的程度越高,关系模式则越好。

1. 第一范式(1NF)

每个关系模式都应满足最低要求,即关系的所有分量(属性)都必须是不可分的最小数据项,并将其称为第一范式(First Normal Form,1NF)。

【例 14.2】 消除不满足 1NF 的数据项。

表 14.1 所示就不是规范化的关系,因为在这个表中,"成绩"不是基本数据项,它由另外四个基本数据项组成。

表 14.1 非规范化表格

学号	姓名	课程代号	课程名	成绩			
				期末	平时	总评	补考
0201	李好	JC002	英语	70	25	74	
0202	张三	JC002	英语	60	15	57	60

非规范化关系转换成规范化关系非常简单,只需要将所有数据项都表示为不可分的最小数据项即可,表 14.2 所示是规范化后的结果。

表 14.2 符合第一范式的表格

学号	姓名	课程代号	课程名	期末成绩	平时成绩	总评成绩	补考成绩
0201	李好	JC002	英语	70	25	74	
0202	张三	JC002	英语	60	15	57	60

2. 第二范式(2NF)

如果主键是由多个属性构成的复合关键字,并且不存在非主属性对主键的部分函数依赖,则这个关系是满足第二范式(Second Normal Form,2NF)的。

【例 14.3】 消除表 14.2 中的部分依赖关系。

在表 14.2 的关系中,学号和课程代号共同组成复合关键字,期末成绩、平时成绩、总评成绩和补考成绩完全依赖于关键字,但是姓名部分依赖于学号,课程名部分依赖于课程代号,所以这不是一个第二范式的关系。

为了消除这种部分函数依赖,可以进行模式分解,分解结果为以下三个关系,带下画线的属性是表的主键。

学生(<u>学号</u>、姓名、性别、出生日期、入学日期)
成绩(<u>学号</u>、<u>课程代号</u>、期末成绩、平时成绩、总评成绩、补考成绩)
课程(<u>课程代号</u>、课程名、学时、学分)

通常在分析阶段如果能很好地识别出领域对象,一定程度上是可以减少这种部分依赖的情况。

3. 第三范式(3NF)

如果符合第二范式的条件,并且所有非主属性都不传递依赖于主关键字,那么就是第三范式(Third Normal Form,3NF)。

从定义可以看出,如果存在非主属性对关键字的传递依赖,则相应的关系模式就不是3NF关系,如上例中的课程关系中,如果学分是根据学时的多少来决定的,那么学分就是通过学时传递依赖于课程代号的,采取模式分解的办法可以消除这种传递函数依赖。结果如下。

课程(<u>课程代号</u>、课程名、学时)
学分(<u>学时数</u>、学分)

多数 3NF 关系自然是 BCNF(Boyce Codd Normal Form,巴斯范式)关系或 4NF (Fourth Normal Form,第四范式)关系,并且 3NF 关系已经消除了绝大部分操作异常现象。从实用的角度来看,在大多数场合选用第三范式就能满足需求。

14.1.3 物理设计

物理数据库设计的内容是设计数据库的存储结构和物理实现方法,包括以下内容。

1. 估算数据库的数据存储量

数据存储量也就是数据库规模,可以利用需求分析阶段采集的数据需求对数据库的大小作一个粗略的估算,并可以对数据的增长速度做出预测,以便为数据库分配足够的空间。

2. 设计数据库设备和存储方案

根据数据库的规模和硬盘等资源的情况来考虑如何部署数据库设备,同时必须考虑日志设备的安排。从安全、可靠的角度考虑,数据库设备和日志设备应该安排在不同的物理存储介质上。

从数据库管理的角度考虑数据库是创建在一个设备上还是创建在两个设备上,是否使用数据段技术,应该为数据库申请多少空间以及为事务日志申请多少空间等。

3. 设计索引

索引是用于提高查询性能的,但它同时也会降低其他性能。因此要根据用户需求和应用的需要来合理使用和设计索引,而是否使用聚簇索引和唯一索引则完全根据实际情况决定。

4. 设计数据库服务器程序

存储过程是存储在数据库服务器中的程序,由于经过了预编译,而且在数据库服务器端执行,执行数据查询或操作速度更快,还可以有效均衡系统负载,减少网络传输量,提高系统安全性。触发器也是存储在数据库中的程序,可以在满足某个特定条件时自动触发执行。在设计数据库时,针对复杂的运算逻辑和统计汇总可以设计数据库服务器端程序。

5. 设计备份策略

在设计数据库时就要考虑到备份策略。可以根据实际情况设计分阶段的策略,例如在数据库建立初期,数据录入量较大,更新也相对频繁,可以设计一种策略,而在数据库相对稳定后又采取另外一种策略。

6. 设计安全策略

设计数据库安全策略以保证数据不被非法使用和恶意破坏。首先是在访问控制方面设计一套创建和管理各种级别用户的机制,例如设计用户组及其权限,或设计角色及权限,从而让不同用户拥有不同的数据库权限。此外还可以对敏感数据设计进行加密。

7. 设计镜像方案

为了保证数据库在遇到设备损坏故障时能够不间断工作,可以设计数据库镜像和复制方案。数据库管理系统根据镜像方案自动地把整个数据库或关键数据(如日志)复制到另一个磁盘上,以保证镜像数据与主数据一致。

数据库设计的好坏不仅关系到数据库的日常运行和维护,而且还直接影响到应用软件的设计、编程和维护。设计得好的数据库,不仅可以为用户提供快速、准确、安全、可靠的数据服务,还可以降低软件结构的复杂度,提高软件的可变更性。

14.2 ORM 设计及框架

14.2.1 ORM 概念

面向对象程序设计中的类和关系数据库中的表是领域对象的两种表现形式,在内存中运行时表现为对象实例,在数据库中存储时表现为表中的记录行。几乎所有的信息系统开发时都应用了对象和关系数据库,程序中对象信息发生变化后,需要把对象的信息保存在数据库中,而对数据的查询则需要反向由数据库转换为对象数据。

对象关系映射(object relational mapping,ORM)就是为了解决面向对象与关系数据库之间数据转换的一种技术。简单地说,ORM 是通过使用描述对象和数据库之间映射的元数据,将程序中的对象自动持久化到关系数据库中。

1. 对象与表的映射关系

1)类映射到表

在一个第三范式(3NF)的关系数据库中,表中每一行(元组)都被认为是一个对象,持久类的持久属性对应关系数据库表中的列(字段)。因此在不考虑复杂关系的情况下,对象模式和关系模型间的映射将会很简单。类的属性对应于字段,属性的数据类型转换为字段允许的数据类型之一。

2) 关联关系的映射

在面向对象设计中，对象的关联关系通常设计为一个对象存放了另一个对象的对象指针或引用（类的关联属性），在数据库中用外部关键字建立两个表的联系。

对于对象关联中的特殊类型——组成聚集，因为整体对象和部分对象具有相同的生存周期，所以为了在数据模型中实现引用完整性，数据库详细设计时还需要实施删除约束，例如删除图书馆某个资源品种就必须同时删除所有的资源项。

3) 继承关系的映射

关系数据模型不支持继承关系的直接建模。有许多种策略可用来在模型中建立继承关系模型。具体概括以下三种映射方法。

(1) 继承关系树的每个类对应一个表。使用不同的表来表示父类和子类。在各子类表中使用外键来引用父类表。为了"实例化"子类对象，必须将这两个表连接起来。这种方法在概念上更加容易理解，修改模型也较为轻松，但是因为需要额外的连接操作而造成运行性能低。

(2) 继承关系树的每个具体类对应一个表。将所有父类的属性复制为子类表中不同的列，父类不建立对应的表，完全不支持对象模型中的继承关系和多态。

(3) 继承关系树只对应一个表。使用一张表来描述父类和所有子类的属性，额外还需要增加一个列表示对象所属的子类型。每行代表某个子类的一个对象，该子类拥有的属性列有具体的值，其他子类的属性列则为空，这样提高了运行性能，但违反了第三范式。

以上每种映射方式都有利有弊，要根据系统的技术需求来进行选择。

2. 映射的实现方案

(1) 在领域层实现，即直接在实体类中编写 SQL 语句访问数据库，或者为了减少数据库操作的代码数量，编写一个公用的数据访问类，各实体类将组装好的 SQL 语句传递给该类以实现数据库访问。这种方法显得较为笨拙，在程序代码中需要构造大量的 SQL 语句，但很多程序开发人员可能并不精通 SQL，难以很好地构造有效的查询语句或命令。并且这些 SQL 语句造成业务逻辑层和数据存储层的高度耦合，给系统的修改和扩展带来很多无法预计的障碍。这种方法适合于具有简单领域逻辑的系统。

(2) 在数据映射层实现简单的数据访问，即把 SQL 访问从领域逻辑中分离出来，放到独立的类中。当每个实体类映射为一张表时，可以为每个实体类建立一个数据访问类，该类的接口很简单，一般包括几个从对应的数据库表中获取数据的查找方法以及更新、插入和删除方法。这种方案耦合度比第一种小，但仍然需要手工编写额外的代码，例如负责各层之间传送和转换数据。传送的数据可以采用 12.2.2 节的方法，为每个实体类编写数据传输对象或值对象，数据库取出的数据包装成值对象或值对象数组的方式在层之间传递。

(3) 设计功能独立且具有数据映射器的持久层。数据的存储对于业务逻辑层是完全透明的，应用程序中的对象通过设置与表的映射关系后，可以在开发人员对底层数据库及其模型毫不知情的情况下实现数据的持久化。映射关系通过数据映射器来具体实现，它是分离内存对象和数据库的一个软件层，其职责是在内存对象和数据库之间传递数据并保持它们彼此独立。

3. ORM 框架

显而易见,第三种 ORM 架构(映射)的实现方案是最复杂的,又称为持久化框架或 ORM 框架。通过开发或使用持久化框架,无论在设计阶段、实施阶段,还是测试阶段,领域模型上的操作可以不考虑数据库,修改对象逻辑或数据库任何一方不会影响另一方。程序代码中也不再需要人工编写大量数据库访问的代码,不仅具有较好的可读性,系统的开发速度也明显加快,而且各个层次之间独立性好,系统的可变更性和重用性得到了极大的提高。

任何一个持久化框架都要考虑映射、对象标识、缓存、事务操作等持久化问题,但由信息系统研发人员自行开发是不现实的,通常需要购买一些商业化的持久化框架或适用开源框架来搭建整个系统。

14.2.2 Hibernate 框架

1. Hibernate 简介

Hibernate 是一个开源的对象关系映射框架,.NET 平台下的类似框架名为 NHibernate。它为从面向对象的领域模型到传统的关系型数据库的映射提供了一个使用方便的框架。Hibernate 的设计目标是将软件开发人员从大量重复的数据持久层相关编程工作中解放出来,开发人员从此不用关注数据库记录的增删改查等操作,也不需要熟练掌握 SQL 命令的语法。

Hibernate 不仅负责从 Java 类到数据库表的映射(还包括从 Java 数据类型到 SQL 数据类型的映射),还提供了面向对象的数据查询和检索机制,使 Java 程序员可以随心所欲地使用面向对象编程思维来操纵数据库。Hibernate 可以应用在任何使用 JDBC 访问数据库的场合,既可以在 Java 的客户端程序中使用,也可以在 Servlet/JSP 的 Web 应用程序中使用。

【例 14.4】 采用 Hibernate 设计读者 Reader 持久化至数据库表 readers 的 ORM 方案。

首先,Hibernate 通过配置文件 Reader.hbm.xml 设置 Reader 对象类和 readers 表的映射关系:

```xml
<hibernate-mapping>
    <class name="Reader" table="readers" schema="dbo" catalog="Test">
        <id name="readerID" type="java.lang.String">
            <column name="readerID" length="30"/>
            <generator class="assigned"></generator>
        </id>
        <property name="readerName" type="java.lang.String">
            <column name="readerName" length="30" not-null="true"/>
        </property>
    </class>
</hibernate-mapping>
```

上述配置文件说明了 Reader 类中的每个属性(由 property 元素指定)分别与数据库 Readers 表的字段(由 column 元素指定)相对应。

接下来，应用程序就可以使用 Hibernate 框架提供的类库来实现读者的添加，其中最重要的是 session 对象，调用其 save 方法时会自动读取并解析配置文件，根据映射关系自动完成数据库访问操作。如下代码创建读者实例，并将其添加到数据库的 readers 表中。

```
org.hibernate.Session session = HibernateSessionFactory.getSession();
Reader reader = new Reader();
reader.setReaderID("BISTU20201199");
reader.setReaderName("李丽");
session.save(reader);
```

2. Spring Boot 的 JPA

JPA(java persistence API，Java 持久化 API)作为 Java 开发规范的一部分，在 Spring Boot 框架中以 Hibernate 为基础得以实现。JPA 的使用包括以下三个方面。

(1) 利用注解实现对象关系映射。

(2) 通过约定的方法对实体对象执行 CRUD(Create、Read、Update、Delete)操作，完成对象的持久化和查询。

(3) 使用查询语言 JPQL(Java persistence query language)实现较为灵活的查询。

【例 14.5】 采用 JPA 设计图书 BookTitle 持久化至数据库表 book_info 的 ORM 方案。

1) 对象关系映射

需要为图书定义一个实体类 BookTitle，使用注解映射到数据库。

```
@Entity                                //@Entity 注解代表这是一个实体类
@Table(name = "book_info")             //映射到数据库 book_info 表
public class BookTitle {
    @Id                                //自增主键
    @GeneratedValue(strategy = GenerationType.IDENTITY)
    private Long titleID;

    @Column(name = "title", nullable = false)     //书名，数据库字段名为 title
    private String titleName;

    private String author;             //作者，与数据库字段名相同
    private Double price;              //定价，与数据库字段名相同
    private Integer available;         //可借数，与数据库字段名相同
    /*** setter and getter 方法略 ***/
}
```

2) 数据库访问常规操作

通过实体类及注解定义了对象与数据库的映射，表中记录的增删改查等操作则通过 JpaRepository 接口来定义，即需要针对图书(BookTitle)定义一个接口：

```
public interface JpaBookTitleRepository extends JpaRepository<BookTitle, Long> {
    /*** 除默认方法之外可以自定义操作 ***/
}
```

然后就可以使用该接口的默认方法编程，实现数据库访问。如查询操作如下：

```
List < BookTitle > books = JpaBookTitleRepository.findAll();
BookTitle book = JpaBookTitleRepository.findById(10000023);
List < BookTitle > books = JpaBookTitleRepository.findByAuthor("刘慈欣");
```

以上查询方法都是以 find 开头，By 后面代表根据什么字段内容查询，如果需要模糊查询，可在方法名补充 like 关键词。还可以补充 and 或 or 进行多条件组合查询。有关 CRUD 默认方法的详细命名规则不一一列举，请读者查阅相关手册了解详情。

3）使用 JPQL 实现自定义操作

在接口类中使用@Query 注解可以添加各种自定义方法，方法对应的 JPQL 语句在 @Query 注解中书写，JPQL 使用"?"指定参数，参数的数量和次序与方法的参数一致。如更新图书可借数的方法代码如下：

```
public interface JpaBookTitleRepository extends JpaRepository < BookTitle, Long > {
    @Query("Update BookTitle set available = ?1 WHERE id = ?2")
    @Modifying
    int updateAvailable (Integer quantity, Integer id);
}
```

总之 JPA 大大简化了数据访问层代码的编程工作量。作为开发人员只需要编写自己的 repository 接口，接口中的默认方法及自定义方法 JPA 都会自动实现。

14.2.3 MyBatis 框架

MyBatis 也是一款持久层框架，支持定制化 SQL、存储过程以及高级映射，在业务变化大或复杂业务逻辑下的多表关联时，能够实现更加灵活的定制，但需要开发人员手写更多定制代码。

使用 MyBatis 查询数据库记录时，使用显式的 resultMap 来定制化映射关系，也可以使用 resultType 指定实体对象实现数据库查询结果与实体对象的自动映射，自动映射时可以约定数据库列名和实体类中的属性名相同，如果不同则要更多配置来解决列名的不匹配。首先在 mapper.xml 文件中描述映射，然后需要定义 mapper 接口类与 xml 文件关联。

【例 14.6】 使用 MyBatis 定制一个查询方法 getMovieById，根据影片 id 从数据库 movies 表中查询并返回 Movie 对象。

首先创建一个 MovieMapper.xml 文件，对象属性名与数据库列名一致，定制查询方法 getMovieById 代码如下所示。

```
< select id = "getMovieById" parameterType = "int" resultType = "Movie">
    SELECT * FROM movies WHERE mid = #{id}
</select >
```

然后创建与上述 xml 文件相匹配的接口类 MovieMapper，代码如下。

```
public interface MovieMapper {
    Movie getMovieById(String id);
}
```

通过调用接口方法即可获得返回结果，代码与 JPA 类似。

【例 14.7】 使用 resultMap 配置一个复杂查询，获得顾客租借影片的信息。实体类及数据库结构参见图 9.6 所示的领域类图及下方的代码。其中 rentals 表通过外键 cid，mid 与 customers 表、movies 表关联（例 14.1 中已做说明）。

CustomerMapper.xml 代码如下：

```xml
<resultMap type="Customer" id="RentalDetail">
    <id column="cid" property="cid"/>                      //Customer 的主键 cid
    <result column="name" property="customerName"/>
    <collection property="rentals" ofType="Rental">        //关联的所有 Rental
        <id column="rid" property="rid"/>                  // Rental 的主键 rid
        <result column="days" property="days"/>
        <result column="rentDate" property="rentDate"/>
        <association property="movie" column="mid" javaType="Movie">  //关联的 Movie
            <id column="mid" property="mid"></id>
            <result column="name" property="movieName"></result>
        </association>
    </collection>
</resultMap>
<select id="getRentalDetailsByCid" resultMap="RentalDetail">
    SELECT cid, name customerName, r.rid, r.days, r.rentDate m.mid, m.name movieName
    FROM customers c
    JOIN rentals r ON c.cid = r.cid
    JOIN movies m ON m.mid = r.mid
    WHERE c.cid = #{id}
</select>
```

接口类 CustomerMapper 代码与 MovieMapper 类似，请读者尝试编写。

14.2.4 基于 ORM 框架的用例详细设计

【例 14.8】 输入作者，查询该作者的图书，使用例 14.5 中的 Spring Boot JPA 方案。

设计一个查询界面 Search.jsp，一个结果列表页面 BookList.jsp，查询界面的表单中输入作者，查询提交给控制类 BookTitleController，控制类调用 JpaBookTitleRepository 接口的方法 findByAuthor 获得结果。图 14.1 所示类图包含了实现该用例的参与类。

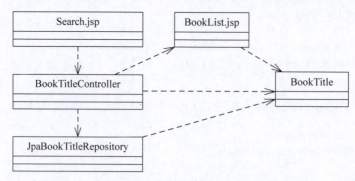

图 14.1 查询图书的参与类（使用 Spring Boot JPA）

图 14.2 是用例顺序图,读者作为用例参与者与界面交互,通过查询界面提交查询请求,通过结果界面获得图书列表信息。业务逻辑处理由控制类负责,数据访问由 JPA 接口负责。

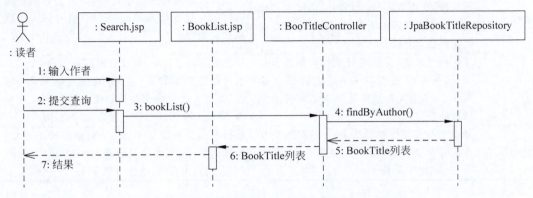

图 14.2　查询图书的顺序图(使用 Spring Boot JPA)

14.3　NoSQL 数据库

关系数据库以完善的关系代数理论作为基础,具有完善的事务机制和高效的查询机制等特性,一直是联机事务处理系统的基石。但随着数字化建设发展,诸如文档、图像、视频、语音等非结构化的电子数据快速增长,总体占比已经高达 90%,关系数据库在处理这类数据时已力不从心,困难重重。在需求驱动下,适用于各种不同应用场景的 NoSQL 数据库登上舞台,大放异彩,填补了关系数据库的不足。

本节介绍 NoSQL 数据库的主要特点和四种类型,以及应用场景和实例。

14.3.1　NoSQL 简介

1. 什么是 NoSQL

NoSQL 泛指非关系型数据库,因为 SQL 通常代表着传统关系数据库。然而 NoSQL 不仅仅是"No SQL",还可以理解为"Not Only SQL",即对传统关系数据库的补充和升级。

NoSQL 数据库种类繁多,但有一个共同的特点就是去掉了关系数据库的关系型特性。因为 RDBMS 需要定义固定数据库模式,严格遵守数据定义和相关约束条件,数据模型不灵活,先天与非结构化数据不适配。而存储和索引机制在实现强一致性和高效查询的同时,会使水平扩展能力受限,不能支持大规模海量存储和处理的需求。NoSQL 没有了关系模型的负担,架构设计具有可扩展能力,因此在大数据量、高性能方面表现优秀。

2. NoSQL 数据库与关系数据库的对比

NoSQL 数据库从不同的技术角度克服了关系数据库的设计缺陷,互相具有不可替代性,表 14.3 不区分具体的 NoSQL 类型,笼统地将二者进行了对比。

表 14.3　关系型数据库与 NoSQL 数据库的对比

比较	关系型数据库	NoSQL 数据库
优势	以完善的关系代数理论作为基础,有严格的标准,支持事务 ACID 特性,借助索引机制可以实现高效的查询,技术成熟,有专业公司的技术支持	可以支持超大规模数据存储,灵活的数据模型可以很好地支持 Web2.0 应用,具有强大的横向扩展能力
劣势	可扩展性较差,无法较好支持海量数据存储,数据模型过于死板,无法较好支持 Web2.0 应用,事务机制影响了系统的整体性能等	缺乏数学理论基础,复杂查询性能不高,无法对表进行复杂的计算。多数不能实现事务强一致性,很难实现数据完整性。没有统一的技术标准,缺乏专业团队的技术支持,维护较困难等
适用场景	处理复杂关联性数据的企业级应用,交互式实时业务场景,例如金融业务、电商平台、企业 ERP 系统等	数据模型简单或者不固定;对事务要求不高,但读写并发多、性能要求高的 Web 应用场景,例如微博、短视频、搜索引擎等

需要说明的是,NoSQL 在数据库模式(schema)没有严格约束,用户在业务发生变化时,不会被模式所束缚,但这并不意味着绝对的无模式,事实上模式总是存在。例如对 XML 和 JSON 这类半结构化文档数据,NoSQL 文档数据库也能支持字段索引和快速查询,以及列族数据库也支持灵活的模式。

3. NewSQL

从上述对比可以看出,引入了分布式架构的 NoSQL 在扩展性、高可用性和性能上相对于传统关系型数据库有很大的提升,付出的代价是失去了事务支持和关系模型,为了高可用性失去强一致性,以及缺少标准 SQL 和统一的 API 规范,造成系统开发难度大、移植性低。那么,针对大规模读写工作负载,有没有一种新式的数据库管理系统,既能提供和 NoSQL 系统相同的扩展性能,又能实现 ACID 和 SQL 高度结构化查询等特性呢?业界提出了 NewSQL 这一概念。

NewSQL 是对各种新的可扩展、高性能数据库的简称,这类数据库不仅具有 NoSQL 对海量数据的存储管理能力,还保持了传统数据库支持 ACID 和 SQL 等特性。

数据库专家提出的 NewSQL 有三种方案:①使用全新架构设计的新 DBMS;②重新实现对用户透明的分表中间件;③由云计算提供的 DaaS(database as a service,数据库即服务)。NewSQL 的技术改造主要包括面向内存的存储、数据分区、并发控制、二级索引、副本机制、故障恢复几个方面。目前比较知名的产品有国内开源 TiDB 数据库。

14.3.2　NoSQL 的四种类型

1. 键值数据库

键值数据库顾名思义就是以键值对(key/value,K/V)形式存储的非关系型数据库,是最简单、最容易理解的一种 NoSql,Redis、MemCache 是其中的代表。

键值数据库的数据基于内存存放,读写效率非常高。但查询方式单一,只能根据键查值,同时内存是有限的,无法支持海量数据存储。最适合于缓存场景:读远多于写、持久化需求低。

2. 列族数据库

列族数据库是基于列式存储的,区别于关系型数据库按行组织的存储模式。列族数据库是大数据时代最具代表性的技术之一,以 HBase 为代表。

因为同一列族数据存储在一个文件中,在做大数据分析时,往往针对某列数据进行,所以可以一次性读取到内存而不会读取所有列,性能很高。同列数据更容易出现重复的值(如年龄、地域),这就便于压缩,高的数据压缩比能够节省存储空间,也节省 CPU 和内存资源。列族数据库适用于结构化或者半结构化的海量数据存储、实时删除和更新要求不高的场景。

3. 文档数据库

文档数据库是以文档为处理信息的基本单位的数据库。文档可以很长、很复杂、可以无结构或半结构,例如一本书、一篇文章、一个 XML 文件、一段 json 文本都可以是一个文档。一个文档相当于关系数据库中的一条记录,同一个表中存储的文档结构可以是不同的。文档数据库以 MongoDB 为代表。

文档数据库中还有一种支持全文搜索的数据库,也称全文数据库或搜索引擎。关系型数据的索引无法满足所有模糊匹配需求,而建立倒排索引的全文数据库对文档进行分词,根据词建立索引,从而能快速检索出包含关键字的文档,以及关键词在每个文档中的出现次数和位置,甚至支持多字词的复杂位置关系的专业检索需求。全文数据库以开源 ElasticSearch 为代表,国内 TRS 数据库是中文信息检索和自然语言处理的优秀代表。适用于有全文搜索需求、不需要频繁更新的历史文档的应用场景。

4. 图数据库

图数据库是基于图论实现的一种 NoSQL 数据库。图数据库中,数据与数据之间的关系通过节点和关系构成一个图结构并在此结构上实现数据库的所有特性,如对图数据对象进行读写操作的能力,还有处理事务的能力和高可用性等。

图数据库最常见的应用案例就是社会网络中人与人之间的关系、特定领域的知识图谱等。关系型数据库用于存储这类"关系型"的数据的效果并不好,其查询复杂、缓慢,而图数据库的独特设计恰恰弥补了这个缺陷。Neo4J、JanusGraph、HugeGraph 是开源图数据库的优秀代表。

14.3.3 NoSQL 应用实例

在提供纸质图书的时代,图书馆管理系统有图书采购编目、读者借阅管理等复杂业务逻辑,关系型数据库是必不可少的组成部件。但如果建设一个面向互联网的开放数字图书馆系统,除了关系型数据库之外,还需要借助于 NoSQL 数据库。

数字图书馆有以下几个 NoSQL 应用场景。

1) 电子期刊与图书的存储与检索

期刊和图书是典型的半结构化数据,存储这类格式千变万化的数字资源正是文档数据库的特长,还可以借助全文搜索引擎实现海量文献的检索。

2）个性化推荐服务

为了给读者精准推荐文章或图书,需要采集大量的用户行为数据。包括读者看了哪些图书,点击、评论、下载、收藏、阅读时长等等,这些日志类信息需要快速采集存储,正是列族数据库的用武之地。此外,推荐热点图书时,由于排行榜实时变化更新,频繁操作关系型数据库性能不佳,为了实现快速更新(访问数、点赞数)和查询访问,基于内存的键值数据库就可以派上用场,将图书编号作为键(key),图书详情、点赞数、评论数等作为值(value)存入键值数据库,就能实现快速更新和访问。

3）文献关联数据应用

具体包括作者合作网络、机构合作网络、关键词共现网络、聚类共词网络、突变词主题时区视图和突变共词聚类知识图谱等,利用图数据库的存储和查询,能以可视化图形的形式直观展示这些信息。

总之,关系型数据库与非关系型数据可以实现互补,互相不可替代。未来数据库技术还将不断发展,推陈出新。

习题 14

14.1　关系数据库的规范化包括哪几种？

14.2　什么是 ORM？为什么 ORM 很重要？

14.3　分析 Hibernate 和 MyBatis 两种 ORM 框架的异同。

14.4　请将关系型数据库与 NoSQL 数据库进行对比。

14.5　NoSQL 有哪四种类型？分别适用于什么场景？

第15章

系统实施

系统设计说明书审核通过之后,系统研制工作进入实施阶段。这一阶段要把物理模型转换为可实际运行的物理系统。一个好的设计方案,只有经过精心实施,才能带来实际效益。因此,系统实施阶段的工作对系统的质量有着十分直接的影响。本章介绍系统实施的策略,并讨论程序设计规范、系统测试、系统部署和系统交付的有关技术。

15.1 系统实施阶段的任务

15.1.1 实施阶段的主要活动

系统实施是开发信息系统的最后一个阶段。这个阶段的任务,是实现系统设计阶段提出的物理模型,按实施方案完成一个可以实际运行的信息系统交付用户使用。系统设计说明书详细规定了系统架构和具体结构,规定了软件各组成要素的功能、输入和输出,以及它们之间的关系,规定了用户界面和系统对外接口,规定了数据库的物理结构。这是系统实施的出发点。如果说研制信息系统是盖一幢大楼,那么系统分析与设计就是根据盖楼的要求画出各种蓝图,而系统实施则是调集各种人员、设备、材料,在盖楼的现场,根据图纸按实施方案的要求把大楼盖起来。

具体讲,这一阶段的任务包括以下四个方面。

1) 硬件准备

根据系统技术架构采购硬件。硬件设备包括计算机主机、输入输出设备、存储设备、辅助设备(UPS电源、空调设备等)、通信设备等。要购置、安装、调试这些设备。这方面的工作要花费大量的人力、物力,持续相当长的时间。

自从有了云计算模式,系统硬件可以一劳永逸地采用云服务模式,无须购买、安装、部署等复杂环节,一键租用云服务商提供的基础设施就能获得最先进的物理架构和最强大的技术支持。

2) 软件准备

软件包括系统软件、数据库管理系统、网络通信软件以及应用程序。系统软件可以采用开源的产品,或者采购商用产品。应用程序通常需要组织人力编写,这需要相当多的人力、物力和时间。编程和测试是这一阶段的主要任务之一。

同样,开发平台及部分定制化要求不高的应用软件也可以通过云服务方式租用。

3) 人员培训

主要指用户的培训,用户包括主管人员和业务人员。系统投入运行后,他们将在系统中工作。这些人多数来自现行系统,他们精通业务,但往往缺乏计算机知识。为保证系统运行顺利进行,应根据他们的基础提前进行培训,使他们适应并逐步熟悉新的操作方法。有时,改变旧的工作习惯比软件的更换更为困难。

4) 数据准备

数据的收集、整理、录入是一项烦琐且劳动量又大的工作。而没有一定基础数据的准备,系统测试不能很好地进行。一般来说,确定数据库物理模型之后,就应进行数据的整理和录入。这样既分散了工作量,又可以为系统调试、测试提供真实的数据。实践证明,这方面的工作往往容易被人忽视,甚至系统完成后只能作为摆设放在那里而不能真正运行。这等于建好工厂,但缺乏原料而不能投产。这类例子虽然不能说司空见惯,但也不是绝无仅有。因此要特别强调这一点,不能把系统的实现仅仅归结为编程序或买机器。这几方面的任务是相互联系,彼此制约的。

15.1.2 系统实施阶段的特点

与系统分析、系统设计阶段相比,系统实施阶段的特点是工作量大,投入的人力物力多。因此,这一阶段的组织管理工作也很繁重。对于这样一个多工种、多任务的综合项目,合理的调度安排就十分重要。在我国的信息系统建设中,项目负责人往往身兼多种角色。在分析阶段,他是系统分析师;在设计阶段,他是架构师和设计师;在实施阶段,他又是项目经理。在分析阶段,系统分析师的主要任务是调查研究,分析问题,与用户一起充分理解用户要求。在设计阶段,设计师的任务是精心设计,提出合理方案。在实施阶段,他们的任务是组织协调,督促检查。他们要制订逐步实现物理模型的具体计划,协调各方面的任务,检查工作进度和质量,组织全系统的测试和部署,完成旧系统向新系统的迁移。在实际工作中,项目经理往往是这几个阶段的组织者。作为合格的项目经理,不仅要有坚实的计算机科学知识,丰富的管理知识和经验,还要有较强的组织能力。

15.1.3 实施策略

系统实施有很多工作要做。就程序的编写和数据库的实现而言,事情也很多。软件系统由很多部件组成,例如结构化方法中的模块,面向对象方法中的类、构件、微服务等,实现部件的先后次序有不同的策略可以选择。结构化方法通常主张自顶向下实现,尽量先实现上层模块,逐步向下,最后实现下层最基本的模块。面向对象方法主张基于接口的编程,尽量先实现构件接口,然后使用该接口的程序和实现接口的程序可以并行开发。例如流行的前后端分离的开发模式,将前后端通信接口确定后,前端人机交互界面和后端服务程序分别由不同团队或人员编程实现。

1. 自顶向下的实现策略

自顶向下的实现策略就是根据部件自上而下的依赖关系(或调用关系),先实现上层部件,后实现下层部件。例如先实现主界面、菜单、窗口(网站框架),然后编写窗口程序,以及底层业务处理程序和数据库操作程序。这种策略的全局观和整体性好,能及早看到人机交互效果,并尽早地使用和验证下层部件的接口,从而在编程的前期阶段能有效发现和纠正软件结构的设计缺陷。

2. 自底向上的实现策略

自底向上的实现策略正好相反,先实现最底层的公用的较为独立的部件,然后向上逐步实现依赖于底层部件的程序。这种策略可以让具体细节问题和公用模块及早完成和暴露,供上层部件直接调用,获得真实数据。但实现高层部件并进行集成时,可能会发现接口设计缺陷等结构问题,造成低层部件大量返工的恶果。

3. 向中间看齐的实现策略

俗称"三明治"的实现策略,结合了自顶向下和自底向上两种策略,上层部件和下层部件在定义了接口后,可以实现并行开发,最后在中间层完成集成。

4. 多版本迭代的实现策略

实际项目开发中,通常不会单一采用上述某一种实现策略,而是把整个实施方案分成若干个"版本"(version),每个版本在一个或多个迭代周期中完成。

版本的划分需要考虑以下四个方面。

(1) 总的原则是,先实现总体框架控制部分,后实现执行部分,先上层后下层。尤其是第一个版本具有特别重要的意义。第一个版本应该让系统初步具备轮廓,用户可以使用系统最急需、最主要的业务所需要的功能。一些例外情况的处理留待以后实现。

(2) 每个版本实现多少需求、实现哪些需求要根据开发力量、设备、培训等方面的情况确定。参加系统实施的人多时,同时开发的需求可以多一些,否则就少一些。一般两三个月完成一个版本比较合适。若时间太短,则完成的任务不可能太多,用户看不出有什么进展。若间隔时间太长,则与用户交流的机会少,容易偏离用户的需求,用户对项目的进展容易失去信心。

(3) 版本的发布节奏可以有三种形式:①固定范围和日期;②固定范围,日期可变;③固定日期,范围可变。第一种最为严格,项目管理和控制难度最大。当日期临近,需求还不能交付时,追加人力投入经常不能达到效果,反而让项目陷入泥潭。因此范围和日期某一方做出让步是较为常见的做法。

(4) 复杂的模块分散在几个版本中逐步实现。在版本规划时,应该对需求进行优先级排序。最先处理能带来价值但是实现复杂度高的需求,因为往往这些需求都需要拆解成2~4个版本来解决,所以越早开始规划,开发团队就越有预见性,节奏就越易于控制。

15.2 编程与调试

编程就是为各个模块编写程序。这是系统实现阶段的核心工作。在系统开发的各个阶段中,编程是最容易也是人们已掌握得较好的一项工作。根据结构化方法设计了详细的方案,又有了高级语言,初级程序员都可以参加这一阶段的工作。当然,程序员的水平决定了程序的水平。

15.2.1 好程序的标准

对于什么是"好程序",20世纪计算机内存小、速度慢,人们往往把程序的长度和执行速度放在很重要的位置,想方设法缩短程序长度,减少存储量,提高速度。现在情况有了很大的不同,一般认为好程序应具备下列素质。

(1) 能够工作。

(2) 调试(debug)代价低。

(3) 易于维护。

(4) 易于修改。

(5) 设计不复杂。

(6) 效率高。

第(1)条当然是最基本的。一个根本不能工作的程序当然谈不上"好",即使谈执行速度、程序长度等指标也毫无意义。第(2)条调试代价低,即花在调试上的时间少,遇到错误易于排查和修改。这是衡量程序好坏,也是衡量程序员水平的一个重要标志。国外有人做过试验,选两个题目,找 12 个有经验的程序员来编写和调试程序。结果发现最差的与最好的程序员调试时间之比是 28∶1。第(3)~(5)条要求程序可读性强,易于理解,这也是达成(2)、(3)条的前提条件。

在相当长的一个时期里,人们认为程序是用于给机器执行而不是给人阅读的。因此,程序员中存在严重的低估编程方法、不注意程序风格的倾向,认为可以随意编写程序,只要结果正确就行。读这种程序像读"天书"。可读性(readability)主张程序应使人们易于阅读,编程的目标是编出逻辑上正确而又易于阅读的程序。程序可读性好,自然易于理解和维护,并将大大降低隐含错误的可能性,从而提高程序的可靠性。

要使程序的可读性好,程序员应有一定的写作能力,应能写出结构良好、层次分明、思路清晰的文章。有人说:"对于程序员来说,最重要的不是学习程序设计语言 C、Java 等,而是英语(日语、汉语)。"程序员在写程序时应该记住:程序不仅是给计算机执行的,更是供人阅读的。

要使程序可读性好,总的要求是使程序简单、清晰。除了使用结构化编程技术和面向对象编程技术外,还应遵守以下编程规范。

(1) 程序中包含说明性材料。

(2) 良好的程序书写格式。

(3) 良好的编程风格。

下面分别介绍。

15.2.2 程序的内部文档

程序的"内部文档",指程序内部带有的说明性材料。内部文档可以用注释语句书写。程序适当加注释后,阅读时就不必再看其他说明材料了。因此,这是提高程序可读性的有力手段。注释可以出现在程序的任何位置,但要与程序结构配合起来,效果才好。并且需要注意以下四点。

(1) 每个文件的开始部分应指明程序的主要内容、编写者、最后修改日期等信息,以利于管理。

(2) 每个过程或函数前应有简要的接口描述信息,如函数功能、参数要求、返回值或其他特别说明。

(3) 注释必须与程序一致，否则它毫无价值，甚至使人感到莫名其妙，所以修改程序时，要注意对注释进行相应的修改。

(4) 对程序段作注释，而不是对每个语句作注释，注释不是重复程序语句，而应提供从程序本身难以得到的信息。

如果模型的详细设计是 PDL 描述的，编程时可将 PDL 描述作为注释嵌套在程序中。

以下是一个 C♯ 子过程的注释实例：

```
/************************************************************
功能：把文件从一个文件夹移动到另一个文件夹
参数：oldFolder:要移动的旧文件夹路径
      newFolder:新文件夹路径
返回：无
************************************************************/
public void moveFolderDocument(string oldFolder,string newFolder)
{
    //获取旧文件夹下的所有文件名
    string[ ] names = getDocumentNames(oldFolder);
    string oldName;
    string newName;
    if(names != null)
    {
        //循环将旧文件夹的每个文件移动到新文件夹下,文件名不变
        for(int i = 0; i < names.Length; i++)
        {
            oldName = oldFolder + "\" + names[i];
            newName = newFolder + "\" + names[i];
            moveDocument(oldName, newName);
        }
    }
}
```

15.2.3 程序结构

1. 简单、直接地反映意图

把要说的事情直截了当地说清楚，让人准确明了地知道你说的事情，不需要过多的想象和分析，避免使用过于晦涩的算法。

表达式的书写应一气呵成。引入过多中间变量或中间语句，或将一个表达式折成几行，会造成理解上的困难，而且在将来难以预料的修改中，有可能更动这几行的次序，或者插入其他语句，容易造成逻辑上的错误。另外，在表达式中适当添加括号也可以减少误解。例如 not a>x and a<y 有可能被理解成 (not a>x) and a<y，不如写成 not (a>x and a<y) 更好。

2. 嵌套不宜过深

注意嵌套不要太深。过深的嵌套使程序变得臃肿难读，实际上这反映设计者思路不清楚，循环、分支层次建议不要超过五层，多路分支使用 SWITCH…CASE 语句实现，不是必要时尽量不采用递归模式。

3. 避免使用 GOTO 语句

按照结构化程序设计的原则,程序中可以不用 GOTO 语句。但是,在某些情况下,使用 GOTO 语句还是更为简便。所谓合理使用,主要注意以下三条原则。

(1) 在一个程序中不要多用 GOTO 语句。Dijkstra 有句名言:"程序员的水平同他在程序中使用 GOTO 语句的密度成反比。"因此,一定要避免使用不必要的 GOTO 语句。

(2) 在其他结构形式难以控制程序流向的情况下才使用 GOTO 语句。例如,在循环体内遇到例外情况需要跳出时才使用。

(3) 不要使 GOTO 语句相互交叉。两个 GOTO 语句互相缠绕,容易引起混乱。

4. 尽量使用局部变量

全局变量会增加模块的耦合度,带来维护的困难,因此不要为了"多快好省"而随意使用全局变量。

15.2.4 编程规范

1. 文件名、过程名、变量名应规范化

理解变量的含义是理解程序逻辑的关键。在一个系统中,涉及的变量、过程、文件很多,编写程序的人也很多。因此,在编写程序之前,应对名字给出统一的规范标准,例如最好使用动宾词组,能够让开发人员见名知义。

糟糕的变量名和函数名:

```
x = x - y;
z = m + tax(m);
x = x + lf(c1, x) + z;
x = x + it(c1, x);
```

改成如下的名称,可读性将大大提高,这样的代码具有"自注释"能力。

```
balance = balance - lastPayment;
monthlyTotal = newPurchases + salesTax(newPurchases);
balance = balance + lateFee(customerID, balance) + monthlyTotal;
balance = balance + interest(customerID, balance);
```

常量和宏定义统一大小写模式,例如全部以大写字母来撰写,中间可根据意义的连续性用下画线连接。此外每个常量或宏定义的右侧必须有一简单的注释,说明其作用。

2. 变量的用法

变量名应显式说明。同一变量名不要具有多种含义。一个变量在不同程序段中表示不同的含义,即使计算机不混淆,也不便于人的阅读理解,修改程序时也容易造成错误。

变量的初始化尽量与变量声明靠近,变量作用域尽量小,例如尽量使用作用域为函数或代码段的局部变量,并尽量减少中间变量使用。

3. 统一的书写格式

采用缩排式书写程序有助于阅读,下面这段程序语法上没有错,计算机执行没有问题,但读起来就比较困难:

```
for(i = 1;i < N;i++){
    ⋮
    for(j = i + 1;j < N;j++){
    if(a[j]< a[i]) …
    if flag!= 1{
    ⋮
}}}
```

显然不如写成锯齿形便于阅读，并且缩进的空格数在一个编程小组中也应该统一起来，这对于组内的代码重用有好处。

此外，虽然很多编程语言允许一行多条语句，但为了方便程序的跟踪调试，提高可读性，最好一行只写一句。

4. 不要直接使用数字

任何程序总是免不了要与数字打交道，尤其像一些上下限数字，在判断条件或循环条件中经常会出现。初学者以为直接书写数字既简洁又易懂，但这种方式会带来变更性的降低，如果多处出现关于某数字的处理，维护也变得烦琐，容易出错。因此不要直接使用数字，取而代之可以使用常量定义，当然在灵活性要求很强的系统中，还可以将它们设置为数据库中的一张参数表，需要时从表中读取或者根据变化重新设定参数值。

15.2.5 调试程序

不论开发人员多么细心、多么严格地遵守各种规范，程序也不可能一次就编写成功，因为编程是一项智力活动，是人就会犯错。程序员更多的时间不是花在书写新代码上，而是耗费在调试过程中。调试来自于英文 debug 一词，更准确的说法应该是排错。debug 是一个现代的人造词汇，它的来历有一个小故事：1945 年的一天，一只小虫子(bug)钻进了第一代计算机的一支真空管内，导致整个计算机无法正常工作。工程师格雷丝·霍珀(Grace Hopper)发现这是一起虫子引发的故障，于是把虫子和故障原因都记录到事件报告里。后来就用 bug 来比喻计算机系统中的缺陷和漏洞，而 debug 就是要排除缺陷。

调试为什么要耗费大量精力呢？因为定位并修复一个缺陷是一项挑战度极高的工作，困难在于缺陷的重现和精确定位。

(1) 错误暴露的地方与原因所处的位置可能相距甚远。

(2) 程序中隐含了一些不容易被发现的人为疏忽，例如循环条件多写或少写"="。

(3) 复杂的处理逻辑包含太多的输入状态组合和执行路径组合，造成错误难以重现。

(4) 当纠正其他错误时，此错误所表现的现象可能会暂时消失，但并未根本排除。

(5) 错误不是程序自身原因，而是运行环境中其他软件的干扰作用，不能提前预知。

调试是程序员的工作，是编程工作的一部分。因此程序员尽量借助于集成开发环境提供的调试技术快速定位错误，具体技术有：单步跟踪，设置断点，实时监视和编辑变量，动态改变执行语句等。

此外，程序员也要不断积累经验，善于运用试探法、回溯法、对分查找法、归纳法、演绎法等调试方法。

15.3 系统集成与构建

源代码编写完成后,要成为可以运行的软件,还需要经过编译和链接过程,一般的集成开发环境 IDE 将编译和链接的过程一步完成,形成构建(build)。但项目如果是多人协同,或者包含多个不同来源的组件,还需要集成(integretion)。

1. 集成与构建的关系

集成就是要让整个系统的各个组成部分合成在一起,并保证各部分之间是可以正确连接的过程。构建就是从源代码生产出安装包的过程。它一般包括编译源代码,链接编译结果,产生可以运行的程序,最后把所有资源都打包成为可部署安装的软件包。

集成是一个准备和配置的过程,而构建是要获得最终可交付的成果。构建的输入是产品的全部源文件,可能还有文档、数据等,构建的输出通常是安装包。

复杂系统在构建开始前,应当确定项目初步的基本源码包组织结构,和包之间的依赖关系等,并定义项目统一的构建目录结构,制订集成构建计划,以确定集成的内容、构建周期和日程表。

开发人员可以利用 IDE 在自己本地的工作空间里进行局部构建,以确保个人代码的单元测试成功,程序符合系统集成标准。集成工程师在进行系统集成的时候也需要构建,因为集成的目的就是要得到可运行的软件系统,并确保整体可运行。

系统每个版本的交付周期都包含"编程→单元测试→提交源码→构建→集成→测试→部署"的基本过程。构建在集成工作中占有重要地位,当构建出现在集成工作中的时候,大家特别关注它。出于这个原因,有些时候,构建和集成会放在一起讨论。

2. 系统集成的步骤

对于小型系统,通过复制多人代码,在一台机器上就可以完成系统集成构建。但复杂系统的开发往往涉及一个团队的并行作业,系统集成会有岗位分工和流程。一般情况下,开发人员在自己的计算机上,从代码库下载(check out,签出)最新的源代码到本地,完成个人源码和单元测试代码的编写,并在本地的集成环境进行编译、集成、构建,以验证源码可用,然后提交(check in,签入)到代码库。

通过编写集成脚本,实现系统的自动化集成。集成步骤如下。

(1) 确保开发人员都提交了相关的源代码。
(2) 冻结或者标识要集成的源代码。
(3) 取出要集成的源代码。
(4) 编译链接和制作安装包。
(5) 部署环境并粗略测试。
(6) 标识和存储集成结果。
(7) 将集成结果通知给相关人员。

脚本的编写通常由专门的集成工程师负责。集成工程师可以手动执行脚本,也可以配置操作系统任务,定时执行任务。

3. 持续集成

持续集成(continuous integration,CI)是一种敏捷软件开发实践,即团队开发成员经常集成他们的工作代码。

每日构建(daily build)最早由微软提出来,在规模较大的项目中,一次性集成构建的过程往往相当耗资源,为了避免影响日间工作,很多项目将每日构建放到夜间进行。每日构建是持续集成的基础。借助于协同化工具,每天可以完成多次集成,由每次提交代码触发。其中Jenkins是一款用Java编写的开源的CI工具。

持续集成能够带来明显的效益:①及早检查缺陷,减少项目风险;②通过自动化减少人工的重复作业,节省时间和成本,让工程师更加专注于代码;③任何时间、任何地点生成可部署的软件,当急于修复缺陷或需求变化时,代码的任何改动都可以及时和其他的代码进行集成;④增强项目的可见性(完成度、缺陷率、构建成功或失败的报告),方便团队成员了解项目的进度和成熟度;⑤增强开发人员对软件产品的信心,帮助建立更好的工程师文化。

15.4 系统测试

15.4.1 测试的概念

人们常常有一种错觉,认为程序编写出来之后就接近尾声了,或者认为一个程序输入一些数据运行一两次就"通过"了。事情并没有这么简单。据统计,一个较好的程序员,在他交付的程序中,错误率为1‰,而一个水平低的程序员编写的程序,可能每个语句都含有一两个错误。在一个大型的软件系统中,"错误百出"是不必大惊小怪的,这是由于人类本身能力的局限。人免不了要犯错误。当然这并不是说可以姑息系统开发中的错误。恰恰相反,随着信息技术在国民经济一些重要领域的广泛应用,软件系统的任何错误都可能造成生命财产的重要损失。问题的关键是尽早发现和纠正这些错误,减少错误造成的损失,避免重大损失。

目前,检验软件有三种手段:正确性证明、静态检查和动态检查。

程序正确性证明技术目前还处于学术研究阶段,有符号执行、定理证明、程序验证等多种方法,虽然有一定成果,但对于大型信息系统并不适用。例如程序验证的基本思路是,在给定源码和属性的基础上,通过验证算法,将我们需要验证的问题转化为逻辑公式,再证明逻辑公式的正确性。这个过程中,设置命题逻辑、转换为谓词逻辑及其证明需要大量的脑力劳动,推导过程冗长。例如一个433行的ALGOL程序,其证明长达46页。尽管如此,正确性证明仍是一个诱人的课题,对未来的软件可能产生深远影响。

静态检查指人工评审软件文档或程序,发现其中的错误,具体有走查、同行评审、代码自动检查等方法。静态检查是一种行之有效的成本低廉的检验手段。据统计,30%~70%的错误是通过评审发现的,而且这些错误往往影响很大。因此,这是开发过程中必不可少的质量保证措施。从图3.7可以看出,系统开发的每一个阶段都要对所产生的文档进行评审。这样,错误发现早,纠正早,使开发成本大为降低。评审强调要有局外专家参加,可取各家之长。评审是直接检查软件文档,排除错误也比较容易,也容易发现产生错误的原因。

动态检查就是测试,即有控制地运行程序,从多个角度观察程序运行时的行为,发现其中的错误。也就是说,测试是为了发现错误而执行程序。测试只能证明程序有错误,而不可能证明程序没有错误。图 15.1 是一个小程序的流程图。这个程序共有 5 条路径,需循环 20 次,则共有 5^{20}(约 100 万亿)条路径。显然,不可能通过遍历所有这些路径来说明程序没有错误。认为测试能说明程序没有错误的想法是十分有害的。在这种认识指导下,人们往往会潜意识地寻找那些容易使程序通过的测试数据,忽视那些容易暴露程序错误的数据,使隐藏的错误不被发现,而不能达到测试的目的。

根据 GlenMyers 的定义,测试的目的在于:

(1)测试是指"用意在发现错误而执行一个程序的过程"。

(2)一个好的测试用例是指这个测试用例有很高的概率可以发现一个尚未发现的错误。

(3)一个成功的测试是指它成功地发现了一个尚未发现的错误。

测试的目的是为了发现程序的错误。因此,测试的关键问题是如何设计测试用例,即设计一批测试数据,通过有限的测试用例,在有限的研制时间、研制经费的约束下,尽可能多地发现程序中的错误。

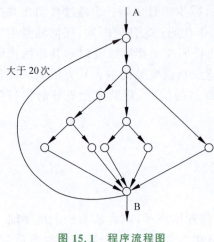

图 15.1 程序流程图

15.4.2 测试级别

测试有单元测试、接口测试、集成测试、验收测试、系统测试等测试级别。

1. 单元测试

单元测试是对最小的程序单元——模块(类的方法)进行测试,也称为模块测试。根据模块的功能说明,检验模块是否有错误。这种测试在各模块编程后进行。

模块测试一般由编程人员自己进行,模块测试有以下项目。

(1)模块接口。调用参数(流入数据)数目、顺序、类型。

(2)内部数据结构。如初始值对不对,变量名称是否一致,共用数据是否有误。

(3)独立路径。是否存在不正确的计算、不正确的循环及判断控制。

(4)错误和异常处理。错误的产生及处理,异常的捕获处理,是否和预期一致。

(5)边界条件。对数据大小界限和判断条件的边界进行跟踪运行。

单元测试需要编写大量测试代码,采用单元测试框架可以减少编程量,提高测试效率。如 Java 平台一般选择 JUnit 框架,Python 平台有 unittest、pytest 等。

2. 接口测试

接口测试是测试系统组件间接口的一种测试,主要用于测试系统与外部其他系统之间的接口,以及系统内部各个子模块之间的接口。测试的重点是要检查接口参数传递的正确性,接口功能实现的正确性,输出结果的正确性,以及对各种异常情况的容错处理的完整性和合理性。

具体包含以下五个方面。

(1) 接口访问限制。仅受限的账号或程序可以对接口进行访问和修改。

(2) 数据正确性。测试数据是否完整准确地从源系统传输到了目标系统。

(3) 重复传输验证。测试以相同数据重复调用接口是否依然能保证逻辑正确。

(4) 传输时效。检测是否在正确的时间区间传输了数据。对于不成功的数据传输，及时进行补传直至成功为止，或者返回失败等待重传，不会发生数据丢失。

(5) 异常处理。数据在传输过程中的任何问题及时发现和跟进。

同样，接口测试也有很多成熟的测试工具，采用 http 编写的接口一般可以使用 Postman、Apache JMeter 等工具。

3. 集成测试

集成测试也称联合测试。各个模块、构件接口单独测试执行可能无误，但组合起来相互产生影响就可能会出现意想不到的错误，因此要将整个系统作为一个整体进行联调。集成测试有两种方法，可以根据模块结构图由上到下或由下到上进行测试，也可以顺着服务接口的链条由前向后或由后向前进行集成。集成测试可以发现总体设计中的错误，例如接口问题。

1) 由上到下/由前向后

设置下层(后继)模块为桩模块，检查控制流，较早发现错误，而不至于影响到下层模块。但这种方法要制作的桩模块太多，而且不能送回真实数据，可能发现不了内在的错误。

2) 由下到上/由后向前

先设置上层(前驱)模块为驱动模块，测试下层模块执行的正确性，然后逐步向上推广。这种方法方便易行，设计简单，但要到最后才能窥得全貌，有一定的风险。

敏捷过程常常采用开发运维一体化的开发模式，程序编写提交后，集成、构建、自动化单元测试、功能测试、部署实现了自动化流水线作业，这种情况下等同一次性集成测试，或 15.3 节提到的持续集成模式。

4. 验收测试

验收测试检验系统说明书的各项功能与性能是否实现，是否满足要求，也称确认测试。

验收测试的方法一般是列出一张清单，左边是需求的功能，右边是发现的错误或缺陷。常见的验收测试有 α 测试和 β 测试，这两种测试都是由用户进行的。但前者由使用者在应用系统开发所在地与开发者一同进行观察记录，后者由用户在使用环境中独立进行。

5. 系统测试

系统测试是对整个系统的测试，将硬件、软件、操作人员看作一个整体，检验它是否有不符合系统说明书的地方。

系统测试包含功能测试和非功能性测试，非功能性测试包括性能测试、压力测试、安全测试、兼容性测试、安装测试、可靠性测试等。这些测试可以发现架构选型或设计中的缺陷。如安全测试是测试安全措施是否完善，能不能保证系统不受非法侵入。压力测试就是测试系统在正常数据量以及超负荷量(如多个用户同时存取)等情况下是否还能正常地工作。

15.4.3 测试用例设计

既然测试工作不可能采用穷举测试方法,那么测试用例的选择就是测试的关键问题。好的测试用例应以尽量少的测试数据发现尽可能多的错误。测试用例是为某个特殊目标而编制的一组测试输入、执行条件以及预期结果,以便测试某个程序路径或核实是否满足某个特定需求。

传统的测试方法分为"白盒测试"和"黑盒测试"。

白盒测试是根据一个软件部件的内部控制结构,测试是否依据设计正确地执行。有语句覆盖、判断覆盖、条件覆盖、路径覆盖等方法。

黑盒测试是根据一个软件部件由外部界面所能观察到的功能效果,测试它是否与其他部件正确地沟通,一般指输入正确时,看是否有正确的输出。有等价点划分、边界值分析等方法。

1. 语句覆盖法

一般来讲,程序的某次运行并不一定执行其中的所有语句。因此,如果某个含有错误的语句在测试中并没有被执行,这个错误便不可能发现。为了提高发现错误的可能性,应在测试中执行程序中的每条语句。语句覆盖法就是要选择这样的测试用例,使程序中的每条语句至少能执行一次。

图 15.2 是一个被测试的程序,程序代码如下。

```
proc(int A, int B, double X) {
    if (A > 1) and (B == 0)
        X = X/A;
    if(A == 2) or (X > 1)
        X = X + 1;
}
```

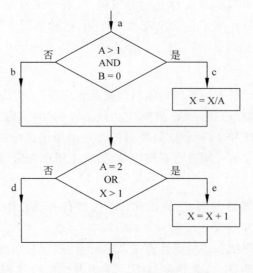

图 15.2 被测试程序的流程图

若选择测试用例为 A=2,B=0,X=3,则程序通过路径 ace,程序中的每个语句都执行了一次,达到了语句覆盖的要求。如果程序中第一个条件语句中的 AND 错误地写成 OR,或者第二个条件语句中的 X>1 写成 X>0,这个测试用例都不能发现这些错误,可见语句覆盖发现错误的能力较弱。

2. 判断覆盖

判断覆盖是指设计测试用例使程序中的每个判断的取"真"值和取"假"值的每一个分支至少通过一次。

在上面例子中,若取测试用例为 A=3,B=0,X=1 和 A=2,B=1,X=3,则可以分别执行路径 acd 和 abe,使得两个判断语句的四个分支都得到覆盖。既然每个分支都执行了,当然程序中的每条语句也就被执行了。可见判断覆盖比语句覆盖更严格一些。但是,判断覆盖还是很不够的。例如,当程序沿路径 abd 执行时,X 的值应保持不变。若发生了这方面的错误,上面的测试用例都发现不了。

3. 条件覆盖

条件覆盖是指执行足够的测试用例,使判断中的每个条件获得各种可能的结果。

图 15.2 的程序有四个条件:

A>1,B=0,A=2,X>1。

为满足条件覆盖的要求,需要执行足够多的例子,使第一个判断条件有 A>1,A≤1,B=0,B≠0 等各种结果出现。而在第二个判断条件有 A=2,A≠2,X>1,X≤1 等各种结果出现。设计以下两个测试用例可以满足要求。

(1) A=2,B=0,X=4。

(2) A=1,B=1,X=1。

一般来说,条件覆盖比判断覆盖要求严格,因为判断覆盖的对象是每个判断结果,而条件覆盖考虑每个判断中的每个条件。但是,因为条件覆盖分别考虑每个条件而不管同一判断中诸条件的组合情况,所以测试用例有可能满足条件覆盖的要求,但不满足判断覆盖的要求。不难验证,测试用例 A=1,B=0,X=3 和 A=2,B=1,X=1 就属这种情况。

4. 条件组合覆盖

设计测试用例时,要使判断中每个条件的所有可能取值至少出现一次,并且每个判断本身的判定结果也至少出现一次。上述例子中,两个判断分别包含两个条件,可以形成八种组合:

(1) A>1,B=0。

(2) A>1,B≠0。

(3) A≤1,B=0。

(4) A≤1,B≠0。

(5) A=2,X>1。

(6) A=2,X≤1。

(7) A≠2,X>1。

(8) A≠2,X≤1。

下面的四个测试用例可以满足条件组合覆盖的要求。

(a) A=2,B=0,X=4,使(1)和(5)两种情况出现。

(b) A=2,B=1,X=1,使(2)和(6)两种情况出现。

(c) A=1,B=0,X=2,使(3)和(7)两种情况出现。
(d) A=1,B=1,X=1,使(4)和(8)两种情况出现。

条件组合覆盖综合了判断覆盖、条件覆盖的要求,因此,比单纯的判断覆盖或条件覆盖都要强。但是,上面的四个测试用例虽然满足了条件组合覆盖的要求,却没有覆盖路径 acd。

5. 路径覆盖

设计测试用例,使它覆盖程序中所有可能的路径。在图 15.2 的例子中,有四条可能的路径:abd,ace,abe,acd。下面的测试用例可以满足路径覆盖的要求。

(1) A=2,B=0,X=3(沿路径 ace)。
(2) A=1,B=0,X=1(沿路径 abd)。
(3) A=2,B=1,X=1(沿路径 abe)。
(4) A=3,B=0,X=1(沿路径 acd)。

路径覆盖的测试功能很强。但对于实际问题,一个不太复杂的程序,其路径数可能相当庞大而且不可能完全覆盖。

以上这五种测试均属于"白盒测试",下面是"黑盒测试"的例子,介绍设计测试用例的另两种技术——等价类划分和边界值测试。

6. 等价类划分

对于某个输入域的子集合,如果该集合中的各个输入数据对于揭露程序中的错误都是等效的,则称这个集合为等价类。测试某等价类的代表值就等价于对这一类其他值的测试。

等价类划分是一种典型的黑盒测试方法,使用这一方法时,完全不考虑程序的内部结构,只依据程序的规格说明来设计测试用例。等价类划分方法把所有可能的输入数据,即程序的输入域划分成若干部分,然后从每一部分中选取少数有代表性的数据作为测试用例。使用这一方法设计测试用例要经历划分等价类(列出等价类表)和选取测试用例两步。

等价类的划分有两种不同的情况。

(1) 有效等价类。是指对于程序的规格说明来说是合理的、有意义的输入数据构成的集合。

(2) 无效等价类。是指对于程序的规格说明来说是不合理的、无意义的输入数据构成的集合。

在设计测试用例时,要同时考虑有效等价类和无效等价类的设计。以下根据输入数据的不同类别,给出等价类的划分原则。

(1) 如果输入条件规定了取值范围或值的个数,则可以确立一个有效等价类和两个无效等价类。

例如,在程序的规格说明中,对输入条件有一句话:"一次取款不得少于 50 元,最多可取 2000 元……",则有效等价类是"50≤所得额≤2000",两个无效等价类是"所得额<50"或"所得额>2000"。

(2) 如果输入条件是一个布尔量,则可以确定一个有效等价类和一个无效等价类。

(3) 如果规定了输入数据的一组值,而且程序要对每个输入值分别进行处理,这时可为每一个输入值确立一个有效等价类,此外针对这组值确立一个无效等价类,它是所有不允许的输入值的集合。

例如,在教师奖酬金方案中规定对教授、副教授、讲师和助教的课时分别折算工作量。因此可以确定教授、副教授、讲师和助教4个有效等价类,一个无效等价类是所有不符合以上身份人员的输入值的集合。

(4) 如果规定了输入数据必须遵守的规则,就可以确立一个有效等价类(符合规则)和若干个无效等价类(从不同角度违反规则)。例如,在用户注册时对用户名规定为"以字母打头的,必须至少包含1位数字的,最大长度为20的串",那么所有符合规定的构成有效等价类,而不在此集合内(不以字母打头、没有数字、超过20位)的归于三个无效等价类。

在确立了等价类之后,建立等价类表,列出所有划分出的等价类。然后从每个等价类中选择一个代表值作为输入数据,并确定期望值,从而构造全部测试用例。

7. 边界值测试

经验证明,程序往往在处理边缘情况时犯错误,因此检查边缘情况的测试用例效率是比较高的。例如某个输入条件说明了值的范围是$-1.0 \sim 1.0$,则可以选-1.0,1.0,-1.001和1.001为测试用例,边界值是对等价类的补充。再如一个输入文件可以有$1 \sim 255$个记录,则分别设计有0个、1个、255个、256个记录的输入文件,等等。

把边界值的概念扩大,可以设计出种种测试用例。例如对文件只处理第一个记录、中间一个记录、最后一个记录、不存在的记录等。

15.4.4 自动化测试

自动化测试是用软件代替人工完成测试的一种过程,在预设条件下运行程序或系统,执行测试并评估测试结果。自动化测试带来以下效益。

(1) 程序的回归测试更方便,可以运行更多更烦琐的测试。

(2) 执行某些人工很难或不可能进行的测试。

(3) 测试具有一致性和可重复性。

(4) 节约人力,提高测试工作效率,让产品更快交付。

自动化测试包含大量测试脚本或测试代码,与信息系统开发生命周期类似,自动化测试包含测试计划、测试设计、测试开发、测试执行和测试评估五个阶段。

(1) 测试计划。测试计划包括确定测试的范围和风险,明确测试的目标,选择测试工具,划分测试活动,进度计划,资源分配等内容。

(2) 测试设计。针对测试级别中的各种测试类型(单元测试、接口测试、功能测试、性能测试、压力测试等)的自动化,进行测试用例设计和测试软件设计。

(3) 测试开发。测试开发是指依据测试设计开发自动化测试脚本,覆盖测试用例。

(4) 测试执行。在执行条件和触发机制满足的情况下,执行测试脚本,判断测试用例是否通过,记录测试中发现的缺陷,生成和提交缺陷报告,并将报告及时反馈给开发小组。

(5) 测试评估。分析自动化测试执行的结果,生成各种评估度量指标,对测试是否达到退出标准进行评估,并提供更多的反馈信息,用来优化和持续改进自动化测试流程。

15.4.5 测试的原则

测试阶段应注意以下一些基本原则。

(1) 测试用例应包括输入数据和预期的输出结果。

(2) 不但要选用合理的输入数据作为测试用例,而且要选用不合理的输入数据作为测试用例。例如,程序 TRIANGLE 输入表示三角形边长的三个整数,判断是否构成等腰三角形、等边三角形及不等边三角形。测试这个程序时,不仅要选用"5,5,6"和"6,6,6"这样一些"合理"数据作为用例,而且还要选用"1,2,3"和"1,2,4"这样一些"不合理"的输入数据,以便证实程序不会把这些不可能构成三角形的边长错误地认为这是"不等边三角形"。

(3) 既要检查程序是否完成了它应做的工作,又要检查它是否还做了它不应做的事情。例如,对于工资管理程序,要检查它是否为每个职工产生了一个正确的工资单,还要检查它是否产生了多余的工资单。

(4) 测试用例应长期保留,直到这个程序被废弃。精心编制测试用例会对今后的测试带来方便。因为一旦程序被修改、扩充,需要重新测试。这在很大程度上将重复以前的测试工作。保留测试用例,可以验证发现的错误是否已经改正,也可以易于发现因修改、扩充可能产生的新错误。

15.5 系统部署

15.5.1 部署的概念

系统部署(deployment)是一个复杂的过程,涵盖从开发者完成开发到应用者在计算机上实际安装并维护应用的所有活动,主要包括程序打包、安装、配置、测试、集成和更新等。系统部署过程中需要关注的问题有:安装和系统运行的变更管理,构件之间的相依、协调、内容发放,管理异构平台、部署过程的可变更性,与互联网的集成和安全性。

1. 部署过程

系统部署在集成构建能够交付系统的基础上,执行以下步骤。

(1) 测试通过后,开始规划原型系统。

(2) 完成原型系统的网络构建、软硬件的安装和配置。

(3) 数据备份或做好可以恢复的准备。

(4) 将数据从现有应用程序迁移到当前解决方案。

(5) 根据培训规划培训部署的管理员和用户。

(6) 完成所有的部署。

2. 持续部署

持续部署(continuous deployment,CD)是指在持续集成、自动化测试基础上,每次变更都触发一次自动化生产环境部署的过程。持续部署的核心是打造部署流水线,通过可靠、可重复、可视化的流水线小批次快速交付复杂的软件系统,同时提供快速反馈,在发生问题时可以轻松排除故障。

持续部署从技术上不存在障碍,但可能受限于业务需求。例如某些业务场景里,一种业务需要等待另外的功能特征完成才能上线,这使持续部署成为不可能。

总之,敏捷实践体系下,通过持续构建、持续集成、测试管理、持续部署等一系列的无缝集成的技术活动,最终达成对客户安全快速高质量的持续交付能力,从而帮助企业提升IT效能,灵活应对快速变化的业务需求和市场环境。

15.5.2 本地部署

本地部署是指用户将系统内容全部部署在本地,并对接本地数据中心,直接通过调用本地数据执行系统功能,一般包括以下七个特征。

(1) 定制化程度高,用户可以完全按照自己的需求定制一个全新的更为匹配的产品。
(2) 系统的安全系数较高。
(3) 基础投入较大,需要投入一定的人员、资金及硬件。
(4) 更新成本较高。
(5) 在进行二次开发时具有较高的自主性,不受限于开发者。
(6) 实施监督较为容易,用户能够全面控制运行环境。
(7) 需要制定长远的规划,并投入相应资源,为规模扩展奠定基础。

本地部署通常分为本地集中式部署与本地分布式部署。

本地集中式部署是指所有数据、运算、处理任务集中在一台高性能、可扩展的中央计算机上完成,这种部署方式简单且方便管理,稳定性和安全性相对较高,但当计算任务很多时,会导致响应速度变慢;另外,如果用户有不同的需要,要对每个用户的程序和资源做单独的配置,在集中式系统上做起来比较困难,而且效率不高。

本地分布式部署是则将数据、运算、处理任务分散于多台独立的机器设备上完成,采用可扩展的系统结构,利用多台存储服务器分担存储计算负荷,利用位置服务器定位存储信息。分布式部署通常适用于以下六种情况。

(1) 企业有不同分支机构或较小的分散站点,与企业总部的网络连接通常是低带宽、高滞后或不可靠的。
(2) 企业总部网络无法处理中心位置的服务流量。
(3) 分支机构有自己的服务器、企业网络、域控制器和系统管理员,包含数目不定的用户。
(4) 用户要求有更快的系统访问速度、更好的用户体验和可用性。
(5) 系统用户数量大,并发线程多。
(6) 对于安全要求高,需要把系统不同的功能分开部署。

虽然本地部署存在一系列缺陷,但目前大部分企业依然选择本地部署。这是因为云端部署会涉及大量数据与信息的迁移,这会给IT部门造成大量的额外工作。同时,安全性是企业主要关注的云端部署问题,许多企业认为本地部署的安全系数要高于云端部署。总的来说,随着技术发展与安全措施的更新迭代,企业对云端部署尤其是公有云的信任正在提升,开始尝试将一部分或全部敏感数据存储在公有云中。

15.5.3 云端部署

随着企业信息化建设规模不断扩大,企业面临高成本的瓶颈。这些成本包括购买基础设施和相关软件、软件开发的人力投入、日常运维成本、设施环境和场所等。云计算带来的益处显而易见:用户不需要专门的IT技术团队,也不需要购买、维护、安放有形的硬件设备和软件产品,云计算服务提供商可以极大地提高计算资源的利用率和业务响应速度,用户按需使用提供商的各种服务。云计算模式更能适应数据快速增长和用户对个性化信息服务的需求。因此,越来越多的企业选择将系统部署在云端。

1. 云计算的概念

云计算中的"云",其实是一种对计算资源(硬件和软件)的比喻说法,这种资源使企业和个人在使用的时候无须知道硬件或软件的具体物理位置,即采用"云"来描述隐藏的各种硬件基础设施和软件服务。中国云计算专家委员会认为:云计算是一种基于互联网的、大众参与的计算模式,其计算资源(计算能力、存储能力、交互能力)是动态的、可伸缩且被虚拟化的,以服务的方式提供。这种新型的计算资源组织、分配和使用模式,有利于合理配置计算资源并提高其利用率,促进节能减排,实现绿色计算。

云计算是现有IT、互联网技术以及业务模型逐渐演变的结果,是为信息技术作为服务(IT as a service)提供的一种计算供应和消费的方式。这种方式将IT"为我所有"改变成"为我所用",这就像水、电、气的供应,消费者只需拧开水龙头或开关即可获得各种服务,而不需要亲自建设庞大而复杂的基础设施和业务系统。

2. 云计算的基本特征

总之,云计算的各种定义都是围绕"一切皆为服务"的核心理念展开,云计算涵盖以下基本特征。

(1) 按需自助服务。消费者无须同服务提供商交互就可以自动得到自助的计算资源能力,如服务器的时间、网络存储等。

(2) 无所不在的网络访问。可以借助于不同的客户端(如PC、手机及各种移动终端)通过标准的应用对网络进行访问。

(3) 划分独立资源池。根据消费者的需求来动态地划分或释放不同的物理和虚拟资源,包括存储、计算处理、内存、网络带宽以及虚拟机个数等。这些资源池中的计算资源以多租户的模式提供服务,每个用户通常不需要控制或知晓这些资源池的准确划分,但可以知道这些资源池在哪个行政区域或数据中心。

(4) 快速弹性伸缩。一种对资源快速弹性的提供能力和释放能力。对消费者来讲,云计算所提供的这种能力是无限伸缩的,支持随需应变的,大规模的计算机资源请求,并且可以在任何时间以任何量化方式来购买。

(5) 服务可计量。云系统对服务类型通过计量的方法来自动控制和优化资源使用(如存储、处理、带宽以及活动用户数)。资源的使用可被监测和控制,并对提供商和消费者提供透明的报告。

3. 关键技术

云部署和传统分布式部署有相通的地方,但它们的出发点和设计理念却有本质的区别。以往的分布式部署主要用来支撑并行计算框架的实现,即在任务切分的基础上利用分布在各处的计算资源分别完成每个子任务的处理,然后统一整合出最后结果。而云部署则是考虑如何把分散的计算资源整合成高性能的计算资源,然后以统一的界面提供给任何一个任务使用,对每一个任务来说,它面对的是一个完整的计算机系统,而不是分散的零散资源。要达到按需部署这一目标需要以虚拟化技术、高性能存储技术、并行计算技术等为基础。

云部署运用虚拟化技术实现了硬件、软件、数据、网络、存储等在内的IT全系统虚拟化,打破各种物理设备障碍,将大量分布的计算资源组成统一的IT资源池。用户可以使用资源池中的全部资源,而不必关心这些资源如何管理、分配、扩展、升级、故障修复等实现细节,极大简化了使用,提高了系统整体的弹性和灵活性,同时降低了管理成本和风险。

云计算存储技术首先要解决分布式存储问题,即采用冗余存储的方式保证存储数据的可靠性和经济性。例如 Google 文件系统(google file system,GFS)支持大型的、分布式的、海量数据访问的应用。它运行于廉价的普通硬件上,每份数据在系统中至少有3个以上的备份,提供了较好的容错功能,以及总体性能较高的数据存储和访问服务。其次还要解决对海量数据的处理和分析。云计算系统中的数据管理技术与传统关系数据库技术不同,它要面对的是大规模数据集的处理和访问,其特点是数据的读操作频率远大于数据的更新频率,因此需要一种读优化的数据管理技术,例如分布式的、面向列的开源数据库 HBase。

云中的数据是海量的,对计算能力的要求也更高,简单购买多台计算机并不能达成高性能计算的目的,只有设计出完整的并行计算框架,让大规模的服务器集群的不同节点及单个节点不同进程具备协同工作能力,才能完成并行计算任务的分割、调度、执行和数据聚合,从而整合分散的计算资源,实现高可靠、高性能的数据处理和分析。MapReduce、Spark等就是流行的云计算并行编程模型。

云部署在对资源和服务进行统一调配的基础上,还要满足多用户对数据独立性、可靠性、安全性及个性化定制的要求。多租户技术作为一项云计算平台技术,能使大量的租户共享同一堆栈的软硬件资源,每个租户能够按需使用资源并付费,并能针对软件服务进行客户化配置,而不影响其他租户的使用。

4. 云服务模式

云服务是指通过网络以按需、易扩展的方式获得所需服务。应用软件可以成为服务,支撑应用软件的软件中间件(工具和平台)可以成为服务,支撑软件平台的基础设施也可以成为服务,这三种服务模式分别简称为软件即服务(software as a service,SaaS)、平台即服务(platform as a service,PaaS)和基础设施即服务(infrastructure as a service,IaaS)。

1) IaaS

IaaS 译作基础设施即服务。这里的基础设施指 IT 基础设施,包括计算机、存储、网络及其他相关设施。IaaS 的服务是指用户通过网络,按照实际需要获得 IaaS 云提供商提供的上述基础设施资源服务,具体来说包括四大类服务:网络和通信系统提供的通信服务;服务器设备提供的计算服务;存储设备提供的存储服务;操作系统、通用中间件和数据库等系统软件服务。

亚马逊 AWS 是 IaaS 服务的先行者,在 2019 年全球 IaaS 市场份额中占比 45%。亚马逊是全球最大的在线图书零售商,在零售业淡季时为了不让空闲的IT资源白白浪费,亚马逊将存储服务器、网络带宽、CPU资源租给第三方用户。例如服务器资源使用按照每小时10~80美分收费;存储服务则按照每GB容量收费15美分。亚太市场中阿里云位居第一。2019年,阿里云在亚太市场份额占比28%。

2) SaaS

SaaS的含义是软件即服务,是一种以互联网为载体,以浏览器为交互方式,把服务器端的应用程序提供给远程用户来使用的应用模式。在服务器端,SaaS服务提供商为用户搭建应用系统所需要的所有IT基础设施及软件运行平台,并负责整个应用系统的设计、实施和维护,而用户只需要向提供商租赁软件服务,就能实现企业业务管理的信息化,无须购买软硬件、建设机房和招聘技术人员。缩短了项目建设周期,降低了项目整体投资的风险。

SaaS主要适用于那些启动资金要求少、开发周期短、定制化要求不高、业务增长不确定的应用软件项目。如客户关系管理系统、人力资源管理系统、ERP等普适性软件很早就有成熟的SaaS服务。2020年新冠疫情之后,在线教育、医疗、视频、电商等SaaS市场潜力凸显,迎来较大增长。

3) PaaS

PaaS的含义是平台即服务。PaaS面向应用程序开发人员,把软件开发、测试、部署、运行环境通过互联网提供给用户,从而简化应用程序开发和部署工作。PaaS是SaaS发展的一种结果。本质上PaaS提供的软件开发环境也是一种软件,但与SaaS所强调的应用软件有区别,SaaS提供的是面向中小企业和个人等最终用户的应用软件服务,而PaaS提供的是面向技术开发人员的开发环境服务。

PaaS是应用软件开发的革命。有了PaaS平台的支撑,云计算的开发者就获得了大量的可编程元素和业务功能组件,为开发带来了极大的方便,不但提高了开发效率,还节约了开发成本。

5. 部署模式

云端部署模式主要包括私有云、社区云、公有云和混合云,详细介绍如下。

1) 私有云

私有云(private cloud)是指云的基础设施仅为一个组织或机构拥有和运作,其核心属性是专有资源,能够提供对数据、安全性和服务质量最有效的控制。私有云可部署在企业数据中心的防火墙内,也可以将它们部署在一个安全的主机托管场所。私有云通常构筑在防火墙后,而不是在某个遥远的数据中心,对于企业而言,尤其大型企业,应用私有云能够有效保障数据安全,不影响现有IT管理的流程。当企业员工访问基于私有云的应用时,它的服务级别协议(service level agreement,SLA)相对稳定,不会受到网络不稳定的影响。此外,一些私有云的工具能够利用企业现有的硬件资源来构建云,这样将极大降低企业的成本。一般只有大型企业会采用私有云,因为对于这些企业而言,业务数据这条生命线不能被任何其他的市场主体获取到,与此同时,一个企业尤其是互联网企业发展到一定程度之后,自身的运维人员以及基础设施都已经比较充足完善了,搭建自己的私有云有时候成本反而会比公有云低。

2) 社区云

社区云(community cloud)，也称为社群云，是指云基础设施由几个组织拥有，并支持一个指定的社区及其成员共享。社区云是由多个组织共同构建和共享云设施，成员单位往往在安全方面有共同关切或相近的策略，而且社区云资源和服务的集成又会带来不同成员单位之间在安全方面的相互影响。如何解决服务的提供者和用户交织起来的问题，设计好必要的利益机制，协调好多组织的团队，是社区云发展必须考虑的问题。

3) 公有云

公有云(public cloud)是指云设施面向公众开放，可被一个组织所拥有并出售云服务。公有云的计算模型通常包括三个部分。

(1) 公有云接入。负责对接入的个人或企业进行认证，判断权限和服务条件等。

(2) 公有云平台。负责组织协调计算资源，并根据用户的需要提供各种计算服务。

(3) 公有云管理。负责对"公有云接入"和"公有云平台"进行管理监控，为用户可以获得更优质的服务提供了保障。公有云能够以低廉的价格为最终用户提供有吸引力的服务，创造新的业务价值，公有云作为一个支撑平台，还能够整合上游的服务(如增值业务、广告)提供者和下游最终用户，打造新的价值链和生态系统。

4) 混合云

混合云(hybrid cloud)是指云基础设施是由两个或更多云组成(私有云、公有云、社区云)。如上所述私有云主要是面向企业用户，出于安全考虑，企业更愿意将数据存放在私有云中，但是同时又希望可以获得公有云的计算资源，在这种情况下混合云被越来越多地采用，它将公有云和私有云进行混合和匹配，利用"即用即付"云计算资源来消除购买本地资源的需求，达到了既省钱又安全的目的。

15.5.4　云端部署案例

下面以一个虚拟的业务案例分析信息系统的云端部署。

某食品公司生产知名巧克力糖果，一直通过超市等零售渠道进行销售。近几年，产品总体销售量大幅上扬，但其利润率却一再走低。公司市场营销人员通过调研发现，将糖果配方和包装进行改进，生产一些高端精品巧克力产品，并投放到高档社区进行出售，销量虽然不及传统渠道，但可以获得高得多的利润率。公司决定通过开设少量专卖店来进行快速的市场检验，并要求公司信息主管在90天内采用IT技术支持该项业务。

公司原有的信息技术架构如图15.3所示，其基础设施和应用系统已经支持传统业务运营多年。针对上述新的精品巧克力业务，传统的开发方式是再投入一定资金建立一套专用的IT基础设施，或从企业已有的IT资源中分配部分资源来支持新业务。除此之外，还需要足够时间开发新的专卖店POS销售管理系统。

企业在扩展业务时，不仅应满足运行新业务的需求，还应尽可能利用现有的系统。这样既可以节约成本，还可以加快开发和部署速度。

针对本案例，我们首先采用IaaS云服务来快速搭建一个连接各个店铺的简单网络，各专卖店收款机和PC终端通过互联网与该网络相连接。然后采用SaaS云服务快速实现在

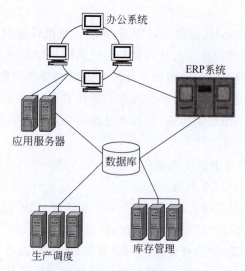

图 15.3　企业已有的 IT 系统架构

线 POS 销售管理，根据专卖店数量租用软件服务。基于服务接口，POS 销售系统可以使用现有库存管理系统的服务方便地访问产品库存数据，以及使用现有 ERP 系统的服务接口进行会计和财务的处理。最后通过使用基于商务智能技术的 PaaS 平台创建一个数据仓库，存储和处理所有和库存相关的数据，并通过库存数据的分析来研究、调整和完善新业务流程。

如上所述，专卖店"POS 销售系统 1.0 版本"被快速构建和交付，IT 架构如图 15.4 所示。其中虚线表示云服务的使用。

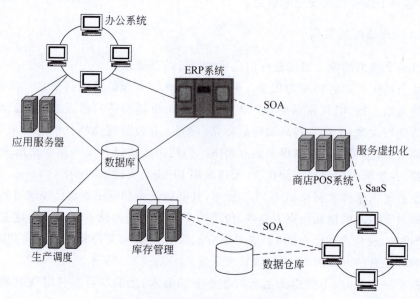

图 15.4　快速交付的专卖店销售系统

图 15.4 快速交付的专卖店销售系统第一个版本通过多个店铺的运行使用后，新业务获得了成功。于是市场和销售人员希望增设更多的店铺，并进一步设想增加新的产品和新的

功能。信息主管继续被要求提供新的系统来满足扩张的业务需要。然而业务扩展的前景如何,能到达什么程度,没有人能够预知。

面对业务发展的不确定性,为了支持更多店铺而盲目添置服务器和存储设备并不是明智的做法,因为存在显而易见的成本风险。一旦业务出现波折,不能按照预期增长,将造成资源的浪费。于是在实施第二个版本时信息主管考虑使用云计算服务提供商提供的按需付费的计算能力来满足店铺的需求。考虑到原有系统已经不能适应整体业务的增长和变化,信息主管开始淘汰旧的IT架构,将其替换为新的云计算模型。

图15.5描述了未来将使用的基于云计算的IT架构。在新架构中,利用SaaS服务提供商的CRM服务加强对客户的服务和支持,并且将原有ERP系统整体迁移到云端,同时基于PaaS商务智能和仿真平台实现整个企业业务数据分析和经营模拟。由此,企业最有可能发生改变的业务全部改用云服务来支持,将IT支持的固定成本转换为可变成本,建设初期减少了IT基础设施的资金预算。随着业务增长,经营成本略有上升,但业务没有预期增长,经营成本也将随之降低。

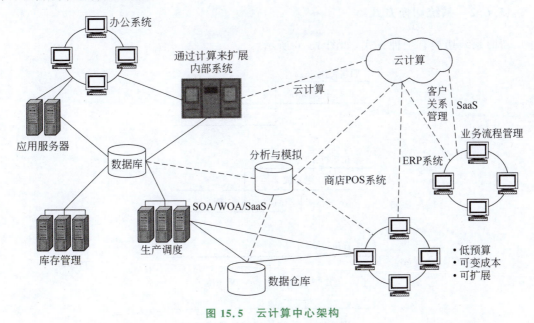

图15.5 云计算中心架构

由上述案例可知,在新业务不成熟、前景不可预期的时候,使用云计算技术可以减少企业的投资风险。更为重要的是,云计算将使企业能够做出迅速的反应,敏捷性策略带来的价值远远超过通过降低成本带来的效益,为中小型企业迅速占领市场、与商业巨头抗衡带来新的机遇。

15.6 系统迁移

系统迁移(transition)又称为系统切换,即新系统部署完成后将老系统切换到新系统上来。

15.6.1 系统迁移的任务

系统迁移的主要任务包括下述三个方面。

(1) 数据资源整合。包含三个步骤:数据整理、数据转换、数据验证。数据整理就是将原系统数据整理为系统转换程序能够识别的数据;数据转换就是将整理完成后的数据按照一定的转换规则转换成新系统要求的数据格式;数据验证就是对转换后的结果进行验证,可以编写验证脚本,最好由两名以上的人员分开来进行验证。数据的整合是整个系统切换的关键,一定要做好数据备份工作。

(2) 新旧系统切换。在数据正确转换的基础上制订一个切实可行的计划,将业务顺利、平稳过渡到新系统中进行。

(3) 新系统运行监控。在新系统正常运转后,还需要监控整个新系统运行的有效性和正确性,以便及时对数据转换过程中出现的问题进行纠正。

系统迁移的最后形式是将全部控制权移交给用户单位。

15.6.2 系统切换方式

新旧系统切换有三种方式,如图 15.6 所示。

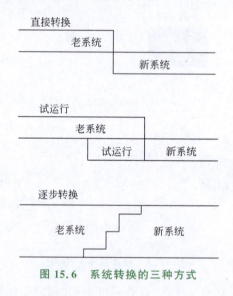

图 15.6 系统转换的三种方式

1. 直接切换方式

这种方式是新系统直接替换老系统。这种方式的优点是转换简单、费用最省。但是由于新系统还没有承担过正常的工作,可能出现意想不到的情况,因而风险大。实际应用中,应有一定的措施,一旦新系统出现问题,老系统能顶替工作。

2. 试运行方式

这种方式类似于平行运行方式。在试运行期间,老系统照常运行,新系统承担部分工作,等试运行感到满意时再全面运行新系统,停止老系统的运行。

3. 逐步切换方式

这种方式是新系统一部分一部分地替代老系统,直到全部代替老系统。这种方式避免了直接转换方式的危险性,费用也比平行方式省。但是这种方式需要编写接口实现新旧系统的连接,必须事先充分考虑。当新、老系统差别太大时,不宜采用这种方式。

实际工作中,这几种方式可以混合使用。例如,系统中不很重要的部分采用直接转换方式,重要部分采用试运行方式。这样,各种方式取长补短,可使旧系统平稳地过渡到新系统。

习题 15

15.1 实施阶段的主要任务是什么?
15.2 总结一下自己在编程实践中有哪些好习惯或坏习惯?
15.3 系统集成与系统构件分别指什么?什么是持续集成?持续集成有什么好处?
15.4 如何理解测试?测试有哪几个级别?
15.5 什么是测试用例?如何设计测试用例?
15.6 本地部署和云端部署各自特点是什么?
15.7 云计算有哪些关键技术?解决什么问题?
15.8 系统迁移包括几个方面的任务?系统切换有几种方式?各自优缺点是什么?

第16章 系统运维与管理

信息系统交付使用后,研发工作即告结束。但是信息系统不同于其他产品,它不是"一劳永逸"的最终产品。交付使用的信息系统有"样品即产品"的特点,即它不像其他工业产品,可以先生产一个样品,经过试验、改进再正式投入批量生产。它需要在使用中不断完善。一方面,精心设计、精心实施、经过测试的系统也难免有不如人意的地方,或者有的地方效率还可提高,或者使用不够方便,甚至还有错误。这些问题只有在实际运行中才能暴露。另一方面,随着技术和管理环境的变化,也会对信息系统提出新的要求,信息系统只有适应这些变化才能生存下去。为了巩固信息系统建设成果,应对各种风险,提供持续高质量的服务,需要开展大量的运维工作,这一阶段不仅包含很多技术活动,更包含着大量的管理活动。本章讨论系统运维的工作内容、运维的类型、运维管理、开发运维一体化(DevOps)、系统监理与审计。

16.1 系统运维与管理的概念和任务

信息系统运维在人类未来的生产生活中的作用会越来越重要。专家们估计 2020 年全球设备达到 500 亿到 1000 亿台,这些设备会承载无数的服务,涵盖互联网、金融、物联网、智能制造、电信、电力网络、政府等生产生活的方方面面。运维要保障这些业务能够可靠、高效、安全地运转,直接影响到业务的收益和成本,关系到业务系统甚至企业的生存。近年来,系统运维成本居高不下,其中人力成本是影响运维成本最重要的一个因素。据 Gartner Group 在 2018 年全球 IT 服务统计的调查报告中显示,运维人员占比已高达 IT 系统建设总人员的 50%,超过了开发人员。而在系统运维的成本中,人力成本比重也最大,占 40%,其他如软硬件和网络设备的维护成本占 30%,日常维护服务成本占 30%。

另外,从生命周期的观点看,信息系统建设分规划、分析、设计、实施、运维五个阶段,其中 80%的时间基本上是对其进行运维,如果运维与管理做得不好,那么这些花费大笔投资建立起来的信息系统即使功能再强可能不能为企业带来预期的效益,甚至反而为企业增加不必要的成本。

16.1.1 对系统运维的理解

按照过去的传统说法,信息系统运维主要是指运行与维护(operation and maintenance)。运行包括系统日常运行的数据记录和运行保障的活动。维护包括硬件设备的日常维护与管理、软件的修改和完善、数据的维护等工作,不论是修复错误,还是为适应各方面的变化所做的完善,都是为了让系统保持良好的工作状态。

随着技术的发展和业务规模及复杂度的持续增加,运维的概念发生了变化,不同的从业群体和企业从不同角度在不同发展阶段给出了多种解读。为了强调信息技术通常会采用 IT 运维这个说法,例如,英国中央计算机与电信局(CCTA)将运维定义为"IT 服务全生命周期中的一个阶段,通过对 IT 服务与 IT 基础设施进行监控,实现备份恢复与作业调度等活动"。Gartner Group 将 IT 运维定义为"与 IT 服务管理相关的人员及管理流程,其目的是将具有成本与质量要求的服务交付给用户"。TechTarget 对 IT 运维的定义是"由组织的 IT 部门提供,同时面向组织内外部用户的一系列流程及服务,其中包括了对硬软件的管理和运行维护"。

1. 运维的不同视角

1) 技术的视角

技术视角认为运维以技术为基础,通过技术手段来保障系统及软件产品,提供高质量的服务。凡是涉及的技术、组件、工具、平台都在运维的技术范畴里,主要包括服务监控、故障处理、容量管理、性能优化、安全保障等技术工作。

技术视角的运维在本章 16.2 节有进一步分类和详细介绍。

2) 管理的视角

运维的管理视角又分两个方面。

首先体现在运维对业务的支持。随着各行各业信息系统的深入和广泛应用,传统的运维产品及工具日趋成熟和自动化,技术在运维中的比重逐步降低,运维的重心逐步向信息系统如何实现业务目标、满足业务需求、转变企业环境、协助企业转型等方面转移,管理者开始强调从业务的视角来看待企业信息系统运维,从而最大化发挥信息技术和信息系统对企业业务的推动作用,这就是业务管理视角下的运维思想。本章 16.3.4 节的 ITIL 规范中有相关诠释。

其次体现在运维工作本身的管理。这一阶段技术多样化,工作内容繁杂,涉及人员较多,需要科学合理的管理才能确保运维工作高效有序。在一些运维实践指南里,特别对运维制度管理、流程管理、人员管理方面有相关规范要求。本章 16.3 节有详细阐述。

3) 服务的视角

从最终用户的角度看,信息系统交付给终端用户后,IT 及 IS 的运维不可避免地变成一种服务。运维服务是供方依据需方提出的服务级别要求(SLA,Service Level Agreement),采用相关的方法、手段、技术、制度、过程和文档,针对运维服务对象(应用系统、硬件平台、网络平台、数据等)提供的综合服务。这就是服务视角的运维,它是 IT 服务的重要组成部分。

为了指导供方改进和提升运维服务能力,同时也方便需方评价和选择供方,涌现了一批国家标准或行业标准,对运维服务过程、服务交付内容、服务需求做出了要求,相关标准详见本章 16.3.4 节。

2. 运维与运营

运维的英文是 operations,但在中文里有两种说法:运维和运营。运维是传统说法,即运行与维护,而运营是最近几年兴起的新名称和新思路,与上述管理和服务视角相关。

从系统运维到系统运营,虽然只有一字之差,但区别明显。首先面向的对象不同,运维面向基础设施，面向信息技术，传统说法是 IT 运维，重点关注软硬件的维护、故障的排除，它是为了保障系统正常运行，关注于系统的稳定、可靠、安全。而运营的"营"有经营的含义，更多面向企业业务和用户，面向信息系统，对信息系统的日常运行管控更加精细化、自动化和智能化，并将重心向用户体验、使用效率、应用效益偏移。通俗来讲，运维是让系统活着，运营则致力于使信息系统和企业活得更好，即更多地站在管理和企业发展的视角上思考。

本书统一采用运维这一传统名称，涵盖 IT 运维和 IS 运维，并融入了部分运营理念。

16.1.2 系统运维与管理的任务

综合以上技术与管理的视角，系统运维与管理的任务就是企业 IT 部门采用相关的方法、手段、技术、制度、流程和文档等，对软硬运行环境、业务应用系统和运维人员进行的综合管理。

专家的研究和大量企业实践表明，在信息系统项目的生命周期中，大约 80% 的时间与系统运行维护有关，而该阶段的投资仅占整个投资的 20%，形成了典型的"技术高消费""轻服务、重技术"现象。在经常出现的问题中，源自技术或产品（包括硬件、软件、网络、电力失常及天灾等）方面的其实只占了 20%，而流程失误方面的占 40%，人员疏失方面的占 40%。流程失误包括变更管理没有做好、超载、没有测试等程序上的错误或不完整，人员疏失包括遗忘做某些事情、训练不足、备份错误或安全疏忽等。这就说明，系统运维方面的问题更多的不是来自技术本身，而是来自技术管理和工作管理方面。因此运维管理工作成为信息系统运维的中心工作。

系统运维管理包括服务级别管理、服务报告管理、事件管理、问题管理、配置管理、变更管理、发布管理、信息安全管理等。当前普遍采用的运维管理基本上来自于广受认可的行业最佳实践或标准，如 16.3.4 节所介绍的 ITSS、ITIL 等。

16.2 运维类型

16.2.1 以运维对象分类

运维服务对象包括：应用系统；基础环境；硬件平台；网络平台；软件平台；数据，如表 16.1 所示。

表 16.1 运维服务对象

运维服务对象	含义
应用系统	由相关信息技术基础设施组成的，完成特定业务功能的系统，如邮件系统、ERP 系统等
基础环境	为应用系统运行提供基础运行环境的相关设施，如安防系统、弱电智能系统等
硬件平台	构成应用系统的计算机设备，如服务器、存储设备等
网络平台	为应用系统提供安全网络环境相关的网络设备、电信设施，如路由器、交换机、防火墙、入侵检测器、内容分发网络、电信线路等
软件平台	安装运行在计算机硬件中，构成应用系统的软件程序，如操作系统软件、数据库软件、支持软件等
数据	应用系统支持业务运行过程中产生的数据和信息，如交易记录、账目数据、用户数据等

针对以上运维服务对象展开的运维服务包括以下四项内容。

（1）例行操作服务。是一些预定的例行服务，包括及时获得运维服务对象状态、发现并处理潜在的故障隐患。

（2）响应支持服务。是供方接到需方服务请求或故障申告后，在 SLA 的承诺内尽快降低和消除对需方业务的影响。

（3）优化改善服务。是供方为适应需方业务要求，通过提供调优改进服务，达到提高运行维护服务对象性能或管理能力的目的。

（4）调研评估服务。是供方结合需方业务需求，通过对运维服务对象的调查研究或分析评价给出报告或建议。

以硬件平台运维为例，运维服务内容主要包括：服务器巡检服务；服务器远程排障服务；服务器调优服务；服务器性能评估服务。

16.2.2 以质量特性分类

技术性运维是指以业务为中心，交付稳定、安全、高效的运维服务，支撑企业的持续发展和战略成功，其主要关注系统的"稳定""安全""可靠""可用""性能"等质量特性。在当今面向互联网大规模应用场景下，信息系统复杂度和规模上升到新的层次，技术性运维越来越受到重视。表 16.2 列出了关注度较高的系统质量特性及相关运维技术。

表 16.2 部分系统质量特性及运维技术

质量特性	质量特性的含义	运维技术
可靠性 （Reliability）	产品在规定的条件下，在规定的时间内完成规定功能的能力。包括可用性、容错性、易恢复性	设备冗余、数据备份技术、容灾容错技术等
可用性 （Availability）	产品或系统在使用时可操作和可访问的程度。可用性取决于服务失败的频率以及失败后恢复的速度，采用平均故障间隔时间（MTBF）和恢复服务的平均时间（MTRS）来度量	数据多副本存储及同步技术、服务器设备冗余架构及相关技术，如主备/主从架构、集群架构、异地多活架构、负载均衡技术、消息队列、服务熔断/降级/分流等
可扩展性 （Scalability）	应用程序在达到最大负载时，能够支持以下方式进行扩展，以保证系统稳定运行。也可以理解为可伸缩性	虚拟机技术、分布式集群、系统动态扩容缩容管理、SOA/微服务基础设施、服务监控及跟踪、自动化测试及部署等
安全性 （Security）	系统保护信息和数据的程度，以使用户、其他系统具有与其授权类型和授权级别一致的数据访问度。包括保密性、完整性、不抵赖性、可追溯性、身份真实性	密码技术、数字认证、数字签名、信息隐藏、物理设备安全技术（如防辐射技术、抗电磁干扰）、网络安全协议、防火墙技术、入侵检测/入侵防御技术、查杀病毒技术等

针对表 16.2 中的不同质量特性，衍生出各种运维类型，如可用性运维、可扩展性运维、安全性运维等。一般来讲，技术性运维服务也应包括例行记录、响应支持、优化改善、调研评估等服务内容，但每一种技术运维关注点不同，因此在质量指标和数据采集、分析与系统优化上技术各异。

针对不同的质量特性，参照相关质量标准，系统运维的具体可度量的指标会不同。指标有服务器吞吐率、并发用户数、响应时间、JVM 内存、GC 负载、服务器连接数、缓存命中率、可用性等。例如吞吐率作为常用性能指标能够反映系统单位时间内能处理的工作负载,量化指标是每秒处理的事务数(transactions per second,TPS)。可用性一般指正常运行时间的百分比,业界用数个 9 来量化,比如常说的 "4 个 9(也就是 99.99%)" 代表具有故障自动恢复的可用性,其年度停机时间仅为 53 分钟。

针对不同的质量特性,数据分析和系统优化技术路线有所不同。例如同样是流量分析,可用性运维关注正常的业务突增流量(如秒杀活动);安全性运维关注的是异常网络流量(如木马、DOS 攻击)。前者的优化策略可以有集群部署、熔断、关闭非核心功能、超时重试等;后者则利用入侵检测系统、入侵防御系统分析网络流量,检测出入侵行为,并通过一定的响应方式对其进行实时中止。

16.3 运维管理

运维活动包含技术和管理两个方面,其中管理占比更重。本节介绍运维管理的主要内容,以及被普遍接受的国内外运维服务最佳实践和相关标准。

16.3.1 流程管理

企业管理活动都有其特殊的业务流程,明确定义的流程可以提高组织内部和组织之间的生产力、减少差错。信息系统运维管理也不例外,我们需要梳理出系统运维工作中的核心流程,并将这些流程规范化、标准化,明确定义每个流程的目标和范围、步骤、绩效指标、有关人员的责权利,以及各个流程之间的关系。

一些运维流程的技术占比高,如监控管理、容量管理等。它们通常是高度程序化和自动化的,从而可以利用软件工具或运维平台实现,相关运维内容、技术等在 16.2.1 节和 16.2.2 节中有所介绍,本节不再重复。而另外一些流程则需要大量人工干预,并需要跨职能部门的协同处理,这类流程柔性更大、对管理的要求更高,其中较为核心的运维管理流程在表 16.3 列出。

表 16.3 系统运维管理核心流程

流程名称	含　义
服务级别管理	服务级别管理是定义、协商、订约、检测和评审提供给客户的服务质量的过程。有关所提供的服务和这些服务的质量水平记录在服务级别协议(service level agreement,SLA)中,服务级别协议还规定了服务双方各自的责任、权利和义务
变更管理	变更管理是对基础架构的任一部分或服务的任一方面的变更进行记录并对其进行控制的过程。变更包括所有 IT 基础架构、企业应用系统、文档、流程、供应商关系以及可能直接或间接影响产品或服务的任何其他内容所做的增加、修改或移除
事件管理	事件管理是在事件发生时能够对事件进行记录、分类、事件关联方的沟通管理等一系列过程,以尽快恢复正常的服务,使事件的负面影响最小化。事件是指任何引起服务中断或降低服务质量的事情,事件管理本身不包含诊断、调查和解决事件的详细程序
问题管理	问题管理是进行问题分析、识别事件的实际或潜在原因,记录问题解决方法和已知错误,从而减少系统缺陷或人为过失对客户造成的影响,并防止它们重复发生的管理过程。问题与事件不同,事件是会对用户或业务流程产生影响,必须进行解决才能进行正常的业务活动。而问题是事件的原因,需要调查和分析,以确定原因并制定解决方案

续表

流程名称	含 义
配置管理	配置管理是识别和确认系统的配置项及其关系,记录和报告配置项状态和变更请求,检验配置项的正确性和完整性等活动构成的过程。配置项包括硬件、软件、网络、建筑物、人员、供应商和文档等能够提供服务的任何需要管理的组件
发布管理	发布管理是使新的或变更的服务和功能可供使用的过程。发布(版本)是指一组经过测试后导入实际运营环境的新增或经过改动的配置项的集合,可以包括基础架构、应用程序组件、文档、培训、更新的流程或工具以及所需的任何其他组件
信息安全管理	信息安全管理是保护组织开展业务所需信息的所有过程。具体包括信息安全事件管理流程、风险管理流程、控制审核和审核流程、身份和访问管理流程,以及与信息安全相关的变更流程
IT资产管理	资产管理是IT资产从获取、登记、使用、维修到报废全生命周期的所有过程。IT资产是指任何有助于交付IT产品或服务的具有财务价值的组件。IT资产通常包括所有软件、硬件、网络、云服务和各类客户端设备(含嵌入式计算功能和网络连接的物联网设备)
服务台	服务台是一项管理职能,而不是一个管理流程。客户和用户利用服务台来报告问题,提交查询和请求,并获得问题的确认、处理意见或操作。服务台可以采用呼叫中心人工服务模式,此外,随着自动化、人工智能、机器人过程自动化和聊天机器人的增加,服务台正在通过在线门户和移动应用程序直接提供更多自助式解决方案

上述不同流程之间有密切关联,例如系统的某个功能在使用中出现失效或发现潜在缺陷需要及时修正,那么整个缺陷的处理过程会涉及事件管理(问题管理)、变更管理、配置管理、发布管理等多个流程。下面就以变更的全生命周期的业务流程为例,通过图16.1建立对运维管理流程的初步理解。

变更管理通常侧重于产品和服务的变化。变更经过申请后,由能够了解风险和预期收益的人员进行评估,通过审批后,进行变更方案的设计和实施,最后经过授权后完成变更发布及部署。

实际工作中,由于存在行业、组织规模以及业务差异,一个组织的信息系统运维可以选择免运维模式、外包运维模式、自行运维模式、混合运维模式的商业模式,例如在私有云或公有云的建设场景下,由于对运维人员的技术要求较高,通常会选择运维服务外包和购买云服务两种模式实现远程运维、一站式运维。而有条件的互联网企业(如美团、京东)、大中型传统企业或者安全等级较高的企事业单位(如电信、石油、银行)则会组建企业自有的运维团队,实现自行运维或混合运维。因此,不同模式下的运维团队可以根据国内外运维标准裁剪出适合自己的流程。

16.3.2 制度管理

为保障信息系统的良好运行,使员工的运维工作制度化、流程化和规范化,前提必然是做好制度管理建设。制度管理就是系统运维管理相关的规章、程序、方法、标准和要求等的制定、修订和执行。制度管理与运维组织结构管理、运维人员管理互相依存。

制度建设包括以下几个方面。

1) 设计运维管理组织结构

组织架构会随着信息化建设规划和业务发展的需要,形成不同的运维组织架构,如集

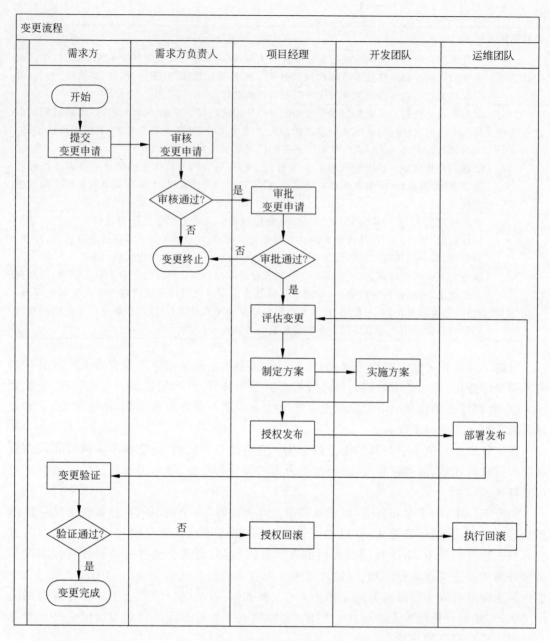

图 16.1 变更流程示例

中式的服务团队或分布式的服务团队。运维管理架构不是孤立运行的,而是置于企业 IT 决策层架构的指导之下。在第 4 章介绍 IT 治理时用图 4.4 描述了 IT 治理的大致框架。其中的决策机构介入到运维相关制度的制定,以及运维相关决策流程的监督和控制。

2）划分工作职责

确定运维的工作内容,划分运维管理组织结构中的每个部门的职责范围,以及运维岗位及职责。

3）制定运维服务管理体系

运维服务管理体系规定了运维活动所涉及的各类实体，以及这些实体间的相互关系。相关的实体按照运维服务管理体系进行有机组织并协调工作，按照服务协议要求提供不同级别的运维服务。根据运维服务的级别，需要制定各种关键指标，如服务的可用性，包括服务失败的频率以及失败后恢复的速度。这些通常表示为平均故障间隔时间（mean time between failure，MTBF）和恢复服务的平均时间（mean time to restore service，MTRS）；事件的分类及解决事件；服务台热线电话的工作时间；团队及个人的工作绩效指标等。

16.3.3 人员管理

人员管理的目的是确保提供足够的运维人员，确保他们在知识、技能、经验、安全意识等方面达到应有的水平，并根据实际情况对运维中的不同角色有明确分工和职责定义。

运维的分工一直在细化。当前运维岗位涉及系统、研发、数据、安全、应用等多个领域，根据企业的实际情况，不同企业中运维人员岗位职责划分和配置各有不同。表16.4列出了常见的运维人员的岗位设置及其职责。

表16.4 运维人员岗位设置及其职责

岗位名称	岗位职责
IDC工程师	负责对IDC设备及网络进行调整、维护、故障处理等工作；负责IDC的网络和设备部署规划以及现有IDC扩容和资源交付，协助设备上架
系统及网络运维工程师	负责服务器、交换机、路由器、计算机等网络设备的日常管理及维护；负责系统性能监控、紧急事故处理、磁盘列阵维护和备份管理
中间件运维工程师	负责研发、测试和生产环境的中间件安装、配置、调优、问题处理及相关日常工作
运维开发工程师	负责自建运维系统、运维算法研究、工具的设计和研发工作；负责保障运维系统稳定运行
大数据运维工程师	负责大数据平台的应用监控、容量管理、应急响应等运维管理工作；制定平台运维规范；研究和实现运维自动化工具与平台
数据库运维工程师	负责数据库系统的规划、设计、建设、管理；负责数据库系统的日常变更、备份、恢复、扩展、迁移、监控、安全、性能分析、日志分析和调优
安全运维工程师	负责Web安全、网络安全、桌面安全、数据安全、资产安全等安全策略制定和执行；负责跟踪和分析新的安全漏洞、安全技术，进行安全通报；对生产环境进行安全加固，并定期巡检
企业应用运维工程师	负责保障企业应用系统、产品和各种服务的性能和稳定性；负责配置管理及上线部署；负责业务监控、容量规划、性能调优和应急响应

16.3.4 运维服务相关标准

1. ITIL

为了介绍ITIL，首先需要了解IT服务管理（IT service management，ITSM）的概念。早期运维只是技术手段，大多数情况下，由于技术壁垒和管理职能分工造成IT部门不精通业务，业务部门不精通信息技术，二者的融合比较困难。而采用服务型的运维管理模式可以较好地解决这个问题。依据这个思路，逐渐发展出一套新的IT运营管理方法论，那就是

ITSM。ITSM 是一套 IT 运维管理方法论,按照国际组织 itSMF(it service management forum,国际 IT 服务管理论坛)的说法,ITSM 是一种以流程为导向,以客户为中心的方法,它通过整合 IT 服务与组织业务来提高组织 IT 服务提供和服务支持的能力及其水平。我们也可以形象地把 ITSM 称作是 IT 管理的"ERP 解决方案"。该方法论下的最佳实践是 ITIL(information technology infrastructure library,IT 基础架构库)。

ITIL 是在 20 世纪 80 年代由英国政府的中央计算机与电信局(center computer telecommunication agency,CCTA)以确保更好地利用 IT 服务和资源为目标而创建的,适用于 IT 服务管理领域的一个客观、严谨、可量化的最佳实践指南。ITIL 目前已经成为世界 ITSM 领域事实上的标准,最新版本 ITIL4 于 2019 年 2 月出版发行。ITIL 将 IT 服务管理延伸至客户体验、价值流和数字化转型等方面,提倡 IT 服务必须与组织的业务需求保持一致,并且支持核心业务流程,从而指导组织利用信息技术和信息系统为工具来促进业务变革、转型和成长。

ITIL4 知识体系的核心部分为四维度模型和服务价值体系(service value system, SVS)。

1) ITIL 四维度模型

首先,ITIL 定义了四个维度,分别是组织和人员、信息和技术、合作伙伴和供应商、价值链和流程,如图 16.2 所示。

其中,价值链和流程维度涉及组织的各个部分如何以集成和协调的方式工作,并通过产品和服务实现价值创造。流程定义了实现企业目标所需的活动、工作流程、控制和程序。价值链是指组织承诺为消费者创建和提供产品和服务的一系列步骤。识别和理解组织的各种价值链对于提高其整体绩效至关重要。以价值链的形式构建组织的活动使其能够清楚地了解其提供的内容和方式,并不断改进其服务。

图 16.2　ITIL 四维度模型

2) 服务价值体系 SVS

要使服务管理正常运行,它需要作为一个系统来工作。ITIL SVS 表示组织的各种组件和活动如何协同工作,其目的是确保组织通过 IT 产品和服务的使用和管理,促进所有利益相关者共同创造价值。SVS 描述了整个服务价值系统的输入、要素和输出,结构如图 16.3 所示。系统的关键输入是机会和需求,即利益相关者增加价值或改善组织的选择或可能

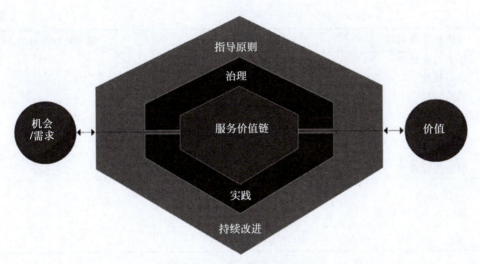

图 16.3　ITIL 服务价值体系

性,以及内部和外部消费者对产品和服务的需求或期望。系统的输出是组织、客户和其他利益相关者创建的价值,代表了组织目标和价值的实现。

SVS 包含以下五个核心要素。

（1）ITIL 服务价值链。是一组互连的活动,组织执行这些活动以向其消费者提供有价值的产品或服务,并促进价值实现。ITIL 服务价值链包括六个价值链活动,分别是：计划；改进；驱动；设计与转换；获取或构建；交付与支持。

（2）ITIL 实践。为执行工作或实现目标而设计的全面的多功能工具集,每个 ITIL 实践都支持多种服务价值链活动。ITIL SVS 中,管理实践包含通用管理、服务管理和技术管理等三种类别,如表 16.5 所示。

（3）ITIL 指导原则。用于指导组织的决策和行动的通用方法。指导原则包括：专注于价值；从你当前位置开始；反复进行反馈；协作并提升可视化；全面思考和工作；保持简单实用；优化和自动化。

（4）治理。对一个组织进行指导和控制。治理的活动包括：定期评估组织；维护管理机构并对组织战略和政策的准备和实施进行指导；监控管理机构、监控组织及其实践、产品和服务的绩效；组织治理评估,指导和监控组织的所有活动。

（5）持续改进。持续改进在各个层面进行的经常性组织活动,以确保组织的绩效不断满足利益相关者的期望。

表 16.5　ITIL 管理实践

通用管理实践	服务管理实践	技术管理实践
架构管理	可用性管理	部署管理
持续改进	业务分析	基础设施和平台管理
信息安全管理	容量和性能管理	软件开发和管理
知识管理	变更控制	
度量和报告	实践管理	
组织变更管理	IT 资产管理	

续表

通用管理实践	服务管理实践	技术管理实践
投资组合管理 项目管理 关系管理 风险管理 服务财务管理 战略管理 供应商管理	监控和事件管理 问题管理 发布管理 服务目录管理 服务配置管理 服务连续性管理 服务设计	
劳动力和人才管理	服务台 服务级别管理 服务请求管理 服务验证和测试	

2. COBIT

COBIT(controlled objectives for information and related technology,信息及相关技术的控制目标)是 ISACA(信息系统审计和控制联合会)制定的面向过程的信息系统审计和评价的标准。COBIT 最新版本是 COBIT 2019,是一个面向整个企业的企业信息与技术治理和管理框架。

为了实现治理和管理目标,COBIT 认为企业应建立一个由多个组件构建的治理系统,包括以下七个组件:流程;组织结构;原则、政策和框架;信息;文化、道德和行为;人员、技能和能力;服务、基础设施和应用程序。

与 ITIL 相比,COBIT 更侧重 IT 治理,以自上而下的角度确保信息系统建设活动与企业目标保持一致,即做正确的事情。

3. ITSS

ITSS(information technology service standards,信息技术服务标准)是我国信息技术服务标准工作组组织研究制定的一套成体系的和综合配套的信息技术服务标准库,全面规范了 IT 服务产品及其组成要素,用于指导实施标准化和可信赖的服务。ITSS 是我国 IT 服务行业最佳实践的总结和提升,也是我国从事 IT 服务研发、供应、推广和应用等各类组织自主创新成果的固化。ITSS 体系架构非常全面,涵盖信息技术服务各个领域,如图 16.4 所示。其中运行维护领域包含:通用要求;服务交付;应急管理;数据中心;终端设备;应用系统六个标准。

应用系统标准为运行维护标准中的第 6 部分,标准号为 GB/T 28827.6—2019。该标准对信息系统运维活动作了界定,并对信息系统的设计、交付、运维、终止、运维评价等制定了具体要求,其中信息系统运维要求包括应用软件运维要求、数据运维要求和应用系统迁移要求。

4. DevOps 能力成熟度模型

以上规范及标准是在传统行业(银行、电信、政府等)的 IT 服务管理实践中起源并壮大的,很多服务的设计和交付还是基于组织自身需求和能力来设计的,没有体现面向用户的理念,整体流程没有专门针对敏捷过程。20 世纪以来互联网产品及服务从开始设计就考虑

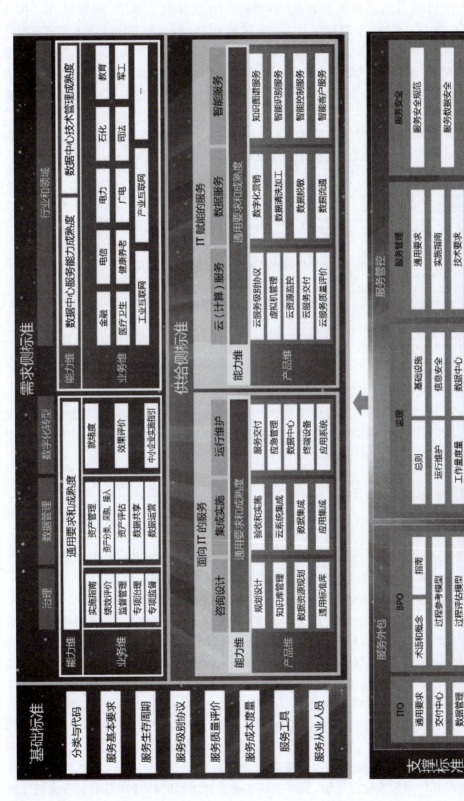

图 16.4 ITSS 体系架构

用户的参与,而用户需求又具有快速变化的特点,在这样的背景下,研发运营一体化 DevOps 模式应运而生,16.4 节有详细介绍。全球首个 DevOps 行业标准,即《研发运营一体化(DevOps)能力成熟度模型》系列标准,由中国信息通信研究院牵头,联合了多个行业顶尖企事业单位专家共同制定。该标准规定了研发运营一体化的概念范围、总体架构及能力成熟度模型,主要适用于对具备 IT 软件研发交付运营能力的组织实施 IT 软件开发和服务过程的能力进行评价和指导。

研发运营一体化能力成熟度模型划分了五个级别,从低到高呈现成熟度递进关系,高级别内容包含低级别内容,无须重复描述。各级别名称及定义见表 16.6。

表 16.6 研发运营一体化(DevOps)能力成熟度分级

级别	中文	英文	定 义
1 级	初始级	initial level	在组织局部范围内开始尝试 DevOps 活动,并获得初期效果
2 级	基础级	fundamental level	在组织较大范围内推行 DevOps 实践,并获得局部效率提升
3 级	全面级	comprehensive level	在组织内全面推行 DevOps 实践并贯穿软件全生命周期,获得整体效率提升
4 级	优秀级	excellent level	在组织内全面落地 DevOps,并可按需交付用户价值达到整体效率最优化
5 级	卓越级	fabulous level	在组织内全面形成持续改进的文化,并不断驱动 DevOps 在更大范围内取得成功

研发运营一体化能力成熟度模型覆盖端到端软件交付生命周期全流程,是一套体系化的方法论、实践和标准的集合。其总体架构包括三个部分,即过程(敏捷开发管理、持续交付、技术运营);应用设计;风险管理和组织结构。标准共有七个大的能力域,下面有 35 个子指标,每个指标分为 1~5 级。

16.4 开发运维一体化(DevOps)

16.4.1 传统运维的转型之路

传统的软件开发模式将系统开发与系统运维设计为两个分离的活动,由不同的团队负责。这通常会造成两个团队之间产生隔阂,主要表现在两个方面。

(1) 开发团队的驱动力和诉求通常是尽早交付新特性或缺陷修复后的新版本,而运维团队则更关注系统的可靠性,与单纯的开发环境相比,实际生产环境错综复杂,运维团队通常倾向于延缓发布周期,降低发布频度,于是两个团队的交付速度产生不匹配。更由于进度估计和控制不足,开发团队总是用完计划时间,留给运维团队的部署时间十分有限,系统仓促上线而陷入收拾残局的局面,或者出现大量排队和积压现象,这更加剧了两个团队的矛盾。

(2) 开发团队是由功能性需求驱动的,关注于完成业务功能的软件设计和程序实现,并不考虑运维的相关工作,运维团队是由非功能性需求(例如可靠性、性能等)驱动的,更多的是考虑软件运行时的 IT 成本及效率。由于部门的隔离而造成相关人员的沟通不畅,开发团队对运行时环境缺乏了解,从而难以根据生成环境调整代码,运维团队对系统功能特性和应用程序内部及依赖关系缺乏了解,从而难以正确选择运行时环境和系统发布流程。两个团队在目标和技能要求上的不同造成开发和运维难以实现无缝连接。

事实上,一次变更的规模越大,风险也越大。如果拒绝了小的修改,但给定时间段内需要修改的总量不变,那么每次变更的规模和复杂度就会变大,涉及的组件和区域越多,发布遇到问题的概率就越大。因此从控制复杂度的角度,我们期望实现更短的价值交付周期,基于迭代的敏捷开发方法的广泛使用为打通开发与运维之间的鸿沟提供了可以借鉴的方法论和直接的推动力。

1. DevOps 的概念

DevOps(development 和 operations 的组合词,开发运维一体化)是一组过程、方法与系统的统称,在软件及 IT 相关服务的研发及交付过程中,将应用系统的需求、开发、测试、部署和运维统一起来,基于整个组织的协作和应用架构的优化,实现敏捷开发、持续交付、持续部署和应用运维的无缝集成。DevOps 促进开发、运维和质量保障部门之间的沟通、协作与整合,提升了 IT 效能,在保证稳定的同时,快速交付高质量的软件及服务,灵活应对快速变化的业务需求和市场环境,如图 16.5 所示。

DevOps 是敏捷开发的延续。早在 2007 年,比利时独立 IT 咨询师 Patrick Debois 在同时参与开发团队和运维团队工作期间,开始注意到开发和运维之间的问题,逐步认识到为了按时交付软件产品和服务,开发和运维工作必须紧密合作。2009 年 6 月,第二届 Velocity 大会上一个题目为"10+Deploys per day: Dev and Ops Cooperation at Flickr"的演讲证明了 Dev 和 Ops 的有效结合能够提高软件部署的可能性。隔着大西洋观看直播的 Patrick 受到很大激励,在此基础上,Patrick 在比利时发起了名为 DevOpsDays 的会议,该会议在 Twitter 上受到了广泛关注。由于 Twitter 上字符长度的限制,DevOpsDays 就被简写为了 DevOps,于是技术社区中逐步出现了 DevOps 一词。

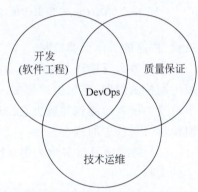

图 16.5　DevOps 概述图

通常,DevOps 的知识体系自顶向下可以抽象为五层:价值观、原则、实践、方法和工具,如图 16.6 所示。

2. DevOps 价值观

价值观提供了某种选择、取向的理由,是在特定情境中选择某种工作方式的根源,如在开发过程中更重视个人和沟通,而不是过程和工具。而实践是具体的工作方式,如每天召开的站立会议,使用的可视化工具。在 DevOps 中价值观与实践往往是不可分割的,没有价值观,实践就会缺乏目的和方向;没有实践,价值观只是空洞的理论。因此,只有价值观与实践相结合,DevOps 才能有效地工作。

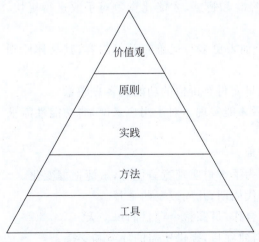

图 16.6　DevOps 的五个层面

DevOps 的价值观主要来源于敏捷软件开发,即 3.4.5 节所介绍的敏捷开发宣言。

16.4.2 DevOps 原则

DevOps 经典书籍《凤凰项目》把三步工作法作为 DevOps 的基础原则,如图 16.7 所示。

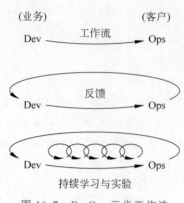

图 16.7 DevOps 三步工作法

(1) 工作流。建立从开发到运维快速的、平滑的、能向客户交付价值的工作流。

将工作进行可视化,减少交付批次大小,并通过内建质量管理防止上游缺陷传递到下游,缩短前置等待时间,尤其是缩短代码部署到生产环境所需的时间,加快技术价值流的流速,从而增强软件开发交付过程的流动性,提高工作质量,使工作更加敏捷和高效。相关的实践包括持续构建、集成、测试和部署,按需进行环境搭建,限制在制品数量,构建能够安全地实施变更的系统和组织。

(2) 工作反馈。在从右向左的每个阶段中,应用持续、快速的工作反馈机制。

通过放大反馈环并在流程中嵌入相关的知识,从源头进行质量控制,防止问题复发,缩短问题检测周期,实现快速修复。这样不仅能创造出更安全的工作系统,还可以在灾难性事故发生前就检测到并解决它。这是所有现代流程优化方法的一个核心原则,能够创造出组织学习与改进的机会。

(3) 持续学习与实验。建立持续学习和高信任度的企业文化,支持动态的、严格的、科学的实验。

DevOps 三步法原则促进项目团队主动地承担风险,公正地处理工作中出现的事故和意外情况;关注问题的根因,而不是一味追责;促进企业和团队从成功与失败中学习,持续积累经验知识,从而有能力承担更多的风险。任何过程、方法都无法在建立之初解决工作中存在的所有问题,只有通过持续不断地进行模拟演习和实验,及时发现问题、解决问题,以及养成内部学习交流的氛围,相互借鉴彼此的经验和智慧,才能比竞争对手改进得更快,从而在市场竞争中战胜他们。

总体来说,DevOps 原则在敏捷原则的基础上加入更多与运维有关的内容,其具体原则可以归纳如下。

- 我们最重要的目标是通过持续不断地、及早交付有价值的功能使客户满意。
- 软件功能只有在完整的系统交付给客户后才能实现。对于用户来说,非功能性需求与功能性需求同等重要。
- 基础设施是代码,应该同样进行开发和管理。
- 积极拥抱变化,即使在开发后期也一样。为了客户实现竞争优势,敏捷把握变化。
- 经常交付可工作的功能,倾向于较短的迭代周期,几周或一两个月。
- 业务人员、开发人员和运维人员必须通力合作,贯穿整个项目的每一天。
- 激发个体斗志,信任他们,以他们为核心搭建项目,提供所需的环境和支持。

- 不论团队内外,采用效果最好、效率最高的沟通方式——面对面交流。
- 可工作的软件并进行完整交付是进度的首要度量标准。
- 倡导可持续开发。责任人、开发人员、运维人员和用户要能够共同维持稳定持续的步调。
- 坚持不懈地追求技术卓越和良好设计,由此增强敏捷能力。
- 追求简洁的艺术,减少不必要的工作量。
- 最好的架构、需求和设计出自组织团队。
- 团队定期反思如何能提高成效,并依此调整自身的表现。

16.4.3 DevOps 实践

DevOps 强调的是开发团队、运维团队以及其他团队之间的沟通与协作,促进软件的构建、测试和发布能够更加快捷、频繁和可靠。企业在落地 DevOps 体系的过程中,自动化持续交付流水线的建设是最大的挑战,甚至涉及组织结构重构。一个典型的 DevOps 流程通常涵盖需求、计划、编码、构建、测试、发布和运营环节,如图 16.8 所示。

图 16.8 DevOps 流程图

DevOps 实践中可以借鉴敏捷开发常用的管理实践,如迭代式计划、站立会议、回顾、评审等,以及常用的实践技术,如单元测试、持续交付、持续集成、软件重构等。本节将对 DevOps 实践中的版本管理、持续交付、持续集成以及相关工具集进行详细说明。

1. 版本管理

版本管理是 DevOps 中最基础的概念,任何阶段的开发发布都需要进行版本管理,没有版本管理,持续集成、持续交付等都将成为空中楼阁。版本管理常见的功能如下。

(1) 更新到任意一个版本。
(2) 日志记录。
(3) 分支,标签。
(4) 合并,比较。

2. 持续交付

持续交付是一组能够帮助开发团队极大提高其软件交付速度和质量的模式。不同于低频率发布相对较大的版本,实施持续交付通常是更频繁地将小批量的变更投入生产,例如每周、每天甚至同一天发布多个版本。持续交付带来如下好处。

(1) 尽可能快地交付软件且将有价值的新功能投入生产。
(2) 提高软件质量、系统正常运行时间及稳定性。
(3) 降低发布风险,避免同时在测试和生产环境部署失败。
(4) 减少浪费,提高开发和交付效率。
(5) 软件处于生产就绪状态,能够随时部署。

3. 持续集成

持续集成是 DevOps 实践的奠基石，其目标是对开发团队的代码频繁地进行集成，包括代码的构建、测试的自动执行、执行结果报表的生成等，快速迭代还能保持较高的软件质量。业界普遍认同的持续集成的原则如下。

（1）需要版本管理工具保障团队提交的代码不会导致集成失败。

（2）开发人员必须及时向版本管理库提交代码，也必须经常从版本管理库中更新代码到本地。

（3）需要有专门的集成服务器来执行集成构建，根据项目实际需求，集成构建可以是被软件的修改来即时触发，也可以定时启动，如每半小时一次。

（4）必须保证构建的成功，如果构建失败，必须通知相应的负责人进行修改。

持续交付是目标，持续集成和构建、持续部署是技术路线。有关内容参见第 15 章相关章节。

4. DevOps 工具集

DevOps 是敏捷开发中持续构建、持续集成、持续交付的自然延伸，其实现需要覆盖七类工具。

（1）协同开发工具。协同开发是基于敏捷开发管理框架，通过将企业、团队日常的开发协作进行可视化，加强团队的沟通协作，提供敏捷能力的数据分析功能，常用的协同开发工具有 JTRA、Kanboard、Rally 等。

（2）版本管理工具。版本管理工具是一种记录代码更改历史，可以回溯，用于版本管理，多个程序员开发协作的工具，常用的版本管理工具有 Git、GitHub、GitLab 等。

（3）编译工具。DevOps 对自动化编译有着极高要求，常用的编译工具有 Ant、Maven、Gradle、MSBuild 等。

（4）持续集成工具。持续集成是 DevOps 理念中重要的一个实践环节，经历传统的持续集成、云计算环境中的持续集成、移动应用的持续集成和基于 Docker 的持续集成等多个阶段，常用的持续集成工具有 Jenkins、Bamboo、Travis CI 等。

（5）配置管理工具。配置管理定义服务器和环境配置，常用的配置管理工具有 Chef、Puppet、Ansible 等。

（6）测试工具。DevOps 测试着重于构建流程中的自动测试，广泛的自动化测试策略和无须人工活动的部署软件是持续交付的基础，常用的测试工具有 JUnit、Selenium、Cucumber、FitNesse 等。

（7）监控工具。监控环节在 DevOps 过程能够提供度量数据，是持续改进的重要依据，常用监控工具有 Nagios、Zabbix 等。

16.5 运维自动化与 AIOps

最早运维采用手工操作模式，依赖于个人知识、技术、经验解决信息系统问题。在信息化发展初期，业务和系统架构简单，规模普遍较小，业务流量不大，技术应用较单一，手工操作基本能够满足运维服务需求。而随着现代信息系统的集群规模快速增长，软件复杂度不断增加,业务快速变化,系统迭代周期缩短,新技术和方法不断演进,给运维工作带来挑战。这么庞大、复杂、频繁变化的软硬件系统在运行中发生故障愈加不可预知和控制,仅依靠人工操作来发现问题,快速准确进行决策并修复系统无疑是低效困难的,因此运维自动化是减少运维人力成本,提高运维效率和质量的必经之路。

在实践中,运维自动化经历了操作自动化、流程自动化、运维智能化三个演进阶段(见表16.7)。

表 16.7 运维自动化的三个阶段

阶 段	主 要 内 容
操作自动化	使用脚本或者工具替代传统手工的运维工作,该阶段仅仅是解决了手工执行的问题,而随着系统规模和需求的变化,脚本和工具配置方式也要随之变化
流程自动化	将第一阶段的脚本或者运维工具与运维流程衔接起来,让运维的管理工作流程化,系统的变更、上线等运维工作都要遵循标准化的基线,做到能够实时更新配置管理数据库
运维智能化	通过集中存储运维数据和日志(包括历史指标、性能监控等),按照配置管理数据库中各系统间关联关系和运维体系中相应的处理策略,形成对所运维对象潜在风险挖掘与分析和故障快速定位及处理

2017年,随着人工智能取得突破性进展后,出现了AIOps(artificial intelligence for IT operations,智能运维)概念,尝试将人工智能技术及海量数据应用于运维场景。

AIOps指基于自动化运维工具和业务系统所采集的大型运维数据集(日志、监控信息、应用系统信息等),利用机器学习算法对这些数据进行分析处理,并尝试模拟人类行为(如发现、判断、响应)完成异常检测、异常定位、根因分析、异常预测等操作,继而实现故障止损、修复、规避的自动化运维平台。可以说,AIOps是未来运维自动化的必然趋势。

下面用两个例子来说明智能运维的实际应用。设想这样一个场景,对于拥有万级服务器规模和应用程序的数字化企业,当IT系统出现问题时,将会导致连锁反应的大量事件。例如,阿里巴巴集团每分钟发生的运维配置变更达4500~8000次,当一个故障持续5分钟时,将产生上万级别的事件,这个时候会很难区别可疑事件及可疑程序,这是一个典型的二分分类问题。通过类似类推和奇异值分解等算法,可在秒级单位内给出相应的可疑分析,并将最可疑的应用排序推送给运维人员。运维人员借助于这种高效的分析方式,可将故障处理的代价大大减少。再如,当系统中A告警出现之后,B告警肯定会出现,AB同时出现的概率还会超过一定的比例,通过频繁项集的关联算法就可以分析找到这样的关联,实现联动告警。

16.6 信息系统监理与审计

监理和审计是系统的安全措施之一。信息系统的监理和审计应由专门的监理师和审计师负责。在组织体制上,他们要独立于系统开发人员和系统运维人员。他们应具备以下基本素质。

（1）责任心强，公正无私，认真负责。

（2）知识面广。除懂得管理的一般知识外，还必须懂得计算机软硬件知识，能阅读、检查、编写计算机程序，了解信息系统安全风险，全面熟悉信息系统开发流程和架构。

（3）接触面广。必须参与系统开发工作，深入了解系统运行情况，广泛接触系统各类人员，善于沟通协调，解决问题。

16.6.1 信息系统监理

信息系统的监理是指防止信息系统建设过程中出现差错的一系列措施。信息系统监理脱胎于建筑工程监理，考虑到信息系统频繁变更的特点和信息安全管理的重要性，形成"四控三管一协调"体系，即：质量控制；进度控制；投资控制；变更控制；合同管理；信息管理；信息安全管理；组织协调。

1）质量控制

在监理工作的各个阶段必须严格依照承建合同的要求，审查关键性过程和阶段性结果，检查其是否符合预定的质量要求，而且整个监理工作中应强调对工程质量的事前控制、事中监管和事后评估。

2）进度控制

在工程实施过程中，监理工程师严格按照招标文件、合同、工程进度计划的要求，对工程进度进行跟进，确保整体施工有序进行。

3）投资控制

信息系统工程的投资基本由软硬件设备购置投资、项目配套工程投资、项目集成费用和工程建设其他投资组成，主要包括分析设计、实施阶段和运维阶段的投资控制。

4）变更控制

对变更进行管理，确保变更有序进行。对于信息系统开发项目来说，软件发生变更频繁，因此变更控制显得格外重要。

5）合同管理

有效解决业主单位和承建单位在工程建设过程中的合同争议，保障工程各方权益。

6）信息管理

科学地记录工程建设过程，保证工程文档的完整性和时效性，为工程建设过程的检查和系统后期维护提供文档保障。

7）信息安全管理

构建覆盖技术架构、管理机构、管理制度的信息系统安全体系架构，确保信息的可用性、保密性和完整性，确保用户、组织、社会和国家对于信息资源的控制。

8）组织协调

工程建设过程中，有效协调建设单位、承建单位以及各相关单位和机构的关系，为工程的顺利实施提供组织上的保证。

系统监理的措施越全面和复杂，系统的安全性、准确性、完整性就越好，但费用也越高。因此，监理措施的选择应使监理效率最佳，既要达到目的，又要合算。

信息系统监理是一种由第三方独立监理机构提供的服务，通过对信息系统工程的全过程进行有效的监管，使工程的建设得到有效控制，从而降低工程风险。监理机构作为中立方，不仅能够承担项目质量把关协调等工作，同时承担相应的法律责任，目前在政府投资的大型信息系统工程，涉及国家安全、生产安全的信息系统工程，以及项目参与方较多的大型信息工程项目都广泛引入了监理机制，监督协调作用日益突出。

16.6.2 信息系统审计

审计是发现、纠正错误或失窃的措施。信息系统审计是指内部审计机构和内部审计人员对组织信息系统建设的合法合规性、内部控制的有效性、信息系统的安全性、业务流程的合理有效性、信息系统运行的经济性所进行的检查与评价活动。信息系统审计的终极目标是促进信息系统有效实现企业目标。

1. 信息系统审计内容

信息系统审计的对象包括操作系统、主机、网络、数据库、应用软件、数据、管理制度等。但正如本章前面提到：信息系统运维中的问题只有 20% 来自于技术。同理，信息系统是否有效运转的决定因素不是信息技术，而是规章制度、组织结构、流程和标准，最终就是人的因素。所以信息系统审计的主要内容包括：组织层面的控制审计；信息系统一般控制审计；应用控制审计。前两项主要强调管理环节和开发流程的关键控制点。

1) 组织层面的控制审计

组织层面的控制审计具体包括信息系统治理审计（含信息系统机构及职责、制度、项目管理流程等），信息系统投资与绩效审计，信息系统风险管理审计。

2) 信息系统一般控制审计

信息系统一般控制审计具体包括信息系统开发流程控制审计，分析、设计、编程、测试、部署、上线的控制审计，信息系统运维与管理控制审计，信息系统安全管理控制审计。

3) 应用控制审计

应用控制审计具体包括应用系统核心业务流程控制审计，应用系统输入与输出控制审计，业务逻辑的程序处理过程控制审计，系统接口控制审计，访问控制审计。应用控制审计可以参考信息系统测试中的测试项目和测试技术，如模块测试、接口测试、功能测试、白盒/黑盒测试技术等。

2. 信息系统审计过程

信息系统审计过程如图 16.9 所示。

3. 信息系统审计方法与工具

信息系统审计的基本方法有访谈法、调查法、检查法、观察法、测试和平行模拟法、程序代码检查法、程序代码比较法、风险评估法等。

信息系统审计可借助审计工具软件提高审计效率和质量，常用审计软件有数据分析工具、源代码审计工具、网络安全审计工具、内部审计管理软件等。

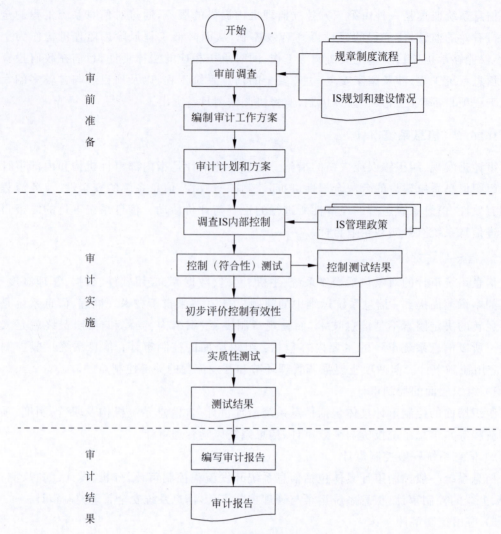

图 16.9 信息系统审计的过程

习题 16

16.1 系统运维从技术层面包含哪些内容？从管理层面包含哪些的内容？

16.2 运维服务标准有哪些？请阐述这些标准对于提高运维服务质量的重要性。

16.3 什么是 AIOps？AIOps 平台应具备什么能力？

16.4 请简单阐述 DevOps 的发展历程，并试着阐述为何会出现 DevOps 这样的方法。

16.5 请从五个层次来阐述什么是 DevOps。

16.6 请简单阐述 DevOps 的基本原则。

16.7 解释信息系统监理与信息系统审计。

第17章 数据驱动型系统的建设

现代信息系统产生的数据规模越来越大,种类繁多,覆盖结构化、半结构化、非结构化数据,不管是在完成常规业务功能,还是进行数据分析和决策,对于数据汇集、存储、管理、分析、呈现和使用都提出了新的挑战,传统的信息系统开发生命周期和建模方法建立在业务流程驱动的基础上,在分析和解决这类数据驱动的问题时缺乏针对性,没有覆盖数据科学的知识体系。因此对于数据驱动的应用系统建设来说,建立一套行之有效的能与传统软件工程相辅相成的方法和框架是至关重要的。

本节将大数据、数据科学、数据分析相关知识与信息系统建设有机地结合起来,概括性地介绍数据分析相关的概念、技术、工具、平台以及实用方法,为读者建立一个宏观的数据分析的完整框架。

17.1 数据分析与大数据

17.1.1 数据分析的发展过程

数据分析(data analytics)就是找出数据中潜藏规律或得出有关信息结论的过程。数据分析可以用于优化业务流程,提高企业或系统的整体效率。

早期的数据分析是指为企业经营状况生成各类报表,但随着业务规模增大,传统报表的表现力不足以让人们快速获知和理解数据,于是出现了数据仓库和交互性更好的数据可视化技术。一方面利用技术重构数据的组织形式以利于实现实时报表分析,并根据业务需要挖掘数据背后的逻辑;另一方面将数据浓缩为图,可以"一图胜千言",恰到好处的数据可视化能让决策人员如虎添翼,产生事半功倍的效果。而随着5G和物联网应用的快速增长,爆炸性的数据增长催生了大数据技术,人们对于数据分析的需求从辅助决策逐步演化到智能决策和数据驱动的业务变革。

1. 数据仓库阶段

这个阶段是由数据分析需求推动的新技术创新阶段,可以将1990年数据仓库之父比尔·恩门(Bill Inmon)提出数据仓库概念作为这一阶段的起点。此外,沃尔玛在1990年创建的数据仓库实现了物流优化,名噪一时,使其成为零售业的龙头企业,开启了数据分析的热潮。

早期数据库的主要应用是实现OLTP(online transaction processing,联机事务处理),OLTP用来记录日常业务事件的发生,如采购、销售等行为,应用系统会记录是谁在何时何地做了何事,这样的一条数据记录(或多条记录)会以增删改的方式在关系型数据库中进行存储更新。OLTP 要求实时性高、稳定性强、确保数据及时更新成功,系统内的数据总是保持在最新状态,例如当前库存量。

当数据积累到一定的程度,需要对过去发生的事情做一个总结分析时,就需要针对大量历史数据进行统计分析,从中获取决策者想要的信息,这就是在做 OLAP(online analytical processing,联机分析处理)。因为 OLTP 所需要的业务数据可能分散在不同的应用系统中,这些数据需要集中进行统一综合的分析,例如根据地区维度(省/市/县)、时间维度(年/季/月/天)、商品类别维度(大类/中类/小类)等分析库存及销售的变化情况。从分析的角度看,并不需要原始完整业务记录的所有数据项。同时 SQL 技术对大容量数据库的查询模式也不能满足决策者的数据分析需求,因此数据库中的数据需要进行再加工,以形成具有多维视图和多维分析操作的数据集合,这就催生了数据仓库技术。

数据仓库(data warehouse,DW)是一个面向主题的、集成的、相对稳定的、反映历史变化的数据集合,用于支持管理决策。主题是指企业从宏观出发,将数据分析需求划分为诸如客户、商品、财务等不同主题。数据仓库能够创建有助于主题决策的多维数据模型,以及支持钻取、切片、切块、旋转等多维分析操作。

数据仓库用于支持决策,面向分析型数据处理,它不同于 OLTP 的操作型数据库。其次,数据仓库是对多个异构的数据源有效集成,具体工作就是将数据源数据按照所需要的格式提取出来,再进行必要的转换(如统一数据格式)、清洗(去掉无效或者不需要的数据)等,最后装载进数据仓库,这就是 ETL(extract-transform-load,抽取、转换、装载)工具的作用。集成数据按照主题进行了重组,并包含了历史各个时刻的状态,能反映出历史变化,数据一经装入数据仓库,一般不再修改。

2. 商业智能阶段

这一阶段是数据仓库、OLAP 等技术的综合应用阶段,标志性事件是 1996 年 Gartner Group 在其发布的一项预测报告中对于商业智能的明确定义,此后商业智能在企业运营中得到广泛采纳。

自从数据仓库出现之后,企业信息化就开始从以关系型数据库为基础的运营式系统慢慢向决策支持系统发展。这个决策支持系统就是商业智能(business intelligence,BI)。BI 又称商业智慧或商务智能,指用数据仓库、OLAP 技术、数据挖掘和数据可视化技术进行数据分析以实现商业价值。从技术层面上讲,商业智能本身不是一种新技术,而是一种面向数据分析的解决方案。通过对商业信息的搜集、管理和分析,使企业的各级决策者获得知识或洞察力,促使他们做出对企业更有利的决策。

数据仓库为 OLAP 解决了数据来源和集成问题,数据仓库和 OLAP 互相促进发展,进一步驱动了商业智能的成熟,但真正将商业智能赋予"智能"的是 BI 中的重要技术——数据挖掘。数据挖掘(data mining,DM)就是从大量的、不完全的、有噪声的、模糊的、随机的实际应用数据中,提取隐含在其中的、人们事先不知道但又是潜在有用的信息和知识的过程。数据挖掘方法包括数据特征化与区分、关联与相关性分析、分类、回归、聚类、离群点分析、序列分析及趋势和演变分析等。

有了数据挖掘技术,商业智能从早期的仅使用简单的统计方法对历史数据进行展示和呈现,发展到使用复杂统计方法和数据挖掘技术对数据进行预测和优化分析。通过对数据的智能理解将信息转化为知识,不仅让我们知道过去发生了什么,还能了解未来将要发生什么。

作为一套从数据整合、分析到辅助决策的完整解决方案,BI系统的核心功能包括:数据ETL;数据查询和报表;OLAP;数据挖掘和可视化等。

3. 大数据阶段

随着企业信息化的发展,数据源变得越来越丰富,在原来业务数据库的基础上出现了非结构化数据,例如网站日志、物联网设备数据、应用程序埋点数据、社交网络数据等。数据量从TB级进入PB级,不仅比以往结构化的数据大了几个量级,而且对ETL过程和存储都提出了更高的要求。同时源源不断产生的数据也对实时性提出了要求,例如信用卡反欺诈、个性化推荐、实时在线广告等应用,随着用户数量的暴涨,传统数据库、商业智能架构是无法应对的。在此背景下,谷歌公司率先于2004年提出一套分布式数据处理的技术体系,即分布式文件系统——谷歌文件系统(Google file system,GFS)、分布式计算系统MapReduce和分布式数据库BigTable,以较低成本很好地解决了大数据面临的困境,奠定了大数据分析的基础。

这一阶段主要体现为数据库架构、数据仓库采用了新的大数据技术路线,最早是基于开源大数据Hadoop平台的批处理架构。Hadoop的好处是面对不断增加的数据量,只需要增加低廉服务器就可以扩展存储容量和并行数据处理能力。此外,HBase这类NoSQL数据库能够支持半结构化和非结构化数据的存储与处理。

大数据时代,商务智能的整体架构和方案仍然有效,但数据ETL过程为了适应海量实时数据采集,逐步采用大数据技术方案。数据分析则逐步分化为两条路线:结构化数据的挖掘和分析,保留传统BI的业务模式来进行;异构多源的非结构化或半结构化的大数据,通过大数据分析平台的方式整合,并加入机器学习算法进行分析挖掘处理。

有关大数据分析平台和分析方法将在17.2.3节和17.2.4节详细介绍。

4. 数据湖阶段

数据分析的大数据阶段解决了海量数据存储和并行计算等技术问题,随着数据量的指数级增长,容量从PB迈向了EB级别,企业积累的数据已成为重要资产,这一阶段不仅仅要面向业务提供快速深度的数据分析,还需要提升数据的管理、治理和资产化能力。

数据资产的有效管理与集中治理让人们对数据有了新的理解。经过预处理的传统数据仓库和大数据都不能准确表达由各种源头汇聚到一起的数据。"如果你把数据集市看作时一家售卖干净的、规整包装的,便于消费的瓶装水的商店,那么数据湖就是更自然状态下的一大片水域。数据的内容从源头流入,各类用户可以前来检查、探索或取样",这个数据湖的说法是2010年首次由Pentaho的创始人兼技术总监詹姆斯·迪克逊(James Dixon)在介绍基于Hadoop的BI分析产品时提出来的。

数据湖(data lake)是一个以自然格式存储企业的各类原始数据的大型数据仓库。因此,数据湖中被处理的数据可能是任意类型的信息,从结构化数据到完全非结构化数据。数据湖最初是传统基于RDBMS的数据仓库的补充,后来逐渐迁移到以Hadoop为基础的大数据技术平台。在数据来源、数据格式、数据质量、数据模式(schema)、数据用户、分析能力等方面,数据湖与数据仓库有很大区别。

类似 BI,数据湖也可以理解为一种大数据和云计算公司推出的解决方案。例如亚马逊 AWS 将数据湖解释为:"数据湖是一个集中式存储库,允许您以任意规模存储所有结构化和非结构化数据。您可以按原样存储数据(无须先对数据进行结构化处理),并运行不同类型的分析——从控制面板和可视化到大数据处理、实时分析和机器学习,以指导做出更好的决策。"

数据湖与阿里巴巴提出的"数据中台"是同一时期的产物,二者异曲同工。阿里巴巴这样定义数据中台:"数据中台是数据+技术+产品+组织的组合,是企业开展新型运营的一个中枢系统"。阿里巴巴的数据中台的核心是 OneData 方法论,其包含了三个方面内容。

(1) OneModel。建立企业统一的数据公共层,从设计、开发、部署和使用上保障了数据口径规范和统一,实现数据资产全链路管理,提供标准数据输出。

(2) OneID。建立业务实体要素资产化为核心,实现全域链接、标签萃取、立体画像,其数据服务理念根植于心,强调业务模式。

(3) OneService。数据被整合和计算好之后,需要提供给产品和应用进行数据消费,为了更好的性能和体验,需要构建数据服务层,通过统一的接口服务化方式对外提供数据服务。

综上所述,技术与应用亦步亦趋的交错前行构成了数据分析的发展过程。企业对数据分析的需求无法满足,需要新的技术,由此推动技术的发明创新;而新技术成熟后得到大规模应用,促进业务提升,又催生出新需求和新问题,于是带动又一轮的技术更新。

17.1.2　大数据

1. 大数据的概念

云计算与物联网等信息科技的快速发展,有效解决了信息系统中信息存储、信息传输和信息处理等问题。可以说,一个大规模生产、分享和应用数据的时代——大数据时代已经开启。大数据(big data)从字面上看,是指容量非常大的数据集合。然而,容量只是大数据特征的一个方面,大数据共涵盖 4 个特征(4V):数据量大(Volume)、数据类型繁多(Variety)、数据处理快(Velocity)和价值密度低(Value)。

(1) 数据量大。当前数据处于爆发性增长阶段,不再以几个 GB 或 TB 为单位来衡量,而是以 PB(2^{10} TB)、EB(2^{20} TB)或 ZB(2^{30} TB)为计量单位。

(2) 数据类型繁多。传统的信息系统中,数据都是以二维表的结构化形式存储,然而大数据中有 70%~85%的数据是以图片、音频、视频、网络日志、链接信息等半结构化和非结构化形式存储。

(3) 数据处理快。这是大数据区分于传统数据挖掘最显著的特征,大数据对处理数据的响应速度有更严格的要求,要求实时分析而非批量分析,数据输入、处理与丢弃要求立刻见效,几乎无延迟。

(4) 价值密度低。通常海量数据中有价值的数据占比很小,如在连续不间断的监控视频中,有用的数据可能仅有一两秒。因此,如何通过机器学习、人工智能等方法完成数据价值的"提纯"是目前亟待解决的难题。

2. 大数据与云计算、物联网的关系

云计算、大数据和物理网三者是信息技术领域最新的技术发展趋势，三者既有区别又有联系，如图17.1所示。

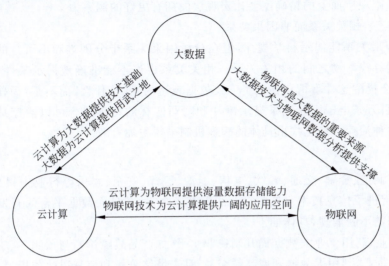

图 17.1　大数据与云计算、物联网的关系

(1) 大数据与云计算、物联网的区别。

大数据侧重于海量数据的存储、处理与分析，旨在从海量数据中发现价值，服务于生产和生活；云计算本质上旨在融合和优化各类信息技术资源，并通过网络以服务的方式提供给用户；物联网的发展目标是实现物物相连，应用创新是物联网的核心。

(2) 大数据与云计算、物联网的联系。

大数据根植于云计算，云计算的分布式数据存储和管理系统提供了海量的数据存储和管理能力，分布式并行处理框架提供了海量数据分析能力，没有这些云计算技术作为支撑，大数据分析就无从谈起。反之，大数据为云计算提供了"用武之地"，没有大数据这个"练兵场"，云计算技术再先进也不能发挥它的应用价值。物联网传感器源源不断地接收数据，构成了大数据的重要数据来源，没有物联网的飞速发展，就不会带来数据产生方式的变革，即由人工产生阶段转向自动产生阶段，大数据时代也不会这么快就到来。同时，物联网需要借助于云计算和大数据技术，实现物联网大数据的存储、分析和处理。

3. 大数据带来的转变

大数据为数据分析带来了三个转变，这些转变将改变人们理解和组建社会的方法。

(1) 转变一：全体数据而非随机样本。

在大数据时代，可以分析更多的数据，有时候甚至可以处理和某个特别现象相关的所有数据而不再依赖于随机采样。与随机样本数据相比，使用全量数据带来了更高的精确性，也揭示了随机样本数据无法揭示的细节信息。

(2) 转变二：混杂性而非精确性。

当需要分析的数据量很小时，应该关注最重要的事情和获取最精确地结果，然而当拥有海量即时数据时，一味地追求最精确的结果明显是不可取的。例如，一个小商店在晚上

停止营业的时候要把收银台里的每元钱都数清楚,但是我们不会也不可能用"元"这个单位去精确度量国民生产总值。因此,大数据时代允许不精确,不再需要对一个现象刨根究底,只要掌握大体的发展方向即可。当然,这并不意味着完全放弃了精确度,只是不再纠结于此。适当忽略微观层面上的精确度会让宏观层面拥有更好的洞察力。

(3) 转变三:相关关系而非因果关系。

事物的因果关系能揭示科学规律,但在分析因果关系十分困难和不可行的状况下,可以利用大数据寻找事物之间的相关关系。相关关系也许不能准确地揭示某件事情为何会发生,但是它会提醒这件事情正在发生。大数据表达的是"是什么"而不是"为什么"。打个比方,如果数百万条电子医疗记录显示橙汁和阿司匹林的特定组合可以治疗某种疾病,那么直接实用这种治疗方法比找出具体的病理机制来得更加有效。

4. 大数据的应用

大数据在制造、金融、交通、餐饮、电信、能源、医疗、安全、娱乐等行业中得到了广泛的应用,有力地促进了信息技术与这些行业的深度融合,尤其是大数据平台的开发,推动了新技术和新应用的不断涌现,具体如下。

(1) 制造业,利用工业大数据提升制造业水平,如产品故障诊断与预测。
(2) 金融行业,利用大数据开展高频交易、社交情绪分析和信贷风险分析。
(3) 交通行业,利用大数据与物联网实现无人驾驶、智能交通等。
(4) 餐饮行业,利用大数据实现餐饮O2O模式。
(5) 电信行业,利用大数据实现客户离网分析,及时掌握客户离网倾向。
(6) 能源行业,利用大数据分析用电需求,合理设计电力需求响应系统。
(7) 生物医学,利用大数据实现智能医疗、流行病预测等。
(8) 安全领域,利用大数据构建国家安全保障体系、抵御网络攻击等。
(9) 个人生活,利用大数据分析个人生活行为,提供更周到的定制化服务。

17.1.3 数据湖

对于数据仓库与数据湖的不同之处,可以想象一下仓库和湖泊的区别:仓库存储的货物有特定的来源,而湖泊中的水来自河流、溪流或其他来源,并且是原始数据。

数据湖从本质上讲是一种企业数据架构方法,物理实现上则是一个数据存储平台,用来集中化存储企业内海量的、多来源、多种类的数据,并支持对数据进行快速加工和分析。从实现方式来看,目前Hadoop等大数据平台是常用的部署数据湖的技术,但为了应对不同业务需求的特点,存在多种大数据技术架构,17.2.3节有相关介绍。

1. 数据湖的特点

(1) 保留全部的数据。

数据湖保留所有的数据。不仅仅是当前正在使用的数据,甚至不被用到的数据也会导入。数据会一直被保存,所以我们可以回到任何时间点来做分析。数据的来源多样化,包括来自企业的运营系统和其他来源的各种原始数据资产集。

因为数据湖的硬件采用廉价的服务器集群与存储相结合,使数据湖扩展到TB级和PB级非常经济。

而传统数据仓库的开发期间会花费大量时间分析数据源,理解商业处理和描述数据,为报表设计高度结构化的数据模型。通常情况下,如果数据不能满足指定的问题,就不会导入到数据仓库,从而简化数据模型和节省数据存储空间。

(2) 数据湖支持所有数据类型。

在储存方面上,可以使用各种存储系统存储所有类型的数据,数据湖中所有数据都保持原始形式,并且仅在分析时再进行转换。这种方法被称为"读时模式"(schema on read)。系统存储并不关心存储的是什么数据,无须预先定义模式(schema)。

(3) 数据湖很容易适应变化。

过去的数据仓库需要花费大量时间来定义数据模型,数据存储在关系数据库中,只能在这个数据库中使用。然而许多业务问题都对数据仓库团队提出了敏捷响应的要求,需要数据分析能更快地适应业务系统的变化,这种需求促成了自助服务的概念。在数据湖中,因为所有数据都以原始形式存储,并且始终可供需要使用它的人访问,所以用户能采用更新颖的自助式服务方式探索数据并回答业务问题。如果一个探索分析的结果被证明是有用的并且有重复应用的需求,那么就可以开发正式的版本。如果确定结果无用,则可以丢弃该结果,不会对数据结构进行任何更改,也不会消耗更多开发资源。

(4) 数据湖需要完善的元数据管理能力。

元数据是描述数据的数据,通过统一的规范体系让业务人员、技术人员、数据分析人员在对数据的沟通和理解上达成一致。数据湖存储大量原始数据,分析师首要的工作是必须找到并理解所需要的数据,面对整个企业的几十个信息系统,成千上万的数据表和数据项,最常遇到的问题就是"数据找不到、读不懂、不可信",例如有的数据集没有很好的描述信息,有的数据使用了不一样的命名,有的数据有多个出处,无法确知哪个是最新版本等,这极大地阻碍了数据的理解和使用。因此数据湖对所有的数据建立数据目录以便搜索,同时具备完善的元数据数据管理能力,制定元数据产生流程、编码规范和设计原则,实现元数据从采集、注册、设计、使用到运维的全生命周期管理,从而为企业数据治理打下基础。

2. 数据湖的建设

数据湖的组成如图17.2所示,存储和计算采用的是大数据平台,以及数据管理功能组件:数据接入;数据搬迁;数据治理;质量管理;资产目录;访问控制;任务管理;流程编排;元数据管理等。

数据湖建设中还需要重点关注以下几个方面。

(1) 数据湖架构。

技术条件允许的情况下,企业可以通过开源或者商业化大数据平台自建数据湖。多数企业可以选择将数据湖建设在云上,亚马逊、阿里、微软等云厂商都推出了数据湖解决方案。

(2) 数据入湖方式。

数据入湖是指将原始数据复制到数据湖中,具体包括批量导入、数据复制同步、消息集成、实时流集成四种方式。此外也可以采用虚拟入湖的方式,即原始数据不在数据湖中进行物理存储,而是通过建立虚拟表的方式入湖,数据湖利用共享数据访问层获取数据。

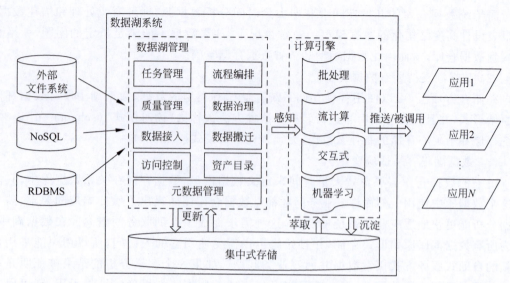

图 17.2 数据湖系统的主要组成

（3）入湖标准。

数据有源是数据入湖的基本前提，因此应检查数据源的认证情况，还要检查数据字典、数据模型等是否符合规范。入湖的数据应明确指定数据的所有者，并定义了数据标准和数据密级，通过质量评估后才可实施数据入湖。

（4）自助数据服务。

借助于自助式的数据预处理工具、数据分析和可视化工具，分析师只需鼠标拖曳和简单设置就可以直观地浏览数据、选取数据创建图表、实现探索式分析，让业务人员自己查找、理解和使用数据，无须过分依赖 IT 技术团队来响应数据需求，从而减少数据的错误解读和延迟，提高业务敏捷性和决策效率。

17.2 大数据技术基础

视频讲解

17.2.1 分布式存储

分布式存储（distributed storage）是一种将数据分散存储在多个独立设备上的数据存储技术，主要包括分布式数据库系统（distributed database system，DDBS）和分布式文件系统（distributed file system，DFS）。

1. 分布式数据库系统

DDBS 是使用计算机网络实现数据在物理上分散而在逻辑上集中的数据库系统，如图 17.3 所示，可以看成是计算机网络与数据库系统结合的产物。一个 DDBS 通常包含分布式数据库管理系统和分布式数据库。

DDBS 的研究始于 20 世纪 70 年代中期，我国对 DDBS 的研究大约从 20 世纪 80 年代开始。相对于集中式数据库来说，DDBS 在物理上是分布的。具体分为两种：一种是在物理上分布但逻辑上却是集中的。这种分布式数据库只适宜用途比较单一的、不大的单位或部门；另一种在物理上和逻辑上都是分布的，也就是所谓联邦式分布数据库系统。由于组

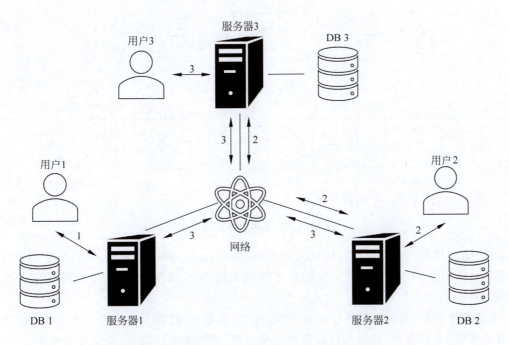

图 17.3　分布式数据库系统结构

成联邦的各个子数据库系统是相对"自治"的,这种系统可以容纳多种不同用途的、差异较大的数据库,比较适合于大范围内数据库的集成。目前,DDBS 正朝着面向对象的 DDBS、分布式智能库和知识库系统、数据仓库系统等更广阔的领域发展。

大数据平台中 DDBS 应涉及数据库远程访问技术和分布式事务实现机制,重点考虑数据的一致性、完整性和安全性,以及每个节点发出的事务数量,每个节点使用的数据量,网络的性能与可靠性,各个节点的速度和磁盘容量以及数据表的设计等。具体设计目标应包括物理分布性、逻辑整体性、站点自治性、数据分布透明性、适当的数据冗余以及事务管理分布性需求等。

2. 分布式文件系统

DFS 是一种通过计算机网络实现文件在多台设备上进行分布式存储的文件系统。如图 17.4 所示,DFS 在物理结构上是由计算机集群中的多个节点构成的,这些节点分为两类,一类叫"主节点"(Master Node),或者也被称为"名称节点"(NameNode),负责管理文件、数据和操作日志;另一类叫"从节点"(Slave Node),或者也被称为"数据节点"(DataNode),负责文件数据块的存储。客户端程序向主节点提出文件读写需求时,主节点能及时做出响应,提供文件数据块存放的从节点或分配从节点,使客户端程序与从节点之间建立联系,方便统一管理和调度。

DFS 的研究始于 20 世纪 80 年代初,卡内基-梅隆大学和 IBM 公司于 1983 年共同合作开发了 Andrew 文件系统,能够同时为用户、应用程序和系统管理提供一种合适的共享文件系统。进入大数据时代,谷歌公司为了存储海量搜索数据而设计了一种专用文件系统 GFS (Google file system),它运行于廉价的普通硬件上,并提供容错功能。GFS 随后被开源实

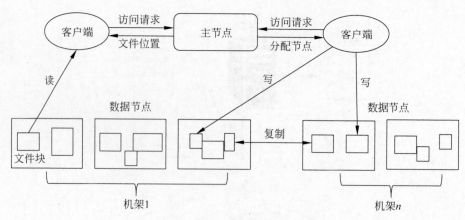

图 17.4　分布式文件系统结构

现为 Hadoop 分布式文件系统(Hadoop distributed file system, HDFS), 因其具备高度容错性,提供高吞吐量的数据访问,又能部署在廉价的机器上,非常适合大规模数据集上的应用,因此广泛应用于业界。

大数据平台中 DFS 的设计一般采用"客户端/服务器"模式。具体设计目标应包括透明性、并发控制、文件复制、硬件和操作系统的异构性、可伸缩性、容错以及安全需求等。

(1) 透明性。用户不必区分本地文件与远程文件,可以通过相同的操作访问本地文件和远程文件资源;用户不会感受到文件副本数量和存储位置的变化,可以通过使用相同的路径访问同一文件;用户不会感受到系统中节点的增加或减少。

(2) 并发控制。一个客户端对文件的读写不应该影响其他客户端对该文件的读写。

(3) 文件复制。一个文件在不同位置可以有多个副本。

(4) 硬件和操作系统的异构性。同样的客户端和服务器端程序可以在不同操作系统和计算机上实现。

(5) 可伸缩性。支持节点动态加入或退出。

(6) 容错。保证文件服务在客户端或服务器端出现问题的时候依旧能够正常使用。

(7) 安全。保证系统的安全性。

17.2.2　分布式计算

分布式计算通俗来说,就是将大量数据分割成多个小块,分配给多个计算机分别进行计算,各局部运算结果经过汇聚统一合并得出最终结果。在大数据技术出现之前,分布式计算已得到部分科研人员的研究,但一直未得到广泛应用。直到 2004 年,谷歌公司提出了 MapReduce 计算模型才受到广泛关注。大数据技术、分布式计算和 MapReduce 的关系如图 17.5 所示,MapReduce 是分布式计算在大数据领域的应用。

1. MapReduce 计算模型

MapReduce 是面向大规模数据集(1TB 以上)并行处理的计算模型、框架和平台。MapReduce 能自动完成计算任务的并行化处理,自动划分计算数据和计算任务,在集群节点上自动分配和执行任务以及收集计算结果。此外,MapReduce 允许用市场上价格低廉的

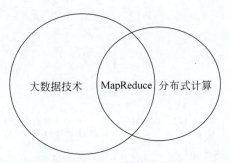

图 17.5　大数据技术、分布式计算和 MapReduce 的关系

商用服务器构成一个包含数十、数百至数千个节点的分布和并行计算集群。

MapReduce 模型的核心是 Map 函数和 Reduce 函数,这两个函数及其核心思想都源自于函数式编程语言。程序员在进行 MapReduce 编程时,只要关注如何实现 Map 和 Reduce 函数,而不需要处理并行编程中的其他复杂问题,如分布式存储、工作调度、负载均衡、容错处理、网络通信等,这些问题由计算框架自动处理。

Map 函数的输入来自于分布式文件系统,并由框架进行了逻辑分片(split),可以是文档格式也可以是二进制格式。这些文件块是由一系列元素组成,Map 函数将输入的元素转换成<key,value>形式的键值对,经过计算,每一个输入的<key,value>经过 Map 函数计算后,会输出一系列<k_1,v_1>、<k_2,v_2>的中间结果。这些结果随后送给 Reduce 函数。

Reduce 函数的任务是接收不同节点的 Map 函数计算结果,然后按照一定规则将具有相同键的键值对进行归并处理,输出结果会合并成一个或多个文件。Reduce 函数的输入形式为<k_1,<v_1,v_2…,v_n>>,经过计算后输出形式为<key,value>。

2. MapReduce 工作流程

MapReduce 的核心思想是"分而治之",就是将一个存储在分布式文件系统中的大规模数据集切分成若干独立的小数据块,分别进行计算,把各数据块的计算结果组成整个数据集的结果。也就是说,使用 MapReduce 操作海量数据时,我们称为一个 MapReduce 作业,会被分为 Map 和 Reduce 阶段,如图 17.6 所示。

Map 阶段负责大数据计算任务的分解,即把复杂的任务分解成若干个"简单的任务"来并行处理,但前提是这些任务没有必然的依赖关系,可以单独执行任务。Reduce 阶段负责将 Map 阶段的计算结果进行归并,具有相同 key 的数据会被发送到同一个 Reduce 任务中,进行汇总计算得到最终结果,并输出到分布式文件系统中。

需要注意的是,不同的 Map 任务之间不会进行通信,不同的 Reduce 任务之间不会发生信息交换,用户不能直接从一台设备向另一台设备发送信息,所有的数据交换都是通过 MapReduce 框架实现的。

3. MapReduce 的实例——WordCount

与"Hello world"程序作为编程语言学习的入门范例相似,WordCount 是 MapReduce 的入门程序。一个 WordCount 程序的输入为一个包含大量单词的文本文件,输出为文件中每个单词及其出现的次数(频数),并按照单词字母顺序排序,每个单词和其频数占一行,单词与频数之间有间隔。其设计思路及执行过程具体如下。

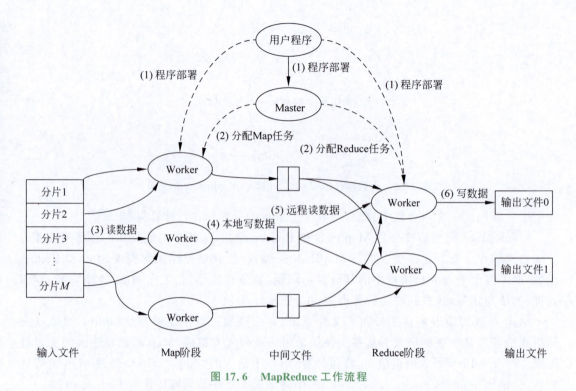

图 17.6 MapReduce 工作流程

（1）判断 WordCount 程序是否可以采用 MapReduce，即满足条件：待处理的数据集可以分解成许多小的数据集，且每个数据集都可以分配到不同的机器上进行并行处理，然后，多个机器的单词词频再进行合并计算。因此可以应用 MapReduce 来实现词频统计任务。

（2）确定 MapReduce 程序的思路，即将文件拆解成许多个单词，接着将所有相同单词聚集到一起，最后计算出每个单词出现的频次。

（3）根据 MapReduce 程序的执行过程编写 map 函数和 reduce 函数。如图 17.7，将一个大文件切分为若干个分片，每个分片输入给不同机器的 Map 任务，并执行"从文本中解析单词"的任务。Map 任务结束后，会输出一系列中间结果，并在 Shuffle 的阶段对这些中间

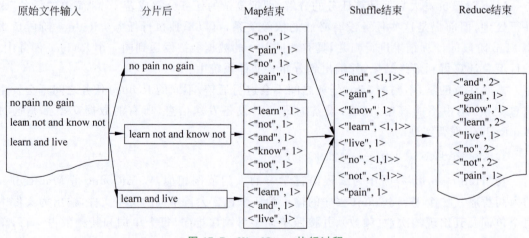

图 17.7 WordCount 执行过程

结果进行排序、分区,并分发给不同的 Reduce 任务。Reduce 任务接收到所有分配给自己的中间结果后,开始执行计算汇总工作,计算得出每个单词频数并将结果输出到分布式文件系统。图 17.7 仅设定了一个 Reduce 任务,最后输出是一个文件。

4. 实时计算模型

MapReduce 是批处理计算框架,批处理工作有开始和结束,计算的是有限数据。而流处理则是指能够连续处理不断到来的无边界数据,需要一种实时计算引擎。

实时大数据处理有 Storm、Spark Streaming、Flink 等开源框架。Spark 是专为大规模数据处理而设计的快速通用的计算引擎,由于启用了内存分布数据集进行计算,具有比 MapReduce 更优越的性能。其中 Spark Streaming 组件可以用于实时计算。基本原理是将流数据分成小的时间片段(几秒),以类似批处理的方式来处理这小部分数据,能同时兼容批量和实时数据处理的逻辑和算法。但 Spark Streaming 不能胜任毫秒级的低延迟计算,真正的流计算框架 Storm 和 Flink 可以支持,计算模型可以使每条数据到达都会触发计算,实现真正的实时响应。

17.2.3 大数据平台

1. 大数据平台的组成

大数据平台由数据应用、数据分析与计算、数据存储、数据处理、数据采集、数据安全六大模块组成,如图 17.8 所示。

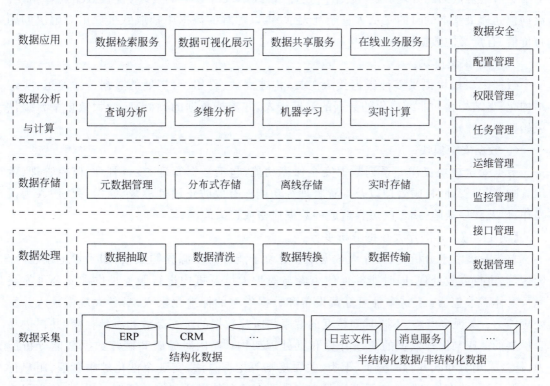

图 17.8 大数据平台的功能模块

1) 数据应用模块

数据应用模块通常包括数据检索服务、数据可视化展示、数据共享服务以及在线业务服务等功能。具体而言,数据分析结果可以通过多种展现形式在数据应用层进行展示,同时,数据应用层实现不同部门、不同格式数据的共享交换,以及异构系统之间、新老系统之间的信息的透明交换。

2) 数据分析与计算模块

数据分析与计算模块是指对接各种业务数据库、数据仓库以及大数据平台,为用户提供从基本数据查询统计、数据交叉汇总、自由钻取分析、多维数据分析等多层次的数据分析功能。通常,用户只需用鼠标拖曳指标和维度,即可产生数据分析结果,同时提供丰富的统计图表用于分析结果的可视化展示;以及提供数据挖掘、机器学习算法,实现更复杂的数据分析。

3) 数据存储模块

数据存储模块对大数据平台采集的原始数据,数据处理过程中的临时文件以及最终数据进行存储。根据不同的数据格式和数据使用需求,采用不同的数据存储方式。无论采用哪种存储方式,首先对元数据(描述数据的数据)进行梳理与存储。

4) 数据预处理模块

数据处理模块通常包括数据抽取、数据清洗、数据转换和数据传输等功能。具体而言,主要是指重复数据的处理、缺失数据的处理、格式不统一数据的处理、检查数据逻辑错误。数据预处理最基本的目的是从大量杂乱无章、难以理解的数据中抽取并推导出对解决问题有价值、有意义的数据。

5) 数据采集模块

数据采集模块提供多种数据接入工具,构建高效、易用、可扩展的数据传输通道,实现结构化、半结构化和非结构化的数据的汇聚接入,并支持数据的预处理,为大数据平台提供原始数据支撑。

6) 数据安全模块

数据安全模块提供一系列数据安全保障功能,包括数据管理、接口管理、监控管理、运维管理、任务管理、权限管理以及配置管理等功能。有效防止硬件故障、断电、死机、人为误操作,以及程序缺陷、病毒或黑客造成的数据泄密或损失问题。

【例17.1】 某医疗大数据分析平台。

首先开展需求分析,该医疗大数据平台定位于能够对多源异构数据(如手术记录、医疗影像等)进行高效处理,同时能够促使患者与医护人员及机构进行服务提供和安全可靠交互。具体需求包括:支持多种可穿戴设备和数据类型的标准化录入,具备大规模录入并发处理能力;实现多模态、不同时间粒度的健康与医疗数据的统一高效和海量存储,并提供易于扩展的健康与医疗数据的离线计算和批处理架构;提供对健康和医疗数据智能分析能力,通过采用分布式并行的分类、聚类、关联规则等挖掘算法,实现个性化健康管理、用户行为分析、运动状态检测等;在运营过程中实现所有业务的灵活和统一管控,包括业务流程统一和用户权限分配;实现数据的高效和安全处理,保证数据质量。最终实现患者病历的快速查找以及历史数据的比对,解决当前医院存在的病历查找、归档、个性化治疗难的问题。

基于上述需求分析,该医疗大数据平台自底向上涵盖数据来源、数据采集、数据处理、数据存储、功能应用及用户访问六大模块,如图17.9所示。

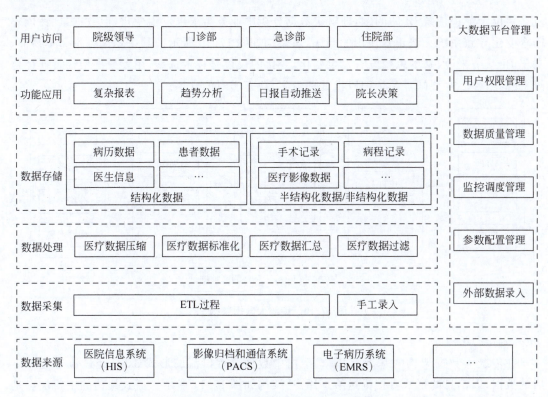

图 17.9 某医疗大数据平台架构设计

为解决医院内部信息系统孤立、数据复杂、信息重复、异构数据难以提取等问题,通过ETL或手工录入方式,将医院信息系统、影像归档和通信系统、电子病历系统等孤立系统的数据通过抽取、转换、加载到格式统一的数据中心。结合医院各科室指标、电子病历格式相关标准要求,对数据进行过滤、压缩及标准化等操作,从而获得符合使用需求的数据格式,并存储至统一的数据中心。数据中心中存储的数据可以分为结构化数据(病历信息、患者数据、医生信息等)与半结构化/非结构化数据(手术记录、病程记录、医疗影像数据等)。基于数据中心存储的各类数据,开发丰富的数据接口,借助各类开放的 Business Intelligence(BI)软件,快速孵化出功能应用,如复杂的健康报表、趋势分析、专家诊断视图、院长决策等,同时可以与专业机构和合作伙伴深入合作,设计并实现专业级的新型医疗护理解决方法。

此外,开发大数据平台管理模块,包括外部数据录入管理、参数配置管理、监控调度管理、数据质量管理和用户权限管理,保证大数据平台的稳定有效运行。

2. 大数据平台技术架构

基于大数据存储与计算的需求,大数据平台架构大致可以分为五类:传统大数据架构;流式架构;Lambda 架构;Kappa 架构;Unifield 架构。

1) 传统大数据架构

定位于解决传统 BI 的问题,即解决数据分析中业务需求未发生变化,但数据量、性能等需求变化导致系统无法正常使用的问题,该架构如图 17.10 所示。其主要优点是简单易懂,对于 BI 系统来说,基本思想没有发生变化,变化的仅仅是技术选型,用大数据架构替换掉传统 BI 的组件。主要缺点是依旧以批处理为主,缺乏实时的支撑。

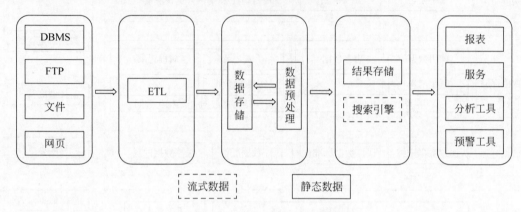

图 17.10 传统大数据架构

2) 流式架构

在传统大数据架构的基础上,流式架构中数据全程以流的形式处理,经过流处理加工后的数据,以消息的形式直接推送给了用户,架构如图 17.11 所示。流式架构的主要优点是没有臃肿的 ETL 过程,数据的实效性非常高。主要缺点是数据的重播和历史统计能力有限,对于离线分析仅仅支撑窗口之内的分析。

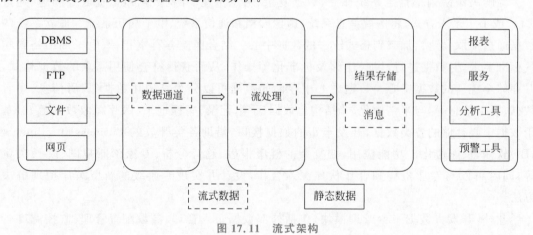

图 17.11 流式架构

3) Lambda 架构

Lambda 的数据通道分为实时流和离线两条分支,如图 17.12 所示。实时流依照流式架构,保障了其实时性,而离线则以批处理方式为主,保证了最终一致性。Lambda 的主要优点是既有实时又有离线,对于数据分析场景涵盖的非常到位。主要缺点是离线层和实时流虽然面临的场景不同,但是其内部处理的逻辑却相同,因此存在大量冗余模块。

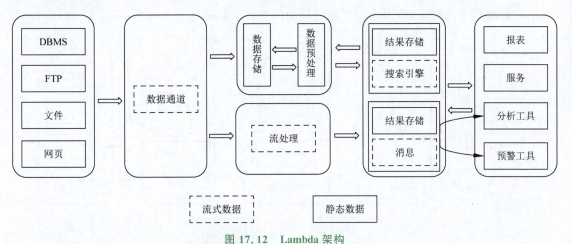

图 17.12　Lambda 架构

4) Kappa 架构

在 Lambda 架构的基础上,Kappa 架构将实时和流部分进行了合并,将数据通道以消息队列进行替代,如图 17.13 所示。因此对于 Kappa 架构来说,依旧以流处理为主,但是数据却在数据湖层面进行了存储,当需要进行离线分析或者再次计算的时候,则将数据湖的数据再次经过消息队列重播一次即可。Kappa 架构的主要优点是解决了 Lambda 架构中的冗余问题,整个架构非常简洁。主要缺点是实施难度相对较高,尤其是对于数据重播部分。

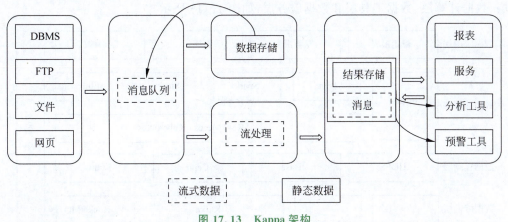

图 17.13　Kappa 架构

5) Unifield 架构

有效结合了机器学习和数据处理,Unifield 架构依旧以 Lambda 架构为基础,在流处理层新增了机器学习层,见图 17.14 中的模型预测。可以看到数据在经过数据通道进入数据存储后,新增了模型训练部分,并将其在流式层进行使用。同时流式层在使用模型时,如果发现模型被更新,还会执行模型的实时加载。Unifield 架构的主要优点是提供了一套数据分析和机器学习结合的架构方案,非常好地解决了机器学习如何与数据平台进行结合的问题。主要缺点是实施复杂度高,对于机器学习架构来说,从软件包到硬件部署都和数据分析平台有着非常大的差别,因此在实施过程中的难度系数更高。

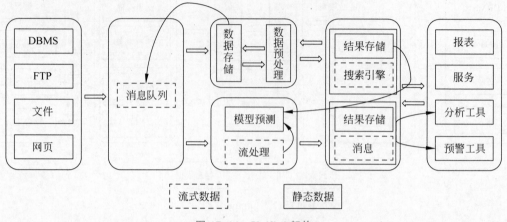

图 17.14 Unified 架构

综上,大数据平台架构的演进逐渐囊括了应用所需的各类数据处理能力,大数据平台逐渐演化成了一个企业的全量数据处理平台。当前的企业实践中,除了关系型数据库依托于各个独立的业务系统,其余数据几乎都被考虑纳入大数据平台来进行统一的处理。

3. 大数据平台技术选型

根据数据流向,大数据平台技术架构自底向上依次为数据采集层、数据传输层、数据存储层、数据计算层、数据工具层和数据服务层,如图 17.15 所示。

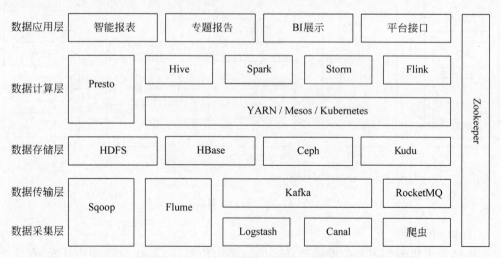

图 17.15 大数据平台技术架构选型

各层的主要产品介绍如表 17.1 所示。

表 17.1　大数据平台产品介绍

层	典型产品	产 品 特 点
数据采集层和传输层	Sqoop	主要用于实现 Hadoop 与关系型数据库间的数据传递。可以将一个关系型数据库中的数据导入 Hadoop 的 HDFS 中,也可以将 HDFS 的数据导入关系型数据库中
	Flume	分布式的海量日志采集、聚合和传输工具,通常用于从其他系统搜集数据,如 Web 服务器产生的日志。同时,Flume 能够对数据进行简单处理,并写到各种数据接受方(可定制)
	Logstash	开源的服务器端数据处理管道,能够同时从多个来源采集数据和转换数据,然后将数据发送到目标数据库中
	Canal	由阿里巴巴开源的工具,用于实现数据从 MySQL 快速地传输到任意目标存储中
	Kafka RocketMQ	分布式消息队列中间件。应用程序之间通过读写消息(数据)互相通信,而无须专用连接来链接它们
数据存储层	HDFS	高容错、高可靠性、高可扩展性、高可用性、高吞吐率的开源分布式文件系统
	HBase	高可靠性、高性能、可伸缩性、列式存储的开源 NoSQL 数据库。HBase 查询数据功能简单,不支持 join 等复杂操作,不支持跨行和跨表事务
	Ceph	开源分布式存储系统,能够提供块储存、分布式文件储存、分布式对象存储三大储存功能
	Kudu	Hadoop 平台上的开源列式存储系统,应对快速变化数据的快速分析型数据仓库,同时满足高吞吐率的顺序和随机读写
数据计算层	Hive	构建在 Hadoop 上的开源数据仓库框架。采用和 RDBMS 相似的表存储模式,支持 SQL 查询
	Spark	快速、通用、可扩展、可容错的、内存迭代式计算的大数据分析引擎。支持批数据处理、SQL 分析、流数据处理、机器学习、图计算、统计分析等多种场景的数据分析,支持 Java、Scala、Python、R 多种数据语言
	Storm	分布式的、高容错的实时计算系统,可用于处理源源不断的数据,并将处理之后的结果保存到持久化介质中,同时也可以作为一个通用的分布式 RPC 框架来使用
	Flink	分布式的大数据实时计算引擎,可以对有限数据流和无限数据流进行有状态的计算。Flink 在设计之初是以流为基础发展的,之后进入批处理领域
	Presto	开源的数据仓库和数据分析工具。Presto 通过使用分布式查询,可以快速高效地完成海量数据的查询,Presto 不仅可以访问 HDFS,也可以操作不同的数据源
	YARN Mesos	集群资源管理系统,将整个数据中心的资源(包括 CPU、内存、存储、网络等)进行抽象和调度,使多个应用同时运行在集群中分享资源,而无须关心资源的物理分布情况
	Kubernetes	容器集群管理系统,基于 Docker 构建一个容器调度服务,为容器化的应用提供资源调度、部署运行、均衡容灾、服务注册、扩容缩容等功能
数据应用层	D3	用于网页作图、生成互动图形的 JavaScript 函数库,能够提供大量线性图和条形图之外的复杂图表样式,如树状图、圆形集群、单词云等
	Tableau	一款简单的桌面系统商务智能工具,实现了数据运算与美观图表的完美结合,适用于企业和部门进行日常数据报表和数据可视化工作
	R	用于统计计算和统计制图,主要功能包括数据存储和处理系统、数组运算工具、完整连贯的统计分析工具、优秀的统计制图功能、简便而强大的编程语言等
	Weka	一款开源的、基于 Java 环境的机器学习及数据挖掘软件,不但可以进行数据分析,还能生成一些简单的图表

层	典型产品	产品特点
协调服务层	Zookeeper	是一个分布式协调服务程序。通过部署奇数台节点,只要有半数以上节点存活,Zookeeper集群就能正常提供主从协调、服务器节点动态上下线、统一配置管理等服务

17.2.4 数据分析方法

从业务来看,无论数据还是数据分析最终都是要为业务服务,即图17.8中数据应用层的功能。应用层面需要在系统中把业务OLAP和OLTP进行集成,二者的衔接不能靠人来完成,要靠智能算法,即数据计算层需要针对业务应用选择合适的数据分析方法。通过智能的数据分析算法为业务层提供所需要的数据服务,将前台的分析需求和交易需求与数据分析平台对接,最终赋能业务功能和目标。

数据分析方法种类很多,具有数学与计算机技术结合的特点。以下从应用统计与数学、预测与时间序列、自然语言理解、文本挖掘、机器学习、数据挖掘等方面对有关方法进行简介。分析的目的不同而使用的方法也不同,需要结合业务场景进行选择。

1. 应用统计与数学

统计涉及数据的收集、组织、分析、解释和展示,数据分析需要使用到统计学的量化分析基础,但关注范围比传统统计更广泛。图17.16展示了各种数据分析方法之间的关系。

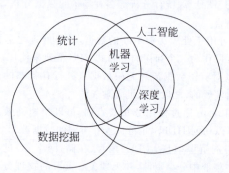

图17.16 统计与其他定量学科之间的关系

数学思维是演绎性的,即通过应用一般定律或原则来推断某一特定实例,而统计推理是归纳性的,即从具体实例中提炼出一般规律,归纳推理和演绎推理可用来分析解决不同的问题。例如,作为数学方法中的线性规划,可用于分析解决一类特定的优化问题(最优库存和生产计划)。应用统计可以归纳出现象总体的数量特征和数量关系,从而帮助人们对数据的分布状态、数字特征和随机变量之间关系进行估计和描述,例如根据商品销售分布特征进行定价或决定广告投放策略。

2. 预测和时间序列

预测和时间序列分析都能基于历史信息对时间序列数据进行特征提炼和预测。

预测通常能透过历史数据分析获得对趋势的判断,并配合可视化手段进行直观展现。

时间序列分析不同于预测,虽然需要时间序列数据来进行预测,但并非所有的时间序列分析都是用来进行预测的。例如,时间序列分析可用于在多个时间序列中发现模式或相似的特征,或执行统计过程控制。类似地,季节性的分析也可以用来识别模式。

时间序列分析采用了多种方法,既有定量的,也有定性的。时间序列分析的目的是在历史数据(或时间序列数据)中找出一种模式,然后推测未来趋势。通常有四大类时间序列分析方法:预测;因果分析法;定性分析方法;决策分析。常用方法有因果分析法的回归分析,决策分析中的概率分析、贝叶斯分析等。

3. 自然语言处理

自然语言处理(natural language process,NLP)是指通过计算机来理解和生成"自然语言"的方法。NLP 是人工智能的一个子领域,专注于人类语言和计算机之间相互交互的研究领域,处于计算机科学、人工智能和计算语言学的交叉领域。

NLP 的应用场景包括语义分类、情绪理解、语法检查、实体提取、翻译、搜索、标准化、回答问题等。文本数据的处理包括自动分词、词性标注、句法分析等,常用算法有多层感知器、卷积神经网络、递归神经网络、长短期记忆网络、序列-序列模型以及浅层神经网络。其中卷积神经网络主要用于文本分类,递归神经网络通常用于自然语言生成或机器翻译。NLP 与机器学习有重叠关系。

自然语言生成(natural language generation,NLG)是人工智能和 NLP 研究的一个子集,它指自动从结构化数据中生成有意义的、可阅读的文本。NLG 已经被广泛应用于从客户服务到疾病诊断的各种聊天机器人。NLG 的其他应用还包括自动创建商业分析报告、财务报表分析、新闻简报等。

4. 文本挖掘与文本分析

文本挖掘与文本分析是试图从文本数据中提取有用的信息,包括发现模式和趋势。文本挖掘和文本分析技术通常可以互换使用,但与 NLP 概念略有区别,NLP 偏向于理论算法研究,而文本挖掘与文本分析是 NLP 的前置文本处理活动,也是 NLP 的工程应用。

简单的文本分析可以通过典型的报表方式(例如词云、词频统计等),以一种自动和可视化的方式完成。复杂的文本分析通常会使用到统计分析、机器学习和其他一些高级分析技术,从而为客户提供更加人性化服务。

5. 机器学习

机器学习是使用算法来建立量化分析模型,帮助计算机模型从数据中"学习"。它同以人为中心的处理过程不同,它是由计算机学习和发现隐藏在数据中的模式,而不是由人去直接建立模型。常用的机器学习方法如图 17.17 所示。

随着近年来计算能力的进步,不断涌现新的机器学习算法,机器学习越来越多地用来自动地实现针对大数据的复杂数学计算,而这在以前是不可能实现的。

6. 数据挖掘

数据挖掘是在海量数据中发现和解释规律模式,以解决业务问题的过程。数据挖掘与统计学不同,在数据探索之前,不一定有一个先验的理论驱动假说。

数据挖掘采用传统的统计方法以及机器学习技术,目的是在我们拥有的数据中识别出以前未知的模式并进行预测。一般情况下,数据挖掘人员识别出感兴趣的输出变量,然后使用各种技术对数据进行预处理(如聚类、主成分分析和关联规则学习),然后将这些输出变量作为输入应用到数据挖掘算法中,如回归算法、神经网络、决策树或支持向量机。

数据挖掘与机器学习两个概念有重叠部分,例如数据挖掘四大算法:聚类、分类、回归、

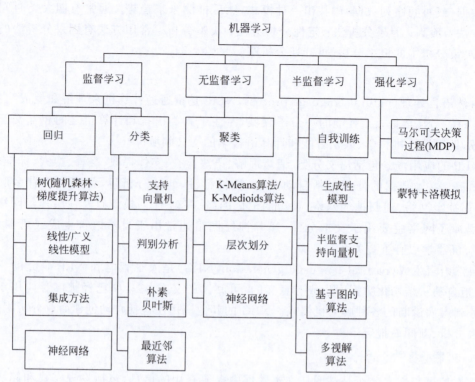

图 17.17 常用的机器学习方法

关联分析,前三种都是机器学习算法。但二者也有所区分,机器学习偏向算法的理论研究,而数据挖掘更多偏向工程应用与业务洞察,其中 70% 的工作是在做数据的清洗、探索和分析,采用多种算法尝试解决同一个问题,然后找到最适合的解。机器学习为数据挖掘提供了理论方法,数据挖掘为机器学习提供了用武之地。

17.3 数据驱动型系统的开发

17.3.1 开发方法

1. 数据挖掘方法论

数据分析发展走过了将近 30 年的历程,其中不乏优秀的方法论,其中最具代表性的是 CRISP-DM 模型和 SEMMA 模型。

CRISP-DM(cross-industry standard process for data mining,跨行业数据挖掘标准流程)是 20 世纪 90 年代中后期提出来的一套用于开放的数据挖掘项目的标准化方法,也是业内公认的数据挖掘与分析的通用方法论。它将数据挖掘项目的过程总结为如图 17.18 所示的六个标准阶段,分别是:商业理解;数据理解;数据准备;建立模型;模型评估;发布模型。

SEMMA 模型是由 SAS 研究院开发的一款非常著名的数据挖掘与分析方法。SEMMA 是抽样(sample)、探索(explore)、修订(modify)、建模(model)和评估(assess)的英文首字母缩写,其基本思想是从样本数据开始,通过统计分析与可视化技术,发现并转换最有价值的预测变量，根据变量进行构建模型，并检验模型的可用性和准确性。

此外，SPSS公司（后被IBM收购）曾提出5A模型，即将数据挖掘过程分为五个A：Assess、Access、Analyze、Act、Automate，分别对应五个阶段：评估需求、存取数据、完备分析、模型演示、结果展现。

2. 数据分析生命周期

大数据、数据湖、机器学习等技术涌现后，数据分析的手段更加丰富，但分析的本质和核心流程未发生根本变化，因此CRISP-DM和SEMMA模型仍然值得借鉴。

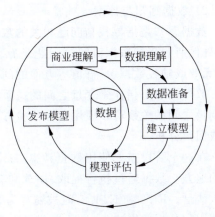

图 17.18　CRISP-DM 模型

本书从信息系统整体建设出发，强调数据分析与业务系统的深度融合，采纳《数据分析即未来》作者所提出的数据分析生命周期，将项目从开始到结束的整个分析流程的最佳实践总结为：问题理解；数据感知与探索；分析模型开发；成果应用四个阶段，如图 17.19 所示。

因为数据分析项目的不确定因素很多，所以这四个阶段并不是一个僵化的固定顺序的瀑布流程。问题定义、数据搜集和模型开发本身就是一个反复迭代探索的过程，即使基于样本数据开发了合适的模型，在应用到实际数据中也可能预期效果不好，还会重新寻找可用数据并开发模型。成果应用的过程中，随着业务和数据的变化，数据分析也随之不断维护，因此分析项目适合采纳敏捷方法。

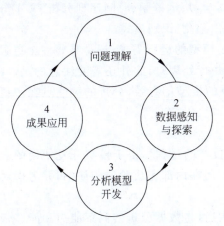

图 17.19　大数据分析生命周期

1) 问题理解

问题理解是基于对业务需求的理解，识别那些能够由数据驱动的能够帮助组织实现其目标的机会。

问题有很多种，需要结合业务来研究，例如推出一款新产品，但销量不好。再如外卖订单的配送调度不合理，造成骑手取餐、送餐任务的地理位置分散而不顺路，无效跑动多，难以预估送达时间。为了定义问题并寻找可能的解决方案，需要学习业务领域的相关知识，以及了解该组织类似的历史项目，从而借鉴相关经验。

在问题得到定义后，还需要对问题的潜在原因进行初步分析，提出假设和推测，例如造成商品销售收入低的初步推测是因为销售人员不足、广告投放地区和对象针对性不强、产品设计缺陷等。一旦有了假设，后续就需要设计实验、收集相关数据进行测试，于是成功地将一个业务问题转化为可以用数据回答的问题。

2) 数据感知与探索

数据感知是指寻找与问题相关的数据,通过定量研究和统计方法理解并感知数据的特征,确保所收集的数据对解决问题是有价值的。数据感知包括对单个变量的类型、分布情况、无效或缺失数据、离群值等方面的剖析。

数据探索是指探索变量之间的关系,以便发现潜在的模式和解决方案。评估两个离散型变量之间的关系可以使用卡方检验方法,评估两个连续型变量的关系可以使用相关性分析或回归分析。

在这个阶段需要使用数据沙盒(sandbox)。沙盒是针对特定项目抽取、转换和存储数据的地方。数据通过执行提取、加载和转换(ELT)或者提取、转换和加载(ETL)来将数据导入沙盘。ELT 和 ETL 有时被缩写为 ETLT。数据应在 ETLT 过程中被转换成可以被团队使用和分析的格式,这是数据分析中最烦琐耗时的阶段,一般占项目总工作量的50%以上,在缺乏数据治理的环境下可以高达70%。

贯穿整个阶段,都会用到可视化工具,不仅可以直观地描述单个变量的分布,还能有助于发现数据中的关系。

3) 分析模型开发

分析模型能够帮助我们解释一个系统,研究系统中不同组件的影响,并对系统行为做出预测。可以将模型简单地理解为数学公式,数据输入到公式,经过计算后获得预测结果。分析模型开发就是对前一阶段选取的数据进一步探究,找到合适的分析方法,创建能够验证假设和推测的数学模型,这是数据分析最具挑战的阶段。

数据分析一般有假设驱动型和发现驱动型两种类型。前者从一个假设或推测出发,然后试图验证假设的真实性;后者试图发现数据之间的模式、关联和关系,以揭示一个未曾发现的事实。这个过程中会使用统计、数据挖掘、机器学习、运筹学、时间序列分析、文本分析等高级方法,从而能够进行差异分析、度量关联、做出预测、识别模式。

分析模型的开发需要考虑现有的工具能否满足模型的运行需求,还是需要一个更强大的模型和工作流的运行环境(例如,更快的硬件和并行处理)。此外还需要注意的是,并非每个问题都需要机器学习等高级技术,有时候简单的模型却有效,分析的关注点在于更好地理解和解决问题。

4) 成果应用

成果应用是将上一阶段开发的分析模型付诸投产的过程。由于模型开发使用的数据一般滞后于业务实时数据,因此在投产应用之前,还需在内部完成验证和评估,并考虑对业务流程、组织和人员的影响,形成可行的解决方案。

这一阶段分析团队首先需要与高层管理人员沟通,将数据分析的洞察能力和能够带来的商业价值传达给高层,以获得他们的支持。其次分析团队需要与业务系统的开发团队进行密切合作,实施并部署一个包含分析模型应用的业务系统,最终解决问题理解阶段所提出的问题,实现预期效果。

17.3.2 开发案例——恒丰银行精准营销

恒丰银行基于大数据的精准营销方案是利用大数据平台上的机器学习模型深入洞察

客户行为、客户需求、客户偏好,挖掘潜藏客户,实现可持续的营销计划。

1. 项目目标

根据零售业务营销要求,运用多种数据源分析客户行为,洞察客户需求,实现精准营销与服务,提高银行客户满意度和忠诚度。

针对不同的客户特征、产品特征和渠道特征,制定不同市场推广策略。为了完成以上任务,主要从以下几个方面构建精准营销系统。

(1) 用户画像。结合用户的历史行为和基本属性给用户打标签。

(2) 精准推荐系统。给用户推荐个性化理财产品,例如在微信银行中给每个客户推荐他喜欢的产品,帮客户找到最适合地产品,增加产品的购买率。

(3) 需求预测和客户价值。新产品发售的时候,找到最有可能购买该产品的客户进行短信营销,进而提高产品响应率。通过计算客户使用其产品与服务后所形成的实际业务收益,充分了解每一个客户的贡献度,为管理层提供决策支撑。

以下对精准推荐的部分进行详细展开。

2. 初步方案

将银行理财产品推荐业务问题转化为机器学习问题,进而利用人工智能技术提高推荐产品的点击率和购买率。例如在恰当的时间,通过用户偏好的渠道给用户推荐产品,推荐的结果为用户购买或者未购买。这个问题可以看作一个典型机器学习二分类问题:基于历史营销数据来训练模型,让模型自动学到客户购买的产品偏好,并预测客户下次购买理财产品的概率。对模型预测出所有客户对所有产品的响应概率进行排序,可选择客户购买概率最高的 Top N 个产品推荐给客户,如图 17.20 所示。

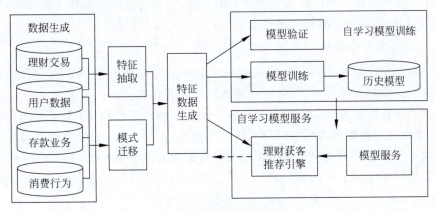

图 17.20 模型预测流程

3. 数据源准备

建立理财推荐模型之前,可以预见到相似的客户可能会喜好相似的产品,同一个人的喜好可能具有连续性,他的存款、贷款资金可能决定了他能购买什么档次的理财等。因此,我们需要准备以下数据。

(1) 客户基本属性。客户性别,年龄,开户时间,评估的风险等级等。

(2) 产品基本属性。产品的预期收益率,产品周期,保本非保本,风险等级等。

(3) 客户购买理财产品的历史。在什么时候购买什么产品以及购买的金额。

(4) 客户的存款历史。客户历史存款日均余额等。

(5) 客户的贷款历史。客户历史贷款信息等。

(6) 客户工资。客户工资的多少也决定了客户购买理财的额度和偏好。

(7) 用户画像提取的特征。用户的 AUM 等级、贡献度、之前购买基金、国债的金额等。

4. 特征转换和抽取

有了这么多数据,但是有一部分特征是算法不能直接处理的,还有一部分数据是算法不能直接利用的。

1) 特征转换

把不能处理的特征做一些转换,处理成算法容易处理的干净特征。举例如下：

(1) 开户日期。就时间属性本身来说,开户日期对模型不具有任何意义,需要把开户日期转变为距离购买理财产品的时间间隔。

(2) 客户交易的时间信息。如同客户的开户日期,孤立时间点的交易信息不具有任何意义,可以把交易时间转变为距离上次购买的时间间隔。

2) 特征抽取

还有一部分数据算法不能直接利用,例如客户存款信息和客户交易信息。我们需用从理财交易和存款表中抽取可能有用的信息。

(1) 客户存款信息。经验显示,客户购买理财之前的存款变动信息更能表明客户购买理财的真实想法,因此需要从客户历史存款数据中抽取客户近三个月,近一个月,近一周的日均余额,以体现客户存款变化。

(2) 客户交易信息。客户最近一次购买的产品、购买的金额及其相关属性,最近一个月购买的产品、购买的金额及其相关属性等。

5. 构造训练集和测试集

把客户购买了产品的标签设为1,没有购买的产品样本设为0,从而得到训练样本。通过有标签的数据实现有监督训练,从而预测客户是否会购买。

考虑到最终模型会预测将来的某时间客户购买某种产品的概率,为了更真实的测试模型效果,需要以时间来切分训练集和测试集。例如将 03-01～09-15 的理财交易数据作为训练,09-16 这一天的客户对每个产品是否购买的数据作为测试,将 03-01～09-14 的理财交易数据作为训练,09-15 这一天的客户对每个产品是否购买的数据作为测试,依此类推。

6. 模型开发

根据提取的特征组成样本宽表,输入到分类模型,可以选择某公司大数据平台产品中的机器学习组件所提供的近百个分布式算法进行建模和训练,同时还使用了特征的高阶交叉特性进行推荐的预测和分析。

针对预测结果进行模型评估。评价推荐好坏的指标很多,比较常用的有 ROC 曲线下面积(AUC)、logloss、推荐产品第一次命中率的倒数(MRR)、TopN 等。然后进行优化改进预测效果,包括调整特征提取、样本抽样、参数等手段。

7. 成果应用

在理财产品不断推陈出新的形势下,依赖于实时精准营销平台的帮助,银行从以前盲目撒网式的营销方式转变到对不同客户精准触达,提高了理财产品的营销成功率,降低销售和运作成本。理财产品推荐自上线以来,产品推荐成功率比专家经验排序模型最高提升10倍。

17.3.3 开发团队

简单地说,数据分析师是数据分析型项目的主要角色,但要构建一个与组织业务紧密工作的数据分析团队,绝不仅仅靠单一角色就能承揽全部工作任务。一个数据分析项目一般包括数据科学家、数据分析师、数据工程师、业务分析师、数据管理员等,如表 17.2 所示。数据分析团队向首席数据官汇报工作。

表 17.2 数据分析相关岗位

岗位名称	岗位描述
首席数据官 (chief data officer,CDO)	是一个组织中负责整个组织数据治理的高级执行官。CDO 制定数据管理战略规划,制定数据治理标准、政策和程序,指导、监督数据的使用情况,帮助弥合技术和业务之间的差异,使组织能够利用其数据资产并从中获得竞争优势
数据科学家 (data scientist)	是指能采用科学方法、运用数据挖掘工具对复杂多量的数字、符号、文字、网址、音频或视频等信息进行数字化重现与认识,并能寻找新的数据洞察的高级专家
数据分析师 (data analyst)	是指进行数据搜集、整理、分析,并依据数据创建或生成具有诊断分析、预测分析和评估等分析模型的专业人员
数据工程师 (data engineer)	是指能够根据数据搜集、整理、存储、分析中的需求完成架构设计和程序开发的技术人员。包括 ETL 工程师、大数据开发工程师、可视化开发人员等
业务分析师 (business analyst)	是指能够理解和表述业务需求及变更,评估业务变化的影响,根据和相关人员的沟通分析他们的需求,并为他们提供相应数据的专业人员
数据管理员 (data administrator)	负责管理、维护和监督企业的数据资源,以确保数据使用者能够以统一、可靠的方式创建、访问和维护高质量数据

习题 17

17.1 请阐述数据分析在信息系统建设中的地位和作用。

17.2 请阐述大数据与云计算及物联网的关系。

17.3 查找资料,对传统数据仓库与数据湖进行对比分析。

17.4 请简单阐述 MapReduce 的工作流程。

17.5 大数据平台的技术架构有几种类型?各自特点是什么?

17.6 数据分析方法有哪些?分别可以解决什么问题?

17.7 请简单阐述数据分析项目的生命周期。

附录 A 非功能性需求与架构设计

1. 什么是非功能性需求

随着互联网和移动互联网的普及,信息系统用户数量持续增长,达到几十万甚至千万级。同时数据量和访问量也呈现指数级增长,系统性能问题变得越来越突出,因此大规模互联网系统中的非功能性需求和相关架构设计尤为重要。

非功能性需求包括以下七个方面。

1) 安全性的需求

例如用户通过 Internet 访问本系统时,要求以 HTTPS 的方式访问。系统需要记录用户的重要"写"操作日志,记录的内容包括用户名及操作的内容。例如一个办公系统中重要的"写"操作包括:系统登入、系统登出、分派工作、转发工作、拒绝工作、接受工作等。

2) 易用性的需求

系统是客户日常工作所依赖的在线平台,系统应尽量提供便捷的操作方式。尽量减少用户的输入量,多用默认值和选择输入,如果选择项比较多,需要提供便捷的筛选方式。能够根据用户的输入习惯,智能地提供最常用的输入选择,例如需要提供智能选择的地方有:工作性质选择、负责人选择、部门选择等,以及更好的导航模式,等等。

3) 性能的需求

对服务器和客户端的 CPU、内存、磁盘的配置要求,支持同时使用本系统的用户数量的要求,用户进行常用操作时,系统反应时间的要求等。

4) 高并发的需求

本系统的核心业务功能的交易峰值支持的每秒处理业务数等吞吐量的要求。

5) 高可用的需求

系统不能提供服务的时间必须在合理范围内,保证服务器硬件故障时服务依然可用,数据依然保存并能够被访问。例如要求系统需要保证 7×24 小时在线提供服务,全年可用性达到 99.99%。

6) 数据容量的需求

本系统获取、存储、处理和分析能力的数据集应支持的容量要求。

7) 可扩展的需求

通过很少的改动甚至只是硬件设备的添置,就能实现整个系统处理能力的线性增长,实现高吞吐量和低延迟高性能。

其中,1)~3)方面是传统非功能需求分析考虑比较多的问题。4)~7)方面的问题,需要在架构方面予以专门设计,由此有了各种架构风格,如高可用架构、可扩展架构等。下面分别介绍有关的架构设计。

2. 高性能架构设计

系统性能是客观的指标,表现为响应时间、并发数、吞吐量、性能计数器等技术指标。

1) 响应时间

响应时间指应用执行一个操作需要的时间,也指从发出请求到最后收到响应数据所需要的时间。表 A1 列出了系统常用的操作响应时间表。实践中计算响应时间通常是一个平均值。人们对于一个操作的响应时间的容忍度一般在 5 秒之内。

表 A1 响应时间

操作	响应时间
打开一个网站	几秒
数据库查询一条记录(有索引)	十几毫秒
机械磁盘一次寻址定位	4 毫秒
从机械磁盘顺序读取 1MB 数据	2 毫秒
从固态硬盘顺序读取 1MB 数据	0.3 毫秒
从远程分布式换成 Redis 读取一个数据	0.5 毫秒
从内存读取 1MB 数据	十几微秒
Java 程序本地方法调用	几微秒
网络传输 2KB 数据	1 微秒

2) 并发数

并发数指系统能够同时处理的请求数目,这个数字也反映了系统的负载性能。

3) 吞吐量

吞吐量指单位时间内系统处理的请求数量,体现系统的整体处理能力。常用量化指标有:TPS(每秒事务数)、QPS(每秒查询数)、HPS(每秒 HTTP 请求数)。

4) 性能计数器

性能计数器指操作系统的一些数据指标,如系统负载、CPU 使用率、内存使用率、磁盘等使用情况。

高性能架构设计包含高性能计算架构的设计和高性能存储架构的设计。

1) 高性能计算架构的设计

为了提高计算性能,一种最直接的方法是硬件扩容和硬件升级,例如升级内存、硬盘、CPU,或者直接换小型机、大型机等,但这种方式的升级成本昂贵,而且性能的提升也容易达到瓶颈。第二种方法是尽量通过软件提升服务器的性能,例如对于一个网站系统来说,可以采用进程/线程的复用、非阻塞同步 I/O、非阻塞异步 I/O 等网络编程技术,最大限度地利用服务器资源,优化性能。

上述方法对于单个服务器来说,总会存在性能天花板,当单机的性能无法满足业务需求时,就需要增加更多的服务器来提升系统整体的计算能力。这时可以构建一个由多台服务器组成的集群,采用负载均衡技术将并发访问请求分发到多台服务器上处理。这种架构的关键设计点在于负载均衡器,这时又可分两种情况。

方法一,任务作为整体可以分配到任意一台服务器上进行处理,如图 A1 服务器集群与负载均衡。任务分配主要通过负载均衡来进行,需要设计合理的任务分配策略,将计算任务分配到多台服务器上执行。可以是 DNS 负载均衡、硬件负载均衡、软件负载均衡。采用的负载均衡算法有任务平分类(平均分配)、负载均衡类(根据资源分配)、性能最优类(根据性能好的分配)、哈希类(相同 ID 分配到同一台)。

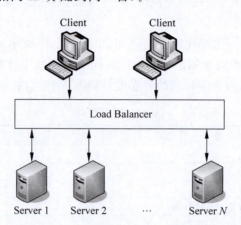

图 A1　服务器集群与负载均衡

方法二,如果计算任务相对复杂,可将其拆分为更多的组成部分,不同的任务分配到不同的机器上执行,如图 A2 所示。然后,可以针对单个任务利用前述手段进行扩展。

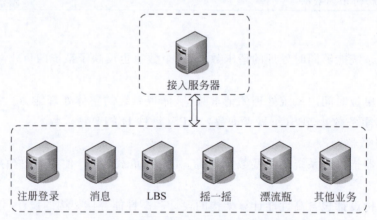

图 A2　基于任务分解的服务器集群

这台接入服务器也称为反向代理。除了能够保护系统安全的作用以及负载均衡的作用外,反向代理还能够提供缓存作用。

2) 高性能存储架构设计

对于数据存储来说,由于涉及数据的一致性问题,在设计架构时要比高性能计算架构要复杂一些。以常见的关系数据库系统为例,随着数据容量增长,单台数据库服务器已经难以满足业务需要,需要考虑数据库集群的方式来提升性能。数据库集群的方案一般有两种:读写分离和分库分表。

读写分离的方案主要适用于当系统的读请求远大于写请求的场景。通过将数据库的读写操作分散到不同的节点上,以达到分散读压力的效果。但是在架构设计时需要注意主从一致性问题。其主要设计方案如图 A3 所示。

（1）数据库服务器搭建主从集群，一主一从或一主多从。

（2）数据库集群的主机负责读写操作，从机只负责读操作。

（3）主机通过数据库自带的复制技术，将数据同步到从机，每台数据库服务器都存储所有的业务数据。

（4）业务服务器将写操作发给数据库主机，将读操作发给数据库从机。

对于那些写压力也很大的业务，使用读写分离的方法提升的性能十分有限。这时可以采用分库分表的方案，其主要目的是分散写压力。

"分库"是指按照业务模块将数据分散到不同的数据库服务器，如图A4所示。例如，一个电商网站包括用户、商品、订单三个业务模块，可以将用户数据、商品数据、订单数据分开放到三台不同的数据库服务器上。

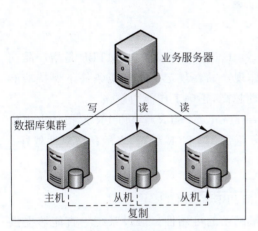

图 A3　读写分离

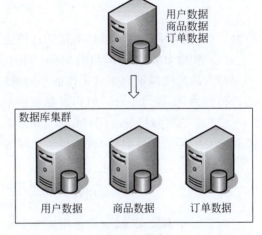

图 A4　分库

"分表"是指单表数据拆分有两种方式：垂直分表和水平分表。垂直分表适合将表中某些不常用且占用大量空间的列拆分出去。带来的问题就是，原来只需要查询一次的，现在需要查询两次。水平分表适合表行数特别大的表，如果单表行数超过 5000 万行就必须进行分表，这个数字可以作为参考，但并不是绝对标准，关键还是要看表的访问性能。分库分表带来的问题包括查询复杂度提升（count，join，order by）。

此外，使用图 A5 的缓存方案也可以提升系统的读性能。缓存主要用来存放那些读写比很高、很少变化的数据。基本原理就是将可能重复使用的数据放在内存中，一次生成，多次使用，访问速度快。技术选型上可选择诸如 Redis 键值数据库等。缓存既可以部署在单机中，也可以部署在多个服务器组成的集群中，后者又称为分布式缓存。

缓存组件的使用可能带来的一些新问题，包括缓存穿透、缓存雪崩、缓存热点，这些问题都需要慎重考虑并妥善加以解决。

以上方案都不能奏效时，可以考虑引入更新一代的存储技术组件，例如分布式数据存储、大数据技术以及云数据库等，限于篇幅这里不再一一展开。

3．高可用架构设计

高可用性是指系统无中断地执行其功能的能力，代表系统的可靠性程度。对于一款可

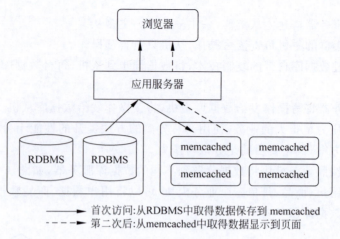

图 A5　缓存方案

维修产品,通常采用两个指标来描述这种能力。

(1) 平均无故障工作时间(Mean Time Between Failure,MTBF)。MTBF 是指产品在相邻两次故障间隔期间正常工作的平均时间,是体现产品在规定工作环境条件下保持功能的一种能力,单位为小时。MTBF 越长表示可靠性越高,正确工作能力越强。

(2) 平均故障修复时间(Mean Time To Restoration,MTTR)。MTTR 是指从出现故障到修复中间的这段时间,表明事情会有多快恢复正常。MTTR 越短,表示易恢复性越好。

因此,

$$可用性 = \frac{总可用时间}{总时间} = \frac{MTBF}{MTBF + MTTR}$$

对于一个系统来说,通常使用多少个 9 来衡量网站的可用性。假设系统一直能够提供服务,我们说系统的可用性是 100%。如果系统每运行 100 个时间单位,会有 1 个时间单位无法提供服务,我们说系统的可用性是 99%;再比如 4 个 9 代表一个服务 99.99% 可用,即该需要保证在单位时间内只有 0.01% 的时间可能发生故障服务不可用。这就意味着,系统的年停机时间为 365 天 × 24 小时/天 × 0.01% = 0.876 小时 = 52.56 分钟。对于网站整体而言,想要达到 4 个 9 甚至 5 个 9 的可用性,需要具有过硬的技术、大量的设备资金投入以及好运气。表 A2 是一个系统可能面临的故障及应对措施。

表 A2　影响系统可用性的故障及应对措施

问　　题	典型案例	增大 MTBF	减小 MTTR
程序、配置 Bug	程序、配置 Bug	提升研发、测试质量,灰度发布	监控告警、快速回滚
机器、机房故障	宕机、机房断电	硬件冗余、多机房	自动故障转移,切流到其他冗余机器、机房
突发流量	上游系统异常重试、外部攻击	上游系统容错调度防雪崩、流量配额、防攻击、防抓取	其他同容量不足
容量不足	主流程容量不足	容量规划、容量预警	限流、降级、熔断弱依赖、快速扩容
依赖服务故障	依赖服务失败率高、超时严重	弱依赖降级解耦,强依赖递归,使用前述方法增强可靠性	熔断弱依赖

在系统高可用设计中，单点故障往往是系统高可用性的最大风险。因此，在系统设计的过程中应该尽量避免单点设计，主要手段是数据和服务的冗余备份以及失效转移。如果有冗余备份，即使某个节点宕机了还有其他备份节点能够顶上。只有冗余设计还不够，如果每次出现故障需要人工介入恢复的话，仍会导致较长的系统不可服务时间。所以，往往需要通过"自动故障转移"来减少故障修复时间，进一步提升实现系统的高可用性。

高可用设计有双机架构、集群架构、多机房架构等几种架构模式。

1）双机架构

业内最先为主机增加一台冗余设备来提升系统的可用性，形成双机架构，具体可以分为主备、主从、双主架构等三种方案。

（1）主备架构。

主备架构（active/standby）是最简单的高可用方案（见图 A6），分为冷备份、温备份和热备份。

冷备份是指备机的运行环境、配置文件和程序包都已准备好，但是备份系统尚未部署。冷备份服务器是在主服务器丢失的情况下才使用的备份服务器。冷备份服务器基本上只在软件安装和配置的情况下打开，然后关闭，直到需要时再打开。

温备份是指备份系统已经提前部署好，但系统尚未启动。温备份服务器一般都是周期性开机，根据主服务器内容进行更新，然后关机，一般用于复制和镜像操作。

热备份是指备机上的业务系统已经启动，只是不对外提供服务。热备份服务器时刻处于开机状态，同主机保持同步。当主机失灵时，可以随时启用热备份服务器来代替。切换延迟几乎可以忽略不计。

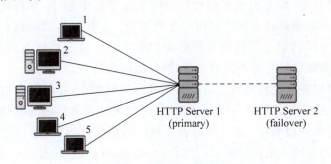

图 A6　主备服务器架构

（2）主从架构。

在主备架构方案中，备机仅仅提供备份功能，不提供访问功能，这造成了资源的浪费。在主备方案的基础上，主从架构将备机的角色定位为从节点，令其处理一部分任务，例如提供读数据的功能。

任务分配器需要将任务进行分类，确定哪些任务可以发送给主机执行，哪些任务可以发送给从机执行。例如，在数据库的部署中，通常写操作只发生在主库。同时，需要系统能够自动完成切换操作，当主机出现故障后，系统自动将从机升级为主机，接收和处理请求，并完成角色切换。

（3）双主架构。

两台机器都是主机，由任务分配器按照一定的算法将任务分配给两台主机，在工作原理上与高性能计算架构相同。对于存储系统来说,两台主机还需要互相将数据复制给对方,几乎所有的数据库都提供数据同步机制,如 MySQL、MongoDB 等。这样一来,客户端可任选其中一台机器进行读写操作,如图 A7 所示。

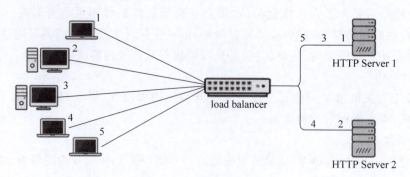

图 A7　双主服务器架构

2) 集群架构

双机架构本质上有一个隐含的假设:主机能够存储和处理所有业务和数据。然而这个假设并不总是成立,因为主机本身的存储和处理能力是有极限的。当单台服务器无法存储和处理大量数据时,必须采用多台服务器组成一个集群来存储和处理这些大量的业务和数据。

集群架构的工作原理与高性能计算架构相同。通常来说,为了应对高并发的请求,位于应用层的服务器会通过负载均衡组成集群,对外提供透明的服务。负载均衡会通过心跳检测来监控服务器状态,当发现不可用机器时将其从集群中剔除,并将该机器的路由设置为不可用,同时所有请求将转发到集群内的其他机器。这样的集群中每台服务器的角色是相同的,同时提供一样的服务。这种集群称为对称集群。对于更复杂一些的任务,还可以组成非对称集群,即服务器分为不同的角色,执行不同的任务。

位于数据层的服务器比较特殊。与高可用计算架构相比,高可用存储架构有一个本质区别:为了避免数据的单点存储,需要在数据写入时同时对集群内的其他服务器同步复制数据;而在数据复制的过程中,有可能因为各种原因造成数据的不一致性。根据 CAP 原理,一个分布式存储系统无法同时满足一致性(consistency)、可用性(availability)和分区耐受性(partition tolerance)。因为分布式系统的分区耐受性是客观存在的,所以在设计高可用存储架构时,为了实现高可用性和一致性,有时不得不在某一瞬间牺牲其中的某一个指标。一种常见的选择是为保证数据的高可用性,放弃数据的强一致性,转而追求最终一致性。

3) 多机房架构

双机架构和集群架构是基于硬件故障场景去考虑和设计的,主要考虑到部分硬件损坏的情况下,系统应如何处理,属于机器级高可用架构设计方案。这些服务器通常位于同一个机房内。从架构上看,单机房是一个全局的网络单点,当发生机房级甚至地域级故障时(如地震、水灾等自然灾害或停电、断网等故障),单机房难以保证业务的可用性。

异地多活是指不同地理位置上的系统都能够提供业务服务,本质上是通过异地的服务和数据冗余,保证在极端异常的情况下也能够正常为用户提供服务。这样做的目标是每个机房/中心都同时对外提供服务,并且业务能够自动在多机房/中心之间切换,故障后不需要人工干预或者很少人工干预就能自动恢复。异地机房间的距离天然决定了数据的一致性和实时性是无法保证的。目前业界常见的异地多活方案总体上可以分为两种:同城多机房和跨城多机房。

4. 高扩展架构设计

在系统扩展成长过程中,我们希望系统能够通过很少的改动甚至只是硬件设备的添置,就能实现整个系统处理能力的线性增长。高可伸缩性代表这样一种弹性,反映了系统在弹性范围内变化能够适应工作负载波动的能力,即当性能需求超过原有的软件和硬件的组合性能上限时自动调整系统,通过调整后的硬件或者软件来满足新增需求。

主要有两种扩容方式:垂直扩容和水平扩容。

1) 垂直扩容/缩容

垂直扩容是指对服务器本身进行更换,部署比以前更好的服务器。新的服务器相比以前的服务器有更快的CPU,更多的内存,更大更快的硬盘,更快的内存总线。垂直缩容就是降低资源的容量或能力等规格。如图A8所示。

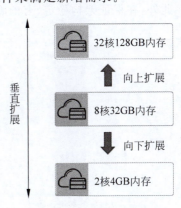

图 A8　垂直扩容/缩容

2) 水平扩容/缩容

水平扩容一般是指向集群中部署更多的服务器,在负载均衡之后运行应用的更多备份,这样传入的请求可以分布在更多的服务器上,借以解决容量和可用性问题,也就是通过增加机器数量解决问题。水平缩容就是释放冗余的资源,如图 A9 所示。

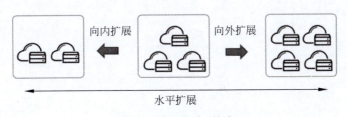

图 A9　水平扩容/缩容

水平扩容是一个更好的方式,但是水平扩容对于开发人员不是那么容易实现,为了使系统在多台机器上良好地运行(或者一台机器多CPU),系统需要使用并行任务。从实际的角度来看,系统并行任务越好,系统的水平扩容能力就越好。并行处理任务需要做到如下几点。

(1) 负载均衡。将任务分配到不同的机器上。

(2) 多任务处理。将任务分配到一台机器的多个CPU上。这部分工作一般由操作系统实现,不需要开发人员考虑。但是开发人员需要考虑的是如何将应用程序任务写成独立又相互协作的多进程应用,这样可以将其分布到多个CPU乃至不同的机器上。

(3) 多线程。将任务分配到一个CPU的多个线程上。例如利用多线程编程技术。

此外,还可以利用一些先进硬件(例如GPU或者InfiniBand网卡等)的计算能力来更好地支持并行任务。

在应用架构设计中,需要重点考虑系统的多方面特性,进行综合权衡取舍。例如,常见的架构场景包括高性能、高可用、可扩展、规模、安全性和经济性等。在解决这些场景问题的过程中,某一项技术方案的引入可能会带来新的问题,使情况变得复杂。以高性能或高可用架构设计为例,一般以扩容或增加冗余为常见手段。然而,这些绝非简单地增加机器就能完成,这是因为,虽然可以利用数据冗余提高可用性,但是多份数据副本会导致一致性问题;为了解决一致性问题又会带来性能问题;为了应对数据规模增长,还需要进行数据分区,而解决带有分区的一致性和性能问题的难度进一步增加……在这个过程中,很多决策都需要在一定的资源和约束等条件下做出,这时很可能没有最优的技术,只有最优的选择。此外,在保证架构稳定、有前瞻性的同时,又要防止过度设计。

附录 B 项目实践的建议及案例

1. 课程实践环节的设计

实践性强是本课程的突出特点之一,也是本课程教学的难点之一。对于课程的教学内容,有一定实践经验的人比较容易理解,而缺乏社会实践和工程实践的在校学生却常常视之为空洞的教条。笔者多次给前一类技术人员和管理人员讲授类似的课程,虽然讲授时数少得多,但反响更大,效果更显著。这两方面的因素决定了实践性教学环节在本课程教学中的重要地位。除了必要的书面作业之外,课程设计是重要一环。学生组成课题小组,在教师指导下开发一个信息系统,实际领会系统分析、系统设计和系统实施各个阶段的个中滋味,可以有效地弥补课堂教学的不足,也是做一般习题所不能替代的。学生反映,通过课程设计加深了对教学内容的理解,一些原理、方法"具体"了,"有血有肉"了。

根据笔者多年来从事本课程教学的实践,结合兄弟院校的经验,感到组织课程设计有以下几点值得注意。

(1) 进行课前动员。上第一堂课时,结合介绍本课程的特点,讲清课程设计的目的和意义,宣讲考核方法。课程设计一般与课程讲授平行进行,即讲授系统分析前组成课题小组,布置课题,讲授系统分析后进行系统分析,撰写系统说明书,讲授系统设计后进行系统设计,提出系统设计说明书,等等。也可以结合专业实习,在期末所有课程考试结束后,集中2~3周时间进行课程设计,时间集中、精力集中,效果也不错。不论是与讲课平行进行,还是集中进行,课程设计都作为一门课程来考核。考核重点是系统分析与设计。没有很好的分析与设计,即使所开发的项目有很好的显示效果,也不能获得好成绩。

(2) 课题组以3~4人一组为宜。人数过多,不能使每个人都充分参与;人数过少,负担较重,也不便体验团队合作精神。课题组可由学生自由组合,也可由教师根据学生各方面的能力分组。后一种办法更利于发挥每个人的积极性,减少依赖性,有利于培养学生与他人共事的能力,也更接近实际工作情况。学生参加工作之后,往往是由上级指派加入某项目的开发。

(3) 一个课题组可以自始至终负责一个项目的开发,从系统分析与设计到实现一个可实际运行的原型。也可以阶段性地交替进行,例如课题组Ⅰ完成项目A的系统分析,提交系统说明书之后,由课题组Ⅱ继续完成项目A的设计,而课题组Ⅰ承担项目B的设计。后一种办法对技术文档的要求更高,指导教师负担更重,若条件允许,更能锻炼学生。

(4) 课程设计的指导工作量较大,一个40人左右的教学班将近有10个课题组,若教师每周与每个课题组讨论一小时,则每周需要10小时。每个阶段还要审阅约10份技术文档。在人力紧张的情况下,教师可以在每个阶段重点抓两三个课题组,用课堂讨论的方式,由某1、2个课题组做重点报告,讨论共性的问题。

(5) 课题的选择是关键性问题。课题要大小适中,"麻雀虽小,五脏俱全",使学生受到应有的锻炼。课题要有真正的用户,便于调动学生的积极性,同时,有用户的配合,学生才能真正体会到系统分析的"滋味"。

2. 实践项目的挑选

课题由教师提出,供学生进行选择。有的学生参加过一些开发工作,也可提出建议,教师审核、明确范围后也可作为课程设计的课题。

下面一些课题是我们曾经使用的,可供参考。

1) 运动会成绩统计系统

以校田径运动会为背景,开发成绩统计系统。包括下列功能:登记各项比赛成绩;根据预赛成绩产生参加预(决)赛名单;实时报告各项竞赛成绩,包括是否打破纪录;统计各团队的总分、名次。

2) 学习成绩管理系统

根据本校学籍管理办法开发学习成绩管理系统。根据任课教师提供的成绩单登录学习成绩;根据奖学金评定办法提出总成绩和单科奖学金获得者名单;根据升、留级条件提供留级、退学、补考学生名单;打印学生成绩单(补考者注明补考时间、地点)。

3) 图书馆流通管理系统

为学校图书馆流通业务设计一个管理系统。读者可以由书名(或书名的一部分)、作者名查询馆藏书号;出纳台可由馆藏书号查询书的去向;读者借书时登录有关信息;读者还书时检查是否有逾期及其他违规行为,登录有关信息。

4) 学术会议论文管理系统

收到应征论文后进行分类编号登录,审稿前打印分类目录和审稿单;审稿后登录审稿结论(录用、不录用、修改后录用)并将结论通知作者(修改后录用的需要附修改建议);收到作者修改稿和版面费后进行登记;打印论文集目录(收到版面费的录用论文列入论文集)。

5) 连锁酒店管理系统

为类似七天这样的连锁酒店设计一个酒店预约及入住管理系统。该系统具有下列功能:客房预订和变更、查询、结算(住宿、餐饮、购物、通信、娱乐等各种费用一次结清)。

6) 住宅小区物业管理信息系统

物业公司负责住宅小区房屋、设施、设备、环境卫生、公共秩序、保安、绿化等管理工作。由业主缴纳物业费来维持各项费用支出。此外,物业公司可接受业主委托办理房屋出租业务,房屋交接后,物业公司负责房屋日常管理、出租和清退、租金账目管理等。

7) 健身房预约系统

健身房通过私人教练对学员进行一对一个性化训练,学员能够方便快捷地利用预约系统与教练预约健身训练时间。学员端主要实现预约训练、取消预约、查看健身记录等功能;教练端主要实现查看工作安排、查看学员信息、上传健身训练内容等功能。

8) 大学生竞赛平台

面向高校及学生用户,提供以下主要功能:地区及学校信息维护、竞赛项目发布及管理、学生报名及参赛流程管理、竞赛成绩管理、获奖名单发布、信息查询和统计等。该系统能为各类大学生学科竞赛提供统一共享的竞赛平台,简化参赛流程,提高工作效率。

9) 志愿服务管理系统

志愿服务管理部门利用本系统为辖区内各志愿对口机构、志愿团体和志愿者搭建桥梁,全面掌握辖区内志愿活动的开展情况,保证本地区内社会志愿服务的基本秩序。社区、博物馆、养老院等对口机构可以发布项目需求,志愿团体和志愿者可以申请项目,志愿者根据安排参加活动,获得志愿工时。

10)慈善众筹平台

为大众提供一个筹集资金的平台。募资人通过实名认证审核后可以登记项目申请,经过严格审批通过后发布到平台,捐款人进行捐款,募捐的款项达到一定数额后,募资人可进行提款并停止该项目。

3. 项目案例——手机移动课堂

1)系统用户

本系统提供给三类用户使用,用户类型及说明见表 B1。

表 B1 系统用户类型表

用户类型	描 述
教师	具有教学任务的软件使用者
学生	具有上课任务的软件使用者
管理员	具有管理任务的后台编辑人员

2)用例图

三种角色的功能分别绘制用例图,如图 B1、图 B2、图 B3 所示。

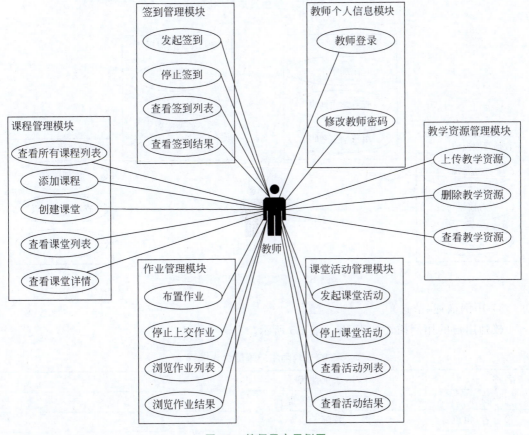

图 B1 教师用户用例图

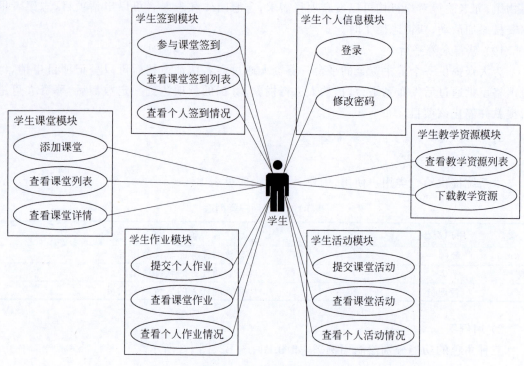

图 B2　学生用户用例图

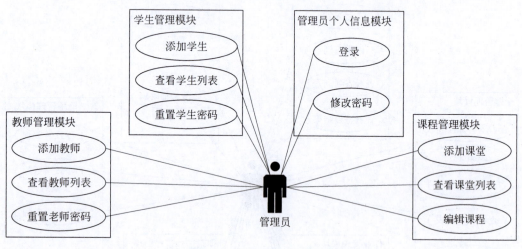

图 B3　管理员用户用例图

3）用例描述（节选）

教师用户的用例描述如表 B2～表 B5 所示。

表 B2　教师用户添加个人课程

名称	添加课程
用户目标	添加个人课程
参与者/角色	教师

续表

前置条件	教师已进入所有课程列表页,课程列表不为空
后置条件	成功添加新课程并跳转至我的课程页面
主事件流	1. 教师用户选择一门课程,添加为个人课程 2. 系统添加一条教师课程记录 3. 系统提示用户添加成功 4. 用户单击确定按钮 5. 系统呈现个人课程页面
备选事件流	2a. 该课程已存在 1. 系统提示用户重新输入 2. 转主事件流 1

表 B3 教师用户创建课堂

名称	创建课堂
用户目标	创建课堂
参与者/角色	教师
前置条件	教师已进入个人课程页面,个人课程列表不为空
后置条件	成功添加课堂记录并跳转至个人课堂界面
主事件流	1. 教师用户单击相应课程的添加课堂按钮 2. 系统显示添加课堂页面 3. 教师输入课堂名称及课堂描述 4. 教师单击添加课堂按钮 5. 系统添加教师课堂记录 6. 系统呈现个人课堂页面
备选事件流	4a. 用户未填写课堂名称或课堂描述 1. 系统提示用户填写相关信息 2. 用户重新输入,转主事件流 3

表 B4 发起签到

名称	发起签到
用户目标	发起课堂签到,记录学生考勤
参与者/角色	教师
前置条件	教师已进入课堂详情页面
后置条件	成功添加一次签到记录
主事件流	1. 教师用户在课堂详情页面点击发起签到按钮 2. 系统添加课堂签到记录 3. 系统呈现课堂签到列表
备选事件流	1a. 教师选择签到设置 1. 系统提示输入签到时长,以分钟为单位 2. 教师输入分钟并确定,转主事件流 2

表 B5　停止签到

名称	停止签到
用户目标	停止签到,完成学生考勤
参与者/角色	教师
前置条件	教师已进入课堂详情页面
后置条件	修改签到记录状态为已结束
主事件流	1. 教师用户单击查看签到列表 2. 系统呈现课堂签到列表 3. 用户单击停止签到按钮 4. 系统更新签到状态为"已结束"
备选事件流	3a. 所有签到已结束,用例结束

4) 领域类图

领域类图如图 B4 所示。

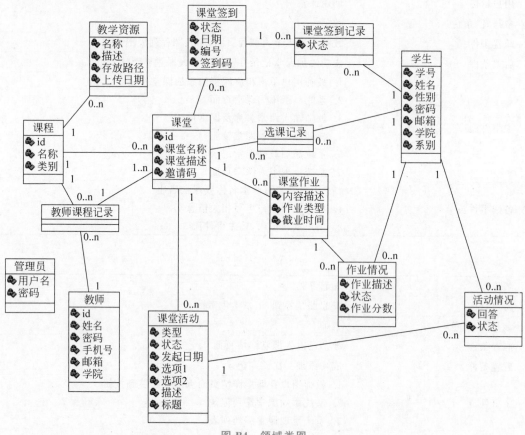

图 B4　领域类图

学校开设多门课程,教师可以承担多门课程,教师的课程可以分批次上课,即课堂。
对象之间的关联关系描述如下。

- 教师类与课堂类是一对多的关系。一个课堂只能对应一个教师,一个教师可以对应零到多个课堂。

- 教师类与教师课程类记录是一对多的关系。一个教师课程记录对应一个教师，一个教师可以对应零到多个教师课程记录。
- 课程类与教师课程记录类是一对多的关系。一个教师课程记录对应一个课程，一个课程可以对应零到多个教师课程记录。
- 课程类与教学资源类是一对多的关系。一个课程可以对应零到多个教学资源，一个教学资源只能对应一个课程。
- 课程类与课堂类是一对多的关系。一个课程可以对应零到多个课堂，一个课堂只能对应一个课程。
- 课堂类与课堂活动类是一对多的关系。一个课堂可以对应零到多个课堂活动，一个课堂活动只能对应一个课堂。
- 课堂活动类与活动情况类是一对多的关系。一个课堂活动可以对应零到多个活动情况，一个活动情况只能对应一个课堂活动。
- 学生与活动情况类是一对多的关系。一个学生可以对应零到多个活动情况，一个活动情况只能对应一个学生。
- 课堂类与课堂签到类是一对多的关系。一个课堂可以对应零到多个课堂签到，一个课堂签到只能对应一个课堂。
- 课堂签到类与课堂签到记录类是一对多的关系。一个课堂签到可以对应零到多个课堂签到记录，一个课堂签到记录只能对应一个课堂签到。
- 学生与课堂签到记录是一对多的关系。一个学生可以对应零到多个课堂签到记录，一个课堂签到记录只能对应一个学生。
- 课堂类与课堂作业类是一对多的关系。一个课堂可以对应零到多个课堂作业，一个课堂作业只能对应一个课堂。
- 课堂作业类与作业情况类是一对多的关系。一个课堂作业类可以对应零到多个作业情况，一个作业情况只能对应一个课堂作业。
- 学生与作业情况类是一对多的关系。一个学生可以对应多个作业情况，一个作业情况只能对应一个学生。
- 课堂类与选课记录类是一对多的关系。一个课堂可以对应零到多个选课记录，一个选课记录只能对应一个课堂。
- 学生类与选课记录类是一对多的关系。一个学生可以对应零到多个选课记录，一个选课记录只能对应一个学生。

5）系统架构

系统总体采用三层架构：表现层、业务控制层、数据访问层，如图 B5 所示。

表现层即系统前端，采用 Android 手机界面实现与用户的交互，包括数据输入和输出，以及页面的切换跳转。手机界面由 XML 和 Activity 结合生成，整体分为侧边菜单栏、顶部工具栏、中间内容三部分。界面 Activity 对象与后端的业务控制层对象进行交互。

业务控制层由 Servlet 实现，Servlet 对象负责接收前端 Android 界面中的用户请求，对用户发送的数据进行处理，并将结果数据返回给前端手机界面对象。需要读写数据库时则调用数据访问层对象完成。

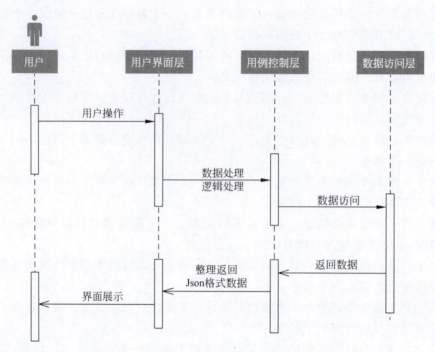

图 B5　系统的三层应用架构

数据访问层负责连接数据库,对数据库进行增删改查等一系列操作。

6)界面设计(节选)

界面设计如图 B6~图 B9 所示。

7)软件类设计(节选)

软件类设计如表 B6~B13 所示。

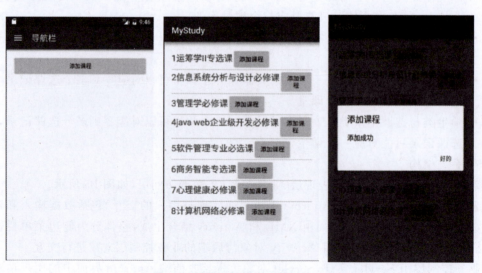

图 B6　教师添加课程的界面设计

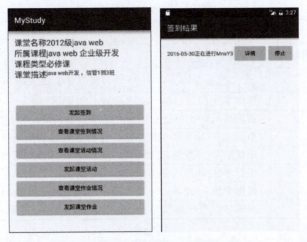

图 B7　教师发起课堂签到的界面设计

图 B8　学生进入课堂的界面设计

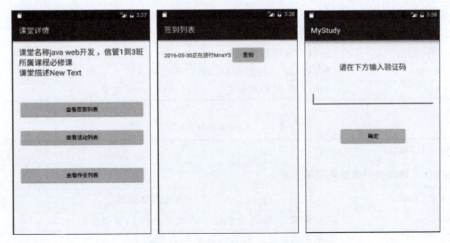

图 B9　学生完成课堂签到的界面设计

表 B6　StudentDAO 类

类名：StudentDAO	
描述：此类作为学生类的数据访问层	
方法名（参数略）	方法具体描述
addStudent()	添加学生信息记录。成功返回 1，否则返回 0
studentList()	查询所有学生的信息记录。返回一个 Student 对象的列表
updateStudent()	根据学生 id 更新学生信息。成功返回 1，否则返回 0
resetStudentPass()	根据学生 id 重置学生密码。成功返回 1，否则返回 0
editStudentPass()	根据学生 id 更改学生密码。成功返回 1，否则返回 0
getStudent()	根据学生 id 查询一个学生的信息。返回一个 Student 对象
getStudentbyLogin()	根据学生账户和密码查询一个学生的信息。返回一个 Student 对象

表 B7　TeacherDAO 类

类名：TeacherDAO	
描述：此类作为教师类的数据访问层	
方法名（参数略）	方法具体描述
addTeacher()	添加教师信息记录。成功返回 1，否则返回 0
teacherList()	查询所有教师的信息记录。返回一个 Teacher 对象的列表
updateTeacher()	根据教师 id 更新教师信息。成功返回 1，否则返回 0
resetTeacherPass()	根据教师 id 重置教师密码。成功返回 1，否则返回 0
editPass()	根据教师 id 更改教师密码。成功返回 1，否则返回 0
getTeacher()	根据教师 id 查询一个教师的信息。返回一个 Teacher 对象
getTeacherbyLogin()	根据教师账户和密码查询一个教师的信息。返回一个 Teacher 对象

表 B8　CourseDAO 类

类名：CourseDAO	
描述：此类作为课程类的数据访问层	
方法名（参数略）	方法具体描述
addCourse()	添加课程，保存课程信息。若成功返回 1，否则返回 0
courseList()	获取所有课程的信息。返回一个 Course 对象的列表
updateCourse()	根据课程 id 更新课程信息。若成功返回 1，否则返回 0
getCourse()	获取一个课程的信息。返回一个 Course 对象

表 B9　ClassListDAO 类

类名：ClassListDAO	
描述：此类作为课堂类的数据访问层	
方法名（参数略）	方法具体描述
addClassList()	添加课堂，保存课堂信息。若成功返回 1，否则返回 0
delClassList()	删除课堂信息。若成功返回 1，否则返回 0
updateClass()	根据课堂 id 更新课堂信息。若成功返回 1，否则返回 0

续表

类名：ClassListDAO	
描述：此类作为课堂类的数据访问层	
方法名（参数略）	方法具体描述
allClassList()	获取所有课堂的信息。返回一个 ClassList 对象的列表
teacherClassList()	根据教师 id 获取此教师的所有课堂信息。返回一个 ClassList 对象的列表
oneClassList()	根据课堂 id 获取此课堂的所有信息。返回一个 ClassList 对象
inviteNumber	查看邀请码是否重复。若重复返回 1，否则返回 0
inviteNumberSearch	根据邀请码查找课堂。返回一个 ClassList 对象

表 B10　CheckinDAO

类名：CheckinDAO	
描述：此类作为课堂签到活动的数据访问层	
方法名（参数略）	方法具体描述
addCheckin()	添加课堂签到，保存课堂签到信息。返回一个 Checkin 对象
classCheckinList()	根据课堂 id 查询属于本课堂的签到列表，返回 Checkin 对象的列表
classNowCheckinList()	根据课堂 id 查询属于本课堂的正在进行的签到列表，返回 Checkin 对象的 List
checkinStatus()	根据签到 id 查询此次签到的状态，正在进行返回 true，否则返回 false
endCheckin()	根据签到 id 结束此次签到。成功返回 1，否则返回 0
getCheckin()	根据签到 id 获取一个签到的信息。返回 Checkin 对象
getnewCheckin()	根据签到 id 和日期获取最新的签到信息。返回 Checkin 对象
yanzhengCheckin()	根据验证码及签到 id 查询签到信息。成功返回 true，否则返回 false

表 B11　CheckinRecordDAO

类名：CheckinRecordDAO	
描述：此类作为学生签到详情记录的数据访问层	
方法名（参数略）	方法具体描述
initCheckinRecordDAO()	根据学生 id 和签到 id 初始化签到记录。成功返回 1，否则返回 0
updateCheckinRecordDAO()	根据学生 id 和签到 id 更新学生签到记录状态。成功返回 1，否则返回 0
thisCheckin()	根据签到 id 获取本次签到的签到记录。返回 CheckinRecord 对象的列表
checkinStatus()	根据签到 id 和学生 id 获取学生本次签到的记录。返回 String

表 B12　StartCheckin 类

类名：StartCheckin	
描述：此类作为教师发起签到的控制器	
方法名（参数略）	方法具体描述
doGet()	对用户请求做出响应，接收前端传来的课堂 id，根据课堂 id 创建一个新的签到任务，完成后查询当前课堂的所有签到信息，并将结果转换成 json 对象返回

表 B13　StudentCheckin 类

类名：StudentCheckin	
描述：此类作为学生参与签到的控制器	
方法名（参数略）	方法具体描述
doPost()	接收前端传来的学生 id 和签到 id。并根据学生用户的 id 和签到 id 更新课堂签到详情记录信息。成功返回 1，否则返回 0

8）用例详细设计（节选）

教师端添加课程的顺序图如图 B10 所示。

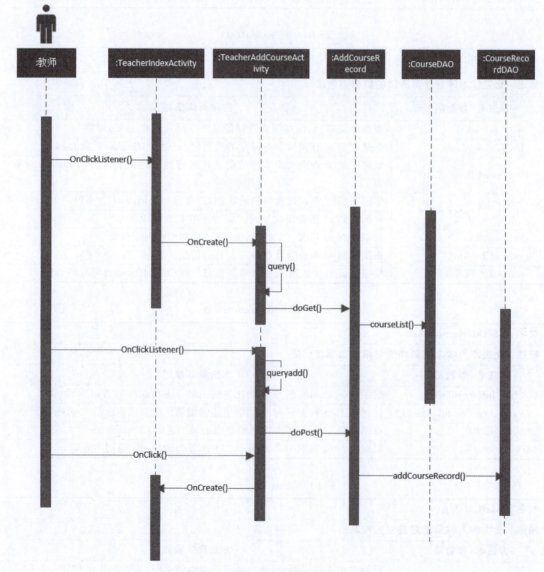

图 B10　教师端添加课程的顺序图

教师用户单击"添加课程"按钮,TeacherIndexActivity 监听到这个按钮的 Onclick 事件,调用 TeacherAddCourseActivity 中的 Oncreate()方法,TeacherAddCourseActivity 向服务器端的 AddCourseRecord 发送 doGet 请求,doGet()方法中调用 CourseDAO 中的 courseList()方法,将 List 返回到 AddCourseRecord 中,AddCourseRecord 再将 List 转换成 JsonArray 返回到 TeacherAddCourseActivity 中。教师用户在 activity_teacher_add_course 页面中单击添加课程按钮。这个单击事件被 TeacherAddCourseActivity 监听,调用 queryadd()方法向服务器端的 AddCourseRecord 发送 doPost 请求,AddCourseRecord 调用 CourseRecordDAO 的 addCourseRecord()方法,最终返回更新结果。用户单击弹出框的确定按钮,返回 TeacherIndexActivity。

教师端发起签到的顺序图如图 B11 所示。

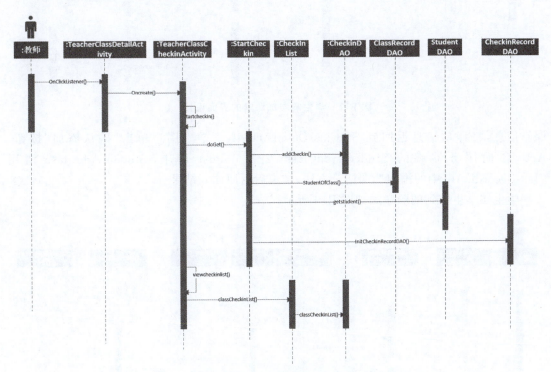

图 B11　教师端发起签到的顺序图

教师在课程详情页面点击"发起签到",页面 Activity 监听到按钮的 Onclick 事件,调用 TeacherClassCheckinActivity 的 Oncreate()方法。在 TeacherClassCheckinActivity 中发起签到,向服务器端的 StartCheckin 发送 doGet 请求,doGet 方法中调用相关的 4 个 DAO 方法,分别新建签到记录(addCheckin())、查询课堂学生 id(StadentOfClass())、查询本课堂学生信息(getstudent())、初始化每个学生的签到记录为空(InitCheckinRecordDAO())。结束后返回插入结果,然后调用 viewcheckinlist()方法查看此课堂所有的签到活动信息。

学生端添加课堂的界面设计如图 B12 所示。

学生用户单击"添加课堂"按钮,此页面 Activity 监听到这个按钮的 Onclick 事件,调用 StuClassDetailActivity 中的 Oncreate()方法,页面进入这个 Activity,然后向服务器端的 StudentAddClass 发送 doGet 请求,doGet()方法中调用相关的 DAO 方法查询此邀请码的

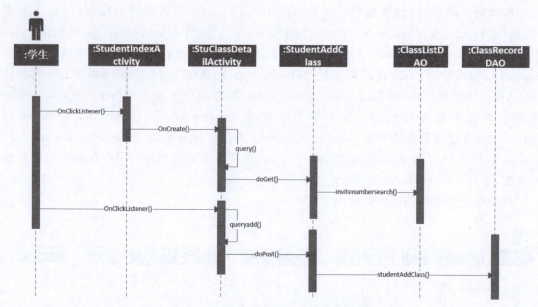

图 B12　学生端添加课堂的界面设计

课堂信息，将课堂信息返回到 StuClassDetailActivity。学生用户单击"确认添加"按钮，Activity 向服务器端的 StudentAddClass 发送 doPost 请求，StudentAddClass 调用 ClassRecordDAO 中的添加选课记录方法，结束后返回插入结果。

学生端学生签到的顺序图如图 B13 所示。

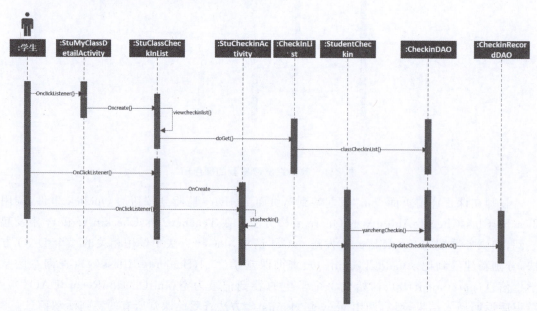

图 B13　学生端学生签到的顺序图

学生单击"查看签到列表"按钮，此页面 Activity 监听到这个按钮的 Onclick 事件，调用 StudentClassCheckinList 中的 Oncreate()方法，向服务器端的 CheckinList 发送 doGet 请求获取此课堂的签到活动,查询结果以 JsonArray 的形式返回到 StuClassDetailActivity 列出。学生单击"签到"按钮,此页面 Activity 监听到按钮 Onclick 事件,调用 StuCheckinActivity 中的 Oncreate()方法,调用 stucheckin()方法发送请求到 StudenCheckin 中,则调用 CheckinDAO 判断验证码是否正确,若正确,则调用 CheckinRecordDAO 中的方法更新学生签到状态。

9) 数据库设计(节选)

本系统定义的数据库中包含 14 张表(见表 B14～表 B19),节选如下。

表 B14 教师表

序号	字段名	类型	长度	默认值	允许空	主键	外键	说明
1	Tid	varchar	8		否	✓		教师 id
2	Taccount	varchar	30		否			教师账户名,唯一
3	Tpassword	varchar	30		否			教师密码
4	Tname	varchar	30		否			教师姓名
5	Tgender	varchar	2		否			教师性别
6	Temail	varchar	100		否			教师邮箱
7	Tcollege	varchar	50		否			教师所属学院

表 B15 学生表

序号	字段名	类型	长度	默认值	允许空	主键	外键	说明
1	Sid	varchar	10		否	✓		学生 id
2	Saccount	varchar	30		否			学生账户名
3	Spassword	varchar	30		否			学生密码
4	Sname	varchar	30		否			学生姓名
5	Sgender	varchar	2		否			学生性别
6	Semail	varchar	100		否			学生邮箱
7	Scollege	varchar	50		否			学生所属学院
8	Sdepart	varchar	50	0	否			学生所属系

表 B16 课程表

序号	字段名	类型	长度	默认值	允许空	主键	外键	说明
1	CourseId	int			否	✓		课程 id
2	Name	varchar	50		否			课程名称
3	Type	Datetime	20		否			课程类型

表 B17 课堂表描述

序号	字段名	类型	长度	默认值	允许空	主键	外键	说明
1	Classid	int			否	✓		课堂表 id
2	Classname	varchar	45		否			课堂名称
3	CourseId	int			否		✓	课程 id
4	Invitenumber	varchar	45		否			课堂邀请码
5	Cdesc	varchar	100		是			课堂描述

续表

序号	字段名	类型	长度	默认值	允许空	主键	外键	说明
6	Tid	varchar	8		否		√	教师 id
7	Ctype	Varchar	45		否			课堂类型
8	Coursename	varchar	45		否			课程名称

表 B18　签到活动表

序号	字段名	类型	长度	默认值	允许空	主键	外键	说明
1	CheckinId	int			否	√		签到活动 id,自增
2	Status	int		可用	否			签到活动状态
3	Date	Varchar	100		否			签到活动发起时间
4	Code	Varchar	4		否			验证码
5	ClassId	varchar	20		否		√	课堂 id

表 B19　学生签到明细记录表

序号	字段名	类型	长度	默认值	允许空	主键	外键	说明
1	CheckRecordId	int			否	√		签到明细 id,自增
1	Sid	varchar	10		否		√	学生 id
2	Status	varchar	45	未签到	否			学生签到状态
3	CheckinId	int			否		√	签到活动 id
4	Sname	varchar	45		否			学生姓名

UML2.0图形符号

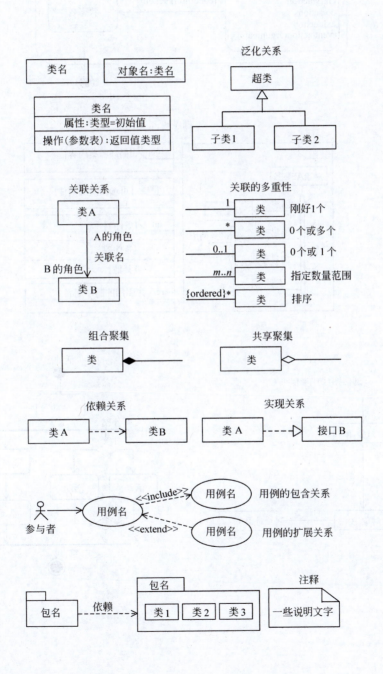

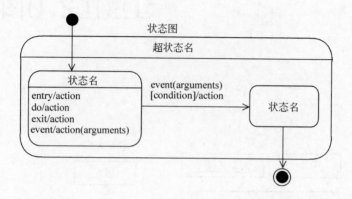

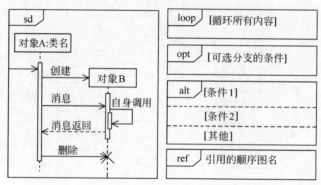

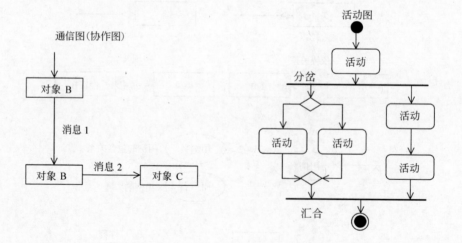

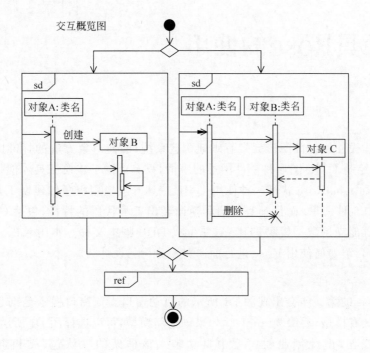

交互概览图

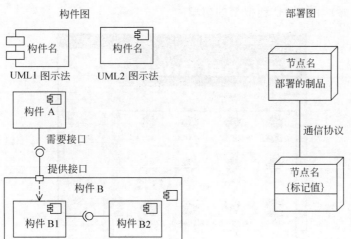

构件图

部署图

附录 D 建模工具Rose的使用

可视化建模使用标准图形元素直观地构造系统,面向对象方法的标准图形建模语言是 UML。手工绘制 UML 图形是一件困难的事情,只有借助于建模工具才能提高工作效率和工作质量。RationalRose 就是一种使用 UML 快速开发应用程序的建模工具之一。它不仅支持 UML 中 9 种图形,而且具有正向和逆向转出工程代码的特性,包括 C++、Java、VB 等语言代码。也能支持数据模型的建立,并生成 DDL 脚本文件。本附录以一个图书订单处理业务为例,介绍如何使用 Rose 进行面向对象分析与设计。

1. Rose 基本结构

使用 Rose 的第一步会出现图 D1 所示的启动窗口。该窗口提示是创建一个新模型还是打开一个既有模型(后缀为.mdl)。如果创建新模型,可以选择图 D1 所示的可用框架,然后单击 OK 按钮,由此创建的模型中自动装入该框架的默认包、类和组件。或者单击 Cancel 按钮创建一个不使用任何框架的模型。

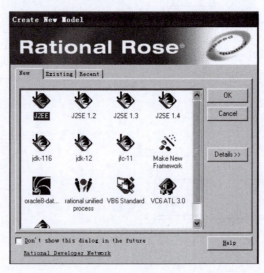

图 D1 启动 Rose

第一步确定后,就会打开图 D2 所示的 Rose 主界面。主界面包含五部分:导航窗口、绘图窗口、工具栏、文档窗口和日志窗口。它们的作用分别介绍如下。

1) 导航窗口

导航窗口用于在模型中迅速漫游。导航窗口以树状结构显示了模型中的所有元素,包括参与者、用例、类、组件、图等。如同文件一样用户可以创建包,包下还可以创建子包,从而可以将繁多的元素纳入不同的包,达到有效组织和管理的目的。

在导航窗口中有四个视图根节点。

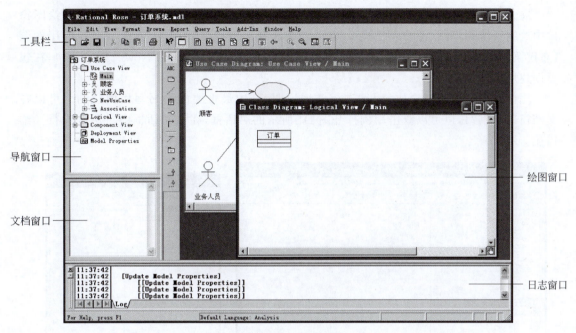

图 D2 Rose 窗口界面

(1) 用例视图(UseCase View)。用于管理需求分析获取的所有用例、参与者和用例图。

(2) 逻辑视图(Logical View)。分析和设计完成的所有制品放置在逻辑视图中,包括所有的类、类图、用例实现的交互图等。

(3) 组件视图(Component View)。逻辑视图中的类实现后成为软件组件,可以在组件视图中创建这些组件,并绘制组件图描述它们之间的依赖关系。

(4) 部署视图(Deployment View)。系统最终要实现物理部署,在部署视图中创建物理系统中的节点和节点的连接,并描述软件组件在物理节点中的分布。

2) 绘图窗口

当在导航窗口中选中某个图双击后,就会打开一个绘图窗口并显示该图,可以使用左边的绘图工具栏中的工具进行绘图。根据图形的不同,工具栏提供与之相应的图形符号。

3) 工具栏

提供了所有 UML 中的图示符号,包括用例、参与者、类、关系、注释,等等。单击任意一个图形元素,就可以在绘图窗口中绘制出来。

4) 文档窗口

经过了抽象和压缩后,图形符号提供的信息量有限,每张图或每个图形元素的详细信息可以补充在文档窗口中。例如书写用例规约时,只要在绘图窗口中单击选中某个用例,然后在文档窗口中输入规约内容,系统就会自动保存文档内容并与该用例关联起来。

5) 日志窗口

使用 Rose 工具时,有些信息会在日志窗口中显示,例如在生成代码时可能发生的任何错误。

2. 建立用例模型

展开导航窗口中的用例视图,双击 Rose 自动产生的名称为 Main 的用例图,在绘图窗口中绘制系统用例图(图 D3 所示)。也可以在选择用例视图后,右击创建一个新的用例图(右键菜单的 New→UseCase Diagram),或者建一个包(右键菜单的 New→Package),在包下创建用例图。

用例图完成后,应对每个用例进行详细说明,其中最重要的是书写用例规约。可以在文档窗口中书写,也可以双击用例打开图 D4 所示的对话框,在该对话框中对用例进行详细描述。

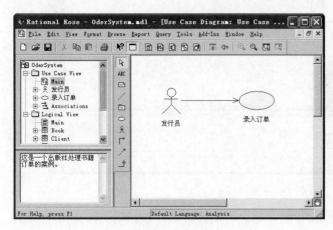

图 D3 用例图   图 D4 用例详细定义对话框

3. 建立领域类图

识别了业务领域中的事物后,可以在逻辑视图下构建领域类图(右键菜单的 New→Class Diagram),见图 D5。双击某个类,可以打开类的详细定义对话框,该对话框包括类的各种特性选择,并能够添加类的属性,如图 D6 所示。

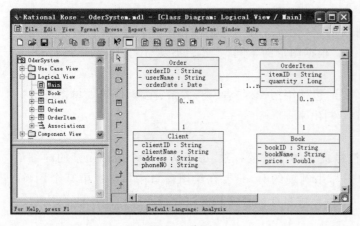

图 D5 类图   图 D6 类详细定义对话框

4. 设计控制类和边界类

分析和设计可以使用不同的模型,例如分别保存为不同的模型文件。也可以直接在原有分析模型上进行设计。在设计过程中需要添加控制类和边界类,在 Rose 中将它们划分为不同的构造型。通过在类的详细定义对话框对 Stereotype 选项设置 Boundary、Control 或 Entity 类型值,模型中的类将以不同的图形符号表示,如图 D7 所示。

从图 D7 中的导航窗口看出,可以将类按照类型划分到不同名称的包中,从而易于查找和管理。

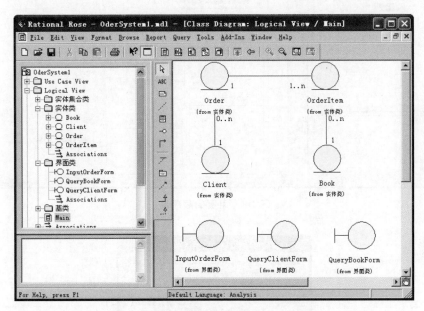

图 D7　包含实体类和界面类的设计类图

5. 绘制顺序图

每个用例的实现都通过以上设计的类共同协作来完成,可以在逻辑视图中建立一个用例实现包,在包中创建顺序图(右键菜单的 New→Sequence Diagram),对每个用例的实现绘制顺序图。

顺序图的绘制方法如下:先从导航窗口中将参与用例实现的用例参与者和对象类用鼠标托放到绘图窗口中,然后根据执行顺序添加从源对象到目标对象的消息,如果消息的接收者对该消息不能独立处理,则继续向其他的对象发送请求服务的消息,根据消息顺序 Rose 自动为每个消息生成消息序号,如图 D8 所示。

在绘制顺序图的初始阶段,所有消息可以使用便于理解的自然语言短语来描述,在细化阶段应将消息对应到类的方法。具体方法是选择某个消息,右击执行< new operation > 菜单命令,就会弹出图 D9 所示的方法定义对话框,方法的名称及参数和返回值等详细定义都在该对话框中进行设置。通过该步骤创建的方法自动归属到接收对象所在的类,最终会在类图中显示出来。

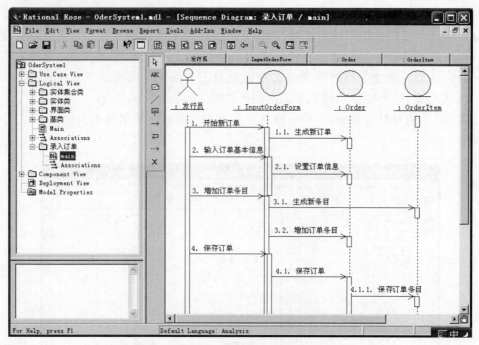

图 D8　用例的顺序图

图 D9　方法的详细定义对话框

6. 设计组件

逻辑设计完成后,开始进行软件的物理设计,即系统所包含的物理组件及其关系。在组件视图下创建组件图,可以直接单击名称为 Main 的组件图打开绘图窗口添加组件,如图 D10 所示。

通过双击组件,打开图 D11 所示的对话框,从而对组件的类型和所使用的编程语言等特性进行设置。

每个组件都是一个或多个类的实现体,组件中包含哪些类应该在模型中进行定义,这

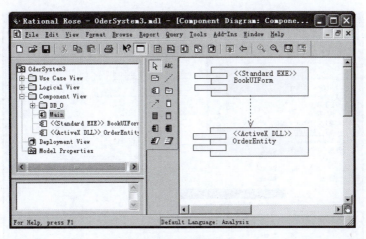

图 D10　组件图

项工作在组件的详细定义对话框的 Realizes 选项卡中完成。在该选项卡中会列出模型中的所有类，选择某个类，右击弹出菜单，执行菜单中的 Assign 或 Remove Assignment 命令可以将该类分配到所在组件或从组件中移除，操作界面见图 D12。一个组件中的所有类，在生成代码时被创建在一个应用程序（如 VB 的工程）中。

图 D11　设置组件属性

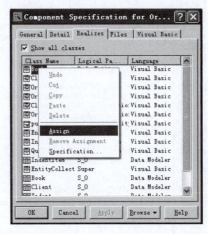

图 D12　将类分配到组件

7. 生成代码（正向工程）

建模工作结束后，Rose 可以自动生成和模型相对应的代码。选择组件，执行图 D13 所示的右键菜单命令 Update Code，系统提示完成相关操作。本案例的组件所用语言为 VB 6.0，所以生成的工程如图图 D14 所示，其中包含了多个类模块。

当尝试把模型组件转化成代码框架时，对于有些语言环境应先检查将要生成的类有无语法错误。如果有错误，那么生成的代码很可能无法通过编译。

8. 由代码修改模型（逆向工程）

当程序员修改了代码，Rose 能提供由代码反向修改模型的功能。选择组件，执行

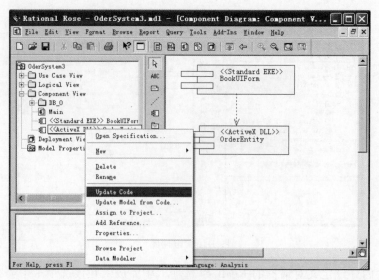

图 D13　为组件生成代码

图 D14　自动生成的 VB 代码

图 D14 所示的右键菜单命令 Update Model from Code，系统提示完成相关操作。

9. 建立数据模型

由于领域模型中的类通常都有持久存储的需求，使用关系型数据库解决持久存储是最常见的解决方案。Rose 提供从类模型到数据模型的直接转换功能。具体步骤如下。

（1）将需要持久化的类放入一个包中，如实体类包。

（2）设置类的持久化特性和充当数据库关系表主键的属性,通过双击类打开如图 D15 所示的对话框,选中 Detail 选项卡中的 Persistent 特性,在导航窗口中展开类的属性,选择类的某个属性,如 bookID,选中右键菜单中 Data Modeler 的 Part of Object Identity 属性（见图 D16）。这样在生成数据模型时,该属性就成为表的主关键字。

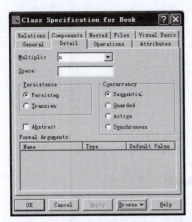

图 D15　设置持久类

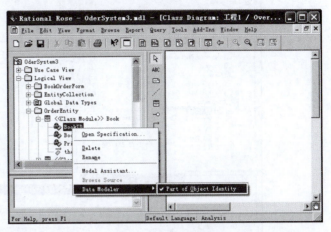

图 D16　设置主键属性

（3）在组件视图中创建数据库组件,在组件视图根节点下执行右键菜单中的 Data Modeler→New→Database 命令。数据库组件创建好后,可以双击该组件,设置 DBMS 的类型,如指定 Oracle、SQLServer2000 或者其他数据库管理系统（见图 D17）。

（4）生成数据库模型。选择持久类的包,执行右键菜单 Data Modeler→Transform to Data Model 命令（见图 D18）,根据所选数据库组件自动生成数据库模式（schema）,在导航窗口中显示对应于持久类的所有数据库表。双击表名可以对表进行详细设计,例如定义约束、触发器等。

图 D17　设置数据库组件属性

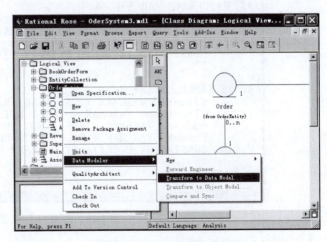

图 D18　生成数据库模式

（5）生成数据库 DDL 脚本文件。在导航窗口中选择所生成的数据库模式,执行右键菜单中的 Data Modeler→Forward Engineer 命令（见图 D19）,生成如图 D20 所示的数据库

DDL 脚本文件，该文件可以直接在数据库平台上运行。

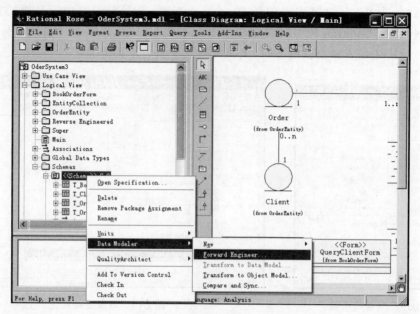

图 D19　生成数据库 DDL

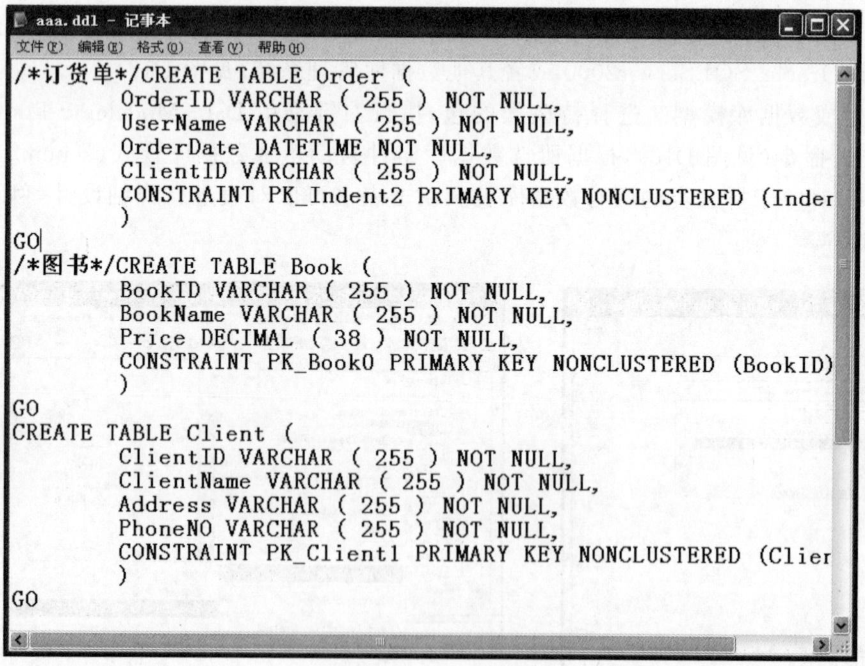

```
/*订货单*/CREATE TABLE Order (
        OrderID VARCHAR ( 255 ) NOT NULL,
        UserName VARCHAR ( 255 ) NOT NULL,
        OrderDate DATETIME NOT NULL,
        ClientID VARCHAR ( 255 ) NOT NULL,
        CONSTRAINT PK_Indent2 PRIMARY KEY NONCLUSTERED (Inder
)
GO
/*图书*/CREATE TABLE Book (
        BookID VARCHAR ( 255 ) NOT NULL,
        BookName VARCHAR ( 255 ) NOT NULL,
        Price DECIMAL ( 38 ) NOT NULL,
        CONSTRAINT PK_Book0 PRIMARY KEY NONCLUSTERED (BookID)
)
GO
CREATE TABLE Client (
        ClientID VARCHAR ( 255 ) NOT NULL,
        ClientName VARCHAR ( 255 ) NOT NULL,
        Address VARCHAR ( 255 ) NOT NULL,
        PhoneNO VARCHAR ( 255 ) NOT NULL,
        CONSTRAINT PK_Client1 PRIMARY KEY NONCLUSTERED (Clier
)
GO
```

图 D20　生成的 DDL 脚本

参 考 文 献

[1] 魏宏森,曾国屏. 系统论——系统科学哲学[M]. 北京：清华大学出版社,1995.
[2] 黄鳞雏. 系统思想与方法[M]. 西安：陕西人民出版社,1984.
[3] 谭跃进,高世楫,周曼殊. 系统学原理[M]. 长沙：国防科技大学出版社,1996.
[4] 王诺. 系统思维的轮回[M]. 大连：大连理工大学出版社,1994.
[5] 刘长林. 中国系统思维[M]. 北京：中国社会科学出版社,1994.
[6] 邝孔武,敬喜. 管理信息系统[M]. 北京：轻工业出版社,1988.
[7] CHECKLAND P. Systems thinking, systems practice[M]. New York：John Wiley & Sons,1981.
[8] 徐国华,赵平. 管理学[M]. 北京：清华大学出版社,1989.
[9] 周三多. 管理学原理与方法[M]. 上海：复旦大学出版社,1993.
[10] 陈荣耀. 追求和谐——东方管理探微[M]. 上海社会科学院出版社,1995.
[11] 薛华成,汪授泓. 管理信息系统[M]. 北京：清华大学出版社,1988.
[12] 邝孔武. 管理信息系统分析与设计[M]. 西安：西安电子科技大学出版社,1995.
[13] 季延平,郭鸿志. 系统分析与设计[M]. 台北：华泰书局,1995.
[14] HIRSCHHEIM R,KLEIN H K,NEWMAN M. Information systems development as social action：theoretical perspective and practice[J]. Omega,1991,19(6).
[15] 完颜乐雯,归瑶琼,陈群. 人员的观念因素对 MIS 开发应用的影响[J]. 管理信息系统,1997(6)：9-12.
[16] 刘伯龙,蒋白桦. 中国管理信息系统研究与实践新进展[M]. 长沙：湖南大学出版社,1995：20-23.
[17] 甘仞初. 信息系统开发[M]. 北京：经济科学出版社,1996.
[18] 陈禹. 信息系统分析与设计[M]. 北京：电子工业出版社,1986.
[19] GANE C,SARSON T. Structured systems analysis：tools and techniques[M]. New York：Prentice-Hall,1977.
[20] GANE C. Rapid system development：using structured techniques and relational technology [M]. New York：Prentice-Hall,1989.
[21] WEINBERG V. Structured analysis[M]. New York：Prentice-Hall,1980.
[22] 陈余年. 信息系统工程[M]. 北京：科学出版社,1990.
[23] WAYNE P S. Using structured design[M]. New York：John Wiley & Sons,1981.
[24] SHOVAL P. An integrated methodology for function analysis,process design and database design[J]. Information Systems,1991,16(1).
[25] 王选. 软件设计方法[M]. 北京：清华大学出版社,1992.
[26] 潘锦平. 软件系统开发技术[M]. 西安：西安电子科技大学出版社,1989.
[27] 邝孔武. 开发信息系统的一体化方法[M]//第三届全国计算机应用学术交流大会论文集. 北京：电子工业出版社,1995.717-720.
[28] 王勇领. 系统分析与设计[M]. 北京：清华大学出版社,1991.
[29] 李万田,赵健. 科学决策概论[M]. 北京：科学技术文献出版社,1989.
[30] 博克札克,霍匀萨普尔,惠斯顿. 决策支持系统基础[M]. 颜永琪,仲卫国,译. 福州：福建科学技术出版社,1989.
[31] 姜旭平. 信息系统分析[M]. 长沙：湖南科学技术出版社,1993.
[32] 王亚芬,程秋木. 管理信息系统教程[M]. 西安：西安电子科技大学出版社,1990.
[33] 张金成. 再造工程[M]. 天津：天津人民出版社,1996.
[34] 邝孔武. 企业过程重组与管理信息化[N]. 北京：科技日报,1997-10-25.
[35] BOOCH G. Object oriented development[J]. IEEE Tranon Software Engineering,1986,SE-12(2).

[36] COAD P, YOURDON E. Object oriented analysis[M]. Second Edition. New York: Prentice-Hall, 1991.

[37] 李芳芸, 柴跃廷. 计算机软件新技术——面向对象的系统分析[M]. 北京: 清华大学出版社, 1992.

[38] 陈禹, 方美琪. 软件开发工具[M]. 北京: 经济科学出版社, 1996.

[39] 邝孔武. 软系统方法论建设信息系统的新思路[J]. 管理信息系统, 1997(5): 7-11.

[40] DAVIS W. Systems analysis and design[M]. New Jersey: Addison-Wesley Publishing Company, 1983.

[41] 邝孔武, 郁红英. 信息系统建设的软系统方法[M]. 北京: 清华大学出版社, 2000.

[42] 邵维忠, 杨芙清. 面向对象的系统分析[M]. 北京: 清华大学出版社, 2001.

[43] NORMAN R J. 面向对象系统分析与设计[M]. 周之英, 肖奔放, 柴洪钧, 译. 北京: 清华大学出版社, 2000.

[44] 刘润东. UML 对象设计与编程[M]. 北京: 北京希望电子出版社, 2001.

[45] 陈国青, 雷凯. 信息系统的组织·管理·建模[M]. 北京: 清华大学出版社, 2002.

[46] 陈佳. 信息系统开发方法教程[M]. 2版. 北京: 清华大学出版社, 2005.

[47] 王众托. 企业信息化与管理变革[M]. 北京: 中国人民大学出版社, 2001.

[48] 萨师煊, 王珊. 数据库系统概论[M]. 北京: 高等教育出版社, 1992.

[49] LI X S, LIO Z M, HE J F. Formal and use-case driven requirement analysis in UML[C]//Computer Software and Applications Conference, 2001. COMPSAC 01, 2001.

[50] NORTHROP L M. Object-oriented development[M]// MARCINIAK J. Encyclopedia of software engineering. New York: John Wiley & Sons, 1994: 729-737.

[51] LARMAN C. UML 和模式应用[M]. 方梁, 译. 2版. 北京: 机械工业出版社, 2004.

[52] SATZINGER J W. 系统分析与设计[M]. 朱群雄, 李芳, 汪晓男, 译. 2版. 北京: 电子工业出版社, 2002.

[53] COCKBURN A. 编写有效用例(英文版)[M]. 北京: 机械工业出版社, 2002.

[54] JACOBSON I, BOOCH G, RUMBAUGH J. 统一软件开发过程[M]. 周伯生, 冯学民, 樊东平, 译. 北京: 机械工业出版社, 2002.

[55] ARMOUR F, MILLER G. 高级用例建模 卷Ⅰ: 软件系统[M]. 饶若楠, 译. 北京: 机械工业出版社, 中信出版社, 2004.

[56] FOWLER M. UML 精粹: 标准对象语言简明指南[M]. 徐家福, 译. 3版. 北京: 清华大学出版社, 2005.

[57] MARTIN R C. 敏捷软件开发: 原则、模式与实践[M]. 邓辉, 译. 北京: 清华大学出版社, 2003.

[58] MARTIN R C. UML: Java 程序员指南[M]. 黄晓春, 译. 北京: 清华大学出版社, 2004.

[59] GAMMA E, HELM R, JOHNSON R, 等. 设计模式: 可复用面向对象软件的基础[M]. 李英军, 马晓星, 蔡敏, 等, 译. 北京: 机械工业出版社, 2000.

[60] FOWLER M. 分析模式——可复用的对象模型[M]. 樊东平, 张路, 译. 北京: 机械工业出版社, 2004.

[61] FOWLER M. 企业应用架构模式[M]. 王怀民, 周斌, 译. 北京: 机械工业出版社, 2004.

[62] ARRINGTON C T. Enterprise Java with UML(中文版)[M]. 马波, 译. 北京: 机械工业出版社, 2003.

[63] PRIESTLEY M. 面向对象设计 UML 实践[M]. 龚晓庆, 卞雷, 译. 2版. 北京: 清华大学出版社, 2005.

[64] STUMPF V R. 面向对象的系统分析与设计(UML版)[M]. 梁金昆, 译. 北京: 清华大学出版社, 2005.

[65] 吴今培, 李学伟. 系统科学发展概述[M]. 北京: 清华大学出版社, 2010.

[66] 顾基发, 唐锡晋. 物理-事理-人理系统方法论: 理论与应用[M]. 上海: 上海科技教育出版社, 2006.

[67] 王要武. 管理信息系统[M]. 北京：电子工业出版社，2003.

[68] CASSIDY A. A practical guide to information systems strategic planning[M]. Second Edition. New York：Auerbach Publication，2006.

[69] 陈立云，金国华. 跟我们做流程管理[M]. 北京：北京大学出版社，2010.

[70] 毛新生. SOA 原理·方法·实践[M]. 北京：电子工业出版社，2007.

[71] 雷万云. 云计算：技术、平台及应用案例[M]. 北京：清华大学出版社，2011.

[72] 李德毅. 云计算技术发展报告[M]. 北京：科学出版社，2012.

[73] 于戈斯，哈里斯基. 赢在云端——云计算与未来商机[M]. 王鹏，谢千河，石广海，译. 北京：人民邮电出版社，2012.

[74] 舍恩伯格，库克耶. 大数据时代：生活、工作与思维的大变革[M]. 盛杨燕，周涛，译. 杭州：浙江人民出版社，2012.

[75] 林子雨. 大数据技术原理与应用[M]. 北京：人民邮电出版社，2021.

[76] 赵致格. 分布式数据库系统的概念与应用[M]. 北京：清华大学出版社，2005.

[77] EMC 教育服务团队. 数据科学与大数据分析：数据的发现 分析 可视化与表示[M]. 曹逾，刘文苗，李枫林，译. 北京：人民邮电出版社，2015.

[78] KIM G，HUMBLE J，DEBOIS P，等. DevOps 实践指南[M]. 刘征，王磊，马博文，等，译. 北京：人民邮电出版社，2018.

[79] 荣国平，张贺，邵栋. DevOps 原理、方法与实践[M]. 北京：机械工业出版社，2017.

[80] 国务院发展研究中心课题组. 传统产业数字化转型的模式和路径[R].（2018-03）[2020-12-26]. https：//www.xyz-research.com/uploads/20201216/0316a4cf2b80fcfd96ee335238a8fc0a.pdf.

[81] RUBIN K S. Scrum 精髓：敏捷转型指南[M]. 姜信宝，米全喜，左洪斌，译. 北京：清华大学出版社，2014.

[82] 华为公司数据管理部. 华为数据之道[M]. 北京：机械工业出版社，2020.

[83] NELSON G S. 数据分析即未来[M]. 陈道斌，万芊，译. 北京：机械工业出版社，2020.

[84] 中国国家标准化管理委员会. 信息技术服务 运行维护 第 1 部分：通用要求：GB/T 28827.1—2012 [S]. 北京：中国电子工业标准化技术协会信息技术服务分会，2012.

[85] RICHARDSON C. 微服务架构设计模式[M]. 喻勇，译. 北京：机械工业出版社，2019.

图书资源支持

感谢您一直以来对清华版图书的支持和爱护。为了配合本书的使用,本书提供配套的资源,有需求的读者请扫描下方的"书圈"微信公众号二维码,在图书专区下载,也可以拨打电话或发送电子邮件咨询。

如果您在使用本书的过程中遇到了什么问题,或者有相关图书出版计划,也请您发邮件告诉我们,以便我们更好地为您服务。

我们的联系方式:

地　　址:北京市海淀区双清路学研大厦 A 座 714

邮　　编:100084

电　　话:010-83470236　010-83470237

客服邮箱:2301891038@qq.com

QQ:2301891038(请写明您的单位和姓名)

资源下载: 关注公众号"书圈"下载配套资源。

资源下载、样书申请

书圈

获取最新书目

观看课程直播